21世纪经济管理新形态教材·经济学系列

# 行为与实验经济学

## Behavioral and Experimental Economics

王湘红 ◎ 编著

清華大学出版社
北京

## 内 容 简 介

本书介绍行为经济学和实验经济学的基本理论与研究方法。全书以行为经济学的理论框架为脉络，介绍行为经济学在传统经济学问题中的新发现和新发展，并融入实验经济学的多种研究方法。主要内容包含行为偏好和行为决策理论及其在经济学中的应用，以及实验室实验、问卷实验和实地实验等方法。本书编写的视角创新，以培养学生掌握行为经济学和实验经济学的知识与相关研究技能为出发点；在吸收近几十年国际学术前沿成果的同时，注重加入中国国内的研究成果和应用实例，包括在收入分配、环境保护、健康行动、性别平等发展等问题上的应用。



**图书在版编目（CIP）数据**

行为与实验经济学/王湘红编著. —北京：清华大学出版社, 2023.4
21世纪经济管理新形态教材. 经济学系列
ISBN 978-7-302-62075-4

Ⅰ. ①行… Ⅱ. ①王… Ⅲ. ①行为经济学－高等学校－教材 Ⅳ. ①F069.9

中国版本图书馆CIP数据核字(2022)第195097号

**责任编辑：**左玉冰
**封面设计：**汉风唐韵
**责任校对：**王荣静
**责任印制：**曹婉颖
**出版发行：**清华大学出版社
**网 址：**http://www.tup.com.cn，http://www.wqbook.com
**地 址：**北京清华大学学研大厦A座 **邮 编：**100084
**社 总 机：**010-83470000 **邮 购：**010-62786544
**投稿与读者服务：**010-62776969，c-service@tup.tsinghua.edu.cn
**质 量 反 馈：**010-62772015，zhiliang@tup.tsinghua.edu.cn
**课 件 下 载：**http://www.tup.com.cn，010-83470332
**印 装 者：**三河市龙大印装有限公司
**经 销：**全国新华书店
**开 本：**185mm×260mm **印 张：**15.75 **字 数：**352千字
**版 次：**2023年4月第1版 **印 次：**2023年4月第1次印刷
**定 价：**49.00元

产品编号：095600-01

# 前　言

行为经济学和实验经济学在经济学中的重要地位从 2002 年丹尼尔·卡尼曼（Daniel Kahneman）和弗农·史密斯（Vernon Smith）共同获得诺贝尔经济学奖开始凸显，同时这也展示了这两个经济学领域的密切关系。在此后不到 20 年里，诺贝尔经济学奖又多次颁发给了从事行为经济学和实验经济学相关研究的经济学家。例如，2012 年的诺贝尔经济学奖得主阿尔文·罗斯（Alvin Roth）在博弈论、市场设计和实验经济学领域都作出重大贡献，2017 年的理查德·塞勒（Richard Thaler）在行为经济学理论和实践的多个方面有重要贡献，2019 年的阿比吉特·班纳吉（Abhijit Banerjee）、埃斯特·迪弗洛（Esther Duflo）和迈克尔·克雷默（Michael Kremer）由于利用实验性方法在全球脱贫方面所做的贡献而获得表彰。

行为经济学的发展主要是为了应对新古典理论面临的一些挑战与质疑，新古典经济学的理性人假定往往不足以解释现实经济活动中的各种异象，行为经济学为传统的经济分析提供了心理学基础，在这方面有西蒙（Herbert Simon，1978 年诺贝尔经济学奖得主）和卡尼曼等心理学家的重要贡献。在对个体经济行为的实证研究中，行为经济学往往是通过大量实验对决策者行为进行理论检验，从而发现了各种与新古典理论不相符的异象。这主要是因为实验方法在理论检验方面有较多的优越性，其中包括对变量的控制加强，使得对理论中的因果关系分析更加可靠，还包括对心理变量和主观变量有丰富的测度方法，这在传统的经济学方法中是较少的。实验经济学的发展起初是用实验的方法检验传统的经济学理论，代表人物是弗农·史密斯，他首先用实验方法研究了拍卖市场。随着实验经济学的不断发展，实验经济学家发现了更多的行为异象规律，行为经济学和实验经济学的关系也越来越紧密。

由于行为经济学理论将理性人假设扩展为有限理性，极大地增强了经济学的实用性，特别是理查德·塞勒、科林·凯莫勒（Colin Camerer）、乔治·罗文斯坦（George Loewenstein）等提出的助推理念或温和家长制，主张通过对人们的决策环境进行设计并引导有限理性的人们优化决策，从而提高个人和社会的总体福利。一些国家的政府和企业已经将行为经济学理论和助推方法应用在政策的制定、评估和有效实施当中。

笔者在美国卡耐基梅隆大学留学期间曾有幸接触到一些从事行为与实验经济学研究的先驱者。其中包括笔者的两位导师琳达·巴布科克（Linda Babcock）和乔治·罗文斯坦。他们都是拉塞尔·塞奇基金会（Russell Sage Foundation）与艾尔弗雷德·斯隆基金会（Alfred P. Sloan Foundation）于 1992 年合作发起的行为经济学圆桌协会成员，该协会由 28 位杰出的行为经济学家组成，成员还包括乔治·阿克尔洛夫（George Akerlof）、彼得·戴蒙德（Peter Diamond）、托马斯·谢林（Thomas Schelling）、罗伯特·弗兰克（Robert Frank）等著名经济学家。该协会每两年举行一次行为经济学暑期学习班，为高年级研究生或者新教师做行为经济学方面的培训，因为早期在一般大学里还没有这个方向的课程。笔者有幸参加了这个项目的第二期暑期学习班，1996 年在加州大学伯克利分校，亲听乔治·阿克尔洛夫、丹尼尔·卡尼曼、理查德·塞勒、科林·凯莫勒等主讲授课；在卡耐基梅隆大学上学期间，也曾听西蒙教授在心理学系的讲课，在匹兹堡大学经济系听罗斯教授讲课。这些经历对后来笔者从事行为经济学和实验经济学方面的研究起到了很大的激励作用。

本书主要基于笔者在中国人民大学的教学素材和经验。笔者于 2006 年回国任教，先后在中国人民大学开设了研究生的行为与实验经济学、本科生的实验经济学课程；在回国初期，行为经济学和实验经济学课程在国内还处于稀缺状态，这些年在教学和科研工作中亲眼见证了这个学科的发展壮大。当时的中国人民大学经济行为实验室是国内仅有的几个实验室之一，现在国内从事行为与实验经济学研究的研究工作者队伍越来越壮大，2019 年成立的中国行为与实验经济学论坛（China Behavioral and Experimental Economics Forum，ChinaBEEF）有 20 多个学校理事单位。在笔者参与主持的国际实验经济学学会（Economic Science Association，ESA）2020 年和 2021 年年会（ESA Global Online Meeting）上，我们高兴地看到很多国内学者和研究生报告了他们的研究成果。ESA 年会有美洲、欧洲、亚太三大区域分会场，从参会人数看，亚太地区和美洲地区类似，而欧洲地区人数远高于其他两地，在亚太地区的参会学者中，中国学者占了一大部分。

学科的发展壮大也展示了对教材的需求，本书的主要内容是行为经济学和实验经济学的理论与方法。行为与实验经济学是经济学学科中较为前沿的领域，在过去的 20 年里发展比较迅速，而相比经济学的其他分支，这方面的成熟教材非常少，特别是中文教材，已有的少量教材一般是将行为经济学和实验经济学分开的，也没有包括最新的发展，包含的在中国进行的理论、现实研究或国内的教学实践较少。行为与实验经济学是一门研究性较强的课程，本书的读者对象是高年级的本科生以及硕士和博士研究生。

本书的特点有：第一，将行为经济学和实验经济学的基础方法合并介绍有一定合理性。结合国内课堂的行为与实验经济学教学经验，具体介绍行为实验研究的操作方法，既有实验室实验操作，也有大型问卷实验的方法，以及结合实验和市场微观实证数据的方法。第二，相比同类教材，本书的突出特点是，在介绍行为与实验经济学的理论和方法的同时，结合中国背景，用研究实例展示行为理论在中国的应用和创新。特别是，其中包括近年来国内政策关注的民生中的收入分配、社会保障、教育、健康、消费等话题。目前，行为理论主要用于解释微观个体决策偏离传统经济学假设的原因和影响，本书将针对相对贫困、教育普及、健康消费、公共品建设等方面的行为实验研究进行理论和实验解说，并介绍如何用行为实验方法科学有效地推进政策实施和评估。

笔者感谢中国人民大学经济学院多位老师早期在经济行为实验室建设和行为经济学学科推广工作中所作出的努力和贡献，包括前院长杨瑞龙教授，刘凤良、周业安、于泽、陈彦斌、牛睿等，感谢国内外的研究合作者，感谢历年来在实验室做过实验助理的学生，特别是在本书的写作中做助理的吴佳尼、董馨莉、奥尼斯、李雨桐、周澜、石梦、胡莹。感谢国家自然科学基金项目（项目号 72173122、71671282、71373273、71173228）多次对笔者所做的行为和实验研究所提供的资金支持，行为与实验经济学作为一个交叉性经济学研究方法，在早期的国家自然科学基金中找到其定位是有一定难度的。自 2018 年起，国家自然科学基金专门为行为与实验经济学设置了相应申请代码。我们也感谢政府、组织和企业中越来越多的政策制定者和执行者认识了行为与实验经济学的现实意义，为我们提供了合作研究的机会，包括国家市场监督管理总局、阿里巴巴、京东、百度、美团等。展望未来，随着更多的经济学学生和学者对行为与实验经济学的掌握，我们期待看到更多的相关研究成果，并期待在经济和社会发展中看到行为与实验经济学更广泛的应用。

王湘红

2023 年 4 月于北京

# 目　录

## 第一篇　导　论



## 第二篇　社会性偏好和应用

## 第三篇 参 照 点



## 第四篇 时 间 偏 好

## 第五篇　非标准信念和应用



## 第六篇　非标准决策和应用

## 第七篇 行为实验的外延方法

# 第一篇　导　论

# 第一章　行为经济学与实验经济学概述

## 第一节　行为经济学与实验经济学简介

### 一、概念

#### （一）行为经济学

经济学中的理性选择理论指出，当人们在稀缺的条件下面临各种选择时，他们会选择使个人满意度最大化的选项。这一理论假定，在人们的偏好和约束给定的条件下，他们能够通过有效权衡每个选项的成本和收益来作出理性的决定，最终作出的决定将是对个人来说最好的选择。理性的人有自我控制能力，不受情绪和外部因素的影响，因此，知道什么对自己是最好的。而行为经济学认为，人类是有限理性的，没有完全的能力作出最优的决定。

行为经济学借鉴心理学和经济学，探讨为什么人们有时会作出非理性的决定、他们的行为为什么以及如何不遵循经济模型的预测。传统的经济学理论一般假定人是完全理性的、有意志力的、客观上知道自己如何快乐并能作出效用最大化选择。美国经济学家和认知心理学家赫伯特·西蒙提出了有限理性理论，解释了人们的理性如何受到时间框架、认知资源和决策难度的限制。行为经济学学者在对“理性经济人”假设提出质疑的基础上，吸收心理学理论，提出了“有限理性”和“非理性人”的概念。通过不断推进行为实验研究，并与跨学科理论相结合，行为经济学验证了众多新理论，进而更好地解释了经济现象。行为经济学对人类偏离标准经济模型的讨论主要包括三种重要方式：第一，有限理性反映了制约人类解决问题的有限认知能力；第二，有限意志力反映了人们有时会作出不符合其长期利益的选择的事实；第三，有限自利包含一个令人欣慰的事实，即人类经常愿意牺牲自己的利益来帮助他人。行为经济学理论可以被用来解释大多数日常决策，如为一杯咖啡支付多少钱、是否去读研究生、是否追求健康的生活方式、为退休做多少贡献等。

近几十年来，行为经济学迅速发展起来，已经成为西方经济学中前沿、最有意义的领域之一，诺贝尔经济学奖也已经数次授予了行为与实验经济学领域相关的学者，如丹尼尔·卡尼曼、理查德·塞勒等。行为经济学的兴起主要是为了应对新古典理论面临的各种挑战与质疑，因为新古典经济学的理性人假定不足以解释现实经济活动中的各种异象。而行为经济学为传统的经济分析提供了心理学基础，对理论进行部分修正，从而增强了经济学理论的解释力，更好地契合和预测现实世界中的经济现象。尽管行为经济学的出现一开始被认为是要推翻新古典经济学模型，但事实上当代一般认为它只是对新古典理论进行扩展，对过于理想化和简化的假设进行放松，如新古典经济学模型的基本假设是个体具有明确的偏好和无偏的信念，以期望效用最大化来行动，且效用是利己的。但这些假定过于严格，事实上个体的计算能力和认知能力是有限的且会关心公平问题和他人利益等，因此行为经济学是在新古典经济学模型的基础上进行优化。

### （二）实验经济学

自人类诞生以来，人类文明的驱动力一直是好奇心。这种好奇心表现为实验，即创造环境来观察现象并从中得出结论的过程。实验一直是每门科学的主要信息来源，而且往往是理论的验证来源。牛顿定律的来源是实验，而证明地球是圆的也是实验。在许多观察性科学中，控制性实验作为推断两个变量原因和结果之间的因果关系的方法已经使用了很多个世纪。然而，经济实验在 20 世纪 40 年代末和 50 年代初刚刚开始，弗农 · 史密斯进行了第一个市场实验。从那时起，实验经济学得到了越来越多的认可，并逐步确立了自己的地位。2002 年诺贝尔经济学奖授予弗农 · 史密斯，以表彰他将实验室实验确立为实证经济分析的一种方法。Abhijit Banerjee、Esther Duflo 和 Michael Kremer 因将实地实验方法应用于针对贫困的政策干预而获得 2019 年诺贝尔经济学奖。

实验在人类科学研究发展中的重要性不言而喻，经济学也不例外。实验经济学是一种使用实验来研究经济现象的方法。经济学实验要求在受控的实验室环境或实地环境中研究人的行为，使用科学实验来测试人们在特定情况下作出的选择，研究替代的市场机制和检验经济理论。与其他社会科学领域实验有所不同的是，经济学实验使用货币激励，在一个受控的环境下观察参与人的行为和选择，同时不允许对参与人有欺骗行为。此外，实验方法的主要优势之一来自数据的有效性。经济学作为一门社会科学，自然环境下产生的数据往往难以得出清晰一致的因果结论。而在实验条件下，使用随机控制的方法，保持其他影响因素不变，研究核心解释变量的作用，因此，应用实验的方法能够较容易地推断出因果。

## 二、行为经济学与实验经济学的关系

行为经济学的兴起发展与实验经济学是密切相关的。在早期研究中，行为经济学家借鉴运用了来自心理学的实验方法，因为实验中的处理控制有助于识别经济现象中的行为因素。虽然行为经济学和实验经济学经常相伴相随，但这两者之间有着概念上的区别，行为经济学的主要目标是借助行为心理基础来解释经济问题，所以研究工具可以是实验设计，也可以是问卷调查、计算机模拟等实验室之外的方法；而实验经济学的核心目的是在经济学研究中开发、推广和运用实验方法。实验经济学是行为经济学的重要研究工具，而行为经济学需对实验结果进行凝练才能形成行为经济理论。

在对行为经济学和实验经济学的基本概念作出简单介绍后，不难看出行为经济学与其说是一种方法，不如说是一种世界观的定义。标准经济学假设行为人是理性的，消费者最大化个人效用函数，公司最大化利润。行为经济学并不排除这些情况，但是允许更加丰富的假设和广泛的定义，如将其他人的效用纳入自身效用来捕捉利他行为的存在；同时也对理性人假设进行了挑战，如个人的选择与偏好是否应该受到“框架效应”的影响。而实验经济学更多的是一种方法论，它更像是经济学的一个“工具包”。

从这一角度看，行为经济学和实验经济学是非常不同的概念。那么，它们为什么经常被放在一起讨论呢？行为经济学对心理学理论的吸收和它关于偏好、个人理性、决策与信念的经验研究的特点、对人类复杂性的关注决定了它是实验性的，因此采用了一种自下而上的归纳性实验方法。个人的行为和非理性的决策往往无法从经典的假设和模型中得出，而在实验室实验和实地实验中，所观察到的行为规律成为人类行为有利的预测因素。同时这些规律不是偶然和单次的，已经被复制了几十次甚至上百次，如个人在合作情况下并不像标准模型中预测的那样选择“搭便车”。因此，实验的方法能够在行为经济学领域得到成功的应用，并且能够在公共政策方面大放异彩。

本教材将行为经济学的理论和应用作为主线，中间兼顾经济学实验与方法来进行辅助介绍。

## 第二节　行为与实验经济学的发展

### 一、在经济学中的发展历程

#### （一）行为经济学研究

行为经济学的很多理念在“经济学之父”亚当・斯密（Adam Smith）时期早已有所论述，但在新古典经济学成为主流研究范式的长时间里，行为经济学经历了曲折的发展历程，才形成现代的前沿领域。一般而言，行为经济学的发展可分为几个阶段。

十八九世纪，经济学家作为学科的开创者，希望其像自然科学一般具有可靠严谨的理论基础，所带来的新古典革命将基本假设简化为理性人的概念。但事实上，心理学的概念在不少经济学家的研究当中都有所涉及。亚当・斯密除了是广为人知的《国富论》作者，还在 1759 年撰写了另一部经典的著作《道德情操论》，在该书中他就已经论述了人类行为背后的心理因素，这涉及行为经济学的相关概念和内容，如损失厌恶、利他主义等。随后，杰里米・边沁（Jeremy Bentham）作为功利主义的鼻祖，对于消费者心理学的研究也有不少。而埃奇沃斯（Edgeworth）在 1881 年撰写了《数理心理学》，谈及许多关于心理学的内容，在其著名的“埃奇沃斯方盒图”中也涉及行为经济学中常见的二人讨价还价博弈，并包含社会效用的模型。20 世纪前半叶，凯恩斯（Keynes）作为“宏观经济学之父”，在 1936 年撰写的《就业、利息和货币通论》中提出了著名的选美博弈，用于分析股票市场投资。此外，他还研究宏观经济问题中的人类心理因素，如动物精神、消费的心理倾向等。

20 世纪五六十年代，西蒙（1956）正式将认知心理学运用到经济决策当中，他提出的“有限理性”假说明确质疑了新古典经济学的心理基础，视“完全理性”为一种理想化的完美特例，据此他还获得 1978 年的诺贝尔经济学奖。许多经济学家也对西蒙的研究进行了补充，对行为异象提出了改进的理论，如马科维茨（Markowitz，1952）、阿莱（Allais，1953）、史托斯（Strotz，1955）、谢林（Schelling，1960）和埃尔斯伯格（Ellsberg，1961）等。

到了 20 世纪 70 年代末，心理学家丹尼尔・卡尼曼和阿莫斯・特维斯基（Amos Tversky）发表了前景理论（Kahneman and Tversky，1979）、直觉判断（Tversky and Kahneman，1974）

等一系列开创性的研究成果，使得行为经济学正式诞生，并在其他行为经济学家的扩充中逐渐形成了基本稳定的行为经济理论。特别是前景理论，近 30 年来得到了广泛的应用和诸多研究的验证 （Barberis，2013）。2002 年，卡尼曼和弗农 · 史密斯分别作为行为经济学家和实验经济学家的代表共同获得诺贝尔经济学奖；此外，理查德 · 塞勒凭借其关于跨期选择、心理账户等的开创性贡献获得了 2017 年诺贝尔经济学奖，也将行为经济学推到了前沿的位置。埃斯特 · 迪弗洛作为 2019 年诺贝尔经济学奖得主，是利用实地实验方法来研究减少全球贫困问题，极具有创新意义。更多相关领域诺奖得主见表 1-1。

**表 1-1　2001 年以来诺贝尔经济学奖在行为与实验经济学相关领域的获奖者**

<table>
<tr><th>年　份</th><th>获 奖 者</th><th>获 奖 理 由</th></tr>
<tr><td rowspan="3">2019</td><td>阿比吉特 · 班纳吉</td><td rowspan="3">基于实验的方法改变了发展经济学，大大提高了我们应对全球贫困的能力</td></tr>
<tr><td>埃斯特尔 · 迪弗洛</td></tr>
<tr><td>迈克尔 · 克雷默</td></tr>
<tr><td>2017</td><td>理查德 · H. 塞勒</td><td>将心理学的现实假设纳入经济决策分析中。通过探索有限理性、社会偏好和缺乏自我控制的后果，展示了这些人格特质如何系统地影响个人决策以及市场结果</td></tr>
<tr><td rowspan="3">2013</td><td>尤金 · 法马</td><td rowspan="3">为现有对资产价值的认识奠定了基础。其中罗伯特 · 希勒在行为金融领域作出了贡献</td></tr>
<tr><td>拉尔斯 · 皮特 · 汉森</td></tr>
<tr><td>罗伯特 · 希勒</td></tr>
<tr><td rowspan="2">2012</td><td>埃尔文 · 罗斯</td><td rowspan="2">创建了“稳定分配”理论，并进行了“市场设计”的实践。罗斯成功地使用一系列实验室实验验证了其理论</td></tr>
<tr><td>罗伊德 · 沙普利</td></tr>
<tr><td rowspan="2">2009</td><td>埃莉诺 · 奥斯特罗姆</td><td rowspan="2">对经济治理行为的卓越分析，尤其是奥斯特罗姆对公共经济管理行为的贡献和威廉森对企业边界经济管理的分析</td></tr>
<tr><td>奥利姆 · E. 威廉森</td></tr>
<tr><td rowspan="3">2005</td><td>罗伯特 · 奥曼</td><td rowspan="3">通过对博弈理论的分析加深了对冲突与合作的理解</td></tr>
<tr><td>托马斯 · 谢林</td></tr>
<tr><td>克莱夫 · 格兰杰</td></tr>
<tr><td rowspan="2">2002</td><td>丹尼尔 · 卡尼曼</td><td rowspan="2">在心理和实验经济学研究方面作出了开创性工作。卡尼曼把心理学研究的视角整合入经济学，特别是关于人类在不确定性下的判断和决策方面。史密斯把实验室实验建立为实证经济学分析的工具，特别是在不同市场机制的研究上</td></tr>
<tr><td>弗农 · 史密斯</td></tr>
<tr><td rowspan="3">2001</td><td>迈克尔 · 斯彭斯</td><td rowspan="3">在不对称信息市场分析领域作出了重要贡献</td></tr>
<tr><td>乔治 · 阿克尔洛夫</td></tr>
<tr><td>约瑟夫 · 斯蒂格利茨</td></tr>
</table>

顶级的经济学期刊在近些年来都用大量篇幅刊登了行为与实验经济学的论文，表 1-2 列举了最新发表在五大经济学期刊 [*The American Economic Review* (AER)，*Econometrica* (ECA)，*Journal of Political Economy* (JPE)，*Quarterly Journal of Economics* (QJE)，and *The Review of Economic Studies* (RES)] 上的若干实验研究，感兴趣的读者可以阅读学习。

表 1-2 经济学五大期刊实验论文

| 作 者 | 年份 | 期刊 | 标 题 | 实验方法 |
|---|---|---|---|---|
| Ali, S.N. et al. | 2021 | AER | Adverse and Advantageous Selection in the Laboratory | 实验室实验 |
| Ambuehl, S. et al. | 2021 | AER | What Motivates Paternalism? An Experimental Study | 实验室实验 |
| Bandiera, O. et al. | 2021 | QJE | The Allocation of Authority in Organizations: A Field Experiment with Bureaucrats | 实地实验 |
| Banerjee, A. et al. | 2021 | AER | The Challenges of Universal Health Insurance in Developing Countries:Experimental Evidence from Indonesia's National Health Insurance | 实地实验 |
| Chandrasekhar, A. G. et al. | 2020 | ECA | Testing Models of Social Learning on Networks: Evidence from Two Experiments | 实验室实验 |
| Chew, S. H. et al. | 2020 | JPE | Motivated False Memory | 实验室实验 |
| Christensen, D. et al. | 2021 | QJE | Building Resilient Health Systems: Experimental Evidence from Sierra Leone and the 2014 Ebola Outbreak | 实地实验 |
| Conlon, C.T. and Mortimer, J.H. | 2021 | JPE | Efficiency and Foreclosure Effects of Vertical Rebates: Empirical Evidence | 实地实验 |
| Epper, T. et al. | 2020 | AER | Time Discounting and Wealth Inequality | 实验室实验 |
| Fehr, E. et al. | 2021 | AER | Behavioral Constraints on the Design of Subgame-Perfect Implementation Mechanisms | 实验室实验 |
| Goeree, J.K. and Louis, P. | 2021 | AER | M Equilibrium: A Theory of Beliefs and Choices in Games | 实验室实验 |
| Hakimov, R. et al. | 2021 | AER | How to Avoid Black Markets for Appointments with Online Booking Systems | 实验室实验 |
| Kasy, M. and Sautmann, A. | 2021 | ECA | Adaptive Treatment Assignment in Experiments for Policy Choice | 实地实验 |
| Leaver, C. et al. | 2021 | AER | Recruitment, Effort, and Retention Effects of Performance Contracts for Civil Servants: Experimental Evidence from Rwandan Primary Schools | 实地实验 |
| Levitt, S.D. | 2021 | RES | Heads or Tails: The Impact of a Coin Toss on Major Life Decisions and Subsequent Happiness | 实地实验 |
| Lowe, M. | 2021 | AER | Types of Contact: A Field Experiment on Collaborative and Adversarial Caste Integration | 实地实验 |
| Serra-Garcia, M. and Gneezy, U. | 2021 | AER | Mistakes, Overconfidence, and the Effect of Sharing on Detecting Lies | 实验室实验 |
| Weidmann, B. and Deming, D. J. | 2021 | ECA | Team Players: How Social Skills Improve Team Performance | 实验室实验 |

## （二）行为经济学理论的应用

随着行为经济学作为经济学的一个重要领域蓬勃发展，其应用也在逐步扩大，包括美国、英国等国家越来越多地在政府机构中设立行为科学小组，从而协助政府各个部门将行为和实验的科学方法应用于各项公共政策的制定与评估，以期提高公共政策的有效性和人民的福利水平。与传统经济学相比，行为经济学更多地侧重实证研究，可能更具有实用性。行为经济学家提出的助推（nudge）思想或温和家长制（soft paternalism），主张在不影响人们选择自由的情况下，在政策设计中构建符合大多数人福利目标的决策环境。

助推理论认为，如果我们希望将人们的行为改变到一个特定的方向，鼓励积极的选择比用制裁来禁止行为更有效。塞勒在 2008 年出版的《助推》中说，“把水果放在眼睛

的高度算作是一种助推，而直接禁止垃圾食品不算。”按照传统的政策方法，如减少能源消耗，将使用税收和补贴来改变价格，从而影响人们的价格选择并影响他们的行为。行为方法则侧重于向人们提供选择的方式。助推工作组确定了几个低成本的方法来改善政策的实施和节省资金。例如，调整提醒信的文字，告知没有交税的人，其他大多数人已经交了税，使交税率提高 5 个百分点以上。

已经有许多政府和组织等设立了助推工作相关的部门。例如，英国首相大卫·卡梅伦在 2010 年成立行为洞察团队（BIT）——或者人们常说的英国“助推工作组”（Nudge Unit）。它由大卫·哈尔彭博士和常务董事欧文·斯蒂尔领导，并在 2014 年从政府中退出成为独立咨询机构（The Institute for Government，2020）。自 2009 年以来，美国、丹麦、新加坡、法国和加拿大等国都出现了助推工作部门、倡议和网络。同样，经济合作与发展组织、世界银行和欧盟也发表了报告（例如，World Bank，2015）、召开了会议，并积极支持研究，以进一步研究“助推”的潜力。在美国北卡罗来纳达勒姆市，当地政府使用了一种助推政策鼓励单人驾驶者寻找不同的方式在市中心上下班。前 6 个月的目标是减少 5%的单人汽车旅行。为了实现这一目标，该市向驾车者发送了从家到工作地点的路线图，估计他们乘坐公共汽车、骑自行车和步行通勤所需的时间。对于那些愿意尝试步行的人来说，这些邮件给他们提供了预计的汽油节省量，甚至可能带来的体重减轻。该市还为城市雇员设立了一个抽奖活动，每周提供 163 美元的现金奖励（彭博城市实验室 Bloomberg.com，2018）。

## 二、行为与实验经济学在国内的发展和现状

### （一）行为经济学的引进与兴起

行为经济学的蓬勃发展影响了大批中国学者。20 世纪八九十年代，在改革开放的浪潮中从中国内地到海外的第一批学习行为经济学的留学生，现在活跃在中国的行为与实验经济学学术圈里的包括陈岩、唐方方、王湘红、杨春雷，他们对海外和中国经济学家的相互了解与学术交流起到了重要的推动作用。20 世纪初（2002 年），卡尼曼因在行为经济学领域的贡献而获诺贝尔经济学奖，大大鼓舞了中国学者对行为经济学的热情和信心。自 2004 年开始，大量行为经济学外文著作与研究成果被引入国内，这主要有三种形式：一是介绍和评判西方行为经济学理论的文章，例如，周业安（2004，2005），叶航、汪丁丁和罗卫东（2005）；二是翻译行为经济学的国外著作，例如，中国人民大学出版社 2003 年出版了史莱佛的《并非有效的市场——行为金融学导论》中译本，2006 年出版了凯莫勒的《行为博弈——对策略互动的实验研究》中译本，2010 年，中国人民大学出版社首次推出了专门的《行为和实验经济学前沿译丛》；三是有少量中国学者开始在国内发表规范的行为实验研究的论文，例如，杨晓兰和金雪军（2004），周业安和宋紫峰（2008），陈叶烽（2009）。

### （二）行为经济学研究的中国现状

在早期华人行为经济学者、本土学者以及海归学者的不懈努力下，国内与西方成熟的学术研究之间形成了密切接触，激励了中国的学术研究在行为经济学领域大步向前，

许多学者逐渐尝试应用行为经济学理论与研究方法来分析、解答中国的经济问题，因此基于中国背景的行为经济学研究广泛铺开，并取得了较为丰硕的成果。回顾 2005—2017 年，根据陈叶烽的统计，中国国内经济学五大顶级期刊［《经济研究》《管理世界》《世界经济》《经济学（季刊）》《中国社会科学》］共计发表 60 篇行为与实验经济学研究论文，论文发表数量逐年上升。其中，在《经济研究》发表的论文共计 18 篇，占五大刊发表数量的 18.3%，位列第一。从研究方法来看，按照实验室实验、田野实验、自然实验、问卷实验、心理实验和文献述评六种分类方式，实验室实验占据大半江山，为 42.68%。对所有实验方法进一步归纳，发现电脑实验已大大替代传统的纸笔实验，zTree 程序得到广泛应用；此外，问卷法与实验方法相结合成为一大趋势。这些论文的研究主题涉及社会性偏好、个人行为决策、行为金融学、行为劳动经济学等不同研究方向。研究方法主要有：调查问卷与电脑实验相结合，自然实验，实证检验中国具体的微观数据库等。国内学者开始将行为经济学实践于中国具体的经济现象，转化为高质量的研究成果，为行为经济学的理论发展开辟了新的空间，使得中国学者的国际发表成果数量逐渐上升。

### （三）行为经济学在中国发展的展望与建议

总之，行为经济学在中国的发展将继续，学术发展的目标可以分为理论创新和实践应用两大类，两者也是相辅相成的，中国作为经济发展活跃的大国，为行为经济学的理论检验和实践应用都提供了良好的环境。从发展的着眼点来看，首先，目前国内学者的相互合作以及国际合作都需要进一步加强。无论是本土学者还是海归学者，科学研究的目标都是一致的，由于每个学者的学习背景和研究特长，各自的研究侧重有所不同，国内各个大学和各个地区之间还缺少有利于长期合作的平台。其次，中国的行为经济学学者还需要继续扩大国际影响力，共同追求行为经济学理论研究方面的创新，并增进国际学术界对国内学术团体的认识。随着年轻学者的逐渐成熟，国内研究者相互合作并产出高水平成果的格局将逐渐形成。行为经济学研究者需要有更宽阔的视野，进一步理解和研究中国与全球经济问题，应用行为理论解决现实问题，进一步加强行为经济学家与政府和社会的合作。在科研支持方面，政府和高校应建立更完善的有利于行为政策研究与实施的基础设施。在硬件方面，早期更多的是实验室建设，现在需要的是扩充社会网络中的实验平台建设。在管理方面，行为经济学这一新兴经济学领域仍然需要更多培育性的支持。

## 第三节　行为经济学理论与传统理论的比较

行为经济学借助行为心理学来研究个体决策行为相对于新古典经济学模型的偏离，从而对新古典经济学模型的假定和结论进行修正。基本的行为理论主要包括行为偏好中关于风险、时间、社会的偏好，以及其他一些行为信念和行为决策。基于相应理论模型，行为经济学也在各个市场及政策当中都有所相应的应用场景。本节将简要介绍行为经济学的几大核心理论构架，包括：有限理性，前景理论与风险偏好，公平互惠等社会性偏好，跨期选择与时间偏好等。本节为后面一些应用章节的理论做铺垫。

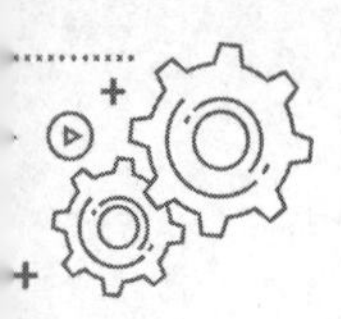



## 一、有限理性

有限理性理论起源于诺贝尔奖得主赫伯特·西蒙。1957 年，他针对理性选择理论提出这一概念，有限理性是指个体的理性决策是有限的，由三个主要因素——认知能力、时间限制和不完美信息——所限制。有限理性通过强调人类作出最优决策的能力的局限性，克服了原始理性选择理论中的一些关键缺陷。例如，我们被时间、吸收信息的能力等限制所“束缚”，或者我们可能被情绪和心情所驱使作出次优决定。

有限理性淡化了经济人的很多假设，研究对象是一个更加多样化的群体，他们有独特的品位和偏好，并随着时间的推移而改变。人们并不特别善于作出一致的决定或预测他们选择的后果。存在有限理性的个体，不是纯粹出于精打细算的自我利益，而是受到其他因素的影响，如社会规范、道德、公平、爱、同侪压力等，有时他们甚至是一时兴起决定事情，很少或根本没有考虑到后果。

## 二、前景理论与风险偏好

前景理论（prospect theory）是行为经济学领域中最基本的理论之一，该理论由诺贝尔经济学奖得主卡尼曼和另一名心理学家特维斯基所建立（Kahneman and Tversky，1979，1992），主要突破了传统的期望效用理论，从而对现实经济生活中的很多异象都有了更有力的解释。

传统的期望效用理论（EUT）作为大量经济理论的基石标准，指出个体面对各种可能与风险进行决策，这是与各个可能结果及其相应发生概率相关的选择过程，即获得的总效用是它各个结果效用的概率加权。其中，约翰·冯·诺依曼和摩根斯坦（John von Neumann and Morgenstern，1944）最早提出了期望效用理论的隐含公理，包括完备性、传递性、连续性、独立性、单调性等。其中，最明显的独立性公理是指在比较不同前景时，选择应独立于那些具有相同可能性的结果。

然而，自 20 世纪 50 年代开始，大量的经验研究发现了与期望效用理论不一致的异象（anomaly），如 1953 年的阿莱悖论（Allais Paradox）便违反了独立性公理。自 20 世纪 70 年代开始便有新的理论尝试对这些背离进行解释，Starmer（2000）对大部分理论进行了综述和分类，如中介模型（Gul，1991；Neilson，1992）、排序依赖的期望效用理论（Quiggin，1982）等。其中，最具突破性和影响力的是卡尼曼和特维斯基的前景理论（Kahneman and Tversky，1979，1992）。

前景理论要比期望效用理论更契合实验选择结果，因为它恰当地囊括了心理过程的分析判断。参照点依赖（reference-dependence）是前景理论区别于其他理论的最主要特征，即在价值函数里，收益和损失都是相对于参照点而言的，而不是最后的财富或福利状况。此外，价值函数还具有另外两个重要的特征，分别是损失厌恶（loss aversion）和敏感度递减（diminishing sensitivity）。其中，损失厌恶意味着“损失比等量的收益显得更突出”，而敏感度递减是指随着对参照点的远离，收益和损失的边际变化都将减小，这类似于新古典经济学中的边际效用递减规律。最后，前景理论是用概率权重（probability weighting）

函数 $\pi(p)$来进行评估的，这并不等同于客观的概率 $p$，因为决策者往往高估小概率而低估大概率。

前景理论的出现，不仅解释了从实验中得到的结果，还解释了现实中许多与期望效用理论相矛盾的异象，大多被凯莫勒（2000）概括成十种现象，如在消费品市场中，价格弹性非对称，即消费者对涨价的弹性比对降价的弹性更大（Hardie，Johnson，Fader，1993）；消费者存在现状偏见，如不会改变健康计划（Johnson et al.，1993）；在股票市场中，股票的回报要远高于债券的回报（Benartzi and Thaler，1995），投资者更长时间持有亏损的股票且过早出售盈利的股票（Odean，1998）；在劳动经济学中，劳动供给向下弯曲（Camerer et al.，1997）；在宏观经济学中，当获得对收入不利的消息后，消费者并没有削减消费（Bowman, Minehart and Rabin，1999）；在赌马领域里，每天最后一局的赌注会转到冷门马上（McGlothlin，1956）。以上现象都是受前景理论中的损失厌恶或参照点的影响。此外，在赌马领域里，对热门马的下注过少而对冷门马的下注过多（Jullien and Salanié, 1997）；在保险市场中，消费者会购买定价过高的保险（Cicchetti and Dubin, 1994）；在彩票市场中，彩票的销售量会随着其最高奖金的提高而上升（Cook and Clotfelter，1993）。这三种现象都是源于前景理论中的低概率高权重现象。此外，与前景理论相关的概念还有禀赋效应（endowment effect），主要指支付意愿（willingness to pay，WTP）和接受意愿（willingness to acquire，WTA）之间的不对称性，该效应是由卡尼曼、尼奇和塞勒（Kahneman，Knetsch and Thaler，1990）提出的，我们将会在后文详细说明。

## 三、公平互惠等社会性偏好

新古典模型的核心假设之一是个体是纯利己的，效用水平只依赖于自身的利益。然而从利己出发，大量的经验证据反映了异象情况，如向慈善机构捐赠、参与志愿活动、贡献公共品、在无奖励时反而比有奖励时更努力工作、厂商在经济衰退时裁员而不减薪等。这说明他人的福利在个体效用中起不可忽视的作用，这一偏好被称为社会性偏好（social preference）。

在实验室实验中，一些研究社会性偏好的常见博弈对利己假设提出了质疑，如最后通牒博弈（ultimatum games）、独裁者博弈（dictator games）、信任博弈（trust games）、囚徒困境博弈（prisoner’s dilemma games）和公共品博弈（public goods games）。其中，最后通牒博弈是提议者对一笔资金提议给回应者的分配金额，而回应者可以接受这一提议，也可以不接受但会使双方一无所获。独裁者博弈则是在最后通牒博弈的基础上剥夺了回应者选择拒绝的权利。信任博弈是委托人从一笔资金中选择给代理人的投资金额，而代理人接受的金额会被扩大到一定倍数，并决定返回给委托人的金额，即此时代理人执行的是独裁者博弈。囚徒困境博弈则是关于两名参与者的合作背叛问题，如两名囚犯都不坦白罪行（合作），则分别被监禁 1 年；若一人不坦白（合作）、一人坦白（背叛），则不坦白者被监禁 10 年，坦白者被释放；若两人都坦白（背叛），则分别被监禁 10 年。最后，公共品博弈是每人决定对公共品的贡献金额，而这种公共品可以供所有人享用，其本质上是多名参与者的囚徒困境博弈。根据新古典经济学，以上博弈的均衡解是分配、投资、

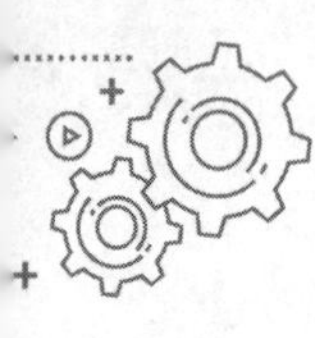



贡献金额都是零、接受提议和选择背叛。然而，大量实验证据表明大多数人都会提议一个正的金额且选择合作（如 Hoffman et al.，1996；List and Cherry，2000；Forsythe et al.，1994；Cox，2000）。

行为经济学认为上述的异象和实验结果源于社会性偏好，说明个体并非只关心自身的利益，他们还在意自身行为对他人的影响。而这些行为可能是利他的（altruistic），也可能是恶意的（spiteful），其中，利他主义是指能让其他人受益但自身会有一定损失，恶意行为则是使他人受损且自身也有损失。因此，行为经济学在新古典效用模型的基础上进行了扩展和修正，保留了效用最大化的基本假定，而加入对社会性偏好的考量，主要分为不平等厌恶模型和互惠模型两种。在不平等厌恶模型中，个体不仅在意自己的收益，还在意自己收益与他人收益之间的相对差异。而在互惠模型中，个体对公平的看法不仅在于对待是否平等，还在于意图是否善意，这一点具有很强的心理学基础。礼物交换博弈（gift exchange games）便是互惠模型中一个很好的例子。它对效率工资模型进行了检验，即劳动者会努力工作来回报不错的工资水平（Akerlof，1982）。

## 四、跨期选择与时间偏好

在长期内，个体常常需要进行跨期选择，即对不同时间的成本和收益进行权衡与选择，而由萨缪尔森（Samuelson，1937）提出的传统效用贴现理论被广泛使用至今。该贴现效用模型用贴现率来表示与时间偏好有关的心理因素，并认为个体对时间的偏好具有跨期一致不变性。

然而，大量相关的经验研究展示了许多效用贴现理论无法解释或不相符的异象，如贴现率并不是保持不变的，而是随着时间逐渐降低的。为了描述下降的时间偏好率，行为经济学的主流研究框架用双曲线贴现来修正效用贴现理论。在一般的贴现效用模型中，贴现率 $\delta$ 逐期不变，所以某一时间范围内总贴现效应的贴现函数可用指数函数来表示，即 $D(t) = \delta^t$。而双曲线贴现模型最早由 Chung 和 Herrnstein（1967）与 Phelps 和 Pollak（1968）提出，Chung 和 Herrnstein（1967）最初提出了双曲线的贴现函数 $D(t) = 1/t$，随后 Phelps 和 Pollak（1968）进行了修正，提出了准双曲线的贴现函数：若 $t=0$，$D(t) = 1$；若 $t > 0$，$D(t) = \beta\delta^t$。其中，$\beta < 1$ 意味着当期与下一期之间的贴现率要高于未来任意两期之间的，而 $\beta = 1$ 时就退化成了一般的指数贴现函数。

双曲线贴现模型表明了跨期选择中时间偏好的不一致性，因为个体有获取即时收益而回避即时成本的倾向，存在现状偏差偏好（present-biased preference）。例如，在 4 月 1 日做 7 小时令人不愉快的工作和 4 月 15 日做 8 小时同样的工作之间进行选择，若在 2 月 1 日做决策，人们会选择在 4 月 1 日做 7 小时，而若在 4 月 1 日做决策，人们则会拖延到 4 月 15 日。所以，双曲线贴现模型解释了人们如何过少消费像锻炼身体、寻找工作等有即时成本和延时收益的投资商品，而过多消费像玩游戏、看电视等有即时收益和延时成本的闲暇商品。

这种偏好的不一致性对行为的影响取决于个体的自我意识程度，有些个体极端幼稚（naive），相信自己将来的偏好与现在的偏好是一样的，有些个体极端老练（sophisticated），能够正确预测自己的偏好如何随着时间改变。而在现实生活中，大部分人处于这两种极端情况之间，他们是部分幼稚，能够意识到自我控制问题但却低估了问题的严重性。识别自我意识程度的一种方法是自我承诺机制的运用，即意识到自己的偏好会随时间变化的老练个体可能会事先剔除掉较差的选择，用更小的选择集来约束自己，因为较差的选择可能在随后的时间内变得有吸引力。

# 第四节　行为与实验经济学方法简介

本节介绍行为与实验经济学研究过程中使用的方法。首先，与其他经济学类研究一样，行为经济学研究中需要构建或描述理论模型，并从推演中产生预测。然后，进行实验来检验该理论及其预测结果。最后，通过数据分析得出结论。

## 一、行为经济理论

行为经济学的方法包括传统经济学的所有方法，在理论模型的构建中，往往在传统的经济理论模型中加入有限理性的描述。例如第三节所介绍的前景理论和跨期选择模型等。

行为经济学的理论也与博弈论密切相关，数学家约翰・冯・诺依曼和经济学家奥斯卡・摩根斯坦在 20 世纪 40 年代建立了博弈论，研究经济主体的互动选择产生与这些主体的偏好（或效用）有关的结果的方式，为开展经济学实验研究奠定了基础。博弈论的重点是博弈，它是理性玩家之间互动情况的一个模型，模型的关键是一个玩家的报酬取决于另一个玩家实施的策略。行为与实验经济学的发展扩展了博弈论中理性玩家的前提，对其结果进行了丰富和扩充。在现实中，参与人的行为往往偏离博弈模型所预测的纳什均衡，而行为与实验经济学的研究内容恰恰就包括对这些偏离的解释。在后面的章节中，我们会频繁提到几个经典的博弈模型，如最后通牒博弈、独裁者博弈、囚徒困境博弈以及各种拍卖实验等。在行为与实验经济学的学习过程中，基础的博弈论知识是必要的，读者也可以根据需要参考该方面教材，以便更好地学习。

## 二、经济学实验

在本章的开始，我们已经对实验经济学以及经济学实验的方法进行了简要的介绍，并且说明了行为经济学与实验经济学的发展是相辅相成、密不可分的。在过去的 20 年里，实验经济学已经从一个边缘活动转变为实证研究的标准工具。实验的方法包括实验室实验、实地实验和问卷实验，本节将对这三种实验进行简要介绍，后续章节将补充更多细节。

### （一）实验室实验

实验经济学在实验室控制环境中测试理论。虽然大多数实验是模拟市场和拍卖，但实验经济学方法也被更广泛地用来研究人类行为。实验者通过在实验室内创造一个可控的微观经济系统，明确制度，通过货币激励诱导被试者行为，并对决策或行为进行观察

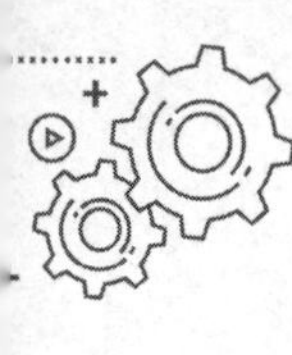



和收集。实验室中的“可控”包括两个关键：一个是受试者的行为，借助货币激励通过诱导价值理论来实现；另一个是核心变量的控制，可以通过固定数值的方法实现对变量的直接控制，也可通过随机化来对无关变量实现间接的控制。

实验室实验也存在其局限性。在实验室中，参与人的行为是不是与现实生活中的行为一致，邀请学生作为参与人，其和商人、医生、教师等行为是否相同。基于这一点，实地实验可以作为补充，增强实验室实验结果外推时的有效性。

### （二）实地实验

近年来，实地实验的地位明显提高。与实验室实验类似，实验者可以根据自己的研究目的创造外生变量，说明因果关系。但是，与实验室实验相比，实地实验是在一个真实的环境中进行的，可能会牺牲一些控制来获得更多的现实性。

我们可以将实验室实验看作物理学实验中没有摩擦力、真空的环境，可以更好地控制无关变量，观察到研究者真正关心的因果关系。而实地实验相对于实验室实验增加了一些“摩擦力”，研究者在现实的环境中进行而不是在教室中招募学生被试，使用的是真实的物品或工资进行激励。实地实验对假设和环境控制的放松，既能够检验实验室实验结果的稳健性、成为实验室数据的有效补充，也可能有意想不到的发现和结论。总之，借助实地实验，研究者可以得到更加有力的推论和更普适的结论。详见本书第十五章。

### （三）问卷实验

问卷实验是基于具有代表性的人口样本进行的调查性实验。问卷实验与简单的问卷调查不同，在问卷实验中研究者仍然需要将实验对象随机分配到不同的条件下，并像其他实验一样进行处理，但参与者一般不需要到实验室来参加。基于人口的实验是无限的，当代表样本不需要出现在一个单一的地点时，会更加具有现实性。

根据设计，问卷实验是利用随机分配的方式来建立无偏见的因果推论的实验研究。该方法也需要对随机选择的、有代表性的目标人群样本进行管理。然而，问卷实验多数情况下不需要依靠全国性的代表性人口样本。研究者感兴趣的目标人群可能是某一特定民族的成员、8 岁以下儿童的父母、看电视新闻的人等。因此，问卷实验有别于普通的调查。该实验方法将在本书第十四章重点介绍。

## 三、数据分析

在数据分析方面，行为与实验经济学研究通常从两个角度进行，即描述性统计和回归分析。与经济学其他分支不同的是，由于实验数据样本量通常小于自然数据、无法验证其分布，因此实验数据更经常地使用非参数的统计方法，如曼–惠特尼 U 检验。在参数方法上，行为与实验经济学研究者和其他经济研究者又达成了一致，通常使用回归分析的方法来解释处理变量和结果变量之间的关系。虽然心理学研究也使用了实验的方法，但是在分析数据时更多地使用方差分析。这两种方案可能是不同研究领域在表达结果时目的不同导致的，从本质上来说并不会产生非常大的背离。此外，在实验数据的回归分析中，交互项是一种经常使用的手段，用以观察不同处理组之间产生的差异。在以后的章节中，我们都会对这些常用的方法进行介绍。

# 第五节　行为与实验经济学主要参考资料

表 1-3 列举了近 5 年内期刊 *Journal of Economic Literature*（JEL）发表的关于行为或实验的综述性文章，供读者参考学习，了解最新的研究动态。JEL 是经济学中权威的综述性期刊。表 1-4 列举了行为与实验经济学方面的一些有代表性的教材，在学习过程中可以交叉参考，其中大部分是从英文翻译成中文的。

**表 1-3　JEL 近几年内行为与实验经济学综述性文章**

| 作　者 | 标　题 | 年份 |
| --- | --- | --- |
| DellaVigna, S.<br>德拉维尼亚 | Psychology and Economics: Evidence from the Field<br>心理学和经济学：来自田野实验的证据 | 2009 |
| Bowles, S. and Polania-Reyes, S.<br>鲍尔斯和波罗尼亚・雷耶斯 | Economic Incentives and Social Preferences: Substitutes or Complements?<br>经济激励与社会性偏好：替代还是互补? | 2012 |
| Harstad, R.M. and Selten, R.<br>哈斯达德和泽尔滕 | Bounded-Rationality Models: Tasks to Become Intellectually Competitive<br>有限理性模型：智力竞争的任务 | 2013 |
| Barseghyan, L. et al.<br>巴尔塞弗扬等 | Estimating Risk Preferences in the Field<br>评估现场风险偏好 | 2018 |
| Dal Bó, P. and Fréchette, G.R.<br>达尔・波和弗莱切特 | On the Determinants of Cooperation in Infinitely Repeated Games: A Survey<br>无限重复博弈中合作决定因素的研究 | 2018 |
| Neumark, D.<br>纽曼克 | Experimental Research on Labor Market Discrimination<br>劳动力市场歧视的实验研究 | 2018 |
| Cohen, O. et al.<br>科恩等 | Measuring Time Preferences<br>测量时间偏好 | 2020 |
| Hommes, C.<br>霍默斯 | Behavioral and Experimental Macroeconomics and Policy Analysis: A Complex Systems Approach<br>行为和实验宏观经济学以及政策分析：一个复杂系统方法 | 2021 |

资料来源：Journal of Economic Literature, 2009—2021.

**表 1-4　行为与实验经济学的教材和手册**

| 作　者 | 年份 | 书　名 |
| --- | --- | --- |
| 丹尼尔・弗里德曼和山姆・桑德<br>（Daniel Friedman and Shyam Sunder） | 2011 | 实验方法：经济学家入门方法<br>（Experimental Methods: A Primer for Economists） |
| 汪丁丁 | 2011 | 行为经济学讲义 |
| 尼克・威尔金森<br>（Nick Wilkinson） | 2012 | 行为经济学<br>(An Introduction to Behavioral Economics) |
| 道格拉斯・D. 戴维斯和查理斯・A. 霍尔特<br>（Douglas D. Davis & Charles A. Holt） | 2013 | 实验经济学<br>（Experimental Economics） |
| 约翰・H. 卡格尔和埃尔文・E. 罗斯<br>（John H. Kagel and Alvin Roth） | 2015 | 实验经济学手册<br>（The Handbook of Experimental Economics） |
| 科林・F. 凯莫勒，乔治・罗文斯坦，马修・拉宾（编）<br>（Colin F. Camerer, George Loewenstein, Mathew Rabin） | 2017 | 行为经济学新进展<br>(Advances in Behavioral Economics) |
| 陈叶烽 | 2021 | 实验经济学讲义 |

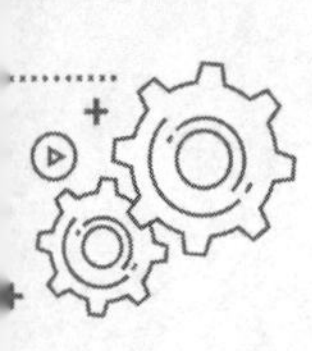



# 本章小结

本章对行为经济与实验经济的基本内容进行了简要介绍。第一节对行为经济学和实验经济学的内容及二者的关系进行了介绍。第二节回顾了行为经济学的发展历程，梳理了行为经济在我国的发展情况，并且提供了国内学者的研究成果供读者学习参考。第三节通过对行为经济学的几个核心构架的讲解，比较了行为经济学与传统经济学的不同之处。第四节简要介绍了行为与实验经济学中的方法，也为本书后续章节的讲解作出铺垫。最后一节列举了若干参考资料供读者学习使用。

## 复习与思考

1. 行为经济学与传统经济学最大的区别是什么？
2. 实验方法的优越性体现在哪些方面？
3. 举三个例子，说明行为经济学理论在生活中的应用。
4. 请列举在行为与实验经济学领域有突出贡献的 6 位经济学家。

# 第二章　行为实验的方法

行为经济学的大量发现来自实验提供的研究证据，如今，经济学实验已经普遍存在于劳动经济学、产业组织、金融学、公共经济学、个人决策等领域，甚至逐步延伸到宏观经济学当中。实验经济学的早期代表人物是弗农·史密斯，他首先用实验方法研究了拍卖市场（Smith，1962）。实验经济学侧重用抽象的实验背景来验证传统的经济学理论，而行为经济学更侧重在实验中引入不同情景来研究区别于传统理论的经济行为。本章介绍行为实验的主要方法，首先侧重的实验室实验，包括其特有优势、基本概念、主要特征、实验设计和方法应用等，在后面的章节中，我们将结合对行为理论的讲解说明实验方法的各种应用。除了基本的实验室实验、教学所用的小实验外，如今的行为经济学实验方法也广泛外延到实地实验和问卷实验等方法，本教材在第七篇对此进行进一步的介绍。

## 第一节　行为实验的概念和特征

### 一、行为实验的概念

实验方法是一种在通过控制环境和变量收集数据的方法，能够在可控的实验环境中研究人类的行为，测试人们在特定情况下作出的选择，该方法可用以研究代理人行为、市场机制和检验经济理论。行为和实验经济学自 20 世纪 60 年代以来得到了蓬勃发展，行为实验的方法论得以建立。经济学实验通过招募受试对象，通过货币激励在受控的经济环境下观察代理人的行为，以检验经济理论或为决策提供支持。

经济学实验在方法上与其他社会科学实验有两点不同：强调使用货币来诱导和激励参与人的决策，并且不允许对参与人进行欺骗。经济学实验在内容上侧重于对经济理论的检验和对偏离传统经济学领域的“理性人”行为的考察。

弗农·史密斯指出经济学实验的基本目的是在实验室里创造一个可控的微观经济系统（microeconomic system），该系统可以由三个要素来概括（Smith，1991）。第一是环境，规定了激励行动的代理人特征。在新古典经济学中，这包括代理人的禀赋、偏好和技术（成本）。在实验室实验中，货币奖励最常被用来诱导特定的价值或成本环境并激励决策。第二是制度，制定了代理人交流的语言（信息），管理信息交流的规则（产权），允许采取的行动范围（行为），以及信息或行动如何导致价值结果。实验室实验通常使用指令和决策表（通常由计算机程序来控制）来定义制度。第三是决策或行为，在环境和制度下，实验参与人所表现出的行为。考虑到实验参与人往往带有自身固有的特性如偏好、禀赋等，而这可能是不可观测的，也可能与控制实验研究中所假定的某些特性是不相符合的，对此弗农·史密斯（1976）提出的诱导价值理论（Induced Value Theory）可以有效实现实验控制，其具体内容在本章第二节中进行介绍。

常见实证工作的数据有四种，分别为实地-自然数据、实验室-自然数据、实地-实验数据与实验室-实验数据，表 2-1 列举了这几类数据的例子。前两种数据是自然环境下的产物，长久以来，经济学家进行实证工作都采用实地-自然数据，如消费者价格指数、人均可支配收入或企业财报，而实验室-自然数据则带有一些偶然性，如青霉素正是由于科学工作者对培养基的操作失误而被偶然发现的。

表 2-1　实证分析数据类型

| 数据采集方法 / 数据发生地 | 自 然 数 据 | 实 验 数 据 |
| --- | --- | --- |
| 实地 | 消费者价格指数 | 快递员劳动供给实验 |
| 实验室 | 青霉素的发现 | 公共品贡献行为实验 |

与自然数据相对的是实验数据，包括实地-实验数据与实验室-实验数据，这两种数据是人们为了科学目的对环境进行控制而产生的。关于实地实验，本书将在第十五章进行详细介绍，目前可简单地被理解为在真实环境中所做的实验，如快递员劳动供给实验（Fehr et al.，2007）和信用卡消费实验（Ausubel，1999）。实验室实验数据是本书关注的重点，实验室中可以进行诸如公共品贡献、讨价还价、最后通牒、信任博弈等一系列实验，用以考察被试真实行为并检验理论。以公共品贡献行为实验为例，该实验常在实验室中以小组方式进行，小组内每名被试将各自在私人账户和公共账户分配一定金额的初始禀赋，结束时，每名被试获得的金额是自己私人账户的全部与公共账户（包括其他组员投入公共账户的金额）的 $k$ 倍。通过对该实验数据进行分析，实验者可以方便地研究“搭便车”、无条件合作与有条件合作行为。

## 二、行为实验方法的优越性

经济学实验研究出现于 20 世纪中叶，但在短短 70 年间已经为经济学的多个领域提供了不少支撑证据。可见行为实验方法作为经济学的一个研究方法，有其独特的优越性，主要表现在实验条件可控、反映被试者真实行为动机、行为实验数据的有效性上。

第一，实验条件可控。行为实验方法目的在于研究受控条件下被试者如何进行决策，由于实验条件可控，所以研究者可以更清楚地研究多个变量之间的关系。所以，实验的优势在于容易得出直接和明晰的因果关系结论，通过随机控制，在保持其他环境因素不变时研究单一因素的影响。对实验数据的分析使我们能够很容易地得出结论，解释变量 $X$ 是否能够对被解释变量 $Y$ 产生影响。在自然数据中，环境的不可控与缺失对照可能导致遗漏变量的干扰，从而使因果难以分明。

第二，反映被试者真实行为动机。由于在实验中一般强调对被试的决策采用激励方法，被试者的行为在实验中是真实物质激励下的反应，同时被试者在实验中处于可控条件下，所以实验数据更能反映被试者的直接行为动机。

第三，行为实验数据的有效性。相较于现实环境下产生的经济决策数据，行为实验数据是事前尽可能控制了各种干扰混淆因素条件下产生的，所以数据更加整洁，有利于研究者发现并分析各个经济因素之间的影响关系。对于数据的有效性，行为实验可以直接收集研究者真正关心的变量数据，而这在自然环境下获取的数据中往往是缺失的或不可观测的且只能用非直接的代理变量来替代。

实验室数据的有效性会面临其他的一些考验。其中，内部有效性是指从实验数据中获得正确的因果推断结论，受到实验设计的合理性、数据分析的准确性等因素的影响。外部有效性是指将实验结论推广到外部自然环境当中，根据史密斯的平行规则（Smith，1982），只要保证其他条件不变，可推断实验室里的个体行为和制度表现也适用于实验外环境。

# 第二节　行为实验的目的和原则

## 一、实验的目的

经济学的发展动力来自理论与实证的互动。理论为实证提供方向与指导，实证工作对理论进行检验和完善，实验的目的多种多样，只有明确了实验目的，研究者才能据此合理地进行实验设计、收集和分析数据。

经济学作为一门社会科学，所需数据可能无法直接从现实获得。在这种条件下，实验的方法为经济学在实证数据收集方面提供了更多支持。因此，获取有效数据是实验的直接也是重要目的之一。

寻找科学规律是研究者最为关注的目的。实验研究试图给予理论研究者某种反馈，如检验已经得到模型预测的结论，或者观察没有得到模型预测的规律。同时，在实验经济学家内部，也在不断补充和积累事实。基于早期实验研究，不断改进实验设计、完善细节，以观察到更多的行为规律，最终形成正式理论。

实验的第三个重要目的是为当局者提出政策建议。这一目的主要是由现实需求所推动的，如修改消费税的征收方式会对消费者和商家产生何种影响？相较于以理论研究为目的的实验，这一类实验在设计上可能会更加接近现实环境。当然，政府决策者并不是实验唯一的服务对象，实验室实验也可以通过收集数据影响企业管理者、消费者和投票者的行为。

最后，实验还有一个重要目的是教学。最早的经济学实验是张伯伦在课堂中进行的，该实验就是用于教学目的。

## 二、实验的原则

实验设计的一大难点就是如何在“现实”与“模型”之间进行权衡。实验设计有必要对现实进行模拟，使被试者在尽可能真实的环境中作出最贴近现实的决策。但是现实存在无数复杂细节，在实验室中完全进行刻画和模拟并不现实，而且成本过高。同样，对于模型而言，往往包含诸多精确假设，想要完全模拟也是徒劳。同时，即使在实验室中成功对模型进行了模拟，得到了与模型一致的结论，也意义不大，反而不如放松模型假设观察到同样的结果能给模型带来更多补充支持。故对于实验设计和实施可以提出以

下原则。

第一，实验要求在受控的经济环境下进行。一个经济环境通常包括参与人和制度，制度是参与人之间互动的规则。例如，参与人包括消费者和厂商，制度为完全竞争的市场。制度的控制比较容易实现，实验者进行规定并且在实验过程中实施它。而实验中的参与人有着各自的特性，如何对他们进行控制，需要通过第二个实验原则“诱导价值理论”来进行解释。

第二，诱导价值理论（Smith，1976）。控制是实验方法的核心，对参与人控制的实验可以通过使用特定的奖励结构来诱导行动，使参与人展现出实验需要的特性，同时将其他因素的影响降到最小。满足以下三个条件足以诱导代理人的特征。

单调性：被试者应偏好更多的报酬媒介而不是更少，且不会被满足。

显著性：被试者获得的报酬取决于他的行为或决策，而不是固定不变的。

占优性：实验中被试者效用的变化主要源于报酬媒介，而其他影响可忽略不计。

为了契合诱导价值理论中的三个条件，实验室实验一般呈现出以下几个基本特征：首先，报酬媒介往往是金钱激励，且激励高低大多由实验中的行为决定，这不同于一般问卷调查中以固定的参与费作为报酬；其次，实验参与人一般是本科生这样的机会成本低且学习曲线陡的被试，这有别于大型现场实验中以社会人作为实验对象；最后，实验过程中不能欺骗实验参与人，以防止他们对实验报酬和行为等内容产生怀疑而进行不真实行为，这也与一些特殊的心理学实验所不同。当然，上述特征并不是必要条件，可根据研究目的灵活调整。

关于诱导价值理论的三个条件，我们需要举例说明一点。在研究中使用问卷进行调研，并支付给参与调研的对象固定金额报酬，这种有偿调查并不属于实验经济学的范畴，因为固定金额的支付不满足占优性。此外，值得注意的是，被试者对相对报酬的关注、被试者对特定试验结果的迎合等都有可能影响诱导价值理论条件的实现，因此在实验过程中尽量不要让被试者了解其他被试者的报酬和实验目的等信息。

第三，平行规则。经济学家对实验室数据在实际中的有效性表示质疑，实验室中参与者的行为是否可以推广到真实世界当中。当我们在实验室中使用学生作为参与人，那些真正经验丰富的商人是否会表现出同样的行为？实际上，物理学、生物学等领域同样存在关于实验方法在实际中的有效性的质疑。比如，我们每天都观察到太阳东升西落，仅凭借这个事实也无法确切得出明天太阳依旧会东升西落的结论，可是归纳法跨过了这一步，推理出明天太阳也会东升西落这个结论。弗农·史密斯将归纳法的基本原则总结为“平行规则”，只要“其他条件相同”，实验室中证明的关于个人行为和制度表现的定理也适用于非实验室的微观经济中。

## 第三节 实验设计

### 一、变量控制

行为实验的关键点之一是如何设计实验以研究核心变量的效应。一般而言，合理的实验设计有两大基本元素：控制和随机化。在实验室里，研究者可以控制那些不关心的变量，使其保持在一个固定水平上不变，而只研究所关心的变量在不同取值下的实验结果，这样在两级或多级中受到干预的变量便是处理变量。例如在最后通牒博弈实验中，可保持响应者的初始禀赋不变，而研究在不同的提议者初始禀赋下个体的决策差异。但是，有些变量可能难以控制甚至不可观测，这可能会对处理变量的效应造成干扰，那么对这些变量进行控制，可以将这类干扰变量从处理变量中独立出来。常见的方式包括两种，直接控制和间接控制。

### （一）直接的实验控制

前面我们已经进行了解释，在实验室中获取数据的优势是可以通过实验设计控制无关的变量，只关心我们想要研究的关键变量对结果的影响。对变量进行控制最简单的方式是赋予一个固定的值，让其保持在某个水平上不变。

例如，在 Kocher 等（2016）的公共品实验中，某场实验中每名被试者都经历了两轮实验，第一轮实验没有最低贡献额限制，第二轮实验限制最低贡献额为两个代币，其余流程保持完全一致。该实验的处理变量仅有“最低贡献额”，那么两轮实验被试的贡献差异来源仅来自改变最低贡献额这一处理。总而言之，实验设计中要尽可能地控制更多变量从而使实验设计更加清晰，这样得到的结果和处理变量之间的信息也更加明确。

### （二）间接的实验控制

然而有些变量在实验中无法直接进行控制，甚至说很难被观察或者从其他变量分离出来。最常见的是被试者的一些个人特征，我们可以在招募时有意识地控制被试者的性别、年龄等明确的信息，但是被试者的个人爱好、习惯或者性格特征等会对结果产生影响，却不容易被识别或者识别起来成本较高。对于这些变量，可以采取“随机化”的方式实现间接控制。

例如，被试者通过抽签的方式，被随机地分入实验组和控制组，当招募人数达到一定数目或实验次数较多时，我们就可以认为分配在实验组和控制组中的被试者潜在的个人特征是均衡的，不会干扰处理变量对结果的影响。再比如，在最后通牒博弈实验中，随机指定参与人的角色为提议者或响应者，而不是简单地给早到的人提议者角色、给晚到的人响应者角色，以保证实验结果表现的是角色差异，而不是早到晚到暗含的自身偏好特征差异。

## 二、组内设计与组间设计

在设计实验处理变量时，可以采取两种方式——组内设计（within-subjects designs）和组间设计（between-subjects designs）。组内设计的含义是，对每个被试者都进行几个不同水平的处理，且每个被试者接受的处理是完全一样的。组间设计是将被试者分组，每组被试者只接受一种处理，也就是关注变量的水平只在不同组的被试者上是不同的。两种设计各有特点，可以在实验中针对具体情况选择使用。组内设计优点是减少了不必要的个体差异影响，但是存在顺序效应的问题。

例如，在公共品实验中我们要研究引入最低贡献额对公共品贡献的影响，使用组内设计时，可以设计每名被试者在实验的前5轮中进行无最低贡献限制的公共品贡献，6～10轮中再加入最低贡献额限制。我们能很容易地考虑到，究竟是应该在前5轮还是后5轮引入最低贡献额的限制对被试者行为会产生不同的影响。因此，为了排除这种影响，可以将被试者分为两组，一组在前5轮引入最低贡献额限制，而另一组在后5轮引入最低贡献额限制。处理数据时，通过计算分析比较顺序对结果的影响。组间设计中就不需要考虑顺序效应，因为每个被试者只接受了一种处理。但是在组间设计的实验中，实验者一定要保证每组被试者分配尽可能地随机，因为组间差异是这一设计的核心问题。

## 三、常见的实验干扰效应

在实验过程中，一些干扰因素可能会对实验结果造成影响，从而使得实验结果产生偏差，常见的干扰效应有需求效应、学习效应、收入效应、顺序效应等，在实验设计时需要对这些干扰因素加以考虑。接下来，我们对这些干扰效应进行介绍并提供实验设计上的建议。

### （一）需求效应

实验中的需求效应（experimenter demand effects，EDE）是指由于被试者对实验者的目的进行揣摩猜测，希望做出迎合实验者预期的行动而导致的行为改变。需求效应根据来源可以分为两种：一是社会需求效应，即实验者作为一个权威，通过指令和提示明确或隐含地施加在被试身上。鉴于这种社会压力，被试者形成了对实验目标的信念，导致他的行动可以朝着与这种目标最一致的方向发挥。二是认知需求效应，是通过无意识的认知机制发挥作用的。被试者在实验过程中收集线索、识别任务做出相应行为，同时也会对能从实验环境中得到的任何线索敏感，这种对于线索的敏感性就会触发认知需求效应。“约翰·亨利效应”（John Henry Effect）是社会需求效应的典型例子，在大学新生中随机挑选一部分新生发放新的学习工具作为实验处理组，没有得到新学习工具的新生成为控制组。控制组新生可能出于争强好胜的心理而更加努力学习，从而降低了新的学习工具对学习成绩的影响。

需求效应有可能在实验过程中的任意一个环节或步骤出现，而且对实验结果的影响难以预期。为了避免需求效应，建议采取预防措施：第一，实验者减少与被试者之间不必要的接触，以避免带来任何可能的提醒或暗示；第二，有效地激励，通过适度提高金钱激励增加被试者偏离激励规则的成本，当激励足够有效时，需求效应的影响就会很小；第三，使用非欺骗性混淆将实验目标模糊化，尽量使用无语境语言，如在最后通牒博弈中不适用“提议者”和“响应者”的说法，而是用“角色A”和“角色B”来代替。

### （二）学习效应

在实验中被试者会随着实验轮次的增加，不断在实验中积累经验改变自己的行为。这种行为的改变有可能是逐步的，也有可能是在某个轮次突然发生。可以在实验中设计“练习轮次”，让被试者先熟悉实验的操作。学习效应可能显著影响被试者的表现，在后续的数据处理中，也应当控制轮次变量、分析前几轮和后几轮行为的差异等对学习效应进行进一步的检验和讨论。

以一项投资实验为例，其结果直观地反映了学习效应对被试者表现的影响（宗计川等，2017）。作者在实验室内构造了一个真实的投资场景，被试者需分别对两种风险资产和一种无风险资产进行配置，每局实验重复 30 轮。对于基本组来说，风险资产的风险每 3 轮调整一次，随机上升或下降；对于学习组来说，风险资产风险变动与基本实验组相同，但参与人事先进行 12 轮的实验练习，然后再进行 30 轮的实验练习。学习组与基本组的区别在于，学习组提前进行了 12 轮实验的练习。

图 2-1 中，图（a）为基本组实验结果，图（b）为学习组实验结果。根据图 2-1（a），实验中的风险资产投入比例与均衡预测值相差很大，风险投资比例的波动性要明显低于理论均衡。对比而言，图 2-1（b）中被试者风险资产的投入比例与理论均衡比例不管是在数值上还是方向上都非常接近。这表明，学习效应的存在使得被试者的资产组合调整行为发生了变化，即学习效应有效降低了被试者的资产调整惯性。

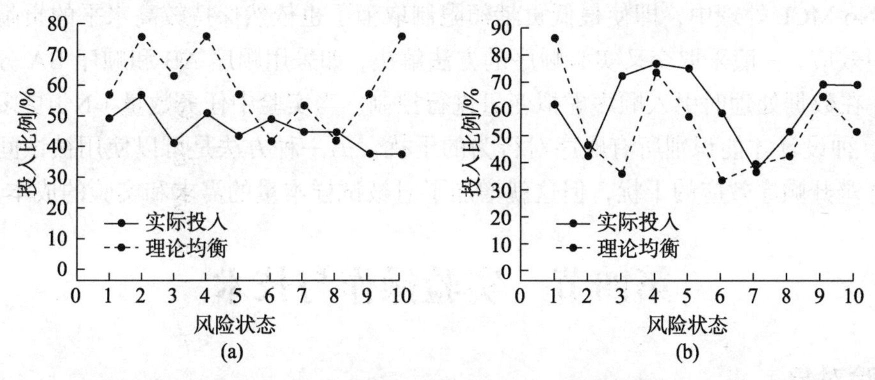


图 2-1 风险资产投资比例—学习效应结果图

(a) 基本组；(b) 学习组

资料来源：宗计川，朱鑫鑫，隋聪，2017. 资产组合调整惯性行为研究：实验室证据[J]. 管理科学学报，20(11): 61-74.

另一种学习效应在行为实验中是必须避免发生的，即可能存在部分被试者之前已经参加过同样或者类似的实验，具有一定经验，他们的表现会与首次参加实验的被试者不同。因此，在招募时实验者应当对被试者进行有效管理，统计好哪些被试曾经参加过实验、参加过哪一个实验等。原则上不允许被试者多次参加同一个实验。

## （三）收入效应

收入效应主要在报酬支付环节影响被试者的行为。如果在实验过程中收入是可以累积的，那么已经获得的收入水平会影响被试者对接下来实验中商品价格的估计和对风险的判断，或者被试者在实验的前两轮中挣得了较多的代币，在后面的实验中表现就有所懈怠。这样一来，实验中的各轮决策将不再独立。例如，在最后通牒实验中，如果实验要求重复进行 30 轮，作为响应者的被试者已经重复参加了 27 轮，同时获得了足够多的收益，那么最后 3 轮的实验中被试者可能由于收入效应或因为无聊而放弃思考的过程随意选择。此时实验将失去金钱对被试者的激励效用，最后几轮的数据可能成为实验数据的噪声。

针对收入效应，常见的方法是在多轮中随机抽取一个轮次作为支付报酬的依据，这

样既可以避免财富效应，也可以降低实验的成本。如果没有随机选取实验轮次计算报酬（例如在双寡头市场实验中，规定按照多轮实验中的最高报酬支付），被试者可能进行合谋以轮流获取最大利润。如果设计者使用基于相对绩效的报酬，这种设计方式将不满足价值诱导理论，而且会鼓励被试者产生冒险行为。然而，若实验研究的重点是竞争性行为，实验设计者可以采取这种报酬支付方式。

**（四）顺序效应**

顺序效应指的是由于实验材料呈现给被试者的顺序而导致研究参与者的反应不同。在被试者需要完成多项实验任务时，后面的任务会由于学习效应而受到前面任务的影响。

例如，我们研究在公共品实验中施加最低贡献额（minimum contribution level，MCL）限制是否会影响被试者的捐赠金额时，可以先进行不引入最低贡献额限制的公共品任务（No-MCL），也可以先进行施加最低贡献额限制的公共品任务（With-MCL）（Kocher et al., 2016）。但是，当先进行 With-MCL 的处理时，被试者行为会受到学习效应的干扰，从而在后续 No-MCL 处理中，即使最低贡献额限制取消了也依然保持较高水平的贡献金额。针对顺序效应，一般采取交叉实验顺序的方法解决，如采用顺序 AB 和顺序 BA 分别进行实验，并在数据处理时引入顺序虚拟变量进行控制。当实验中任务数量（N）更多时，则需要 N！种设计才能识别所有顺序对行为的干扰。另一种方法是可以使用被试间设计，可以完全避开顺序效应的干扰，但这就增加了对被试样本量的需求和实验的成本。

# 第四节　实验操作与技术

## 一、实验对象

学生是目前多数实验室研究首选的实验对象，使用学生作为被试具有以下优势：①容易招募；②学生作为实验对象机会成本低；③较为陡峭的学习曲线；④较少接触具有混淆性的外部信息。需要注意的是，在实验中我们优先选择非经济类专业的本科生，避免被试者学习经济学知识后能够判断出实验的真实目的而影响决策。实验中招募的学生被试者来自不同专业，他们毕业后有可能走向任意一个行业工作，因此多数时候可以认为这些本科生代表总人口。

所以，使用学生作为实验对象具有巨大优势，但是并不能完全抛弃其他群体，适当邀请学生之外的群体进行实验对结果进行补充也是有必要的。一方面，可以增强对模型的补充解释；另一方面，在有些特定目的下的研究，更适合使用专业人士作为实验对象。例如，如果我们的实验目的是对电力市场化改革中的交易问题进行政策研究，可以邀请具备相关经验的专业人士、从业人员进行实验，这样更有利于实验结果向实际推广。

## 二、报酬支付

根据诱导价值理论，支付报酬是经济学实验的关键环节，实验者需要提供现金报酬的方式来激励被试者，以在实验室创造可控的经济环境。报酬一般分为两个部分，少量固定金额的出场费和与被试者的行动密切相关实验报酬。建议设置小时报酬，该报酬应比校内平均时薪高 50%～100%（Friedman and Sunder，1994），这样被试者可能会更愿意在以后参加其他的经济学实验。

实验中需要支付固定金额的出场费，其目的是解决实验中的“破产”问题。在实验过程中，实验对象的收益有可能变成负值，这可能会引起实验对象的冒险行为，从而失去对他们的控制。需要注意的是，实验总支出中，被试者的出场费只占少部分，还是以被试者行动相关的报酬为主来保证对被试者的激励和控制。

报酬可以直接以现金计算，也可以采取在实验过程中以代币计算，最终折算成现金支付给被试者；使用代币的方式更隐蔽、更灵活。代币和现金的兑换率可以是对所有被试者一样的，也可以是不同的；可以是公开信息，也可以是私人信息。例如，在公共品捐赠实验中，我们将被试者分为高、低收入两类并赋予不同的禀赋，所以对于这两类参与者而言，高禀赋的参与者获得的代币会普遍高于低禀赋者，可以给两类参与者规定不同的兑换率，保证他们最后的报酬是基本一致的。这就要求实验者在实验设计完成后，对代币的区间进行计算和预估，以合理设置报酬金额。此外，为避免“收入效应”的影响，实验者可以使用随机抽取一轮的方式来支付报酬。

## 三、指导语

指导语是实验者向实验对象关于本实验内容的全部介绍，其中包括实验过程中的注意事项、实验对象所拥有的资本和禀赋信息、实验过程中的行动规则、实验报酬的支付规则，还可以包括实验中设备使用的介绍等。下面，我们逐一介绍指导语写作中每一部分的要点，并在最后提供了一份完整的有关公共品捐赠的指导语，该指导语出自 Kocher 等（2016），见本章附录 1。

### （一）介绍实验目的

指导语首先应当向来参加实验的被试者介绍实验目的，来满足被试者的好奇“为什么要花费金钱邀请他们来做一个小游戏”。对于关于目的的介绍应当真实、清晰，不可以对被试者有欺骗性语言，但是也不宜过分精确，透露出实验者想要研究的具体变量。也就是满足被试者好奇心的基础上，避免产生“需求效应”——如果被试者清晰地知道实验者想要观察某种行为，他们会表现出应和实验者的行为。

### （二）说明实验基本注意事项

在指导语中应写明实验过程中的基本注意事项：第一，除非实验有某个环节要求被试者进行交流，一般情况下实验过程中被试者应独立作出决策，不允许相互交流；第二，禁止使用手机，防止被试者交流、搜索实验相关信息；第三，如果被试者对实验内容有疑问或者遇到其他设备问题，举手示意实验员私下进行解答，公开提问可能会影响其他被试者；第四，被试者在离开实验室后，应当对实验内容保密，避免内容泄露给后续将要参加实验的人员。

### （三）明确报酬支付规则

指导语中清晰地写明实验报酬的支付规则，有助于被试者在实验开始时就了解报酬

是如何支付的，然后在报酬的激励下进行决策实验对被试者的控制才更有效。

例如：

在实验开始时，你将得到初始资金 5 元人民币。在整个实验过程中，你可以通过获取实验点数来增加收入，而你所获得的实验点数取决于你和其他参与者的决策。在实验结束时，你所获得的所有实验点数将被折算成人民币，其中折算的比率为

450 点 =1 元人民币

### （四）介绍实验规则

指导语也应当明确地向被试者介绍实验规则，通常这也是指导语中篇幅最长的部分。越是通俗易懂、清晰明了，越能更好地在实验过程中实现对制度的控制。第一，实验的基本情况，共有几轮或几个部分、其中是否包含练习轮次。第二，实验的具体内容，其中要素一般包括被试者的身份（卖方或买房、生产者或消费者），需要参与何种交易、具体交易规则以及交易成功/不成功将获得/扣除多少代币的收入计算规则。针对实验主体部分的交易规则和收入计算规则，建议给出相关例子，便于被试者能更好地理解。或者有的指导语会设计相关练习题让被试者熟悉规则。

### （五）禁止出现的内容

指导语中忌讳的内容是任何暗示性语言，避免干扰被试者独立进行决策。另外，指导语中包含的私人信息，如禀赋、分红等应当清楚地界定，并保证被试者不会泄露给他人。

## 四、实验设备与实验程序

实验可以选择手工的方式或在电脑上进行，两种方式各有优缺点。手工实验允许你有很大的自由度来改变你的设计。相比之下，电脑实验往往需要重写软件，并不可避免地再次进行调试。电脑实验设备购置、维护成本和辅助人员的时间成本很大，但是优势也是非常明显的。在手工实验的场景中，被试者之间、被试者与实验员之间不可避免地产生眼神或肢体的互动与交流，使用电脑进行实验可以避免这一点，通过电脑进行信息链接和互动能更好地控制信息流。部分电脑化实验也是一种可选的方式，被试者需要在纸上写下他们的决策，然后实验员收集这些数据并录入电脑，被试者等待电脑计算结果。不便之处就是数据量较大时，会耗费较多时间，同时被试者也会因为等待而失去耐心。

在 20 世纪 70 年代以前，行为经济学实验的设备只是传统的纸笔、黑板等，而随着电脑、网络等技术的引入，实验设备也越来越多样化。如今主流的实验室实验都采用电脑网络设备，因为它为实验流程和数据分析提供了极大的便利性，可以迅速准确地获取数据，为实验对象提供个性化的指令与交流，减少实验员与实验对象之间不必要的干扰。不过电脑模式要求研究者开发经济行为实验程序，而目前比较主流使用的是瑞士苏黎世大学的乌尔斯·菲施巴赫（Urs Fischbacher）教授所开发的经济实验专用编程语言 z-Tree（Zurich Toolbox for Readymade Economic Experiments），它使得没有系统编程背景的实验员可以轻易上手学习和操作。其中，实验员操作的电脑上运行的程序是服务器程序 z-Tree，而各个参与者面向的电脑上运行的程序是客户端程序 z-Leaf。这样研究者只需在 z-Tree 服务器端上编程，然后在 z-Leaf 上通过与服务器连接就能自动接收 z-Tree 的指令并形成

用户界面。本教材介绍的公共品实验（Kocher et al.，2016）是使用 z-Tree 编程实现的。

除了使用实验室电脑设备，笔者在多年的教学与研究中还基于线上教学平台 MobLab（www.moblab.cn）等进行了多项教学实验，让同学作为被试登录平台参与实验，以对实验经济学有更直观的认知。越来越多的学者正在利用网络平台进行实验，网络平台实验相当于将实验室挪到线上，打破了参与人的地理与时间限制，从而降低实验成本并提高实验样本的多样性，增强实验研究的外部有效性。例如，使用 MobLab 所做的大样本研究有 Lin 等（2018）、Lin 等（2020）和 Li 等（2021）的研究。再比如，MTurk（Amazon Mechanical Turk，mturk.com）是亚马逊开发的任务平台，实验研究者可以在其上发布实验任务，招募被试参与，研究者可以使用 MTurk 的开发工具包编写实验程序；例如，Dai（2018）使用 MTurk 收集了三个线上实验的数据，其中一个实验让被试解答字谜，通过随机分配一部分被试感受绩效清零，观察实验条件实施之后被试的自信心和做字谜的积极性有何变化。近几年开始流行的线上实验程序还有 oTree，是基于 Python 的行为实验研究开源平台，oTree 不需要在受试者的设备上安装软件，可以在任何具有网络浏览器的设备上运行，无论是台式计算机、平板电脑还是智能手机，既可以基于互联网，也可以在没有互联网访问的情况下基于本地网络运行（Chen et al.，2016）。

此外，在实验被试的招募中也可以使用线上招募程序，微课研是研众科技（yzlabcloud.com）开发的行为与实验经济学在线招募和问卷调查实验教学研究平台。微课研平台的开发借助了微信开放接口，用户可以通过手机、计算机和平板电脑进行操作和使用。例如，Shachat 等（2021）使用微课研系统开展线上实验研究了新冠病毒的流行对人们亲社会行为的影响。

## 五、实施实验与注意事项

有谚语说“站在岸上，学不会游泳”，学习经济学实验也是如此，进行一次真正的经济学实验操作将使你受益良多，接下来我们介绍在实验室实施行为实验的主要流程及必要的准备。

### （一）准备实验日志

首先我们建议准备一个笔记本作为实验日志，记录与实验相关的各类事项，包括实验进行的日期、实验地点、参与人数、实验员，以及实验过程中发生的状况，如某台设备出现问题、被试者缺席。第一，实验相关的基本信息非常重要，包括在后期处理数据时这些信息也可能成为影响实验结果的因素，在交流时也需要向同行进行报告。第二，记录实验相关情况，特别是过程中发生的问题便于实验结束后进行总结反思，如何在下一次实验中避免问题。

### （二）预实验

在实验准备过程中可能需要进行多次测试和预实验。预实验也应完全按照正式实验的标准来进行模拟，这样才可能发现正式实验中可能遇到的问题，包括实验设备、实验程序，或是指导语不清晰的指令、被试者之间的信息泄露，甚至是实验员之间的相互配合等。

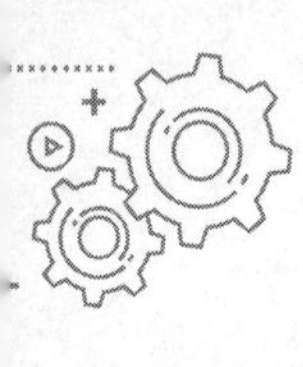



## （三）招募被试者

在校园中招募被试者时，首先保证被试者尽量是低年级本科生，并且来自非经济专业；其次，尽可能地招募不同专业的学生来保证随机化。可以采取的招募方式很多，如直接发放招募传单、在宣传栏中张贴，以及在学校 BBS（网络论坛）中发布信息等线上方式。目前也有专门的公司提供这方面产品，方便实验者招募和管理被试。笔者还在研究中利用"微课研"进行实验对象招募、报酬发放等流程，以方便统计、避免重复招募等。

## （四）组织实验

实验者在安排好实验场次和每场的被试者后，实验的前一天需要再次联系确认第二天参加实验的被试者，以免有被试者忘记自己报名参加了实验。

在实验当天，实验者提前到达实验室准备电脑、软件、指导语、签号、表格、摄影录音设备、笔及草稿纸等。在实验开始前 30 分钟就应测试全部设备，把所需的实验用品摆放到位。

被试者到达实验室时，请让他们签到并且做好登记，同时通过抽签的方式随机入座。如果有相熟的被试者一起来参加实验，尽量让他们分开就座。即使在前一日实验者确认好所有能够到场的被试者，也会临时发生迟到或者无法到场的情况。如果实验人数可以配对，能够正式开始（许多实验有分组进行的环节），我们可以给迟到的被试者发放出场费，并邀请他参加其他场次的实验；如果确实遇到因为人数无法正确分组而无法开始的情况，实验者必须非常灵活地从路过实验室的同学中邀请一人来参加实验。

实验程序正式启动前重要的一个环节是宣读实验注意事项，如实验过程中被试者不允许互相交流、使用手机等。宣读完毕后，被试者可以阅读实验指导语。有时指导语中包含私人信息，因此实验者不便于公开宣读。确认所有被试者对指导语没有任何疑问时，可以启动实验程序。在实验过程中，实验者需要随时关注被试者，因为他们可能遇到问题需要解答，务必私下解答被试者的问题，防止泄露私人信息干扰其他被试者的思路影响决策结果。

## （五）后续工作

实验最后一轮结束时，实验者提醒被试者完成接下来的步骤，包括填写问卷、整理好实验材料（纸、笔）等待实验员回收等。而实验者需要进行两项关键任务——收集数据和发放报酬。收集数据是实验的重要目的之一，在实验结束时必须有专门的实验员在现场对数据进行最后的整理确认。在电脑实验中，软件会自动帮你将数据记录下来，实验者需要做的事情是及时复制；在手工实验中，整理好被试者所填写的记录纸，装入文件夹并进行标号。

报酬支付可以直接使用现金，也可以转账。如果现场支付现金，建议每个被试者的报酬单独支付，尽量保证被试者之间不知道其他人的报酬金额，避免产生竞争心态影响报酬的显著性。如果采取转账方式，实验者尽可能当天完成，避免被试者等待太久而对实验产生不信任。

# 第五节 实验数据分析方法

实验数据分析通常分为两个阶段，第一阶段是定性分析或描述性统计分析，目的是对数据所要表达的内容进行概述，主要使用各类型图表进行汇总和描述性统计。第二阶段是定量的，目的是为具体问题提供具体的答案。这一阶段主要使用推断性统计方法进行研究。

## 一、描述性统计

描述性统计是一种从数量上对收集到的信息进行描述或总结的统计方法。与来自现实的实证数据相比，在根据特定研究目的而设置的实验室环境中，数据的描述性统计显得更加重要。我们希望通过数据描述达到以下几个目的：第一，展现出数据的基本规律和趋势；第二，为接下来的定量分析做准备；第三，使读者更容易掌握数据的概况。

### （一）表格

对于有多个受试者组间（between-subject）和受试者组内（within-subject）对比的实验，使用表格来呈现实验数据清晰明了，同时便于研究者从横向和纵向来比较实验结果差异。

表 2-2 显示了公共物品实验中（Kocher et al.，2016）不同的最低贡献额度对受试者贡献行为的影响。数据表明，当最低贡献额实现由 0 转向 2 时，76.4%的个体都呈现出行为不变，而当最低贡献额由 0 转向 7 时，66.7%的被试行为未发生改变。

**表 2-2 描述性统计表示例——公共物品最低贡献额实验结果统计表**

| MCL = 0 | MCL = 2 | |
|---|---|---|
| | 贡献额 > 2 (%) | 贡献额 = 2 (%) |
| 贡献额 > 2 | 58.3 | 11.1 |
| 贡献额 = 0，1 或 2 | 12.5 | 18.1 |
| | MCL = 7 | |
| | 贡献额 > 7 (%) | 贡献额 = 7 (%) |
| 贡献额 > 7 | 54.2 | 4.2 |
| 贡献额 = 0，1，2，3，4，5，6 或 7 | 29.1 | 12.5 |

注：MCL 代表最低贡献额。

资料来源：KOCHER M G, MARTINSSON P, PERSSON E, et al., 2016. Is there a hidden cost of imposing a minimum contribution level for public good contributions?[J]. Journal of economic psychology, 56: 74-84.

### （二）折线图

折线图可以展示数据变化规律，便于观察数据变化趋势，同时直观地展现数据中的突变点或异常点。

本示例同样来源于我们做的公共物品实验（Kocher et al.，2016），如图 2-2 所示，实验要求被试者填写一个有条件贡献调查表，在最低贡献额要求为 0、2 和 7 的条件下，根

据同组内其他 3 名小组成员可能的贡献平均值，分别对应给出自己意愿的贡献额。图 2-2 中，横轴表示假定的小组成员的平均贡献额，纵轴表示被试者此时愿意进行的贡献额，图中三条曲线清晰地表现出不同最低贡献额度条件下，被试者贡献值与小组平均贡献值对应曲线的变化趋势。不同曲线间的差异和曲线交叉点在图中被直观地表现出来。结果显示，大部分被试表现出了有条件合作的行为，也就是随着小组他人的平均贡献额的增加而提升自身的贡献水平。

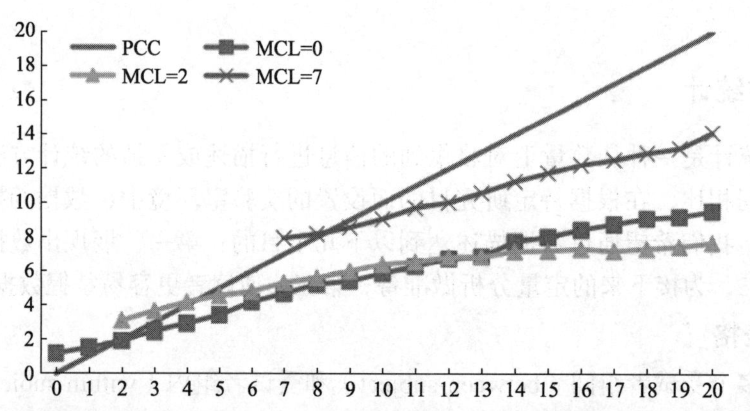


图 2-2　折线图示例——公共物品最低贡献额实验他人平均贡献值与自身贡献值对比图

注：PCC 代表等值线，MCL 代表最低贡献额。图中的坐标单位是实验代币。

资料来源：KOCHER M G, MARTINSSON P, PERSSON E, et al., 2016. Is there a hidden cost of imposing a minimum contribution level for public good contributions?[J]. Journal of economic psychology, 56: 74-84.

### （三）柱状图

柱状图以长方形的长度为变量，用以比较两个或两个以上的变量的取值差异（不同时间或者不同条件）。柱状图亦可横向排列，或用多维方式表达。

图 2-3 清晰地展现了在免惩罚博弈中（陈叶烽、周业安和宋紫峰，2011）响应者不同最小接受额在总样本中的占比。该图表明，即使响应者知道提议者的权力很大——响应者拒绝提议后提议者仍然可以从提出的分配方案中得到自己相应的部分，响应者也不会像理性经济人假设所预测的那样接受任何一个大于 0 份额的提议。

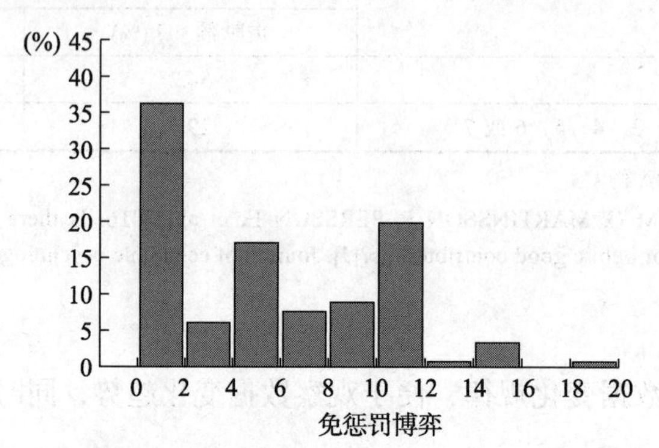


图 2-3　柱状图示例——响应者的最小接受额（MAO）分布图

资料来源：陈叶烽，周业安，宋紫峰，2011. 人们关注的是分配动机还是分配结果?——最后通牒实验视角下两种公平观的考察[J]. 经济研究，46(6): 31-44.

再以研究 Krupka 和 Weber（2013）为例，图 2-4 显示了独裁者博弈标准处理与霸凌处理中分享的金额频率分布情况结果。在标准处理中，有 52 名独裁者（104 名受试者），在欺凌处理中，有 54 名独裁者（108 名受试者）。在标准游戏中，分配给接受者的平均金额是 2.46 美元，在霸凌处理中是 3.11 美元。在图 2-4 中可以看出，霸凌处理下分配给响应者的额度集中在 5 美元和 0 两处，5 美元的频率超过 30%，明显高于标准处理，验证了原文的预期。

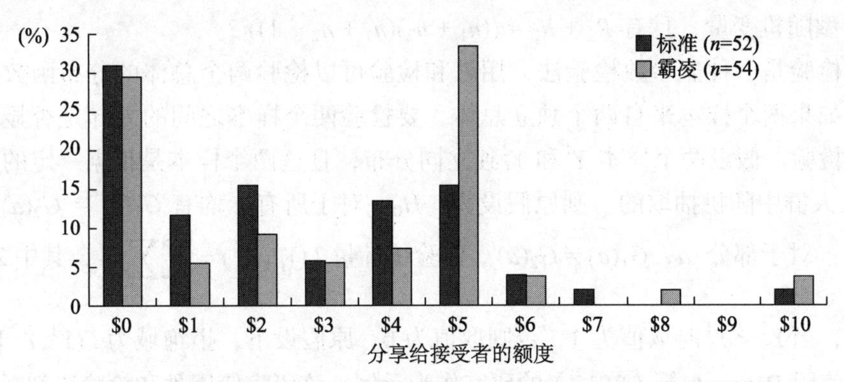


图 2-4　独裁者博弈标准处理与霸凌处理中分享的金额分布情况

资料来源：KRUPKA E L, WEBER R A, 2013. Identifying social norms using coordination games: why does dictator game sharing vary[J]. Journal of the European economic association, 11(3): 495-524.

## 二、统计推断

统计推断是从总体中抽取部分样本，通过对抽取部分所得到的带有随机性的数据进行合理的分析，进而对总体作出科学的判断，它是伴随着一定概率的推测。统计推断的基本问题可以分为两大类：一类是参数估计问题，另一类是非参数检验问题。选择参数检验或者是非参数检验主要根据以下几方面进行判断（Siegel，1957）：第一，需要判断变量是否随机抽取于正态分布的总体。如果没有证据表明观测值总体服从正态分布，或者总体为小样本数据，则应使用非参数检验。第二，参数检验适用于区间变量和比值变量，非参数检验适用于名义变量或序数变量。第三，参数检验需要更强的假设约束。常见的参数检验有 $t$ 检验、ANOVA（方差分析）检验等。

相对于一般实证数据，行为实验的样本量较小，很难证明样本总体服从正态分布。对于行为实验的分类变量的检验方法，非参数检验更为恰当（陈叶烽，2021）。本书仅介绍几类常用的非参数检验方法。

### （一）Wilcoxon Rank Sum Test

秩和检验（Wilcoxon Rank Sum Test）方法最早由维尔克松（Wilcoxon，1945）提出，又被称为维尔克松两样本检验法。后来曼和惠特尼将其应用到两样本容量不等（$n_1 \neq n_2$）的情况，因而又称为曼–惠特尼 U 检验（Mann-Whitney U Test）或者 Wilcoxon-Mann-Whitney Test。对于独立样本的检验，一般采用本方法。

我们先对“秩”加以解释。设 $X$ 为一总体，将容量为 $n$ 的样本观察值按自小到大的次序编号排列成 $x(1) < x(2) < \cdots < x(i)$，称 $i$ 为 $x(i)$的“秩”，其中 $i = 1, 2 \cdots n$。例如，某

施行团人员的行李重量（kg）数据如下：34、39、41、28、33，因为 $28 < 33 < 34 < 39 < 41$，故 33 的“秩”为 2。

进一步，现假设从 $X_1$、$X_2$ 两个样本总体中分别抽取容量为 $n_1$ 和 $n_2$ 的样本，且设两样本独立。这里总假定 $n_1 \neq n_2$。我们将这 $n_1 + n_2$ 个样本放在一起，按自小到大的次序排列，求出每个样本的“秩”，然后将属于 $X_1$ 总体的样本的“秩”相加，其和记为 $R_1$，称为 $X_1$ 样本的“秩和”，其余样本的“秩”的总和记作 $R_2$，称为 $X_2$ 样本的“秩和”。显然，$R_1$ 和 $R_2$ 是离散型随机变量，且有 $R_1 + R_2 = ((n_1 + n_2)(n_1 + n_2 + 1))/2$。

秩和检验是一种非参数检验法，用秩和检验可以检验两个总体的分布函数是否相等的问题。如果两个样本来自两个独立总体，要检验两个样本之间的差异是否显著，可以使用秩和检验。假设两个样本 $Y_i^1$ 和 $Y_i^2$ 独立同分布，且这两个样本是根据一定的位置参数 $\theta_1$ 和 $\theta_2$ 从人群中随机抽取的。则原假设为：$H_0$：对于所有 $a$ 均有 $G_1(a) = G_2(a)$；备择假设为：$H_1$：对于部分 $a$，$G_1(a) \neq G_2(a)$。检验统计量 $T(Y_i^1, Y_i^2) = \sum_i \sum_j Z_{ij}$，其中 $Z_{ij}$ 是一个二元变量，当 $Y_i^2 < Y_i^1$ 时取值为 1，否则取值为 0。原假设下，拒绝域为 $T(Y^1, Y^2 \mid H_0) < c$。

本书使用 Babcock 等（2017）的研究作为示例。该研究使用秩和检验法判断不同性别被试者对志愿活动总投资方面的差异。原假设为男性和女性在志愿活动总投资方面无显著差异，主要检验变量为“男性和女性投资次数的中位数”。检验结果为 $Z = -2.929$（$p = 0.003$），根据结果，$Z$ 值显著为负，说明男性志愿贡献次数显著低于女性（图 2-5）。

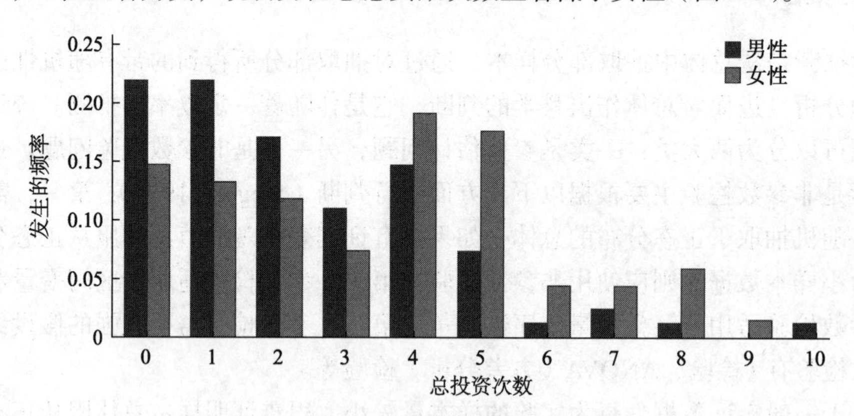


图 2-5　男性女性贡献次数频率分布图

资料来源：BABCOCK L, RECALDE M, VESTERLUND L, et al., 2017. Gender differences in accepting and receiving requests for tasks with low promotability[J]. The American economic review, 107(3): 714-747.

## （二）Wilcoxon Matched-pairs Signed Rank Test

在 Wilcoxon 匹配符号秩检验（Wilcoxon Matched-pairs Signed Rank Test）中，构建了一个新的检验统计量（观测值和零假设的中心位置之差的绝对值的“秩”分别按照不同的符号相加），通过此统计量判断两个样本之间的差异是否均匀分布于 0 的两边（Mann and Whitney，1947；Wilcoxon，1945），主要用于非独立样本的检验。它适用于 $T$ 检验中的成对比较，但并不要求成对数据之差 $d_i$ 服从正态分布，只要求对称分布即可，检验产生数据的总体是否具有相同的均值。

Wilcoxon 匹配符号秩检验的假设条件是两样本之差 $Y_i^1$-$Y_i^2$ 对称分布在中位数 $\theta$ 周围。原假设是两样本差异的中位数为 0，即 $H_0$：$\theta=0$；备择假设时 $H_1$：$\theta\neq0$。该方法具体步骤如下：①对 $i=1,\cdots,n$，计算$|X_i-M_0|$，它们代表这些样本点到 $M_0$ 的距离。②把上面的 $n$ 个绝对值排序，并找出它们的 $n$ 个“秩”，如果它们有相同的样本点，每个点取平均“秩”（如 1、4、4、5 的“秩”为 1、2.5、2.5、4）。③令 $W^+$等于 $X_i-M_0>0$ 的$|X_i-M_0|$的“秩”的和，而 $W^-$等于 $X_i-M_0<0$ 的$|X_i-M_0|$的“秩”的和。④对双边检验 $H_0$：$M=M_0$；$H_1$：$M\neq M_0$。在零假设下，$W^+$和 $W^-$应基本相等；当其中之一取值非常小时，应怀疑零假设。在此，取检验统计量 $W=\min(W^+, W^-)$。⑤根据得到的 $W$ 值，利用统计软件或查 Wilcoxon 符号秩检验的分布表以得到在零假设下的 $p$ 值。⑥如果 $p$ 值较小（比如小于或等于给定的显著性水平，譬如 0.05），则可以拒绝零假设。如果 $p$ 值较大，则没有充分的证据来拒绝零假设。

以下以陈叶烽等（2020）的研究作为示例，该研究考察在无质量考核框架下，工资支付方式对医生努力程度的影响，将“固定工资”分别与“按人数绩效工资”和“按服务支付费用绩效工资”两种不同方式的诊断报告完成数进行对比（表 2-3）。使用 Wilcoxon 匹配符号秩检验，“固定工资”与“按人数绩效工资”对比，$Z=-6.512$（$p=0.000$）；“固定工资”与“按服务支付费用绩效工资”对比，$Z=-2.703$（$p=0.007$）。$Z$ 值均为负值且均显著拒绝原假设，这说明固定工资制度下医生的努力程度显著低于两种绩效工资制度下的努力程度。

**表 2-3　医生治疗数量与质量的描述性统计**

| | 报告完成数 | | | 医生治疗正确率 | | | 患者健康水平 | | |
|---|---|---|---|---|---|---|---|---|---|
| | 基准 | 获得 | 损失 | 基准 | 获得 | 损失 | 基准 | 获得 | 损失 |
| CAP | 6.396<br>(2.494) | 5.323<br>(2.296) | 5.198<br>(1.751) | 0.547<br>(0.321) | 0.722<br>(0.278) | 0.778<br>(0.221) | 0.566<br>(0.332) | 0.754<br>(0.280) | 0.805<br>(0.212) |
| FFS | 4.677<br>(1.827) | 4.364<br>(1.523) | 4.469<br>(1.421) | 0.484<br>(0.388) | 0.715<br>(0.318) | 0.824<br>(0.259) | 0.191<br>(0.979) | 0.699<br>(0.599) | 0.807<br>(0.534) |
| FIX | 4.021<br>(1.629) | 3.583<br>(1.721) | 3.188<br>(1.572) | 0.736<br>(0.212) | 0.787<br>(0.165) | 0.838<br>(0.113) | 0.795<br>(0.232) | 0.859<br>(0.150) | 0.903<br>(0.082) |

注：CAP 是指按人头支付，FFS 是指按服务支付，FIX 是指固定工资。

资料来源：陈叶烽，丁预立，潘意文，2020. 薪酬激励和医疗服务供给：一个真实努力实验[J]. 经济研究，55(1): 132-148.

### （三）Kolmogorov-Smirnov Test

柯尔莫哥洛夫-斯米尔诺夫检验（Kolmogorov-Smirnov Test）是一个有用的非参数（Nonparametric）假设检验，主要是用来检验一组样本是否来自某个概率分布（One-Sample K-S Test），或者比较两组样本的分布是否相同（Two-Sample K-S Test）

行为实验中一般区分实验组与控制组，实验数据至少包含两组样本，故本书主要介绍两个样本 K-S 检验（Two-Sample K-S Test），即给定两组样本，检测它们的分布是否一致。设 $F_{n1}(x)$和 $G_{n2}(x)$分别是这两个样本所对应的经验分布函数，要检验的假设为：$H_0$：

$F_{n1}(x)$和 $G_{n2}(x)$分布一致；$H_1$：$F_{n1}(x)$和 $G_{n2}(x)$分布不一致。斯米尔诺夫提出的检验统计量是：$D_{n1,n2}=\max|F_{n1}(x)-G_{n2}(x)|$。当给定检验水平 $\alpha$，可通过柯尔莫哥洛夫检验的临界值表查出 $D_{n,\alpha}$。当 $D_{n1,n2}>D_{n,\alpha}$时，拒绝 $H_0$，否则接受 $H_0$。

接下来举例说明两样本 K-S 检验的方法。假设我们有以下两组样本，需要检验两组样本分布是否一致。两组样本分别为：$X$：{1.2，1.4，1.9，3.7，4.4，4.8，9.7，17.3，21.1，28.4}；$Y$：{5.6，6.5，6.6，6.9，9.2，10.4，10.6，19.3}。通过计算可知，$D_{X,Y}=0.6$，取 $\alpha=0.05$，查表可得 $D_{n,\alpha}=0.645$。显然 $D_{X,Y}<D_{n,\alpha}$，故不拒绝原假设 $H_0$，$X$ 与 $Y$ 分布一致。

### （四）Contingency Table Test

联列表检验（Contingency Table Test）是一种常用的检验方法，用于检验两个随机变量之间是否无关，多用于类别数据或矩阵类数据分析。具体检验方法为：①设定 $H_0$：$X$、$Y$ 两变量相互独立；$H_1$：两变量相互不独立。②计算两变量矩阵自由度，自由度 df=(行数–1)(列数–1)。计算理论频数 $e_{ij}=N_{Yi}*N_{Xi}/N$。③计算卡方统计量。$\chi^2=\sum_{i=1}^{行数}\sum_{j=1}^{列数}\frac{(f_{ij}-e_{ij})^2}{e_{ij}}\backsim\chi^2(df)$。④确定检验水平 $\alpha$，查表得 $\chi^2_{1-\alpha}(df)$。若 $\chi^2_{1-\alpha}(df)<\chi^2$ 则拒绝原假设 $H_0$。

联列表检验多常用于矩阵或列表数据的检验，例如，以两变量的列联表作为示例，检验性别与色盲是否相关。原假设 $H_0$：性别与视觉两变量相互独立。

如表 2-4 所示，这是个 2 × 2 的列联表，其中性别有两个特征，视觉也有两个特征。通过计算可得，自由度 df = 1，$\chi^2=12.648\,2$。取 $\alpha=0.05$，查表得 $\chi^2_{1-\alpha}(df)=3.84$。由于 $\chi^2_{1-\alpha}(df)<\chi^2$，故拒绝原假设，即性别与视觉变量相关。

**表 2-4 高中生性别与视觉调查表**

| 性别 | 视觉 | | 行和 |
|---|---|---|---|
| | 正常 | 色盲 | |
| 男性 | 535 | 65 | 600 |
| 女性 | 382 | 18 | 400 |
| 列和 | 917 | 83 | 1 000 |

资料来源：陈强，2014. 高级计量经济学及 Stata 应用[M]. 北京：高等教育出版社.

## 三、回归分析

相较于一般实证研究，行为实验的数据更有针对性，也更容易判断主要变量之间的因果关系。在行为实验开始前，需要研究者根据实验目的和实验假设针对性地进行实验设计，根据假设提前考虑实验中所需获得的各类变量并排除干扰因素。具体的实验设计和变量设置内容详见本章第三节。行为实验数据一般为平衡的短面板数据（陈叶烽，2021），故其实证分析方法相对简单，本书将对几种常用的实证回归分析方法进行讲解。

### （一）混合 OLS 模型

混合最小二乘法模型即将所有对 $Y$ 可能造成影响的变量 $X_n$（$n=1, 2, 3,\cdots$）均加入模型进行参数估计，这是实验数据研究中最常用和最简单的方法。

但是混合 OLS（最小二乘法）主要针对截面数据或者将不同时期的实验数据混合分析，这意味着对所有研究对象而言回归系数是相同的，缺少针对被试者特点进行的划分，这样做可能掩盖被试者之间的异质性因素，导致估计系数是有偏的。因此，混合回归也被称为“总体平均估计量”，个体特征在实证分析中被平均掉了。所以，使用混合 OLS 模型需要作出“不存在个体效应”的基本假设。

### （二）固定效应模型

为了在实证分析中研究个体效应，在模型中引入固定效应估计量（Fixed Effects Estimator）$\hat{\beta}_{EF}$，它的计算考虑了每个个体的组内离差信息，也称为组内估计量。

$$Y_{it}-\overline{Y_{it}}=(X_{it}-\overline{X_{it}})\hat{\beta}_{EF}+(\varepsilon_{it}-\overline{\varepsilon_{it}}) \tag{2-1}$$

如果在原方程中引入（$n-1$）个虚拟变量来代表不同个体，也可以得到式（2-1）的结果，保证$(X_{it}-\overline{X_{it}})$与$(\varepsilon_{it}-\overline{\varepsilon_{it}})$不相关。以上方法假定每个被试者都有自己的截距项，以此来控制被试者之间的异质性，这就解决了混合 OLS 模型的困扰。个体固定效应模型又被称为“最小二乘虚拟变量模型”（Least Square Dummy Variable Model，LSDV）。

除了个体固定效应外，更常用的是时间固定效应模型。个体固定效应模型解决了不随时间而变的个体异质性问题；类似地，时间固定效应解决了不随个体而变但随时间而变的遗漏变量问题。

$$Y_{it}=X'_{it}\beta+Z'_{it}\delta+\theta\times t+u_{it}+\varepsilon_{it} \tag{2-2}$$

假设各时期时间效应相等的情况下，引入时间趋势项 $\theta\times t$，以度量时间固定效应。相较于个体固定效应模型，时间效应模型在行为实验数据分析中更常用。

我们以一项关于学生班级分配的准自然实验为例，Legewie（2012）利用学校层面的固定效应模型研究了班级环境对学生成绩性别差距的影响。显然学生并不是随机被分配到学校中的，在学校层面采用固定效应模型可以有效控制因学校差异带来的异质性影响。而在同一所学校内，学生是被随机分配到各个班级中的，这就类似一场随机实验，各个班级学生成绩的差异只来自班级环境的异质性。研究结果显示，一个班级学生整体的家庭经济地位越高，班级环境越偏向鼓励学生进行学习，学生的学习成绩自然越好。由于性别刻板印象呈现出“努力学习是女性的特征”“男生努力学习则缺乏阳刚之气”的特点，所以男生较多地从这种鼓励学习的氛围中获益。

### （三）双重差分

在随机实验或自然实验分析中，实验的效果可能需要一段时间才能显现出来，而我们关心的恰恰是被解释变量在实验前后的变化。我们以两期面板数据为例：

$$Y_{it}=\alpha+\gamma D_t+\beta_1 X_{it}D_t+\beta_2 X_{it}+u_i+\varepsilon_{it} \tag{2-3}$$

$D_t$ 为实验期虚拟变量（$D_t=1$，此时 $t=2$，表示实验后；$D_t=0$，此时 $t=1$，表示实验前），$u_i$ 为个体特征，$X_{it}$ 为政策虚拟变量（$X_{it}=1$，若被试者属于实验组，且 $t=2$；$X_{it}=$

0，其他情况）。由于是面板数据，所以用第二期减去第一期，对模型进行一阶差分，去掉不可观测的个体特征 $u_i$。

$$\Delta Y_i = \gamma + \beta_1 \Delta X_{i2} + \Delta \varepsilon_i \tag{2-4}$$

这种估计方法被称为“双重差分估计量”（difference-in-differences estimator），即实验组的平均变化与控制组的平均变化之差。

双重差分方法剔除了实验组与控制组“实验前差异”的影响。模型隐含了共同趋势假设：若处理组未得到处理，则与对照组发生相同的变化。双重差分法在行为实验分析中，主要用于分析实验组与控制组的差异以及政策影响效果。

当共同趋势假设无法满足时，可以使用三重差分方法（difference-in-difference-in-differences，DDD）。我们以一个具体案例来说明双重差分及三重差分的使用方法。

例如，假设美国针对 A 州 65 岁以上的老人引入医疗保险政策，而 65 岁以下的老人不适用于该政策（陈强，2014），欲考察该政策对公众健康状态的影响。若将该州 65 岁以上人群作为实验组、65 岁以下人群作为控制组，可以使用双重差分方法进行分析。模型中包含两个虚拟变量：老年虚拟变量（年龄 65 岁以上取值为 1，年龄未超过 65 岁取值为 0）；时间虚拟变量（第 2 期取值为 1，第 1 期取值为 0）。该模型中“老年虚拟变量×时间虚拟变量”的系数即为医疗保险的政策效应。

使用该方法的缺点在于：即使未出现该政策，年轻人相对于老年人的相对健康状况也可能会随时间而变化，这不满足变量共同趋势假设。为了解决该问题，可以将临近的 B 州老年人健康状况也纳入模型，使用三重差分方法进行分析。该模型引入第三个虚拟变量“州变量”（A 州取值为 1，B 州取值为 0），在此模型中“州变量×老年虚拟变量×时间虚拟变量”的系数即为医疗保险的政策效应。

### （四）二值选择模型

常用的二值选择模型包括 Logit 与 Probit 模型。Logit 模型（也译作“分类评定模型”，又被称作“逻辑回归”，Logistic Regression）是离散选择法模型之一，常用于分析实验数据的离散因变量。Logit 模型回归系数的正负性表明了相应自变量对估计概率大小的影响方向，系数绝对值大小说明了相应自变量的影响程度（不代表具体概率差距）。

Probit 模型与 Logit 模型计算思路相似，但是 Probit 模型假设误差项服从标准正态分布。在具体应用中两模型比较相似，但是 Logit 模型在数学推导和模型解释方面更简单，所以应用更广泛。

以我们以 Muriel Niederle 和 Lise Vesterlund（2007）关于竞争倾向的性别差异实验为例。该研究核心解释变量为“是否参与竞争性比赛”（参与比赛取值为 1，不参赛取值为 0），被解释变量为实验中的能力表现。实验参与者被要求解决一个真实的任务，首先所有被试者均需要完成一个非竞争性任务；接着，被试者自主选择是否参加提供额外奖励的竞争性比赛。所有被试者在非竞争性任务的表现上没有性别差异；但是男性选择参加竞争性比赛的比例是女性的两倍。对被试者否参加竞争性比赛的实验结果使用 Probit 模型进行分析，结果如表 2-5 所示。

表 2-5 竞争性比赛参与率的性别差异实验结果（Probit 模型）

| 变 量 | 系数 | $P$ 值 |
|---|---|---|
| 是否男性 | –0.380 | 0.00 |
| 是否参与竞争性比赛 | 0.015 | 0.41 |
| 是否参与比赛-计件工资率 | 0.015 | 0.50 |

资料来源：NIEDERLE M, VESTERLUND L, 2007. Do women shy away from competition? Do men compete too much?[J]. The quarterly journal of economics, 8: 1067-1101.

表 2-5 结果显示，虽然被试者在非竞争性任务和竞争性比赛中的表现对是否参加竞争性比赛的决定没有显著影响，但被试者的性别因素有显著影响，性别边际效应为–0.38（如果被试者是女性，那么她参与竞争性比赛的可能性会低 38%）。因此，为了控制过去的表现，女性不太可能选择有竞争力的薪酬方案。

再以一个独裁者实验的研究为例，表 2-6 来自研究 Krupka 和 Weber（2013）对标准的和霸凌的独裁者博弈，该回归的因变量是分配给对方的是否为 5 元，以及是否为 0 元两个二值变量。Logit 模型回归结果表明，相对于标准的独裁者博弈，在霸凌处理中独裁者分配给响应者的 5 和 0 都更多。并且控制变量班级规模（社会距离）的系数为负，说明班级规模越大，分享量越小，反映了被试熟悉程度的影响。

表 2-6 标准和霸凌型独裁者分配给对方 5 或 0 的倾向（Logit 模型）

| 被解释变量 | 是否均等分配（分配额 =5） | 是否分配为 0（分配额 =0） |
|---|---|---|
| 霸凌 | 1.570***<br>(0.390) | 0.532**<br>(0.248) |
| 班级规模 | –0.018***<br>(0.004) | –0.002<br>(0.004) |
| 常数项 | 0.585<br>(0.654) | 0.091<br>(0.536) |
| 样本量 | 97 | 71 |

注：$^{**}p<0.05$；$^{***}p<0.01$。

资料来源：KRUPKA E L, WEBER R A, 2013. Identifying social norms using coordination games: why does dictator game sharing vary[J]. Journal of the European economic association, 11(3): 495-524.

# 本 章 小 结

本章对行为经济与实验经济的基本方法进行了简要介绍。第一节对行为实验经济学的基本概念和方法优越性进行了介绍。第二节说明了行为实验中应该遵守的主要原则。第三节通过变量控制、组内与组件设计方法的讲解，明确了实验设计的基本方法。实验的方法可以通过在控制环境和变量的条件下收集数据，避免了内生性等问题。同时，也可能在内部有效性和外部有效性方面面临一些挑战。第四节详细说明了行为实验的操作与技术，介绍了设备和基本程序，对相关注意事项也做了详细说明。最后一节列举了实验数据的常用分析方法，用以指导实际操作。

## 复习与思考

1. 行为实验的常见干扰效应有哪些，分别如何解决？
2. 举例说明实验设计中的组内设计和组间设计。
3. 简要说明实验数据分析中的几种非参数分析方法。

# 附录1　指导语举例
# （以本实验第一部分为例）

## 实验说明

您将参加一个有关决策的实验，如果您遵照以下指示认真思考并作出决策，您可以获得相应的报酬，在实验结束时我们将以现金支付。

在整个实验过程中，参与者之间任何形式的交流是严格禁止的。如果参与者之间有交流，您将不会获得报酬，并且不能继续接下来的实验。如果您有任何问题，请举手示意，我们研究小组的成员会认真地私下回答您的问题。

在本实验中获得的收入将以“代币”的形式记录。在实验结束后，代币将被转换为现金，转换比例如下：

1 代币 = ______人民币

实验分为两个部分，这两个部分是完全独立的，这就是说您和其他参与者在第一部分所做的决策对于第二部分没有任何影响。完成第一部分之后，我们将发放第二部分的说明。

## 第一部分

### 1. 基本决策过程

现在，您将学习实验是如何进行的。首先，我们将介绍基本的决策情况。此后我们请您回答一些问题，这些问题将帮助您了解决策的制定。

您是一个四人小组的成员。除了实验操作者之外，没有人会知道谁在哪个组。每个组的成员有 20 个代币作为初始基金，并决定如何分配这个初始基金。您可以把全部基金存入您的私人账户，也可以将任意数量的代币存入小组公共账户。没有投入公共账户的代币将自动转入您的私人账户。

### 2. 来自私人账户的收入

对应于您存入私人账户的每一个代币您可以得一个代币的收入。例如，如果您把您所有 20 个代币的基金全部存入私人账户，那么您将获得 20 代币。相反，如果您只留下 6 个代币在自己的私人账户，那您只有 6 个代币的收入。

**3. 来自公共账户的收入**

组内的成员将平均分享公共账户里的收入，也就是说您将会得到其他组内成员放入公共账户的基金的收入。公共账户的分配规则如下：

每个人从公共账户得到的收入 ＝ 公共账户总额 × 0.6

举一个例子，如果公共账户的总额是 40 个代币，那么您和组内其他 3 名成员每人将会从公共账户中得到 40 × 0.6 = 24 个代币的收入。如果公共账户里只有 28 个代币，那么您和组内其他 3 名成员各自获得 28 × 0.6 = 16.8 个代币的收入。

**4. 您的总收入**

您的总收入将是私人账户和公共账户收入的总和。

总收入的算法如下：

个人总收入 ＝ 私人账户收入（= 20 – 您投入公共账户的代币）+ 从公共账户中分配来的代币（= 公共账户总额 × 0.6）

在结束实验说明之前，我们希望您能回答以下的练习问题。

**5. 练习题**

请回答下列问题，我们设置的这些问题只是想让您熟悉一下不同数额金额分配条件下个人收入的计算方法，请回答下列问题并写下计算结果。

（1）每个组里的成员都有 20 个代币，假定组内成员（包括您自己）都没有往公共账户内投入基金，那么您的总收入是______，其他三人的收入是______，______和______。

（2）每个组里的成员都有 20 个代币，假定组内成员（包括您自己）将所有的初始基金投入公共账户，您的总收入是______，其他三人的收入是______，______和______。

（3）每个组里的成员都有 20 个代币，假定其他组内成员总共往公共账户中投入 30 个代币，

①如果您并没有往公共账户内投钱，那么您的总收入是______

②如果您在公共账户中投入 8 个代币，那么您的总收入是______

③如果您在公共账户中投入 15 个代币，那么您的总收入是______

（4）每个组里的成员都有 20 个代币，假定您往公共账户中投入 9 个代币，

①如果其他人总共往公共账户内投入 14 个代币，那么您的总收入是______

②如果其他人总共往公共账户内投入 18 个代币，那么您的总收入是______

③如果其他人总共往公共账户内投入 22 个代币，那么您的总收入是______

如果您先于其他人完成了这些问题，我们建议您思考更多的例子以熟悉这个过程，这会有助于您的决策。

**6. 实验过程**

如您所知，您将会有 20 代币的初始基金。您可以把这些资金存入私人账户，也可以存入公共账户。

四人小组中的每一个人都要做以下两种决策：无条件捐献和有条件捐献。

在无条件捐献的情形下，您将决定把多少数量的基金捐入公共账户中。将数值输入

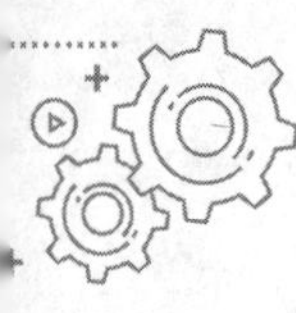



屏幕上显示的“您无条件捐献给公共账户”之后，注意，这一次，您捐献的数额的最小值没有限制，您必须写下不大于20的整数值。20减去您捐入公共账户的数额之后的余额将自动转入您的私人账户。

您的第二个任务是填写屏幕上的有条件贡献表（附表1）。在这个贡献表中，我们给出了可能的组内其他成员（无条件）贡献值的算术平均值（加总平均后取整），您要说明在不同情形下愿意捐给公共账户的数额。因此您的贡献值将决定于小组其他成员的贡献值。这一次，在每个表格中，您必须填入不大于20的整数值。

**附表1　公共账户贡献表**

| （加总平均）组内其他成员捐献到公共账户的均值 | 您捐献到公共账户的数额 |
|---|---|
| 0 | |
| 1 | |
| 2 | |
| 3 | |
| 4 | |
| 5 | |
| 6 | |
| 7 | |
| 8 | |
| 9 | |
| 10 | |
| 11 | |
| 12 | |
| 13 | |
| 14 | |
| 15 | |
| 16 | |
| 17 | |
| 18 | |
| 19 | |
| 20 | |

注：左栏的数值是组内其他成员平均的捐献值（加总平均）。

在所有实验参与者都作出决策后，程序将从中随机选出一名成员，对这个成员而言，收入只与贡献表相关；对于其他没有被选中的小组成员而言，收入将与无条件捐献决策相关。当您作出无条件捐献、填写贡献表的时候，您并不知道自己是否能被随机选中。因此，您必须认真考虑这两种决策，因为它们都与您相关。

接下来的一个例子将说明第一部分的支付机制：

假定您被随机选中，这意味着您的收入只与贡献表有关。对于其他3名成员而言，与他们的收入相关的是他们的无条件捐献决策。假设他们的无条件捐献决策为4、7和8

个代币，加总平均取整后得到（4 + 7 + 8）/3 = 6.3 = 6。

如果您在贡献表中表示在其他人平均向公共账户投入 6 个代币时，您也将向公共账户投入 6 个代币，此时公共账户的总额为 4 + 7 + 8 + 6 = 25。因此所有的小组成员能够从公共账户获得的收入就是 25 × 0.6 = 15 个代币。那么每个人的总收入就是这 15 个代币与各自私人账户金额的总和。

如果您表示在其他人平均向公共账户投入 6 个代币时，您将投入 19 个代币到公共账户中，此时公共账户中的总额为 4 + 7 + 8 + 19 = 38。所有成员能从公共账户获得的收入为 38 × 0.6 = 22.8 个代币。

# 第二篇　社会性偏好和应用

# 第三章　社会性偏好

传统西方经济学的研究范式将人假设为完全理性的个体，其理论基础认为理性人基于完全自利的动机作出经济决策。然而，理性经济人假设无法解释某些经济现象。例如，人们的无条件慈善捐赠行为；劳动力市场中，企业家提高工资或绩效奖励的同时工人提高努力水平的现象。行为经济学者通过设计多人博弈的实验室实验，在受控环境下研究个体决策中可能存在的利他行为。基于上述可能存在的偏误，行为经济学在传统模型中引入社会性偏好的概念，将“公平”“互利”等因素加入个人的效用函数中。本章将首先介绍两个经典的社会性偏好模型：互惠偏好和不平等厌恶模型。接着，介绍多个经典博弈实验的含义、设计及被试者的表现，根据实验结果直观地说明社会性偏好在个人决策中可能产生的影响。最后，本章将列举研究社会性偏好在现实场景中的应用，并结合中国现实探讨未来可能的研究方向。

## 第一节　社会性偏好理论与模型

本节，我们将首先说明标准模型中的效用函数如何反映个人偏好；在此基础上加入社会性偏好的假设，解释标准效用函数可能发生的偏离。最后，我们将基于社会性偏好的经典研究，分别给出互惠模型与不平等厌恶模型。

传统经济学认为，人们某一时刻的决策基于的效用函数主要包括两个特征：只取决于个人收益，并且依赖于现实环境的状态。Rabin（2002）使用以下模型描述个体 $i$ 在 $t$ 时刻的效用函数：

$$U(x_i^t|s_t) \tag{3-1}$$

其中，$s_t \in S$ 表示 $t$ 时刻现实环境的状态，$x_i^t$ 表示 $i$ 在 $t$ 时刻获取的收益。人们作出最优决策时，会将当期与期望中后续多期的收益效用最大化：

$$\max_{x_i^t \in X_i} \sum_{t=0}^{\infty} \delta^t \sum_{s_t \in S_t} p(s_t) U(x_i^t|s_t) \tag{3-2}$$

模型（3-2）加入了 $\delta$ 表示时间折现率，$p(s_t)$ 体现了现实状态的不确定性，表示 $t$ 时刻现实环境状态为 $s$ 的概率。在上述设定中，理性人的选择只取决于个人收益和时间偏好。

社会性偏好理论提出，人们关心的不仅是自身的决策与个人获得的收益，而且还受到他人决策与收益的影响。[即式（3-1）应被扩充为 $U(x_i^t, x_{-i}^t|s_t)$]。其中，$x_{-i}^t$ 表示他人的收益。

现实生活中的一些例子可以帮助我们理解社会性偏好理论的内涵。例如，早期的行为经济学家在经验研究与实证研究中发现，一部分垄断厂商并未完全达到其垄断定价，原因在于消费者非常在意短期内的厂商定价。厂商的短期提价政策会刺激消费者的互损

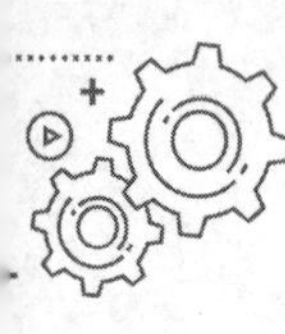



偏好，导致商品销量大幅度降低（Kahneman et al.，1986）。另一部分研究为劳动力市场中雇佣关系的社会性偏好提供了证据，工人对于公平工资的认知与社会性偏好会影响雇佣者调整工资的效果：雇佣者削减工人工资会被视作不公平，进而降低工人的工作努力程度；雇佣者提高工人工资则被视作一种善意的举动，出于互惠的偏好，工人会提高工作努力程度以提高企业的收益（Blinder and Choi，1990；Agell and Lundborg，1995；Bewley，1998；Campbell and Kamlani，1997）。

在个人日常决策中也有许多体现社会性偏好的现象。例如，人们出于纯粹的利他主义（altruism）参与慈善捐赠活动，由于受助者的状况改善而提高了自身效用。在公共设施的筹款、小组完成共同任务等涉及公共物品决策的情形下，并非所有人都会选择标准模型中使得个人利益最大化的“搭便车”行为，而是作出介于完全不贡献与贡献所有资金之间的一个决策。

根据标准模型与社会性偏好在其中的体现，后续模型更细致地探讨了不同类型的社会性偏好。互惠模型和不平等厌恶模型是其中最主要的两个类型，基于不同的出发点说明了具有社会性偏好个体的效用特征。

## 一、互惠模型

互惠模型在标准模型中加入互惠偏好的假设，认为人们在关心他人和自身的收益时，个人效用的大小取决于对方行为与自身行为是否一致（Rabin，1993）。与纯粹利他主义假设不同的是，互惠模型认为人们会出于偏好公平的动机，更关注对方决策是否与自己的决策相同，人们在多轮博弈中可能据此做出互惠或互损行为。因此，直观而言在包含两个代理人的博弈模型中，所有同等的决策构成博弈的纳什均衡。引入互损动机后的社会性偏好理论可以被用于解释劳动力市场中的矛盾，如劳动力市场中的工资与员工努力程度、工会使用罢工手段对企业表达意愿等。本部分将利用 Rabin（1993）提出的互惠模型，深入解释社会性偏好的数理基础，并在第二篇的后续部分展示具体研究与应用如何围绕此理论展开。

互惠模型的内涵为：在两个代理人分别进行决策的过程中，具有互惠偏好的个体为了最大化自身效用，当对方善意对待自己时也会善意对待对方，而当对方恶意对待自己时则也恶意对待对方。下面将假设两个代理人为参与者 1 与参与者 2，并以参与者 1 的决策过程为例，分别对个人的信念、决策、收益、效用函数以及“善意”或“恶意”在其中的体现进行解释。

### （一）善意函数

对于参与者 1 而言，个人实际收益 $\pi_1$ 由自身决策 $a_1$ 和他人决策 $b_2$ 决定，构成参与者效用函数的一部分。现实博弈中参与者 1 很可能不能直接观察到参与者 2 的决策，因此，模型中取 $\tilde{b}_2$，记为参与者 1 预期中参与者 2 的决策结果。对应劳动力市场的例子，假如将参与者 1 视为雇主，参与者 2 视为雇员，则雇主的收益一方面取决于他承诺发给员工的工资与绩效，另一方面来自雇员为工作付出的努力所创造的公司收益。雇主无法直接观测到员工的努力程度，但员工努力的结果（即经济效益）直接决定了雇主的个人收益。

因此，参与者 1 的实际收益由 $\pi_1(a_1,\tilde{b}_2)$ 表示。同样地，对于参与者 2 而言，决策 $b_2$ 为个人真实决策，而 $\tilde{a}_1$ 为预期中参与者 1 的决策，实际收益由 $\pi_2(b_2,\tilde{a}_1)$ 表示。

善意函数为互惠模型效用函数中的第二部分，表示两个代理人的决策体现出的一方对另一方的善意程度。互惠偏好决定了参与者 1 和参与者 2 的善意函数在个人效用中必须同时为正，或同时为负，才能够提高效用水平。以参与者 1 为例，我们对善意程度如何在效用函数中体现进行解释。

首先，参与者 1 已知自身决策会影响参与者 2 的实际收益，关心自身表现出的善意程度。互惠模型中使用"善意函数" $f_1(a_1,b_2)$ 来表示参与者 1 对参与者 2 的善意程度，由参与者 2 的实际收益以及参与者 1 对参与者 2 收益的预期决定。

参与者 1 无法直接观测到参与者 2 的决策，因此事先形成一个给定的决策预期 $\tilde{b}_2$。已知参与者 2 的实际收益函数 $\pi_2(b_2,a_1)$，其根据参与者 1 的决策 $a_1$ 而变化。在参与者 1 的信念中，参与者 2 所能获得的最高与最低收益为

$$\pi_2^{\max}(\tilde{b}_2)=\max_{a_1}\{\pi_2(\tilde{b}_2,a_1)\}$$

$$\pi_2^{\min}(\tilde{b}_2)=\min_{a_1}\{\pi_2(\tilde{b}_2,a_1)\} \tag{3-3}$$

参与者 1 互惠偏好的效用来自对方收益是否高于其"公平支付"，也即对方平均而言能够获得的收益，表示为 $\pi_2^{\text{fair}}(\tilde{b}_2)=\dfrac{\pi_2^{\max}(\tilde{b}_2)+\pi_2^{\min}(\tilde{b}_2)}{2}$。于是，参与者 1 对参与者 2 的善意程度可表示为

$$f_1(a_1,\tilde{b}_2)=\frac{\pi_2(\tilde{b}_2,a_1)-\pi_2^{\text{fair}}(\tilde{b}_2)}{\pi_2^{\max}(\tilde{b}_2)-\pi_2^{\min}(\tilde{b}_2)} \tag{3-4}$$

此时，参与者 1 对参与者 2 的善意由个人决策 $a_1$ 和预期中对方的决策 $\tilde{b}_2$ 决定。若参与者 2 的实际收益高于公平支付，则善意函数为正，体现出参与者 1 对参与者 2 具有善意；相反，若参与者 1 的决策使得参与者 2 的实际收益低于公平支付，则表明参与者 1 怀有恶意。

其次，参与者 2 的善意函数与上文的形式一致。然而，参与者 1 无法直接观察到参与者 2 的善意程度，因此在其效用函数中使用预期（或信念）表示对方的善意程度：

$$\overline{f}_2(\tilde{b}_2,\tilde{a}_1^e)=\frac{\pi_1(\tilde{a}_1^e,\tilde{b}_2)-\pi_1^{\text{fair}}(\tilde{a}_1^e)}{\pi_1^{\max}(\tilde{a}_1^e)-\pi_1^{\min}(\tilde{a}_1^e)} \tag{3-5}$$

其中，$\tilde{b}_2$ 表示参与者 1 预期中对方的决策，$\tilde{a}_1$ 表示参与者 2 预期中对方的决策；$\tilde{a}_1^e$ 为二阶信念，即参与者 1 预期中参与者 2 对参与者 1 决策的猜想。若预期善意函数 $\overline{f}_2(\tilde{b}_2,\tilde{a}_1^e)$ 为正，则参与者 1 相信对方为怀有善意的（即参与者 2 希望对方收益高于公平支付）；相反，若 $\overline{f}_2(\tilde{b}_2,\tilde{a}_1^e)$ 为负，则参与者 1 相信对方希望参与者 1 的收益低于公平支付。

综上，对参与者 1 而言，自身善意程度使用 $f_1(a_1,\tilde{b}_2)$ 表达，预期中对方的善意程度使用 $\overline{f}_2(\tilde{b}_2,\tilde{a}_1^e)$ 表达。

### （二）互惠模型下的个人效用

基于互惠或互损的社会性偏好假设，下面我们给出参与者 1 的个人效用函数：

$$U_1(a_1,\tilde{b}_2,\tilde{a}_1^e)=\pi_1(a_1,\tilde{b}_2)+\overline{f}_2(\tilde{b}_2,\tilde{a}_1^e)\times[1+f_1(a_1,\tilde{b}_2)] \tag{3-6}$$

该效用函数由两部分构成，第一部分为个人物质收益的效用 $\pi_1(a_1,\tilde{b}_2)$，第二部分为决策公平所带来的效用。其中，$a_1$ 表示参与者 1 的策略，$\tilde{b}_2$ 为参与者 1 预期中参与者 2 的决策，$\tilde{a}_1^e$ 为参与者 1 预期中参与者 2 对参与者 1 决策的猜想。

效用函数右侧第二项由两部分内容组成，表示互惠偏好对个人效用的影响。$f_1(a_1,\tilde{b}_2)$ 表示参与者 1 的善意程度，由函数定义可知，$1+f_1(a_1,\tilde{b}_2)>0$ 始终成立。$\overline{f}_2(\tilde{b}_2,\tilde{a}_1^e)$ 表示参与者 1 预期中参与者 2 的善意程度。对于参与者 1 而言，互惠意味着 $\overline{f}_2(\tilde{b}_2,\tilde{a}_1^e)>0$，即参与者 1 相信对方怀有善意，此时参与者 1 选择提高 $f_1(a_1,\tilde{b}_2)$ 以最大化个人效用，也即参与者 1 提高决策的善意程度；相反，互损意味着 $\overline{f}_2(\tilde{b}_2,\tilde{a}_1^e)<0$，即参与者 1 相信对方怀有恶意，因而选择降低决策的善意程度 $f_1(a_1,\tilde{b}_2)$，形成决策的互损结果。

## 二、不平等厌恶模型

不平等厌恶模型假定人们只在意分配结果是否公平，因此关心个人和他人的收益，以及两者之间的差异。经典的不平等厌恶模型由 Fehr 和 Schmidt（1999）提出，Charness 和 Rabin（2002）在此基础上，将个人关心整体社会福利的设定纳入模型：

$$U_1(x_1,x_2)\equiv\begin{cases}\rho x_2+(1-\rho)x_1, \text{当 } x_1\geqslant x_2\\ \sigma x_2+(1-\sigma)x_1, \text{当 } x_1<x_2\end{cases} \tag{3-7}$$

其中，模型将社会中的个体简化为个人和他人两类，效用函数 $U$ 由个人收益 $x_1$ 和他人收益 $x_2$ 决定。

该模型中，参数 $\rho$ 和 $\sigma$ 的选取表示着不同的模型假定。若 $\rho=\sigma=0$，则为标准模型，即人们不关心他人的收益高低。若 $\rho>0$ 且 $\sigma>0$，则表明人们有着纯粹的利他主义，个人效用会随着他人收益的上升而提高，无论个人自身的结果是否领先于他人。Charness 和 Rabin 进一步地假设定义了该模型中的互惠偏好：当一个人的 $\rho>\sigma$ 时，表明该代理人/玩家在自己领先时更关心博弈中他人的福利，此时该代理人/玩家的效用随着博弈中或社会中他人的收益提高而增加；当一个人的 $\sigma<-\rho<0$ 时，表明该代理人/玩家在博弈落后时更希望对方的收益降低。上述模型能够解释实验中的独裁者博弈、礼物交换博弈等设定下所得到的结果：具有社会性偏好的人们不仅在意个人的收益，也在意他人是否获得了一定收益，并且希望收益的分配在一组玩家之间是公平的。

# 第二节　行为博弈中的社会性偏好

本节将介绍行为实验中经典的社会性偏好研究，阐释如何从经典博弈实验中体现社会性偏好对行为与决策的影响。本节将主要介绍几个经典的博弈：最后通牒博弈、独裁者博弈、礼物交换博弈、信任博弈和公共品博弈，第四章将对公共品博弈相关实验与应用进行更详细的介绍。

## 一、互动博弈和基本要素

传统的博弈论（Game Theory）是对理性参与者之间的策略性互动行为（strategic interaction）的正式分析方法。该定义包含两个要点：第一，理性参与者的行为准则是在约束条件下，根据自己对环境的判断（信念）最大化个人的满意度（效用）；第二，经济学很大一部分研究是解决独立决策问题，而博弈论研究的是多主体决策行为，关注经济行为的交互性或者说社会性。

博弈模型由以下几个要素构成：参与人，在博弈中有权进行决策的个人（或团体）；策略，每个博弈中，参与人都有切实可行的、完整的行动方案，这一方案不是阶段性的，而是自始至终指导整个行动的方案；支付函数，在博弈结束时每个参与人都能获得一定支付，该支付不仅与其自身的策略相关，也与所有参与人选择的一组策略有关。因此，每个参与人在博弈中的支付是全体参与人策略的函数，通常称为支付函数。

博弈论根据其所采用的假设不同而分为合作博弈理论和非合作博弈理论。两者的区别在于参与人在博弈过程中是否能够达成一个具有约束力的协议（binding agreement）。倘若不能，则称非合作博弈（non-cooperative game）。合作博弈强调的是集体主义、团体理性，是效率、公平、公正；而非合作博弈则主要研究人们在利益相互影响的局势中如何选择策略使得自己的收益最大，强调个人理性、个人最优决策，其结果有时有效率，有时则不然。目前经济学家谈到博弈论主要指的是非合作博弈，也就是各方在给定的约束条件下如何追求各自利益的最大化，最后达到力量均衡。

博弈的划分可以从参与人行动的次序和参与人对其他参与人的特征、战略空间和支付的知识、信息，是否了解两个角度进行。把两个角度结合就得到了四种博弈：完全信息静态博弈，完全信息动态博弈，不完全信息静态博弈，不完全信息动态博弈。

博弈的均衡是所有参与人的最优策略（或行动组合），纳什均衡（Nash equilibrium）是博弈论的核心概念。其具体含义为：在一策略组合中，所有参与人面临这样一种情况，当其他人不改变策略时，他此时的策略选择是最优的。也就是在纳什均衡的点上，每个参与人都没有单独改变策略的动机。纳什均衡被认为是完全信息静态博弈中参与人的占优策略，并可据此扩展到信息不完全、动态博弈下的占优策略。

行为经济学的社会性偏好问题侧重在博弈行为中人们如何考虑个人和他人收益，并且在此基础上探讨机制设计或公共政策如何增加合作均衡，提升群体福利。

## 二、最后通牒博弈与讨价还价博弈

最后通牒博弈的行为经济学实验由 Güth 等学者在 1982 年首先提出。该研究给定最后通牒博弈的基本形式如下：该博弈包含两个参与人：提议者（proposer）和响应者（responder）。匿名被试在实验中被随机设定为提议者和响应者并分配到一组。首先，每组给定一定初始资金，由提议者在两人之间进行分配。分配结果告知响应者后，由响应

者决定是否接受该分配结果，从而决定两人的最终收益：若响应者接受分配，则资金按照提议者的分配方式，分别进入提议者与响应者的私人账户；若响应者拒绝分配，则两人都获得零收益。在标准模型中，假设理性人只关心个人收益，因此在最后通牒博弈中（假如提议者和响应者都只参加一轮博弈），只要提议者分配给响应者的部分为正，响应者就会接受该提议。这是因为对于响应者而言，一个微小的正收益也大于拒绝提议所导致的零收益。因此，此时博弈存在的唯一最优均衡为：提议者分配零元给响应者，响应者接受该分配。

最后通牒博弈的一种重要扩展形式为讨价还价博弈。讨价还价博弈中，提议者与响应者进行多轮的初始资金分配决策，具体博弈流程如下：提议者与响应者所面对的小组初始账户资金为 E 元，第一轮，提议者决定分配给响应者其中一部分，记为 $S_1$，若响应者接受该分配，则双方分别获得（E–$S_1$）与 $S_1$ 的收益，若响应者拒绝该分配，则双方进行下一轮博弈；第二轮，双方可分配的初始资金缩水为 $a$E，提议者决定分配给响应者其中一部分，记为 $S_2$，若响应者接受该分配，则双方分别获得（$a$E–$S_2$）与 $S_2$ 的收益，若响应者拒绝该分配，则双方进行下一轮博弈，以此类推，直到响应者接受分配则结束博弈，如图 3-1 所示。

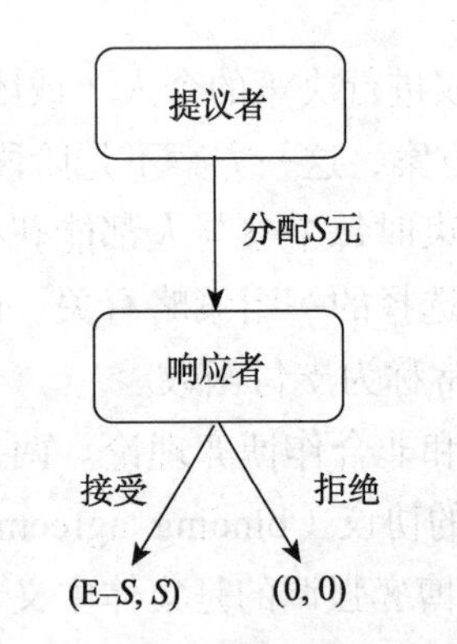

图 3-1　最后通牒博弈决策树

实验室设定下的最优均衡博弈结果与理论的预测相悖，这一现象在不同国家、不同初始资金的标的设定与不同实验设定下均有体现（Güth et al.，1982；Thaler，1988；Camerer and Thaler，1995；Roth，1995）。在实验的真实博弈结果中，提议者与响应者同样表现出了基于公平期望的决策。提议者倾向于公平分配初始资金，若提议者的分配方式严重不均等，响应者会拒绝这一提议，使得两人的最终收益均为零（对于公平非常重视的响应者，甚至会拒绝轻微不平等的分配决策）。

实验中存在以下普遍的结果：①提议者分配给响应者的资金必定小于初始资金的50%；②提议者分配的资金几乎都会高于初始资金的 20%，其中有 60%～80%的提议者选择分配初始资金的 40%～50%给响应者；③提议者的分配金额很低时，非常容易被响应者拒绝，且被拒绝的概率随着金额的减小而增大。上述研究的发现在后续实验中被证明是独立于初始资金大小的。例如，在 Cameron（1999）的实验设定中，初始资金大小约为被试 3 个月的收入。实验结果说明了人们对互惠与公平的重视。最后通牒实验中，提议者给对方分配大于零的资金，一方面是出于个人的社会性偏好；另一方面则出于对响应者公平偏好的预判，为了避免被拒绝而尽量作出公平的分配决策。

## 三、独裁者博弈

独裁者博弈以最后通牒博弈框架为基础，取消了响应者的拒绝权利（Forsythe et al.，1994）。独裁者博弈相比最后通牒博弈而言，剥离了提议者策略性降低被拒绝概率的动机，因而能够进一步考察提议者在纯粹利他动机下的决策结果，直观地披露人们的社会性偏好强度。

独裁者实验的基本架构与最后通牒博弈相同，其主要区别在于提议者与响应者的决策权利：独裁者博弈中，提议者作为“独裁者”提出的分配方案即为初始资金分配的所有依据，而响应者不再拥有接受或拒绝分配结果从而影响两人最终收益的机会，只能被动接受提议者的分配决策。标准模型的预测下，独裁者显然会分配给对方零元的收益。然而，独裁者博弈实验结果表明，即使在实验设定中剔除了响应者拒绝对资金分配的影响，提议者也具有提高对方收益的动机。事实上，实验中约有 60%的独裁者选择分配 0～50%的初始资金给对方（Forsythe et al.，1994；Andreoni and Miller，1995），如图 3-2 所示。

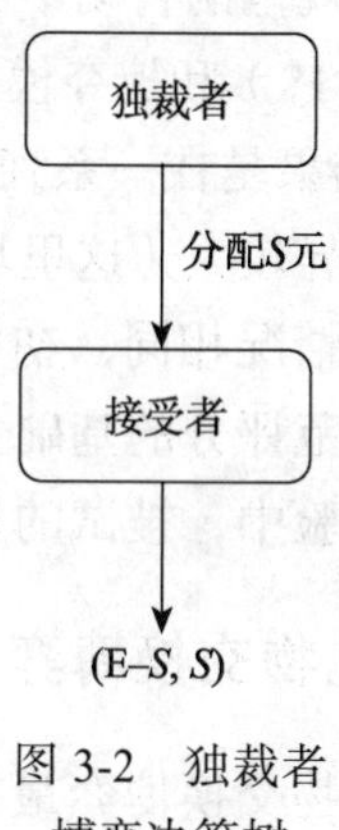


图 3-2　独裁者博弈决策树

最后通牒博弈和独裁者博弈实验证明了：首先，在进行两成员之间的博弈时，人们更在意自己和对方行为的公平与互惠性，当对方的决策是自私、不公平的时候，人们宁可选择收益更低但是更为公平的结果。其次，人们在意他人收益的高低，这是独裁者实验中提议者分配资金的重要动机。

独裁者博弈与最后通牒博弈的实验结果受到个人特征、收入获取方式与外在机制的影响（Engel，2011）。首先，最后通牒实验的结果受人口统计学变量影响。例如，女性比男性更加慷慨；成年人会分配更多，而儿童却倾向于分配更少；来自发展中国家的人会比发达国家的人给予更多等。其次，一些机制设计的改变也会影响分配情况。如果独裁者的收入是通过真实努力（real effort）赚取的，或者接受者本身有一定的禀赋，独裁者会更有可能保留全部金额；如果独裁者可以匿名，他们会给得更少，而身份公开或者有第三者观察时独裁者会觉得被监督敦促，从而分配给接受者更高金额。

独裁者博弈的不同形式能够体现决策者的利他偏好和关于财富分配的社会规范的信念。例如，Krupka 和 Weber（2013）用实验研究了标准的独裁者博弈和掠夺型独裁者博弈不同框架下的行为差异。前者是独裁者有禀赋 10 美元，然后由其分配；后者是独裁者和第二被试两人同时拥有禀赋 5 元，再让独裁者选择是掠夺还是给予对方现金。为了引出社会规范对决策的影响，他们的第一个实验首先让一些旁观者在实验前对两种模式下各种决策的社会规范性进行评价，要求对独裁者的每一种选择评价为五个档次：从“社会上合适”和“符合道德或适当的社会行为”或“社会上不合适”和“不符合道德或不适当的社会行为”的程度进行评价。

$$u(ak) = V(\pi(ak)) + \gamma N(ak) \quad (3\text{-}8)$$

其中，函数 $V(\bullet)$表示个人对货币报酬的重视，假设这个函数在 $\pi(ak)$上递增。$N(ak)$代表个体在社会规范方面的得分数，参数 $\gamma \geqslant 0$ 代表个体对遵守社会规范的关注程度。一个完全不关心社会规范的个体（$\gamma = 0$）将总是选择对自己的货币回报最大化的行动。另外，随着 $\gamma$ 的增加，个体将从选择符合社会规范的行动中获得更大的效用，而不是从那些不符

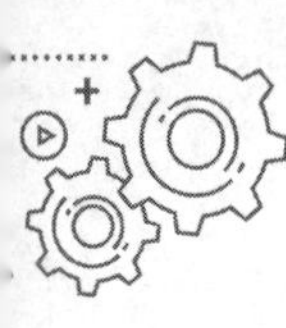


合社会规范的行动中获得效用。结果显示，对比标准模式下代币收入（9，1）的结果（即给对手 1$）和掠夺模式下的（9，1）的结果[即从（5，5）开始，独裁者从对方那里夺走 4$]，结果是在一系列相同的效用下，当独裁者的最终效用很大时，两种博弈框架的评分均值差异较大（这里均值指社会认同度的加权平均数）。这说明即使决策导致双方最终禀赋分配情况相同，初始的禀赋分配仍能导致后续决策产生不同的社会规范评价。在以上社会规范评分的基础上，Krupka 和 Weber 用第二个实验证明了在真实的标准和掠夺型独裁者实验中，被试的选择行为符合第一个实验的社会规范预期。

## 四、礼物交换博弈

礼物交换博弈最初用于解释劳动力市场中的效率工资问题：劳动力市场中，雇佣者给出稍高于市场价格的工资，被雇佣者则付出更高的努力程度以回报雇佣者的慷慨（Akerlof, 1982）。行为经济学家将这一过程简化为实验室中的礼物交换博弈（Fehr et al., 1993），并用来说明公平的偏好如何影响劳动力与商品价格。

在礼物交换博弈实验中，被试被随机地分配为雇主与雇员。雇主需要决定给出多少工资，也即劳动力价格，雇员则需要决定是否接受该工资，并且在接受后付出多少努力为企业获取利润。劳动力价格是由单边的口头拍卖确定的，首先，由雇主制定劳动力价格（工资）$w$，雇员决定是否接受该工资下的劳动力合同。若雇员接受该合同，则需要进一步决定工作所付出的努力程度 $e$，雇员可在区间$[\underline{e},\overline{e}]$中选择努力的程度，这将给雇员带来一定的个人成本 $c(e)$。此时，雇员的最终收益为合同工资减去选定努力程度所带来的个人成本：$x_w = w - c(e)$。雇员给雇主带来经济收益 $ve$，其中 $v$ 表示努力所得的边际产品。雇主的收益为雇员努力带来的经济收入减去工资：$x_f = ve - w$。若雇员不接受该合同，则双方收益均为 0，如图 3-3 所示。

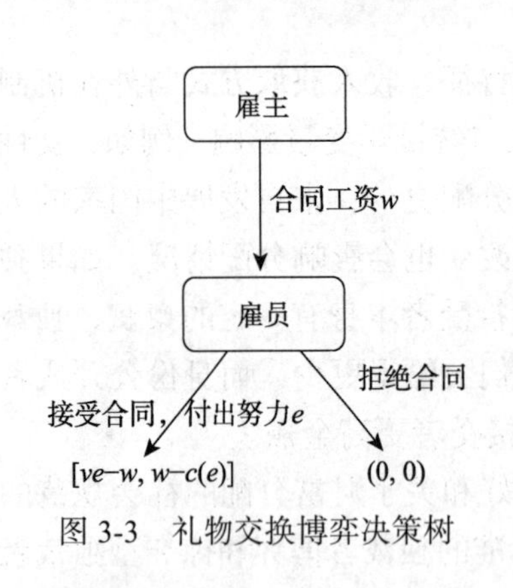

图 3-3　礼物交换博弈决策树

理性人的假设下，雇员为最大化其收益，应该接受任何能使自己获得正收益的工资报价，并在接受合同后付出最低程度的努力 $\underline{e}$，以最大化个人收益。因此，完全信息下理性地预期到雇员决策的雇主，给出的合同工资报价应该恰好等于雇员最低努力程度下所需要付出的成本 $c(\underline{e})$。然而，实验室中的礼物交换博弈却出现了不同于理性人假设的结果，具有社会性偏好的雇员中存在工资和努力程度的正相关性。雇员通过提高努力程度，可以得到更为公平的结果，厂商无法通过工人之间的竞争获得收益。礼物交换博弈的实验结果为劳动力市场的工资刚性提供了社会性偏好角度的解释：劳动力市场的买方（雇主）提供的价格明显高于市场清算水平，并期望卖方付出高努力水平，为企业创造更高的利润；当卖方（雇员）接受了高于市场工资的合同后，也选择付出高努力程度以进行回报，而不仅是最大化自身的收益。

实验室中的礼物交换博弈为劳动力市场中的非自愿失业、商品市场中的定价策略等现象提供了直观的证据。企业雇主通过给出高于市场水平的工资以刺激工人提高努力程度，为企业创造更多利润，同时也造成了其余劳动者更为严重的失业问题。基于社会性偏好的互惠理论在分析企业决策的同时，也为劳动力与商品市场的反常现象提供了合理的解释。

## 五、信任博弈

信任是现代经济活动中重要的社会与文化基础，会受到个人身份、民族特征、群体意识和宗族关系等外在环境的影响（La Porta et al.，1997；Alesina and Ferrara，2002）。在实验室的抽象设定下进行信任博弈，能够在最大程度上控制外界因素的干扰，从个人偏好的角度研究社会性偏好对信任与决策的影响（Berg et al.，1995）。

实验室的信任博弈，基准设置同样将被试随机分配为提议者与响应者，每个小组包括一名提议者与一名响应者。实验的第一部分中，由提议者对给定小组的初始资金进行分配，分配给响应者的部分将膨胀为 $X$ 倍进入响应者的个人账户。Berg 等（1995）设定 $X$ 为 3，即响应者收到的真实金额为提议者分配金额的 3 倍。实验的第二部分中，响应者将决定返还其个人账户的一部分至提议者，最终提议者的收益为初始分配资金与响应者返还资金之和；响应者的收益为 $X$ 倍的初始分配收入减去返还资金金额，如图 3-4 所示。在完全理性的假设下，响应者为使其收益最大化，应返还零元给提议者；提议者则基于这一预期，在第一步分配零元给响应者。然而，Berg 等（1995）实验结果发现，几乎所有实验组中的提议者都分配给响应者一个正的金额，而其中将近50%实验组的响应者返还给提议者的部分大于第一步中的分配金额。根据实验结果，实验中的大部分提议者不仅自身具有互惠的社会性偏好，而且也预期响应者在收到信任投资后会作出利他决策。因此，提议者的策略是使用正的投资金额获取一定回报，这符合社会性偏好的互惠模型中的纳什均衡：双方作出同等程度的利他决策或利己决策为博弈的均衡。响应者的选择进一步证明了互惠的社会性偏好模型的可靠性。

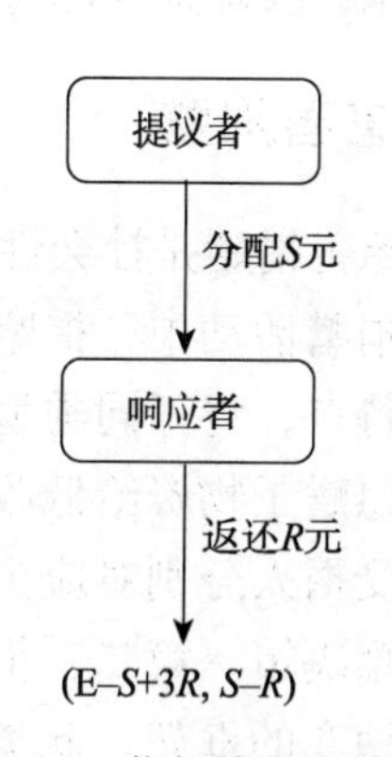


图 3-4 信任博弈决策树

从社会性偏好角度理解信任博弈，能够帮助经济学家解释现代经济社会中公司发展的原因、股票市场与基金市场中委托代理关系的健康发展以及文化、群体特征等外在环境因素如何通过影响社会性偏好改变信任决策。

## 六、公共品博弈

根据萨缪尔森的定义，公共品是一类具有非排他性和非竞争性特征的产品。非排他性是指某些产品投入消费领域，任何人都不能独占专用，而且要想将其他人排斥在该产品的消费之外在经济方面或技术方面不可行。非竞争性是指当一个人消费某些产品和服

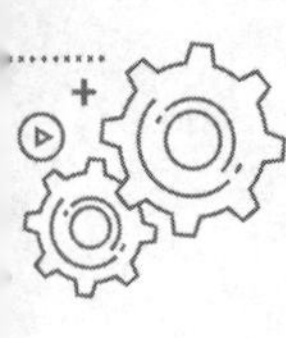



务时，并不对其他人同时消费这种产品和服务构成任何影响，也就是每增加一个消费者给供给者所带来的边际成本为零。因此，公共品的非排他性和非竞争性决定了公共品作为社会福利为消费者所享，而不需要消费者支付任何价格。在现实生活中，公共品免费的特性会使消费者倾向于成为“免费搭车者”；同时由于可能出现的公共品过度消费现象而带来“公地悲剧”问题。公共品作为一种社会福利，其资源配置的策略选择可以使用公共品博弈模型来进行讨论分析。

在公共品博弈模型中，每个参与人的贡献经过一定比例放大后，所有贡献加总后由全体参与人共同享有。当所有参与人都选择合作策略时，每一个个个体都将实现收益最大化；而由于公共品的非排他性和非竞争性，从理性人的角度，“搭便车”行为将是一个占优策略。因此，公共品博弈中就出现了“合作”与“背叛”、“整体利益”和“个人利益”之间的矛盾。在第四章中，我们将详细介绍公共品博弈的结构、机制以及公共品实验的设计和应用。

## 第三节　社会性偏好的实验和应用

针对社会性偏好的现实证据与政策问题，主要研究方向包括社会调查、微观数据库分析以及行为实验研究。本节将主要从慈善捐赠、工资谈判、市场交易与投资行为、劳资关系以及环保问题等方面，阐释社会性偏好的实验与实证调查证据。

### 一、慈善捐赠

慈善捐赠是社会性偏好的重要实例，现实中的慈善捐赠可简化为独裁者博弈的框架。慈善捐赠活动中，捐赠人完全出于自愿分配部分个人收入至募捐项目中。可根据募捐项目的特点，将不同类型慈善捐赠活动对应简化为独裁者博弈与公共品博弈。第一，捐赠人自愿赠予物资给低收入、长期贫困或遭遇自然灾害等群体的慈善活动，适用于将捐赠人与受捐人分别对应为提议者和接受者的独裁者博弈框架，个体出于完全的利他动机进行捐赠决策。第二，捐赠人赠予环保组织、生态保护组织等资金的慈善活动，适用于公共品博弈的框架。此类募捐项目筹款成功后对环境和生态的改善对于所有个体（或小范围的当地居民）存在正外部性，因此具有公共品的性质；个体出于社会性偏好与自利动机进行捐赠决策，期望公共品能为个人及社会总体成员带来正收益。

在社会性偏好动机的基础上，慈善捐赠活动同时也可能受到其他因素驱动，如个体对声誉的渴望以及来自其他募捐者的压力。行为实验研究主要探讨慈善捐赠的具体机制，研究成果为慈善与公益事业的发展和政策设计提供了一定的参考。第一，捐赠金额取决于捐赠者经历，Landry 等（2010）研究发现，曾经的捐赠者比第一次被要求捐赠的捐赠者更有可能捐赠，而且捐赠数额更多。第二，捐赠金额与募捐者个体特征有关，Landry 等（2010）研究发现，上门募捐时，相较于男性，女性募捐者能够筹集更多资金。第三，能够筹集到的金额与捐赠项目本身的性质有关，当捐赠对象为种子基金时（也即用于创业或企业初始阶段的资金），人们会给出更高的善款（List and Lucking-Reiley，2002）。第四，募捐的形式也会影响人们的捐赠行为。实证研究发现（Yörük，2009），在控制捐赠中的内生性问题后，捐赠要求使被要求捐赠的人的捐赠倾向增加了大约 19 个百分点。DellaVigna 等（2012）通过实地实验，区分了利他主义和社会压力对捐款动机的影响：如果捐赠行为是出于利他主义，捐赠者从捐赠中获得正的效用；相反，如果捐赠是由于社会压力，捐赠者会从捐赠中获得负的效用。研究者设计了一个挨家挨户的上门募捐活动，处理组家庭通过传单事先被告知了募捐的确切时间，他们可以主动避免募捐者的到来。结果发现，传单使开门的家庭减少了 9%～25%，如果传单允许勾选"请勿打扰"，则捐款减少了 28%～42%。后者的减少主要集中在小于 10 美元的捐赠中。因此，社会压力是上门捐赠的一个重要决定因素。

## 二、工资谈判

在完全竞争市场当中，无论是企业主还是劳动者都是劳动力价格的接受者；而在现实经济生活中，工资谈判是一个重要的中间环节，谈判主要建立在最后通牒博弈式的讨价还价框架上。谈判成员的人数决定了谈判是双边还是多边，典型的双边谈判为工会与企业关于工资水平的谈判，典型的多边谈判如各国就气候问题的共同协议过程。

由于如互惠、公平倾向等社会性偏好的存在，谈判结果往往偏离标准模型的预测。一方面，谈判结果有可能选择一个远低于平均投资回报率的社会贴现率；另一方面，谈判结果也有可能达到一个与理论预期相反的方向，此时制裁手段就显得很重要。

工会与企业的双边谈判中，谈判合同区间过大和保留价值的信息不完全是降低谈判成功概率的重要因素（Babcock et al.，1995）。通过将招募的被试随机分为雇主和雇员身份，并要求双方关于工资水平进行谈判，Babcock 等（1995）设计谈判区域和不确定性两个维度的实验研究谈判效率的影响因素。首先，在实验规定的情景下，雇主提出能给出的最高工资，雇员提出能接受的最低工资，情景规定了雇主提议的下限 $Y_m$ 与雇员提议的上限 $Y_w$，$Y_w - Y_m$ 为谈判的合同区间。实验中基于谈判区间给出两个实验组的设计：大谈判区间 $Y_w - Y_m = 6$美元，小谈判区间中 $Y_w - Y_m = 2$美元。其次，雇主和雇员的谈判保留价值信息公开程度不同：一组中谈判保留价值对双方皆为公开信息，另一组中被试仅可知自身的谈判保留信息。表 3-1 总结了上述实验的两维度设计。

**表 3-1　合同区间和信息影响谈判效率的实验设计**

| 实验组序号 | 设计维度一：谈判合同区间大小 | 设计维度二：保留价值信息公开程度 |
|---|---|---|
| 1 | $Y_w - Y_m = 6$美元 | 个人仅可知自身的保留价值 |
| 2 | | 谈判双方的保留价值对所有参与者公开 |
| 3 | $Y_w - Y_m = 2$美元 | 个人仅可知自身的保留价值 |
| 4 | | 谈判双方的保留价值对所有参与者公开 |

资料来源：BABCOCK L, LOEWENSTEIN G, WANG X, 1995. The relationship between uncertainty, the contract zone, and efficiency in a bargaining experiment[J]. Journal of economic behavior & organization, 27(3): 475-485.

实验结果中，谈判的合同区间和保留价值信息不完全性（也即决策存在风险）导致

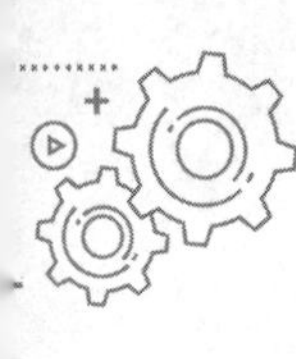



谈判效率降低。当风险水平提高时，社会性偏好对决策者行为的影响减弱，人们更关心自身的经济收益和决策的策略性。

## 三、市场交易与投资行为

金融产品的买卖与市场投资行为中包括出资人与被投资者两方，可以对应简化理解为信任博弈的双方。信任水平一方面受到社会环境、文化特色等因素的影响；另一方面与金融市场的表现、个人的投资行为具有紧密的关系。

社会信任水平与金融市场参与度呈现显著的正相关关系，但金融投资也存在着策略性博弈的特征：个人投资者的收益随着金融信任水平先显著上升继而下降（崔巍，2013）。信任博弈中，投资者的投资金有着固定的无风险膨胀率，但现实情况显然并非如此。金融产品往往面临着不同程度的损益风险，若对应上文的信任博弈框架，这一风险主要体现在分配金额膨胀率 $X$ 上。因此，个人在真实金融市场中的行为无法使用传统的信任博弈实验框架进行预测。李彬等（2015）基于上述假设，在经典的信任博弈实验基础上引入投资资本具有损益风险的设定，用以体现金融市场真实存在的外部风险，从而系统性研究外部风险与社会信任之间的关系。研究在实验中设置了以下投资的不同标的，以引入市场风险的设计：投资标的分别为确定的 100 元、一张（100 元，0.5；0 元，0.5）结构的彩票、一张（100 元，0.25；0 元，0.75）结构的彩票、一张具有模糊风险的面值为 100 元或 0 元的彩票。实验结果表明，在有外部风险的信任博弈中，提议者和响应者的分配行为都更加具有策略性，双方的信任水平显著降低。由于风险的存在，一方面，效用函数中社会性偏好的作用减弱，人们需要寻求更高的经济收益来稳定个人效用水平；另一方面，个人注意力从社会公平与利他转移到自利偏好，因此行为更具有策略性。

## 四、劳资关系

劳资关系中雇主和雇员的决策可简化为礼物交换博弈。在雇主与雇员的决策博弈过程中，雇主首先对雇员的能力与潜在努力情况产生预判，根据预判决定劳动合同中的工资与绩效奖励方式；雇员在给定工资与绩效下决定个人的努力程度，从而以努力工作为成本获取工作产出。

社会现实情况表明，劳动力市场存在对公平和互惠的偏好，这些偏好意味着人们愿意通过牺牲物质上的回报来惩罚不公平的行为或不公平的雇主，以求得更平等的个人回报。聚焦于劳动力市场背景下雇主和雇员的博弈，提供低工资的公司员工可以通过拒绝雇主的工资报价来达到惩罚目的。这种拒绝行为在最后通牒讨价还价的博弈中十分常见。事实上，在实验室开展的最后通牒博弈实验中，提议者和响应者之间的公平分配构成显著的平等参照点，而响应者可能拒绝低的（甚至不公平的）出价，尽管这意味着他只得到零收益。为了避免被拒绝，提议者通常会提供 70%～80%的初始资金分配。因此，在劳动力市场双边博弈的背景下，如果公司预期部分员工可能会拒绝低报价或明显不平等的工资报价，他们就产生了提高工资的动机，这一预期下的分配超出了自利模型所预测的分配水平。

社会性偏好和外生的机制之间存在着潜在的挤出作用，劳动力市场中典型的外生机制是最低工资制度。经典的劳动力市场双方在关于工资水平进行博弈时，出于自愿的原则，博弈均衡点可能趋向于公平的工资水平，这一结果在揭示雇主的社会性偏好的同时也能够通过影响雇员的互惠偏好使其产生提高努力程度的动机。然而，强制的最低工资制度下雇主的出价动机变得模糊了。雇员无法分辨公司给出的工资报价是出于社会性偏好的互惠动机所给出的慷慨报价，还是仅仅在最低工资制度约束下无可奈何的被迫选择。因此，根据上文所展示的互惠模型，员工能够识别的对方的善意程度比无最低工资制度情况下更低，员工出于互惠动机会降低其个人努力程度。在公司给出同样水平的工资时，有工资制度的条件下员工提供的工作努力程度更低（Falk et al., 2006）。在 Falk 等（2006）实验中，随机指定为员工的被试不能选择努力水平，但可以根据自己的公平观念来选择保留工资。这一结果支持了下面的观点：最低工资制度对员工预期的企业公平意图的影响在一定程度上改变了他们所反馈的工作努力程度。

最低工资制度在长期也改变了工人对报酬的看法。实行最低工资制度后，工人期望的保留工资（即所能接受合同给出的最低工资水平）增加，相当一部分工人的保留工资甚至高于法定最低工资。因此，利润最大化的企业被迫支付高于最低工资水平的工资从而产生溢出效应。最低工资制度取消后，工人的保留工资有所下降，然而其仍然明显高于实行最低工资制度之前的员工保留工资水平。上述现象意味着最低工资制度改变了雇员的信念，在取消最低工资制度后，个体企业面临着比实施最低工资制度前更为紧缩的劳动力供给市场。因此，取消最低工资制度后支付的工资要比实行最低工资制度前高得多，这是企业所选择的利润最大化策略。

在中国的经济环境下，社会性偏好理论能够为工资水平与企业、机构的绩效之间的关系提供解释与政策指导。例如，实证研究发现，国有企业的工资稳定性特征影响了对于职工的激励效率，而向下的刚性对于企业的生产效率提高产生了更为消极的影响；国企员工的工资弹性是影响员工提薪、企业福利与公司业绩之间正相关性的重要变量，刚性的工资显著减弱了工资增长率与业绩增长之间的正相关性（陈冬华等，2010）。此外，社会性偏好理论还能够为最低工资制度、企业绩效激励政策、医疗行业薪酬制度改革等重要问题的研究提供理论基础。

以最低工资制度为例，个人内在的社会性偏好与强制性的外生制度规定存在挤出“善意”或公平性偏好的共同作用，Wang（2012）通过实验研究说明了上述问题。实验设计旨在从多个维度控制目标的研究机制，Wang（2012）将被试随机分为雇主和雇员，雇主为工资水平决定者和雇佣人数决策者，可以自由选择雇用 0～3 名雇员；雇员决定是否接受劳动合同，以及工作中付出的努力水平。实验设计主要体现在两个维度：雇主给出工资的决策区间（最低工资为 0、170 代币或 220 代币）以及最低工资制度的信息公开程度（仅雇主可知或雇主与雇员均可知），具体的实验组设计如表 3-2 所示。

表 3-2　最低工资与社会性偏好实验设计

| 实验组序号 | 设计维度一：工资制定区间 | 设计维度二：最低工资信息公开程度 |
|---|---|---|
| 1 | 0≤工资≤1000 | |
| 2 | 170≤工资≤1000 | 最低工资仅对雇主公开 |
| 3 | | 最低工资对所有参与者公开 |
| 4 | 220≤工资≤1000 | 最低工资仅对雇主公开 |
| 5 | | 最低工资对所有参与者公开 |

资料来源：WANG X, 2012. When workers do not know–the behavioral effects of minimum wage laws revisited[J]. Journal of economic psychology, 33: 951-962.

实验结果发现，总体上，强制性的最低工资制度能够提高市场工资水平，且最低工资越高，效果越强。强制性外生政策同时可能挤出内在的社会性偏好激励。实验结果显示，当雇员不知雇主的工资制定区间等细节时，最低工资制度使雇主的有限注意力从社会性偏好转移至个人经济收益，因此一些原本非常慷慨的雇主反而会降低给出的工资水平。当最低工资信息对所有参与者公开时，上述挤出效应消失，这可能是因为得知最低工资水平的雇员表现出更强的社会性偏好，且雇主对此有所预期。

工资具有一定刚性，该结论被一些国外的实证与调查研究证实，其中包括工资的向下刚性，即企业管理者很少会采取减薪这一举措。已有研究的方法包括直接询问雇主是否削减工资、针对抽样的公司样本的名义工资展开雇员与雇主调查、针对抽样公司的工人进行追踪调查（Bewley，1998；Kaufman，1984；Agell and Bennmarker，2003，2007），这些研究调查涉及了包括英国、美国和瑞典等国家在内的几个主要的发达经济体。研究表明，无论是对企业雇主还是对企业员工进行的调查，很少有调查结果显示员工的名义工资的削减，即便是在国家面临经济衰退的时期。以美国的劳动力市场调查为例，在 20 世纪 90 年代早期，经济衰退导致失业率陡增，但是企业的上层管理者仍尽力避免给下层员工减薪。这些管理者认为，雇主与雇员之间存在一种双方默认的相互回报关系：在具有稳定性的工资之下，雇员相信自己的付出最终将得到公司或同事的回报，而减薪则会影响工作的士气，降低雇员的努力程度与互惠动机（Diamond and Vartiainen，2007）。

## 五、环保问题

良好的环境可以被看作一种全球公共产品，各国人民都可以从中受益。环境问题在地球上普遍存在。不同国家和地区的环境问题在性质上具有普遍性与共同性，如气候变化、臭氧层的破坏、水资源短缺、生物多样性锐减等。而气候变暖、臭氧层空洞、核废料扩散以及海洋污染等环保问题，其影响的范围是全球性的，产生的后果也是全球性的。如果每个国家都必须为自己减少温室气体排放、节约化石能源以及保护海洋等措施的成本而买单，而所有国家现在和将来都将分享利益，那么显然存在“搭便车”的空间。环保成本如何分配需要进行多边谈判，以获得解决方案。以国际气候谈判为例，与通常作为研究对象的学生相比，国际多变气候政策谈判者对公平有更强的偏好（Dannenberg et al.，2007）。同时，也有证据表明，与个人决策相比，团队决策更利他、更重视他人的福利（Cason 和 Mui，1997）。在全球性环保治理背景下，多边跨国的谈判也存在诸多不确定性。例如，公平态度中的自我服务偏见可能阻碍国际谈判的进程，这种偏见指的是人们往往认为对自己有利的事情也是公平的。Kriss 等（2016）的研究结果表明，这种自我服务偏见将不利于谈判中合作的达成，而掩盖当事人的身份有利于引出谈判者真正的公平观念，最终提高合作达成的可能。确定分歧是由自私的偏见驱动的，还是由不同文化或个人身份对公平认知的差异驱动的，对于谈判效率的影响至关重要。Kriss 等（2016）通过“无知之幕”的设定，在实验中将被试的身份进行一定程度的隐匿，并且要求不同实验组被试进行相同的利益分配决策，对自利偏好与不同身份公平认知两种动机进行区分。第十章中，将以经典文献为例，进一步解释如何将谈判与社会性偏好问题进行结合研究。

# 本章小结

本章首先给出了基于互惠偏好和不平等厌恶假设的社会性偏好模型。社会性偏好模型通过修改标准自利模型中的关键系数，预测了不平等厌恶、互惠偏好等机制如何影响人们的经济决策。在本章的第二部分，我们通过讨论最后通牒博弈、独裁者博弈、礼物交换博弈、信任博弈和公共品博弈这几类经典的博弈形式，分析其标准理论下的最优均衡与实验室结果的异同，说明了社会性偏好理论诞生与发展以来，在不同的经济体与差异化的实验设定之下所展现出的稳定性。最后，在本章的第三部分，我们提供了社会性偏好在劳动经济学和慈善与公益事业中的经典实证与实地实验研究的证据。诚然，社会性偏好并非影响人们决策的唯一因素，后续研究也对社会压力、身份认同等机制进行了研究与讨论。然而，我们所提供的实验与实证证据表明，人们对他人福利的在意、对不平等现象的厌恶与提高社会总福利的倾向，能够解释许多反常的经济现象与个人决策，为企业、政府与第三次收入再分配的政策设定提供了重要的理论依据。

## 复习与思考

1. 请简要解释名词并写出现实中的经济现象示例。

（1）不平等厌恶

（2）互惠偏好

2. 下式表示在两人博弈中考虑了社会性偏好的效用函数，其中 $x_1$，$x_2$ 分别为两人在博弈中的收益。

$$U_1(x_1,x_2)=\begin{cases}\rho x_2+(1-\rho)x_1, & 当\ x_1 \geqslant x_2 \\ \sigma x_2+(1-\sigma)x_1, & 当\ x_1 < x_2\end{cases}$$

请用 $\rho$ 和 $\sigma$ 的取值或取值关系表达以下三种社会性偏好的情形：

（1）标准理性模型（standard rational model）。

（2）利他心理（altruistic）。

（3）如果当事人 1 的收入高于当事人 2，当事人 1 的利他心理就更强。

# 第四章　公共品实验和贡献行为

公共品具有非排他性和非竞争性，这决定了公共品作为社会福利为消费者所享，而不需要消费者支付任何价格。在现实生活中，公共品难以收费的特性会使消费者倾向于成为“搭便车者”；同时可能出现的公共品过度消费现象也会带来“公地悲剧”问题。本章将首先介绍公共品博弈的基本结构，阐释公共品博弈的行为经济学理论与传统理论所存在的不同假设，以及可能导致的均衡结果的变化。接着，用公共品实验的经典文献举例，说明公共品博弈实验的基准设置，以及实验设定的变化对结果产生的影响。最后，本章将总结实地环境下的现有公共品研究以及政策应用。

## 第一节　公共品实验的基本结构和影响因素

### 一、简单的线性公共品博弈

公共品博弈的要素包括小组博弈人数、个人初始禀赋、公共账户边际资本报酬率（marginal per capital return，MPCR）和私人账户余额。博弈机制研究均在此基础上进行展开，具体操作包括组员身份设定、奖惩机制设定、公共品门槛等。

本部分，我们将给出一个一般的线性单轮公共品博弈实验的基本结构。在一般的公共品博弈游戏中，需要明确每个参与者的决策相关者，以及决策相关的参数。假设每名参与者所在小组内有 $n$ 个参与人，在公共品博弈中，每个参与者都被给定初始禀赋 $w_i$。每个参与者需要对其初始禀赋进行分配决策：将初始禀赋中的多少分配给自己的私人账户、多少分配给公共账户，私人账户和公共账户所能获得的收益不同，但最终收益的产生方式对每个参与者而言均为公开的信息。公共账户总金额为组内所有参与者分配给公共账户的资金之和，每名参与者都能从公共账户中获得的收益为：边际资本报酬率乘以公共账户总金额。参与者能获得 100%的私人账户资金。因此，对于每个参与者来说，一轮公共品博弈获得收益为

$$\pi_i = (w_i - c_i) + \alpha \sum_{j=1}^{n} c_j \tag{4-1}$$

式中，$(w_i - c_i)$ 为参与人投资在私人账户中的金额，$c_i$ 为参与人投资进入公共账户的金额。其中，系数 $\alpha$ 被定义为公共账户边际资本报酬率，且规定 $0 < a < 1 < na$，对于个体 $i$ 来说，由于 $\frac{\partial \pi_i}{\partial c_i} = -1 + \alpha < 0$，每轮投资水平为 0 是最优策略；而从群体的角度来看，由于 $\frac{\partial \sum \pi_i}{\partial c_i} = -1 + na > 0$，每个人投资最大化才是最优策略。

在博弈论框架的公共品博弈中，当所有组员都贡献全部禀赋时，能够从公共账户获

得的返还收入高于其初始资金。尽管如此，由于在其他人提高贡献额度后，“搭便车”行为可以为参与人带来更高收益，所以参与人存在强烈的“搭便车”动机。当个人不贡献给公共账户时，无论其他组员的行动如何，个人都至少不会遭受损失，此时博弈的纳什均衡为所有人都贡献 0 元。

## 二、公共品实验与社会性偏好

公共品博弈可以作为分析慈善捐赠、环境保护行为、基础设施集体建设等现实问题的初始架构。关于是否愿意主动提供公共品这个现象，必定会与“人们究竟是自私的还是利他的”这个话题相关。在传统经济学完全理性人的假设下，由于公共品具有非竞争性与非排他性，个体决策存在“搭便车”的动机，从而导致公共品供给不足。但是将行为经济学社会性偏好理论纳入分析框架后，结果可能存在不同——能够从利他行为或光热效应（Warm-Glow）中获得效用的个体可能提高自己的公共品供给。现有的公共品实验证明，在实际参与公共品博弈时，利他与利己的动机同时存在。大多数参与者在具有利己性的同时，也关心小组其他成员是否获益，以及初始资金和贡献资金分配的公平性（Fischbacher et al.，2001）。此时，机制设计中多轮实验匹配相同组员、每轮结束后公共账户总额或其他组员贡献水平的展示是促成合作的必要条件。进一步的研究结果表明，人们的贡献略低于其他组员的预期金额（Neugebauer et al.，2009）。因此，利己与互惠偏好同时存在于个人决策的效用函数中。

基于社会性偏好理论，在公共品博弈过程中，完全利己的人只关心自己的收益，不作出任何贡献且不会选择合作；完全互惠的人关心自己的行为是否与他人的一致，因此在观察到组员贡献后，会作出一样的决策；同时具有利己和互惠两种动机的个体选择稍低于其他组员贡献的金额。

## 三、影响公共品博弈结果的因素

参与者个人特征与外在机制设计共同影响公共品的贡献（Zelmer，2003）。例如，公共账户边际资本报酬率提高时，观察到的贡献水平就会明显增加；受试者之间的交流即使是廉价磋商（cheap talk）也能改善合作。相比之下，有经验的受试者往往比第一次参加实验的人提供的贡献低得多，异质性禀赋或者在实验开始前询问他们对其他参与者的行为的看法都会降低参与者的贡献。同时，随着实验轮次的增加，公共品贡献的金额也会不断下降。表 4-1 内列出了影响公共品贡献的因素以及经典研究文献，可以作为相关研究的参考。

**表 4-1 公共品贡献的因素以及经典研究文献**

| 影 响 因 素 | 参 考 文 献 |
|---|---|
| 边际资本报酬率（MPCR） | Isaac, Walker and Thomas, 1984; Isaac and Walker, 1988 |
| 被试者人数 | Chamberlin, 1978 |
| 重复轮数 | Andreoni, 1988 |
| 性别 | Brown-Kruse and Hummels, 1992 |
| 被试者禀赋 | Marwell and Ames, 1980 |

续表

| 影响因素 | 参考文献 |
| --- | --- |
| 信念 | Palfrey and Rosenthal, 1991 |
| 经济学知识 | Marwell and Ames, 1981; Isaac, McCue and Plott, 1985 |
| 经验 | Isaac, Walker and Thomas, 1984; Palfrey and Prisbrey, 1993 |
| 友谊/群体身份认同感 | Brown-Kruse and Hummels, 1992 |
| 沟通交流 | Dawes, MacTavish and Shaklee,1977 |

近年来对于公共品博弈的研究逐渐深入，对于其影响因素的探讨也越来越丰富。本章以对初始禀赋和收入差异以及信息展示的研究为例，介绍公共品贡献影响因素方向较新的研究。

### （一）初始禀赋和收入差异

禀赋是指公共品博弈中个人所获得的初始资金，初始禀赋的分配方式与分配结果涉及社会比较与公平问题。与现实公共品所面对的人群往往具有不同经济条件这一现象对应，公共品实验中通过给定小组成员不同的初始资金（禀赋）研究其影响，研究者能够通过实验结果检验不平等偏好与互惠偏好的假设：高禀赋的人们是否表现出更高水平的社会性偏好，即愿意贡献更多以达到所有组员的最终收益均等。

针对上述问题，现有研究使用实验方法展开了一系列的讨论，但结果并不一致。部分研究显示，高、低禀赋个体的公共品贡献金额之间的差异相对较小（Van Dijk et al.，2002），而另一部分实验结果则表明，具有异质禀赋的主体在公共品实验中提供了类似的贡献水平（Cherry et al.，2005）。禀赋效应也会受到外生制度的影响。以 Wang 等（2021）的研究为例，该研究通过实验方法探讨了禀赋类型和最低贡献水平（minimum contribution level，MCL）的相互作用。实验中，四人一组的成员可能包括一个、两个或三个高禀赋类型的成员。不同捐赠类型的团队成员更好地模拟了实际社区中富人和穷人的不同比例。该研究中，被试者可以看到团队其他成员的捐赠或收入水平作为个人缴费决策的外部参考点。结果显示，在群体中看到更多高收入成员的个体往往会作出更高的贡献。

### （二）信息展示

公共品实验中的信息包括参与者信息与决策信息。参与者信息是指个体在博弈过程中，被告知组员的个人特征，甚至可以在小组内进行直接的交流（何浩然和周业安，2017）；决策信息是指决策者在每轮组员决策完成后，能够得知该轮其他组员的贡献金额、组内最高或最低贡献金额等具体的决策信息。

捐赠者个人特征在实际中常会以捐赠人名单的形式进行实名公开，这一机制被证明能够提高捐赠意愿较高个体的捐赠水平，但同时也挤出了捐赠意愿较低个体的捐赠（罗俊等，2019）。在重复性的公共品实验中，信息反馈的作用效果受到反馈规则透明度的影响（Irlenbusch et al.，2019）。在该实验中，被试首先进行标准的公共品博弈，随后小组的所有成员会收到关于小组某一成员贡献信息的反馈。实验设计采用 3 × 2 的处理形式，有三种反馈规则：被试收到的反馈是关于小组中的最大、最小或随机选出的贡献值，以及两种透明度类型：反馈规则透明（被试知道反馈规则是哪一种），反馈规则不透明。

研究结果如图 4-1 所示，与对照组相比，当反馈规则不透明时，反馈正面例子对平均贡献有持久且积极的影响；但是当反馈规则是透明的时候，正面例子的积极影响微乎其微。而对于负面的例子，其作用效用相反。当反馈中提供负面例子且反馈规则是透明时，与对照组相比，小组合作水平会降低；若反馈规则是不透明的，小组贡献额将进一步降低。在上述研究中，信息反馈规则与规则透明度均为外生给定，Irlenbusch 等（2019）又让小组内生选择处理方式——小组组长在每一轮可自由选择上述六种处理方式中的任何一种。研究发现，当反馈内生时，小组组长最常反馈最大贡献值给组员，但是透明和非透明的反馈选择之间没有明显差异，因为大多数组员都预期到了组长将公开最大贡献值信息。

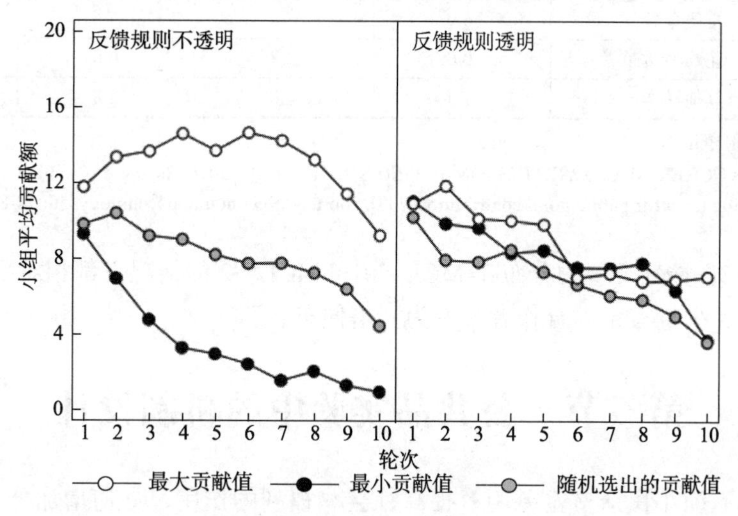


图 4-1　信息反馈与反馈规则透明情况对小组贡献额的影响

资料来源：IRLENBUSCH B, RILKE R M, WALKOWITZ G, 2019. Designing feedback in voluntary contribution games: the role of transparency[J]. Experimental economics, 22(2): 552-576.

### （三）参照点作用

合作是个人与个人、群体与群体之间为达到共同目的，彼此相互配合的一种联合行为。根据式（4-1），当被试者贡献更多禀赋时，能够从公共账户获得的返还收入高于其初始资金，此即公共品实验的合作行为。

实验中被试者为公共利益作出两种类型的贡献决定：无条件贡献和有条件贡献。无条件贡献条件下，被试者不知道其他小组成员的贡献值，仅根据自身意愿作出贡献决定。有条件贡献条件下，针对其他几位小组成员的平均贡献额，被试者将陈述自己相应的贡献金额。该设置消除了实验博弈中固有的策略不确定性，小组其他成员的贡献值也起到参照点的作用：对于有条件合作者，他们愿意增加自己的贡献，如果他们知道别人也会这样做。

另一类参照点可能来自机制设计本身。针对有条件合作的公共物品实验，我们以 Kocher 和 Wang 等（2016）的最低贡献公共物品博弈实验为例。最低贡献额是在被试决

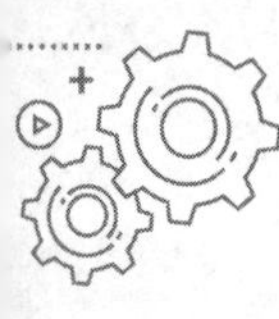



策前规定的，在现实中对应的是一种强制贡献的纳税额度。该实验在无条件和有条件贡献设置的基础上，加入无 MCL、MCL=2 和 MCL=7 三种情况。我们以表 4-2 说明在无 MCL 和 MCL=2 的情况下有条件合作的结果。如果自己和他人的平均贡献在 1%的显著性水平上为正且显著，则被试者被归类为有条件合作者。驼峰形贡献者是指那些表现出弱单调增加的贡献者，他们以某个特定小组平均贡献值为自身贡献参考值的拐点。“搭便车者”是为 MCL=0 下贡献为零或 MCL=2 下的贡献低于 2 代币的被试者。

**表 4-2　有条件贡献公共品实验结果**

| | | MCL = 2 | | | |
|---|---|---|---|---|---|
| | | 有条件合作者 | 搭便车者 | 驼峰型贡献者 | 其他样本 |
| MCL=0 | 有条件合作者 | 33.3 | 4.2 | 4.2 | 4.2 |
| | 搭便车者 | 6.9 | 27.8 | 5.6 | 0.0 |
| | 驼峰型贡献者 | 0.0 | 2.8 | 0.0 | 2.8 |
| | 其他样本 | 1.4 | 0.0 | 2.8 | 4.2 |

注：表中数值单位为%。

资料来源：KOCHER M G, MARTINSSON P, PERSSON E, et al., 2016. Is there a hidden cost of imposing a minimum contribution level for public good contributions? [J]. Journal of economic psychology, 56: 74-84.

根据表 4-2，贡献类型的分布在 MCL = 0 和 MCL = 2 的情况下都相对稳定；当 MCL 由 0 变为 2 后，少量有条件合作者转变为“搭便车者”。

## 第二节　公共品实验中的机制设计

公共品具有缩小民众贫富差距、提高社会总福利的作用，如何增加公众贡献额、减少搭便车现象一直是公共品研究中的重点，研究者采用各种机制来解决这一问题，如引入奖惩机制、要求最低贡献额、设置贡献门槛、引入领导者等，本节就这四种机制进行举例说明。

### 一、奖惩机制

既然在公共品合作中参与人存在“搭便车”倾向，那么对合作水平低的搭便车者进行惩罚可以有效保证公共品贡献的金额。Fehr 和 Gächter（2000）的研究表明，即使惩罚本身需要付出一定成本，参与人也愿意惩罚“搭便车者”来维持组内的合作水平。Anderson 和 Putterman（2006）在 Fehr 和 Gächter（2000）实验设计基础上，引入不同惩罚成本对惩罚与合作行为的影响，得到了类似的结论。在这项研究中，实验分为两个阶段，重复五轮，每一轮结束后被试都匹配到新的队友。第一阶段是标准的公共品博弈；第二阶段中，被试会看到小组其他成员的贡献额，同时知道自己的私人惩罚成本，随后被试可以对组内另外的成员实施一定惩罚，只要自己能够负担惩罚总成本且不至于使对方破产。研究结果表明，即使知道后面几轮不会再遇到同样的队友，惩罚队友自己不会获得任何战略性收益，被试还是愿意支付一定的成本对低贡献者进行惩罚。此外，惩罚水平与惩罚成本呈负相关，与被惩罚者“搭便车”的程度负相关。

如果惩罚制度是外生的，一些国家公共品博弈中的合作行为会减少（如 Herrmann et al.，2008 的研究关注土耳其的情况）。在 Gürerk 等（2006）的内生实验设计中，被试者可以自己选择有惩罚还是无惩罚的环境，虽然最初参与人可能厌恶有惩罚的环境，但是最终所有参与人都会选择有惩罚的环境，并且能达成高水平的合作。同时 Gächter 等（2008）对比了 10 轮和 50 轮带有惩罚机制的公共品博弈，发现 50 轮的情况下平均净收益要高于 10 轮，多轮重复后合作变得趋于稳定。进一步地，Gürdal 等（2021）的研究发现，即使在外生惩罚会导致合作降低的国家，在内生环境下也会选择有惩罚的环境。以上研究结果证明了惩罚制度的形成以及存在的意义。

与惩罚机制相对地，可以在公共品实验中引入奖励机制。张元鹏和林大为（2015）进行了一个三阶段实验。第一阶段为标准的公共品博弈；第二阶段为外部奖励机制实验，每期将对小组贡献总额进行排名，然后根据排名进行奖励；第三阶段为内部自我监督与惩罚实验，各小组成员将就是否对小组中的“搭便车”行为进行惩罚和监督进行表决。研究结果显示，外部奖励机制可以有效地约束组员的“搭便车”行为，从而提高小组的合作水平。但是如果让被试内生选择监督和惩罚，则可能因为惩罚无法实现导致约束无效，从而合作水平无法提高。

## 二、最低贡献额

许多研究者和政策制定者在捐赠中引入规定最低贡献额的方式，用以保证公共账户能够筹集到一定数额的捐献。例如，在汶川地震后，一些社区或团体规定了成员捐款的最低金额。一些实验研究探索了引入 MCL 对参与人贡献金额的影响，多数研究发现 MCL 对促进合作有正向作用（Andreoni，1993；Chan et al.，2002；Eckel et al.，2005），少数研究发现了 MCL 对捐赠金额有负面影响的证据（Falk and Kosfeld，2006）。

不同水平的最低贡献金额对公共品博弈中的利他行为具有异质性影响。Kocher 等（2016）通过在公共品博弈中引入高水平（7 元）和低水平（2 元）实验组，强制给具有 20 元初始资金的被试规定了外生的最低贡献金额，实验设计如表 4-3 所示。

**表 4-3　最低贡献额公共品博弈实验设计**

| 项　目 | MCL 取值 | MCL 来源 |
| --- | --- | --- |
| 实验组 | 7/2 | 内生 |
| 控制组 | 0 | 内生 |
| 实验组 | 7/2 | 外生 |
| 控制组 | 0 | 外生 |

注：“有条件合作”部分，见本章第一节第三部分；“外生”表明为实验自动指定，“内生”表明是否设定由被试者投票决定。

资料来源：KOCHER M G, MARTINSSON P, PERSSON E, et al., 2016. Is there a hidden cost of imposing a minimum contribution level for public good contributions?[J]. Journal of economic psychology, 56: 74-84.

通过对比实验组与控制组（无最低贡献金额规定）的公共品贡献水平与其在人群中

的具体分布,研究发现最低贡献金额存在超调效应(overshoot effect)和挤出效应(crowding out effect),即 MCL 的规定虽然能够提高利他动机更低的被试的贡献水平，但也会挤出原本贡献高水平的被试。相对于高水平的最低贡献金额规定，一个低水平的 MCL 表现出更强的挤出作用，这可能是因为低水平的 MCL 提供了一个较低的参照点。实验结果如表 4-4 所示。该实验的指导语参见本书第二章附录。

**表 4-4　最低贡献额公共品博弈实验结果**

| 零　假　说 | *P* 值 |
|---|---|
| 在 MCL = 0 中贡献 0、1、2 的人，在 MCL = 2 中的贡献额为 2 | <0.01 |
| 在 MCL = 0 中贡献 > 2 的人，他的贡献额在 MCL = 2 和 MCL = 0 中相同 | <0.01 |
| 在 MCL = 0 中贡献 0～7 的人，在 MCL = 7 中的贡献额为 7 | <0.01 |
| 在 MCL = 0 中贡献 > 7 的人，他的贡献额在 MCL = 7 和 MCL = 0 中相同 | 0.60 |

资料来源：KOCHER M G, MARTINSSON P, PERSSON E, et al., 2016. Is there a hidden cost of imposing a minimum contribution level for public good contributions?[J]. Journal of economic psychology, 56: 74-84.

## 三、门槛机制设计

在实际生活中常会出现这样的情景，一个村子筹集资金修路时，只有当全村居民的贡献达到一定数额路才能修成。这就是一个典型的门槛（threshold）公共品博弈：只有总贡献超过了超过一定门槛，公共物品才会被提供。门槛为参与人提供了一个贡献目标，但是却不一定对公共品贡献额有激励作用。研究表明，有门槛的公共品贡献成功率通常在 40%～60%（Croson and Marks，2000；Alberti and Cartwright，2015；Cartwright and Stepanova，2015）。

门槛机制设计的研究通常集中在超过门槛的贡献额返还规则与门槛不确定性上。在 Isaac 等（1989）的研究中，研究者设计了低、中、高三个门槛，分别占小组代币总额的 44%、87%和 100%。研究结果显示，和不设门槛的基准实验相比，有门槛的公共品博弈将带来更高的小组平均贡献额。此外，尽管高门槛带来了更高的损失风险（一旦不达标，小组成员的损失将会更高），但高门槛值情况下小组贡献平均额高于低门槛。在此基础上，他们研究了贡献退还规则对小组合作水平的影响，如果小组贡献额之和达不到门槛则全部退还，这将提高组内的合作水平，特别是在门槛比较高的情况下。而部分退还没有达到相同的结果，这表明退款规则需要保证贡献额的退还是完整且可信的，才能促进公共品的提供。Marks（1998）将退还规则分为三种：无退还（超过部分不进行退还），按比例退还（超过部分按照个人贡献比例退还给贡献者），利用退还（贡献额超过部分被用来提供更多的公共品）。研究结果发现，在“利用退还”处理中，组内平均贡献额最高。尽管如此，三种实验处理中公共品被成功提供的频率没有差异。这一结果表明，退还规则不影响公共品被提供的频率，但如果想要最大限度地提高贡献水平，可以采用“利用退还”这一方法，如果想要每个贡献者贡献比较平均，可以采用无退还的方式。

在门槛确定的情况下，公共品被提供的可能性较不确定性情况下更大，因为确定的门槛值为所有参与者提供了很大的激励。但在现实生活中，人们往往缺乏准确的信息，不知道要付出多少努力才能达到门槛，以避免自己努力的浪费。研究表明，当门槛值不确定时，合作将更加困难（Au，2004；Suleiman et al.，2001）。在 Dannenberg 等（2015）的研究中，研究者采用了两种不同形式的门槛不确定性，实验设计如表 4-5 所示。其中一个实验处理涉及风险，被试已知门槛值的分布情况：门槛值在 0～240 且均值为 120；另一个实验处理涉及模糊性，此时门槛值的概率分布也是未知的。在该研究的背景下，人们面对的不再是公共用品（public goods），而是公共劣质品（public bads）——人们需要进行集体行动来避免某些"坏事"发生，如气候恶化。在该实验中，被试进行 10 轮实验，10 轮实验结束后，如果小组贡献没有达到一定金额，所有成员将失去他们剩余禀赋的 90%。

**表 4-5　不确定门槛公共品实验设计**

| 处理 | 门槛值($T$) | 范围 | 门槛值出现概率 | 被试人数 |
|---|---|---|---|---|
| 确定 | $T = 120$ | [0, 240] | 知道（=1） | 60 |
| 风险 | $E(T) = 120$ | [0, 240] | 知道 | 60 |
| 模糊 | | [0, 240] | 不知道 | 60 |

资料来源：DANNENBERG A, LÖSCHEL A, PAOLACCI G, 2015. On the provision of public goods with probabilistic and ambiguous thresholds[J]. Environmental and resource economics, 61(3): 365-383.

研究结果显示，门槛的不确定性对公共品的提供产生了负面的影响。在门槛确定的情况下，所有组都成功地防止了公共劣质品的产生；但是在门槛不确定的情况下，特别是门槛值信息模糊的情况下，参与者贡献值都较低且更不稳定，如图 4-2 所示。

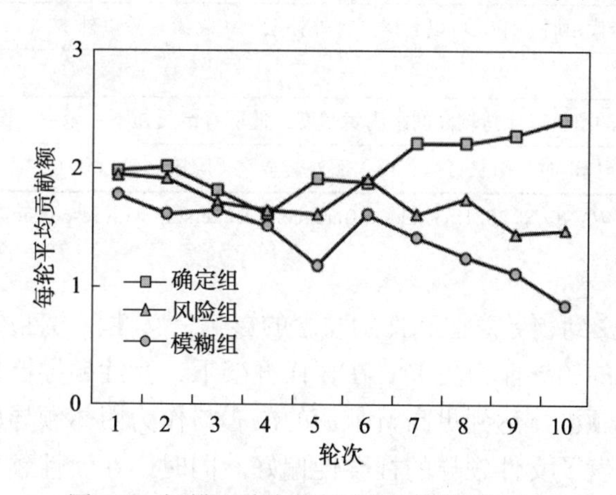


图 4-2　门槛不确定性对小组贡献额的影响

资料来源：DANNENBERG A, LÖSCHEL A, PAOLACCI G, 2015. On the provision of public goods with probabilistic and ambiguous thresholds[J]. Environmental and resource economics, 61(3): 365-383.

## 四、领导者

在公共品博弈中最常见的一类参与者是条件合作者，他们的贡献水平依赖于其他被试者。因此在公共品实验中，一种简单的领导形式——以身作则（leading by example）被

用来对团队施加影响。在该机制下，领导者首先作出贡献，追随者在观察到领导者行为后决定他们的贡献额度。在这样的情景下，Moxnes 和 Van Der Heijden（2003）发现领导力的影响很小，但很重要。Gächter 和 Renner（2004）观察到有领导的平均贡献比没有领导的要高，尽管差异不显著。Güth 等（2007）证实了早期的研究结论，并认为在有领导者的情况下合作水平会显著提高。Gächter 和 Renner（2018）发现了“领导者的诅咒”现象：追随者作为条件合作者会配合领导者的贡献，领导者贡献越多，他们的贡献就越大；但随着时间的推移，领导者将减少他们的贡献，合作也会崩溃，就像在没有领导者的情况下一样。

不同性别的领导起到的示范作用有所不同。研究发现，虽然女性不太愿意被选为团体领导，但是当领导这一职位被描述为一种责任时，女性领导者比男性领导者带来的合作水平和效率都更高。在 Jiang 和 Wang（2021）的一项实验室研究中，被试被随机分为四人一组，每组由两名男性和两名女性组成。小组组长拥有分配特权来惩罚小组成员，每次惩罚的成本为 1 个代币，而小组成员每接受一次惩罚损失 2 个代币。此外，如果组员贡献额度达到一定水平，组长可以获得额外奖励。由于男性和女性成为领导的动机可能有所不同，该研究设计了“责任框架”和“权力框架”，用以区分成为领导的动机——自觉性与控制欲，如表 4-6 所示。

**表 4-6　领导者公共品实验中的框架设计**

| 责任框架： |
|---|
| 组长有责任惩罚贡献低的组员以保持较高的组内贡献度，使所有组员在下一轮中获益 |
| 组员贡献度大于 50 个代币时，组长可以获得“额外补偿”（除第一轮以外） |
| 权力框架： |
| 组长有权惩罚贡献低的组员以保持较高的组内贡献度，使所有组员在下一轮中获益 |
| 组员贡献度大于 50 个代币时，组长可以获得“额外奖金”（除第一轮以外） |

资料来源：JIANG X, WANG X, 2021. Gender difference in leadership with responsibility or authority[R]. Working Paper.

研究结果发现，受到领导意愿和性别观念的影响，女性较男性更不容易成为领导者，但这并不意味着女性的领导能力更差。在责任框架下，女性领导比男性领导的贡献额度更多，展现了她们带领群体达到更高贡献额的决心与作为团体领导的更高责任感，这可能是“责任框架”激发了女性领导的社会性偏好。同时，在女性领导的带领下，其团队成员对公共品的贡献额要高于在男性领导下的团队成员的贡献额。这也表明现实生活中女性领导的缺失将导致某些情境下效率的损失。

## 第三节　公共品实验与政策应用

在前两节，我们已经介绍了在不同实验环境或者特定环境下不同机制的公共品实验，这些研究探讨了那些即使存在不利于社会福利最优化的个体动机，却仍能实现社会最优结果的机制。因此，这些公共品实验在现实中对于政策制定有诸多启示。

## 一、社会惩罚制度

惩罚制度是维护社会规范的重要手段之一，对于社会合作问题而言更是如此（Fehr and Gächter，2002）。我们已经对公共品博弈进行了分析，并总结出人们所固有的潜在“搭便车”动机。Fehr 和 Gächter（2000）的研究表明，虽然惩罚需要付出一定成本，而且不会给惩罚者带来私人利益，但是惩罚能够对潜在的“搭便车者”构成可信的威胁，并导致合作水平的大幅提高——在惩罚条件下可以实现并保持非常高甚至完全的合作。因此，对“搭便车”行为的惩罚在现实生活中也起着重要作用。

惩罚制度也有可能表现为社会排斥。例如失信被执行人，被大家俗称“老赖”，一般是指在商业领域中的一类债务人，其拥有偿还到期债务的能力，但是基于某种原因拒不偿还全部或部分债务。“老赖”的存在破坏了社会合作，损害了其他经济活动参与人的利益。我国建立了对失信被执行人员的惩戒制度，采取了一系列措施对失信人进行惩罚。在司法拘留、罚款和刑事责任追究的基础上，还包括公开失信人员名单、限制其享受国家补贴、限制高消费等社会排斥的惩罚措施。对于失信被执行人的惩罚制度起到了良好的震慑作用，截止到 2017 年底，超过 221.5 万“老赖”主动履行义务退出了黑名单（李声高，2019）。

## 二、收入不平等与再分配

收入不平等是经济学探讨的重要问题之一，公共品实验可以研究公平和再分配的机制与政策问题。

通过实验构建一个收入不平等的社会环境，可以考察惩罚机制和公共品自愿供给之间的关系。以宋紫峰和周业安（2011）的研究为例，该研究考察了个体惩罚和群体惩罚两种类型的惩罚机制对于公共品供给的影响。个体惩罚，所有惩罚一旦作出就立即生效；某位被试最终得到的惩罚点数之和是所有同组其他被试对该被试的惩罚点数的加总。群体惩罚，其与个体惩罚唯一的区别在于只有同组 3 位或者 3 位以上被试都作出对某位被试的惩罚，该惩罚才能生效。该研究发现，由于社会性偏好的普遍存在，引入惩罚机制可以显著且稳定地提高公共品供给水平，不过基于个体的惩罚机制效果更好；惩罚主要针对违背公平准则的行为，被试也会主动调整以避免被惩罚；处境较好的被试的惩罚倾向较低，并且被惩罚的可能性较高。这些研究成果对制定解决收入分配问题的公共政策具有指导意义。

针对参照点效应对公共品博弈的影响，王湘红和吴佳妮（2021）的研究直观地反映了相对收入对公益捐赠行为的影响。该研究将公益捐赠区分为公共品和慈善两类，重点探讨相对收入引发的参照点效应对这两类捐赠动机和行为的影响差异。实验设计采用了两种处理方法，即受试者将自己的收入或高或低地捐赠给公共资金（如环境保护项目）或捐赠给需要帮助的人（如贫困儿童）。被试者由两个小组组成，其中成员有平等或不平

等的收入水平，且被试者了解他们在小组内的相对收入。对公共物品捐赠的结果显示，在平等条件下，低收入者和高收入者的捐赠比例相同。如果将低收入者和高收入者混合在一起形成不平等，那么研究对象倾向于向公共物品捐赠相同的金额，这是因为低收入者增加了捐赠。在对贫困人群的捐赠行为方面，无论是绝对收入水平还是相对收入不平等程度都没有差异。实验结果表明，对于慈善机构来说，区分公共物品和收入转移是必要的，因为对公共物品的捐赠会受到相对收入的影响，而对有需要的人的捐赠主要是出于利他主义。

### 三、气候变化问题

气候变化和环境治理已经成为当代各国关心的主要政策问题，公共品博弈实验能够为气候变化相关的政策制定提供许多信息。政府在缓解气候变化和适应气候变化之间存在权衡，财政资金在缓解温室气体、环境污染等方面的投入可以看作公共品投入，而适应气候变化则相当于在私人账户中进行投资。

现实中的气候问题并非公共品博弈实验中的无风险情形，气候变化的发生具有一定的概率，某些情况下也需要一定的污染积累。Hasson 等（2010）通过将随机项引入公共品博弈实验表示气候变化的不确定性。结果显示，不同的环境脆弱性之间的减灾水平没有明显差异。同时，研究者发现信任可以通过沟通、信号和承诺等手段在减排谈判中得到促进。因此各国相互信任并相信对方声明的治理减排意图是极其重要的。

对于“公地悲剧”的研究证明，实施惩罚能够制止对公共资源的滥用或者环境破坏问题。而 Janssen 等（2010）的研究发现，惩罚必须与沟通合作相结合，仅仅使用惩罚也难以保证对资源和环境有积极影响。如果参与者可以公开投资获得社会声誉，那么个人对气候保护的投资就会大大增加（Milinski et al.，2006），即当声誉的收益足够大时，利他主义可能转化为净个人利益，从而缓解公共品捐赠的困境。解决气候问题是全球人的共同挑战，而各国的禀赋与发展情况不尽相同。因此 Vicens 等（2018）将禀赋因素纳入公共品实验，研究结果表明，政策将受益于关于公平的教育和加强针对弱势群体的气候正义行动。

## 本章小结

本章首先介绍了公共品博弈的基本模型及系数含义。公共品贡献问题与人们的社会性偏好紧密相关，虽然纳什均衡预测参与人有强烈的“搭便车”倾向，而在现实中人们对公共品的贡献却总不为零。参与人对于公共品的贡献受诸多参数的影响，本章给出了一些经典研究供读者参考学习。第二节介绍了在公共品实验中常见的机制设计及其效果。最后，以社会惩罚制度和气候变化问题为例，讨论了公共品实验在现实环境中的应用。

## 复习与思考

1. 公共品博弈的基本结构是什么，各参数有何含义？

2. 哪些因素或机制能够促进/降低公共品贡献？

3. 尝试思考公共品博弈在生活中还有何应用，举三个例子说明公共政策在其中的调节作用。

4. 最低贡献额政策在公共品贡献实验中所形成的挤出效应和超调效应如何用实验检验？阅读 Kocher 等（2016）来说明。

# 第三篇　参 照 点

# 第五章　参照点理论和应用

行为经济学中经典的前景理论指出，在风险决策中，个体会根据个人参照点的不同，不对称地评估损失和收益（Kahneman and Tversky，1979）。个人参照点即个体决策者在决策过程中所参照的个人状态，人们会根据自身状态进行风险决策：损失导致冒险倾向，而获益导致保守倾向。个人是寻求风险还是规避风险将取决于其个人参照点的位置，风险偏好将影响其随后的决策过程。本章将从理论和实验方法层面重点介绍前景理论中的参照点依赖偏好及其在不同经济领域上的应用。

## 第一节　前 景 理 论

为了解释个体真实的决策行为过程，Kahneman 和 Tversky（1979）开创性地从认知心理学的角度，对决策过程中常见的“代表性”（representative）、“易得性”（availability）、“锚定和调整”（anchoring and adjustment）、“框架效应”（framing effect）等启发式策略及其导致的认知偏差进行了系统归纳与研究，并在一系列心理学实验的基础上提出了前景理论，把心理学领域中的参照点依赖和损失厌恶概念首次引入经济学，较好地弥补了期望效用理论的不足。前景理论的主要观点包括：①参照点依赖。人们在决策时往往会和一定的参照点或者参照物进行比较，并依据参照点来衡量个人收益或损失。相比财富的最终量，人们更为重视财富的变化量。所以，参照点是价值尺度的零点，价值函数度量的是与参照点的偏离值。②风险偏好逆转。在参照点附近风险偏好会发生逆转，人们对于收益倾向于风险厌恶，面对损失倾向于风险追求。③损失规避。面对同等数额的收益和损失，人们对损失的规避程度要大于对收益的偏好程度，即相对参照点而言，损失带来的效用的减少要大于相应收益带来的效用的增加。所以人们往往觉得对称形式$(x, 0.5; -x, 0.5)$的赌局是缺乏吸引力的。④敏感性递减。当距离参照点越远，收益或损失的边际变化对人们的心理影响越小，该性质与边际效用递减规律相类似。例如，相对于现状而言，10 元和 20 元收益之间的差异要远大于 110 元和 120 元收益之间的差异。所以，价值函数在高于参照点的部分是凹的，而在低于参照点的部分是凸的，这也就意味着个体对待风险具有双重性，即对于收益是风险厌恶（risk averse）的，而对于损失是风险追逐的。⑤非线性概率权重：人们在决策时把事实上的概率进行了非线性转化，且时常高估小概率事件而低估大概率事件。

个体决策过程被分为编辑（editing）和估值（evaluation）两个阶段（Kahneman and Tversky，1979）。在编辑阶段，决策者设定一个参照点，并将决策的各种可能结果编辑为相对于某个参照点的收益或损失；在估值阶段，决策者依据价值函数对收益和损失进行主观评价，并依据决策权重函数测度主观概率风险。Kahneman 和 Tversky 给出了一个 S 形价值函数和倒 S 形决策权重函数，具体形式分别如下：

$$g(x)=\begin{cases}(x-u_0)^{\alpha} & x\geqslant u_0\\ -\lambda(u_0-x)^{\beta} & x<u_0\end{cases}\begin{cases}(x-u_0)^{\alpha} & x\geqslant u_0\\ -\lambda(u_0-x)^{\beta} & x<u_0\end{cases} \tag{5-1}$$

$$w^{+}(p)=\frac{p^{y}}{[p^{y}+(1-p)^{y}]^{1/y}}\text{；}\ w^{-}(p)=\frac{p^{\delta}}{[p^{\delta}+(1-p)^{\delta}]^{1/\delta}} \tag{5-2}$$

式中，$u_0$ 表示参照点；$x$ 表示备选方案结果；$\alpha,\beta(0<\alpha,\beta<1)$ 表示风险偏好系数，值越大表示决策者越倾向于冒险；$\lambda(\lambda\geqslant 1)$ 表示损失规避系数，数值越大意味着决策者对损失越敏感；$p$ 表示 $x$ 发生的概率；$w^{+}(\bullet)$、$w^{-}(\bullet)$ 分别表示决策权重函数定义在收益和损失区域；决策权重函数呈倒 S 形，参数 $y$ 和 $\delta(0<y,\delta<1)$ 数值越小，意味着函数形态越弯曲。价值函数和决策权重函数中相关参数取值取决于具体决策情境且因个体而异。根据前景理论，备选方案前景可以表示为

$$V(x)=\sum_{i=1}^{n}w^{+}(p_i)g(x_i)+\sum_{i=1}^{m}w^{-}(p_j)g(x_j) \tag{5-3}$$

在函数形式上，前景理论通过决策权重函数、价值函数分别代替了传统期望效用理论中的客观概率和效用函数，从而决策者利用各种决策模式或规则对选择对象进行编辑。前景理论首次引入参照点，这是一个重要的分析变量。参照点是“收益”和“损失”的分界点，也是决策者风险态度的中性点，参照点设定的不同将直接影响最终决策结果。价值函数反映了决策者的风险偏好，而决策权重函数则是个体对风险事件发生概率的判断，即风险认知，价值函数的敏感性递减程度和决策权重函数的非线性程度共同反映了个体的风险态度。由于备选方案前景由价值函数和决策权重函数加权构成，所以个体的风险态度由二者的曲率共同决定，呈四分模式，即在小概率的收益和大概率的损失时表现为风险追求，在小概率的损失和大概率的收益时表现为风险厌恶。

## 第二节　参照点依赖

以参照点依赖与损失厌恶为基础，前景理论定义了价值函数，用以代替传统理论中的效用函数。Tversky 和 Kahneman（1979）提出相对参照点理论，即损失带来的效用的减少要大于相应收益带来的效用的增加。在此参照点之上，个体表现出风险厌恶；而在此参照点之下，个体表现出风险追逐。人们宁可为了避免损失而冒险，也不愿意为了获得同等收益而承担同样风险。如图 5-1 所示，价值函数的特点之一在于它是反 S 形的，即在参照点之上为凹，反映风险厌恶；参照点之下为凸，反映风险追逐。

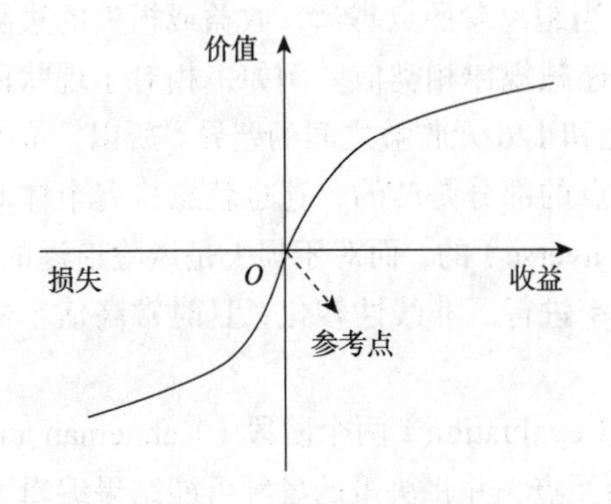


图 5-1　价值函数曲线

资料来源：KAHNEMAN D, TVERSKY A, 1979. Prospect theory: an analysis of decision under risk[J]. Econometrica, 47(2): 363-391.

对于参照点的选定，一般而言，参照点可

能来源于人们横向与其他人的对比、纵向与自己过去的对比以及一些政策标准（如最低工资标准）；但参照点的选取并没有什么固定的依据，而是受到外界信息的随机干扰，比如“锚定效应”（anchoring effect）。人们往往会在初步接触的参数值基础上，不进行充分的调整就得出最终的估计结果（Tversky and Kahneman，1979），即接触到较高锚定值的人没有充分向下调整，反之亦然。因此，最终估计值总会偏向于锚定值，锚定值是人们调整问题合理答案范围的参照点（Strack and Mussweiler，1997）。

为了检验锚定效应，Tversky 和 Kahneman（1982）设计了一个实验，参与者被要求参照一系列随机产生的数字（通过转动标有 0～100 数值的转盘），对联合国中非洲国家席位的百分比进行估计。实验者会告诉参与者实际答案是高于还是低于所提供的参照值，然后参与者再提供绝对数值的答案。研究结果发现，参与者随机得到的初始参照值将极大地影响他们的估计值。例如，两个随机选定 10 和 65 作为参照值的小组，最终的估计值分别为 25%和 45%。此后，研究人员陆续发现了锚定效应存在于许多领域，包括常识（Epley and Gilovich，2001；Mcelroy and Dowd，2007；Mussweiler and Englich，2005）和概率估计（Chapman and Johnson，1999；Plous，1989）。在常识方面，实验者通过向参与者提出诸如冰点（Epley and Gilovich，2001）、河流的长度（Mcelroy and Dowd，2007）、全国平均气温（Mussweiler and Englich，2005）等问题证明了锚定效应在人们决策过程中的普遍性。

在前景理论的基础上，Tversky 和 Kahneman（1991）提出了参照点依赖偏好（reference-dependent preferences），说明了在风险决策中由于参照依赖而出现的损失规避现象。他们认为价值的载体是相对一个参照点定义的损失或利得，即实际情况与参照水平的相对差异比实际的绝对值更加重要。个体在做决策的时候，往往依据的不是各备择选项将会带来的绝对效用，而是以某个参照点为基准，将各备择选项同参照点进行比较，并依据各备择选项与参照点的偏离程度和方向作出选择（Tversky and Kahneman，1991）。损失厌恶是个体的基本倾向，在与参照点进行比较时，会带来损失的那些备择选项将会处于非常不利的地位。参照点决定了备择选项在各维度上是收益还是损失，改变参照点的位置会改变个体对各备择选项的选择，即参照点效应（reference point effect）。如图 5-2 所示，从参照点 $a$ 的角度讲，选项 $x$ 和 $y$ 在维度 2 上都有收益，在维度 1 上都有损失。从参照点 $a'$ 的角度讲，选项 $x$ 和 $y$ 在维度 1 上都有收益，在维度 2 上都有损失。由于人们天生厌恶损失，所以两个损失之间差异对个体决策的影响远大于两个收益之间差异对个体决策的影响。在选项 $x$ 和 $y$ 中进行选择，当参照点为 $a$ 时，个体可能更偏好选项 $x$；当参照点为 $a'$ 时，个体可能更偏好选项 $y$。

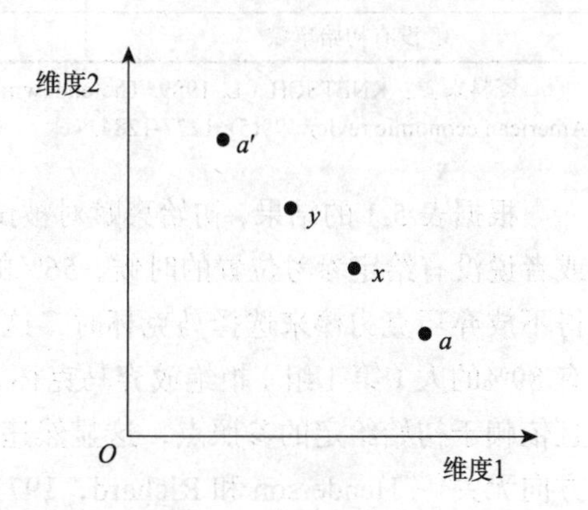


图 5-2　参照点效应

资料来源：KAHNEMAN D, TVERSKY A, 1991. Loss aversion risk less choice a reference-dependent model[J]. Quarterly journal of economics, 106: 1039-1061.

# 第三节 消费决策中的参照点效应

## 一、禀赋效应

标准经济理论表明，当收入效应很弱时，个体购买某件商品的最大支付意愿和卖出该商品的最小接受意愿应该大致相等。然而大量关于买卖双方对同样商品的估价实验显示，WTP 和 WTA 往往出现较大差异（Knetsch and Sinden，1984）。这有可能是讨价还价的交易策略的结果——卖方往往会夸大商品的真实价值并以此获利，买方则从了解商品的真实价值中获益（Knez，Smith and Williams，1985）。这样买卖价格差异不过是出于交易策略（Knez and Smith，1987），经验丰富的交易者可以通过学习避免（Brookshire and Coursey，1987）。但是 WTP 和 WTA 的差异仍然广泛存在，这反映了偏好参考位置的真实影响。当商品成为个人禀赋的一部分时，人们会对它的估值增加，Thaler 将这一现象称为禀赋效应。禀赋效应是损失厌恶的具体表现之一，卖出商品对于个体是损失，购入商品对于个体来说是收益。因此，卖方作为商品的拥有者往往会高估商品的价值，从而导致交易量的减少。

以 Knetsch（1989）的一项实验为例，一组同学得到了一个马克杯，随后他们被问及是否愿意交换一根巧克力棒，第二组同学被分到了一根巧克力棒，被问及是否愿意交换成马克杯，而第三组同学可以自由地在马克杯和巧克力棒之间进行选择。实验最终的选择结果如表 5-1 所示。

表 5-1 初始禀赋对消费选择的影响

| 组 别 | 选择马克杯 | 选择巧克力棒 | 总人数 |
|---|---|---|---|
| 1. 初始拥有马克杯 | 89% | 11% | 76 |
| 2. 初始拥有巧克力棒 | 10% | 90% | 87 |
| 3. 没有初始禀赋 | 56% | 44% | 55 |

资料来源：KNETSCH J L, 1989. The endowment effect and evidence of nonreversible indifference curves[J]. The American economic review, 79(5): 1277-1284.

根据表 5-1 的结果，初始禀赋对被试者后续决策有显著的影响。当被试没有初始禀赋或者说没有给定参考位置的时候，56%的参与者（第 3 组）选择了马克杯，但是当他们不得不放弃巧克力棒来选择马克杯时，这一概率下降至 10%，而最初拥有马克杯的被试中有 89%的人（第 1 组）拒绝放弃马克杯，即被试对马克杯的偏好程度从 10%到 89%不等，且依赖于初始给定的参照点，这显然违背了“无差异曲线上某一点的边际替代率与替代方向无关”（Henderson 和 Richard，1971）的原则。因此人们对偏好的排序并不独立于给定的禀赋——人们总是给初始拥有的物品（参照点）赋予更多的权重。

为了验证禀赋效应，Kahneman 等（1990）模拟了真正的交易市场，而非进行商品交换。在实验中，被试被随机分为三组，分别为卖方、买方和选择方。卖方的被试每人都被分到一个马克杯，他们要标出自己卖出该杯子的 WTA；买方则提出自己购买该杯子的

WTP；选择方则在一系列价格和马克杯之间进行选择。按照标准理论的预期，买方、卖方和选择方对马克杯的估值应该大致相等。然而，在马克杯这一消费品市场中，卖方出价的中位数为7.12美元，买方出价的中位数为2.87美元，WTA是WTP的两倍以上，选择方的估值为3.12美元。相比于卖方，买方出价和选择方更为接近，这意味着参与者都比较愿意购买马克杯，消费品市场上交易不足的现象很大程度上是卖方不愿意放弃自己的禀赋。

然而禀赋效应会随着个体在商品中的交易经验的增多而减少，即使该经验是来自其他类型商品的交易经验。禀赋效应对交易市场的影响还体现在退货行为上，一项实地实验考察了退货政策和禀赋效应如何影响购买倾向和退货率（Wang，2009），实验包括三种退货政策设计：长退货期限退货政策、短退货期限退货政策和无退货政策。在长退货期限退货政策处理组中，买家被告知他们可以在两周内退货。在短退货期限退货政策处理组中，买家被告知他们可以在第二天退货。在无退货政策处理组中，买家在第一阶段被告知购买的商品不能退货。然而，在接下来的一周，他们被告知退货政策已经改变，他们可以在第二周退货。该研究实验检验了宽松退货政策下伴随更高初始购买率的买方是否比无退货政策处理组的买方退货更多。研究首先通过最低接受意愿和最高支付意愿的差异证明了禀赋效应在中国被试中同样存在；研究也发现有一定证据显示宽松退货政策下的退货率与无退货政策相近。该实验研究的具体设计和分析将在第十三章中给出。

虽然禀赋效应对市场交易有显著影响，但是禀赋效应会随着交易经验的增加而减少，即使是关于其他类型商品的交易经验也会对禀赋效应的大小产生影响（List，2003; List，2004）。以List（2003）的实验为例，实验者在一个体育卡片交易市场询问路人是否愿意填写一份问卷，问卷的报酬是体育卡片A（或B）。对于愿意填写问卷的被试，实验者会首先将卡片A（或B）给予被试，待问卷填写完毕，询问被试是否愿意用卡片A来交换卡片B（或用卡片B来交换卡片A）。实验选择的这两种卡片是可比的，标准模型预测一半的人都会选择进行交换。实验结果显示，对于交易经验较少的被试，只有6.8%的人选择交换卡片；而对于交易经验丰富的被试，46.7%的成员最终选择了另外一种卡片，禀赋效应几乎不存在。同时存在的竞争性假说是，交易频繁的人本身就存在禀赋效应不明显的特点，而不是交易经验可以减轻禀赋效应。为此，List（2003）进行了后续研究，他联系上（部分）之前在卡片A、B中进行选择的被试者，重复实验，这一次让被试在两种新的可比商品中进行选择。研究结果发现，禀赋效应在几个月中累积的交易经验中减少。

总的来说，禀赋效应随着经验的累积而减少这一现象是市场经验调节交易行为的一大特征，这源于两个可能的因素：一是市场经验促使个体意识到自己是损失厌恶的，从而尽力克服它；二是市场经验虽然不影响个体的损失厌恶，但影响参照点的形成。如果人们可以保持合理的期望，从而形成相应的参照点，他们也就不会表现出禀赋效应（Köszegi and Rabin，2006）。

除禀赋效应外，缔约人对契约的自愿接受程度会影响契约参照点作用的发挥。袁卓群（2015）通过实施一个不完全缔约环境下的市场交易实验，研究了公平偏好和多重参照点效应对缔约人行为的影响。研究结果表明：缔约人的行为同时受到自利偏好和利他

偏好的双重影响，而且自利偏好的强度高于利他偏好；缔约人依据多重参照点对自己的权利状态作出判断，禀赋、愿景和社会比较因素对缔约人的权利参照点水平的影响方式和影响程度存在差异，愿景是三个参照点中影响力最强的参照点；能够影响缔约人行为的多个参照点之间也会对彼此的作用产生影响，具体来说，契约参照点与禀赋参照点之间存在替代效应，而契约参照点与愿景参照点之间存在互补效应；缔约人对契约的自愿接受程度越高，契约参照点对缔约人行为的影响越显著。

### 二、房地产市场中的参照点依赖

在经济繁荣时期，房地产往往以高于受访者要价数倍的价格快速卖出，但在萧条期，售房者却不愿意接受市场价格，始终将售价保持在期望价格之上，导致大量的交易无法完成，可以通过参照点效应与损失厌恶偏好对此现象进行解释（Genesove and Mayer，2001）。萧条期房地产的价格往往会低于售房者的购入价，但房产所有者在售出房产时会以自己在繁荣期的购入价为参照点，具有损失厌恶特征的所有者便确定一个高于该参照点的保留价格以避免自己的损失，导致要价较高。也就是说，预计潜在损失的售房者会比有等量预期收益的受访者设定更高的保留价格来减少自己的损失。

考虑这样一个模型：房产售价 $P$ 一方面增加了售房者效用 $U(P)$，另一方面降低了售出概率 $p(P)$，售房者要最大化自己的效用函数 $p(P)U(P)+(1-p(P))\bar{U}$，其中 $\bar{U}$ 是售房者的保留效用。最佳售房价格 $P^*$ 使得增加售价 $P$ 带来的边际效用 $p(P)U'(P)$ 与带来的边际成本 $p(P)U'(P)$ 相等。当 $P>P_0$ 时，售房者将使 $p(P)$ 与 $-p'(P)(P-P_0-\bar{U})$ 相等，当 $P<P_0$ 时，售房者将使 $p(P)\lambda$ 与 $-p'(P)(\lambda(P-P_0)-\bar{U})$ 相等。对于风险中性的代理人来说，这两个条件是一致的，其均衡售价为 $P_{RN}^*$。但是对于损失厌恶者来说，对于低于参照点 $P_0$ 的价格 $P$，提高一点价格的边际收益将显著地高于其带来的边际成本。这就表明，如果风险中性的售房者以 $P_{RN}^*$ 出售住房，那么损失厌恶的受访者会以一个高于 $P_{RN}^*$ 的价格 $P_{LA}^*$ 来出售房产。基于该理论，Genesove 和 Mayer（2001）利用 1990—1997 年波士顿公寓市场销售数据，研究发现预计损失与售房者市场要价呈正相关关系。

## 第四节　劳动经济学中的参照点效应

### 一、参照点在劳动供给行为中的应用

劳动经济学是在理性经济人的假设下分析家庭及个人劳动供给和企业劳动需求，进而分析劳动力市场均衡工资和收入分配、失业等市场现象。行为经济学拓宽了古典经济学中“经济人”这一核心假设，表现在劳动经济学中是对真实场景下人的劳动行为研究，如探究怎样的奖惩制度会最大化员工的劳动效率、何种谈判机制能够使劳资双方达成一致、人们将如何在工资与闲暇之间进行权衡取舍等。

新古典劳动供给模型认为，短期内工资增长会导致劳动力供给的增加——劳动和闲暇

可以相互替代，当工资较高时工作时间更多，而在闲暇价格低时（放弃的工资）则消费更多的闲暇。虽然这种预测在直觉上是直接的，但在实证上总是难以证明，无论是基于总量（Mankiw，Rotemberg and Summers，1985）、群组（Browning，Deaton and Irish，1985），还是基于面板（Altonji，1986）的数据，估计的替代弹性通常都很低且不显著，甚至是负的（Laisney，Pohlmeier and Staat，1992；Pencavel，1986；Mulligan，1995）。

基于行为经济学理论，对于劳动供给行为可间断且可自由安排供给时间的工人，他们并不会像新古典劳动供给模型所预测的那样对短暂增加的收入作出增加工作时长的正向反应，而是确立一个收入目标作为参照点，在收入未达到目标前会努力工作，而当收入一旦超过目标时，收入边际效应将递减，努力工作的激励减弱。现在的研究中，常以日结工资为主的出租车司机、邮差、快递员作为检验该理论的合适目标样本。

由于天气、节假日等需求冲击，出租车司机的工资每天都处于短暂波动中。此外，出租车司机在缴纳固定的租车费用后，可以自由选择每天的工作时间。Camerer 等（1997）利用司机的日平均工资和日工作时间数据估计出纽约市出租车司机劳动供给函数，并得出以下结论：①出租车司机日工作时间具有负工资弹性；②有经验的出租车司机负工资弹性更大；③每周/月缴纳租赁费用的司机和自有车司机的负工资弹性高于每日缴纳租赁费用的司机。因此他们提出“每日收入目标”假说，即：司机每天开车时会确定一个收入目标，当收入越来越接近时，当天停止工作的概率会急剧上升（收入的边际效用会急剧下降）。

每日收入目标有以下几个特点。首先，它是一个简单的决策规则，它意味着司机只需关注他们所赚取的收入：每天一直开车直到达到目标收入。相较于关注放弃的闲暇效用和边际收入效用，关注每日收入目标的方法在计算上要容易得多。其次，每日收入目标类似心理账户，它有助于缓解自我控制问题（Shefrin and Thaler，2004）。每日收入目标可以确立一个严格的基于收入的退出规则，而每周或者每月的目标则会让司机期望通过未来的工作时间增加来弥补当期的不足，从而导致更严重的自我控制问题。以周或月等长期收入为目标意味着司机需要在高工资的日子里长时间工作，并把所赚取的额外现金储存起来，这样他们就可以在低工资日提前退出；而在一个较长的时期内抵制消费是非常困难的，因此确定短期的收入目标是有必要的。最后，每日收入目标也解释了有经验的司机有较大的弹性的原因：有经验的司机学会了采取更长期限的收入目标，同时抵制在高工资日提前下班和挥霍获得的额外现金的诱惑，或者是他们制定并遵守了每天驾驶固定小时数的简单规则。

此外，大量心理学研究证据表明，个人的判断和决定取决于对潜在结果与某些期望水平或参照点的比较（Helson，1964；Kahneman and Tversky，1979）。在按日付费的车队司机中，他们低工时天数较少，这很可能是因为车队司机将每日租赁费用作为一个参照点，极其厌恶在达到这个参照点之前停止工作。

为进一步说明劳动供给在短期内的负弹性，Fehr 等（2007）在邮差这一群体中进行了实地实验。为了评估临时加薪对劳动力供给的影响，他们将愿意参与实验的被试者分成 A 组和 B 组，对实验组进行临时加薪（约）25%。实验组男性的佣金率从 0.39 暂时增加到 0.49，女性的佣金率从 0.44 暂时增加到 0.54。邮差的工作时间与方式较为灵活，可以自主选择工作时长（派送总班次）以及努力程度（每次派送的收入），实验期间没有固定工资，但每日收入有固定佣金率。实验期在 2000 年 9—11 月，在 9 月的 4 周内，A 组佣金率增加 25%，B 组工资不变，以用作对照组。11 月的四周，A 组工资恢复正常水平，因此作为对照组；B 组增加 25%。此外，为了避免收入效应的影响，实验前被试者被告知只有实验全部结束后才能拿到所有额外的薪资。总体上，邮差实验保证了工资率的外生变动，避免了工资内生性的影响，同时邮差可以自由选择派送班次和努力程度，也避免了排班制度等约束对劳动跨期替代的影响。A 组和 B 组在两个实验期中轮流作为处理组与对照组，这一实验特点能够非常清晰地分离出临时工资增长的影响。例如，如果处理组的工资变化增加了劳动力供给，那么应该在两个实验期观察到这种增加。在第一个实验期间，A 组成员（在此期间获得更高工资的人）应该表现出比 B 组成员更多的劳动力供给，而在第二个实验期间则相反——B 组成员（在此期间获得更高工资的人）应该提供更多的劳动力，实验结果如表 5-2 所示。

**表 5-2　参照点影响邮差劳动供给的实验结果**

| | | A 组 | B 组 | 结　果 |
|---|---|---|---|---|
| 第一阶段（A 组加薪） | 平均收益 | 4 131.33<br>(2 669.21) | 3 005.75<br>(2 054.20) | A 组邮差有约 4 131 瑞士法郎收入，而 B 组邮差仅有 3 006 瑞士法郎收入 |
| | 平均时长 | 14.00<br>(7.25) | 9.85<br>(6.76) | |
| | 样本量 | 22 | 20 | |
| 第二阶段（B 组加薪） | 平均收益 | 2 734.03<br>(2 571.58) | 3 675.57<br>(2 109.19) | B 组每个邮差收入为 3 676 瑞士法郎，而 A 组仅有 2 734 瑞士法郎收入 |
| | 平均时长 | 8.73<br>(7.61) | 12.55<br>(7.49) | |
| | 样本量 | 22 | 20 | |

注：1. 括号内为标准差。

2. A 组在第一阶段中获得了高佣金率，B 组在第二阶段中获得了高佣金率。

资料来源：FEHR E, GOETTE L, 2007. Do workers work more if wages are high? Evidence from a randomized field experiment[J]. The American economic review, 97(1): 298-317.

根据参照依赖理论，具有损失厌恶偏好的劳动者每天都有一个参考收入水平。低于参考水平的每日收入被视为“损失”，收入的边际效用在损失领域很大。相反，参考水平及以上收入的边际效用不连续地下降到较低水平。暂时获得较高工资的劳动者更有可能超过参考收入水平，从而降低他们收入的边际效用，最终导致他们付出更少的努力。对于工资水平始终较高的劳动者，轮班工作的整体效用更高，因为他们可以更轻松地支付上班的固定成本。因此，他们更有可能工作。同时，如果一个人没有达到他的目标，则假定他会经历额外的心理成本，如果收入变化高于参考点，则不会出现这种成本。Fehr 等（2007）最终的实验结果表明，短期内工资率的上升将导致总收入的增加，且总收入的增加是因为劳动者工作时长（派送次数）的增加，而每一班邮差的努力程度（每班收入）反而是下降的。作者认为工资率提高对努力程度的负面影响可以由参照点效应和损失厌恶心理来解释。

## 二、最低限额的参照点效应

设置社会最低工资限额，旨在通过将劳动报酬只取决于个人劳动成果转换为建立以效率为导向的报酬体制而解决社会公平问题。最低工资制度是一种社会最低限额，它是指劳动者在法定工作时间内提供正常劳动所应该取得的劳动报酬的最低限额。在部分国家内部，政府寻求利用最低工资作为限制报酬差别的一个"基准点"，一个在确定其他工资时参照的数值。社会将最低工资的提高作为一个参照点，而且它也是工资提高的基础。当最低工资的调整产生积极效果时，整个社会就能从由经济发展和增长的成果带来的进步中获益。

最低工资法的颁布通常具有溢出效应，Katz 和 Krueger（1992）、Card 和 Krueger（1995）的研究均发现，在提高最低工资后，快餐店给工人涨的工资超过了达到最低工资所需要的差额。人们不禁产生这样的疑问：最低工资标准颁布前，一些雇主支付给员工的钱低于这一最低标准，但标准颁布后，追求利润最大化的雇主并没有将新工资限定在恰好等于最低工资的水平，而是要超出最低工资一些。Falk（2006）通过一个实验室实验为此提供了解释：最低工资作为参照点影响到工人对公平的感知，从而影响他们的保留工资。在引入最低工资后，工人的保留工资增加，相当一部分工人的保留工资甚至高于法定最低工资，因此，利润最大化的雇主被迫支付一个比最低标准更高的工资。

对于最低工资政策，企业可能会出于对公平或自身利益的担忧作出相应对策。引入最低工资作为一个参考点，会改变企业对公平的看法。企业在引入最低工资之前的初始公平感知和最低工资的参考点可能意味着多种标准并存。当存在多个公平标准时，自私偏见可能会驱动代理人的公平感知。Wang（2012）通过实验研究说明了上述问题。他在实验中将被试随机分为雇主和雇员，雇主为工资水平决定者和雇佣人数决策者，可以自由选择雇用 0～3 名雇员；雇员决定是否接受劳动合同，以及工作中付出的努力水平。实验设计主要体现在两个维度：雇主给出工资的决策区间（最低工资为 0、170 代币或 220 代币）以及最低工资制度的信息公开程度（仅雇主可知或雇主与雇员均可知）。高于最低工资水平的确定报价在告知最低工资条件下比在未告知最低工资条件下更频繁。在告知最低工资情况下，只有 10%～20%的报价恰好处于 170 条件下或 220 条件下的最低水平。在未告知最低工资情况下，170 条件下的这些值约为 42%，220 条件下约为 70%。比较 170 条件和 220 条件，220 条件中高于最低工资水平的报价少于 170 条件。这表明报价受参考点和最低工资绝对值的影响。图 5-3 展示了最低工资为 220 并且信息公开的条件下，大约只有 20%的工资支付处于 220 水平，而很大比例的支付水平在 230。

实验结果发现，强制性的最低工资制度能够提高市场工资水平，且最低工资越高，效果越强。强制性外生政策同时可能挤出内在的社会性偏好激励：当雇员不知雇主的工资制定区间等细节时，最低工资制度使雇主的有限注意力从社会性偏好转移至个人经济收益，因此一些原本非常慷慨的雇主反而会降低给出的工资水平。当最低工资信息对所有参与者公开时，上述挤出效应消失，这可能是因为得知最低工资水平的雇员表现出更强的社会性偏好，且雇主对此有所预期。

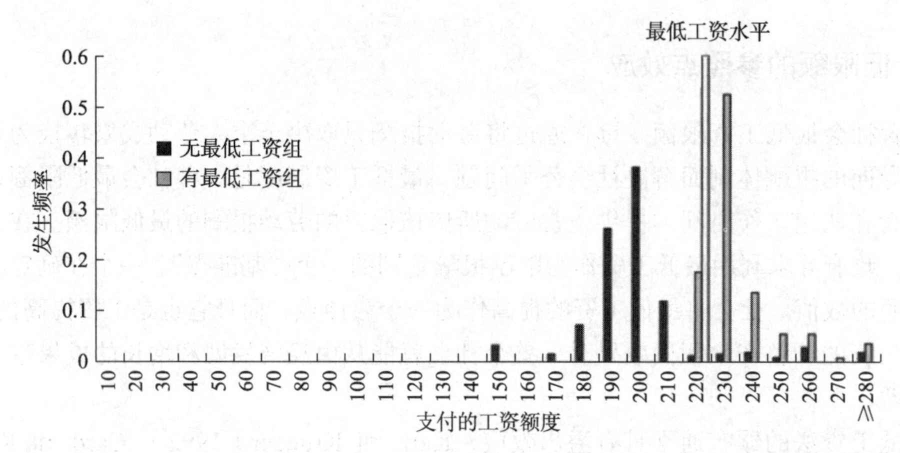


图 5-3　最低工资限额对工资支付水平的参照点效应（以 220 代币为例）

资料来源：WANG X, 2012. When workers do not know – the behavioral effects of minimum wage laws revisited[J]. Journal of economic psychology, 33: 951-962.

最低限额的参照点效应在公共物品贡献问题中也有体现。以 Kocher 和 Wang（2016）的研究为例，对公共物品的贡献水平与规定的最低贡献额度存在显著相关性。研究结果发现 MCL 对无条件贡献的主要影响在于它增加了之前贡献低于 MCL 成员的贡献水平，而对那些之前贡献超过 MCL 的成员存在一定的挤出作用，且较低的 MCL 挤出得更多。MCL 可以作为内在合作决策者的锚点或参考点，较低的 MCL 会使一些成员贡献减少，但较高的 MCL 似乎具有相反的行为效果，挤出效应较小，这可能是因为低水平的 MCL 提供了一个较低的参照点。该研究的实验设计和指导语参见本书第二章附录 1。

# 第五节　收入分配中的参照点依赖

## 一、初次收入分配

初次分配阶段关注国民收入在劳动、资本等生产要素之间的分配关系，鼓励生产要素按贡献参与分配。参照点效应在初次收入分配阶段发挥着重要作用：低于参考点的加薪会降低工作绩效。当加薪低于预期时，员工士气会受到损害，出现情绪不利于工作和员工不愿意为组织作出牺牲的工作环境。工人在仲裁后减少努力的程度是否取决于所发生的损失大小。以 Mas（2006）的研究为例，警察的表现取决于相对于预期的加薪。当裁决大于最终报价的平均值时，工会赢得仲裁，而当裁决低于最终报价的平均值时，雇主赢得仲裁。当警察在仲裁中失败时，裁决和最终报价平均值的距离与仲裁后许可的变化之间存在明显的正相关关系。这种关系表明，仲裁后警方的努力取决于工会在谈判中要求的加薪与实际裁决之间的差距。工资纠纷仲裁失败后，警察表现的变化不仅取决于加薪金额，还取决于要求但从未实施的还价。相比之下，当警察在仲裁中获胜时，他们更表现出某种形式的损失厌恶倾向。在新泽西警察在仲裁中败诉后的几个月里，逮捕率和平均刑期下降，犯罪报告相对于他们获胜时上升。当工资与警察工会的要求相距甚远时，下降幅度更大。调查结果支持这样一种观点，即对公平、失望以及更普遍的参考点的考虑会影响劳动者在工作中的行为。

另外，框架效应的产生也与参照依赖偏好相关。王湘红（2021）用实验室实验的方法检验了相对-绝对表达在收入分配中的影响。实验主要采用最后通牒博弈，在该博弈模型中，提议者和响应者被要求分配一定的初始禀赋资金。提议者率先提议一种分配方案，若响应者接受，则分配完成；若响应者拒绝，双方受益均为零。作者设置了三种初始禀赋金额的大小（12、24、36）和两种提议表达方式（相对比例法与绝对数额法），共 6 种实验条件（3×2）。实验结果发现，随着禀赋金额增加，提议者的平均提议金额也有所增加，但提议金额占禀赋金额的比例却在下降，并且在禀赋金额较高时，相对框架的提议金额比绝对框架的分配额要高。

参照点依赖理论可以对以上结果进行解释：在绝对框架下，决策被试者通常会将分配方案中的金额与日常生活中的参考金额进行比较，后者相当于外部参照点。给定外部参考金额，与该参考金额相当的所需相对分配比例随着禀赋规模的增加会下降。而在相对框架中，参与者的分配参照点从外部转向两个参与人禀赋的回报规模大小的相对比较，因此平均提议额得以增加。在高禀赋条件下，相对框架提议金额高于绝对框架提议金额证明了参照点由外部向内部的转移。

## 二、收入再分配

对于富人和穷人之间的再分配，参照点效应和损失厌恶均发挥重要作用。由于再分配决策会在个人之间造成损失（富人）和收益（穷人），与没有损失厌恶的社会计划者相比，考虑到公众损失厌恶因素的社会计划者可能会更重视（富人）损失者而非（穷人）收益者的感受。若社会计划者重新将收入分配到完全平等的程度，则社会总福利水平将会下降，因为相对于富人的参照点的损失大于相对于穷人的参照点的收益。

在没有道德风险制约的情况下，从富人到穷人的收入再分配仍然受到各种限制。Charité 等（2019）探讨了个人在作为社会规划者时是否考虑到他人的参照点。他们根据依赖于参照的偏好，对有限的再分配需求提供了另一种解释。为此，他们设计了两个实验。首先，被试者有机会在两个匿名接受者之间重新分配不平等、不劳而获的初始禀赋。两个接受者随机得到初始禀赋，一方获得 5 美元，另一方获得 15 美元，但还没有实际得到。接着，处理组的再分配者被告知，接受者已经被告知他们的事前分配；控制组的再分配者被告知，接受者没有被告知他们的事前禀赋，只会被告知他们的事后分配。最后，再分配者可以自由地在接受者之间重新分配（或不分配）。实验结果显示，当被试者（再分配者）知道两个接受者的初始禀赋（可能形成相应的参照点）时，被试者的再分配数额比不知道他们初始禀赋的情况下平均少了 20%。

在确定了再分配者会将接受者对小额资金的参照点纳入考虑之后，Charité 等通过第二个实验探讨了参照点是否有助于解释选民对实际再分配政策（如收入税）的偏好。在第二个实验中，受访者被要求为 5 年或 1 年前（由于运气）变得富有的人选择税率。面

临 5 年情景的被试者选择较低的税率，表明对长期存在的（5 年）参考点的重视。在这个实验中，被试者被随机分配到两个故事背景中的一个，描述一个人由于与能力有关或能力无关的情况下，年收入增加到了 25 万美元。处理组和控制组之间的唯一区别是主人公获得较高收入的时间长短——在处理条件下，主人公已经连续 5 年赚取了 25 万美元，而在控制条件下仅有 1 年。如果对富人参照点的考虑能阻止选民要求更多的再分配，那么，在参照点已变得更长期的情况下，即对已经赚取收入的较长一段时间的个人来说，效应该是更强的。实验结果与上述观点一致——被试者在 5 年期方案中选择的税率比 1 年期方案（平均选择税率为 28%）大约低 1.7 个百分点，这表明选民会更多地考虑长期存在的参考收入水平。尊重高工资的参考点可能有助于解释为什么选民要求的再分配金额比标准模型预测的金额要少。

## 三、第三次分配

作为第三次分配的重要方式，慈善性捐赠中参照点效应的发挥有助于提高捐赠水平。在慈善捐赠和对公共产品的成本（贡献）分摊中，如果是为了提高弱势方的福利，第三方分配机构可以采用参照点效应帮助他们增加收益，从而尽量减少不平等。

参照点效应对公益慈善行为的影响可以参考王湘红和吴佳妮（2021）的一项实验研究结果。该实验将公益捐赠区分为公共品和慈善两类，重点探讨相对收入引发的参照点效应对这两类捐赠动机和行为的影响差异。在实验中，让被试进行变体的多对一独裁者博弈，以重塑社会比较和参照的对象。高低收入者分别在平等或不平等收入小组中对真实的环保公共品或扶贫慈善项目进行捐赠决策。具体而言，一组四人随机配对到一名收入最低的 5 元被试，四人各自决定将自己获取收入的多少捐赠给这名 5 元收入者。结果显示，在公共品捐献中，给定平等环境，低收入者的贡献额占收入比例与高收入者相同；在不平等环境中，低收入者的贡献增加使得其贡献额与高收入者相同，与条件合作假设下的预测一致。在对贫困群体进行慈善捐献时，高、低收入者在平等或不平等环境下的捐赠额占自身收入比例保持不变；但在给定对他人捐赠金额的信念下，不平等相比于平等环境会使低收入者的捐赠减少、高收入者的捐赠增加，体现出不平等厌恶。两类项目差异的原因可能是相对收入作为潜在参照点，在公共品捐献中使得人们更多表现为有条件合作，而在收入转移的慈善捐赠中使得人们根据信念表现出对收入不平等的厌恶。

表 5-3 和表 5-4 展示了王和吴（2021）实验中不同组别被试的贡献结果，分别为公共品和慈善捐赠情景。

**表 5-3 真实公共品的平均捐赠**

| | 低收入 | 高收入 | 结　果 |
|---|---|---|---|
| 平等组 | 4.94 | 9.62 | 低收入者的捐赠金额要小于高收入者，而捐赠占自身收入的比例与高收入者的相近 |
| | (19.76%) | (21.38%) | |
| | [33] | [37] | |

续表

| | 低收入 | 高收入 | 结 果 |
|---|---|---|---|
| 不平等组 | 7.97 | 9.64 | 低收入者的捐赠金额与高收入者的相近，而捐赠占自身收入的比例要大于高收入者的 |
| | (31.89%) | (21.42%) | |
| | [38] | [36] | |

注：括号内为平均的捐款比例。观察值用方括号表示。

资料来源：王湘红，吴佳妮，2021. 相对收入影响公共品和慈善捐献的实验研究[R].

**表 5-4 真实慈善项目的平均捐赠**

| | 低收入 | 高收入 | 结 果 |
|---|---|---|---|
| 平等组 | 9.69 | 14.53 | 在平等和不平等两种收入构成中，低收入者的捐赠额占收入比例与高收入者的相近，因此捐赠金额都小于高收入者的。收入不平等或相对收入条件对低收入人群和高收入人群的捐赠水平均无显著影响 |
| | (38.78%) | (32.28%) | |
| | [36] | [36] | |
| 不平等组 | 8.23 | 13.10 | |
| | (32.90%) | (29.10%) | |
| | [31] | [31] | |

注：括号内为平均的捐款比例。观察值用方括号表示。

资料来源：王湘红，吴佳妮，2021. 相对收入影响公共品和慈善捐献的实验研究[R].

根据表 5-3 结果，在收入不平等的环境下，人们面对不同类型的捐赠项目时，收入不同会有不同的占优动机和偏好表现。在对公共品进行捐赠时，个体将自己的收入投入公共事业，共同为社会做贡献，所以行为上的比较与参照会更为强烈，条件合作属性更为明显，互惠动机更为突出。低收入者在不平等的情况下会预测高收入者的捐赠额比较高并向其看齐，从而对公共品的贡献比在平等情况下更高，而高收入者在不平等下会贡献得更少。相比之下，表 5-4 的结果表明，慈善活动主要向贫困人群捐赠，这是一种纯粹的收入转移，人们的贡献可能相比于公共品更多是无条件的，所以境况上的差异比较更为强烈，个体的偏好与不平等厌恶模型相一致，捐赠的目标更接近于通过收入再分配来达到大家相同的最终收益。在不平等的情况下，高收入者参照低收入者的相对低境遇，会比在平等的情况下捐赠更多，而低收入者则捐赠更少。

# 本 章 小 结

本章要点可以归纳如下：

（1）参照点依赖是指决策结果是相对一个参照点来确定“收益”和“损失”的；也就是说，人们在进行判断时，“相对”往往比“绝对”更加重要。人们在对事情进行分析判断或者面临选择时，往往会和一定的参照点或者参照物进行比较，比起自己周围所处的环境，人们更加注重自己现状和参考水平或者说是期望状况之间的差别。

（2）以参照点为基准，一个确定数值收益带来的效用增量小于同样数值损失带来的效用减少，即相对参照点而言，损失带来的效用的减少要大于相应收益带来的效用的增

加。在此参照点之上，个体表现出风险厌恶；而在此参照点之下，个体表现出风险追逐。

（3）当商品成为个人禀赋的一部分时，人们会对它的估值增加，这一现象为禀赋效应。禀赋效应是损失厌恶的具体表现之一，卖出商品对于个体是损失，购入商品对于个体是收益。

（4）新古典劳动供给模型认为，短期内的工资增长会导致劳动力供给的增加。行为经济学认为，对于劳动供给行为可间断且可自由安排供给时间的工人，他们并不会像新古典劳动模型所预测的那样对短暂增加的收入作出增加工作时长的正向反应，而是会确立一个收入目标作为参照点，在收入没有达到目标前努力工作，而收入一旦超过目标，收入边际效应将递减，努力工作激励减弱。

## 复习与思考

1. 描述前景理论中的“参照点依赖”和“损失厌恶”。
2. 解释什么是禀赋效应。
3. 为什么萧条期会有许多售房者宁愿不成交也要保持较高的售价？
4. 用参照点理论解释短期内工作时间具有负工资弹性。如何用田野实验的设计检验这一结论？

# 第六章　社会比较和相对收入

作为社会人，决策者会主动、自发地在决策中选择不同的参照人群进行比较，并根据比较的结果来评价和判断自己的决策（Festinger，1954）。因此决策具有社会属性，社会比较在个体决策过程中被视作一种参照点效应。本章在第五章基于决策者现状或期望的参照依赖行为研究基础上引入“社会参照点”，首先介绍社会比较的概念及该理论在风险决策中的实际应用，然后补充以社会比较理论为基础、将他人收入作为参照点的相对收入概念及其应用。

## 第一节　社 会 比 较

### 一、社会比较与社会参照点

社会比较是基于参照点而言的，只有存在参照群体，才会产生比较。如第五章中所介绍的，在有限理性的假设前提下，Kahneman 和 Tversky（1979）在“前景理论”中最早提出“参照点”概念，并认为它是个体的决策基准。根据前景理论 S 形价值函数曲线，坐标轴原点代表决策者设定的参照点，它决定了什么是损失、什么是获益。因此个体决策时把决策情境分为两种：一种是个人获益（individual gain），另一种是个人损失（individual loss）。盈亏变化直接决定决策者的实际所得，因此，个人损益即为“个人参照点”。

虽然“个人参照点”强调决策者的实际得失，但它忽略了社会环境因素的影响。社会比较（social comparison）的概念首先由 Festinger（1954）提出并发展，他假设个体是无法准确地判断自身的观点和能力，而要依赖与他人的比较来形成评价。这些通过与他人比较而产生的评估被称为社会比较。他认为：首先，社会比较是出于评价自身的观点或能力的需要而驱动的。个体通过和与自己相似的个体进行比较，从而获得更多关于自己的信息，对自己的观点或能力作出评估。其次，如果缺失社会比较，个体对自身观点或能力的评估将是不稳定的。最后，当他人与自己差别过大时，个体倾向于不进行社会比较，因为此时的社会比较并不利于个体对自身的观点或能力的判断。

社会比较理论由许多学者在 Festinger（1954）的基础上进行了更深入的探索和扩展。Gibbons 和 Buunk（1999）提出了社会比较的三个主要驱动因素：自我评价（self-evaluation）、自我提升（self-improvement）和自我增强（self-enhancement），他们编制了量表来评估社会比较倾向（social comparison orientation）的个体差异，有较强社会比较倾向的个体具有对他人行为有高度敏感性和对自身高度不确定性的特征，他们通过社会比较来提高自我价值。

“社会参照点”（social reference point）被用来定义社会比较，许多学者借助实验研究

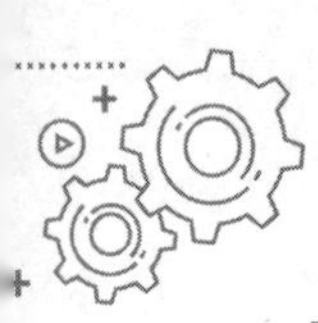



方法对社会比较形成的参照点进行分析（Trautmann and Vieider，2012；Fox and Dayan，2004；Hill and Buss，2010；Linde and Sonnemans，2012）。Tversky 和 Kahneman（1991）认为尽管个人参照点通常对应于决策者的当前位置，但它也受到愿望、期望、规范和社会比较的影响。个体通常倾向于将与他人的向上比较视为一种社会损失，而将向下比较视为一种社会收益。谢晓非和陆静怡（2014）基于社会比较理论将决策情境分为三种，划分出三类“社会参照点”：一是他人比自己好，即上行参照点，为社会损失（social loss）；二是自己比他人好，即下行参照点，为社会收益（social gain）；三是自己和他人一样，为社会中性（social neutral）。决策者根据这些损益作出不同的判断和决定。Abeler 等（2011）通过实际努力实验检验了人们的期望对于参照点的影响，在调整被试者期望的情况下，不同实验处理方法之间的个体努力存在显著差异：如果期望较高，被试者比期望较低时工作时间更长、挣钱更多。不过社会比较的方向并不能保证决策结果的方向，不同类型的社会比较均会产生消极和积极的影响。

## 二、社会比较对风险决策的影响

社会比较的基本逻辑在于有限理性个体的风险偏好是由其决策时所处的“损失–收益”情境决定的。社会比较的结果决定了风险决策的社会效用。当他人比自己的收益多时，决策者认为是社会损失，从而会倾向于规避风险，更容易作出保守决策。基于社会比较理论和公平理论，Fox 和 Dayan（2004）研究了决策者在投资行为中的自我评价。他们招募了 220 名学生进行评估其股票投资结果（收益或损失）的实验，并提供了有关其亲近朋友投资类似股票的结果信息。研究发现，决策者会把亲近朋友在股市中的表现作为自己投资股票的重要依据。相比较于朋友比自己赚得少、和自己赚得同等的情况，当朋友比自己赚得多时，决策者更倾向于将自己的决策视作一种损失，由此社会比较的结果成为决策过程中的参照点。在社会环境中，人们倾向于将社会不利的情况视为损失，将社会优势的情况视为收益。人们在通过收益感受到积极情绪、通过损失感受到消极情绪。与社会收益相比，社会损失导致的自我概念和整体感受明显更差。

社会参照点的模型与保险领域购买需求分析密切相关。针对人们对灾害险投保不足的情况，Friedl 等（2014）建立了一个社会参照点模型，从多角度阐述了在有保费补贴的情况下巨灾保险依然发展缓慢的原因。他们的实验设计假设两个被试者以其他人的财富为参照点，最大化他们的效用，并且厌恶不平等。允许这个社会参照点根据另一个人所处的状态而变化，有可能以公平精算的保费为损失购买全额保险。他们考虑了两种实验情况：一是被试者之间的风险是不相关的。因此，两个被试者都可能出现损失，如保险被盗窃或保修期延长。二是风险是完全相关的，因此要么两者都受损失影响，要么都不受损失影响。这反映了自然灾害，如洪水或风暴，影响到一个地区多数人。社会参照点的存在使得对相关风险的投保吸引力低于特殊风险。他们比较了被试者在具有相关和不相关风险的处理组中的支付意愿。被试者有 10 欧元禀赋，但会有 50%概率出现损失禀赋的情况，从而为这种潜在损失购买不同保费的全额保险。在第一种实验处理中，失去禀赋的个体风险与其他个体风险无关（特殊风险）。在第二种实验处理中，失去禀赋的风险在各组之间是相关的（相关风险），这表明所有被试者将都失去禀赋或都拥有禀赋。被试者可以用十种不同价格表示他们是否愿意购买保险。10 个价格中将随机抽取一个进行最终支付。研究发现，在特殊风险的处理组中有 73%的被试者购买保险，而在相关风险处理组中只有 56%的被试者购买保险，两组之间的投保率相差 17%。因此，特殊风险的平均保险支付意愿明显高于相关风险。当风险不相关时，风险规避增加，即在存在不平等厌恶的情况下，如果风险相关，社会比较确实会降低相关风险保险的吸引力；特殊风险的平均保险支付意愿显著高于相关风险。

为了将微观经济理论中的两个传统领域结合起来——风险下的个人决策和人际交往中的决策，不同社会参照点对风险态度的影响成为微观经济学研究的主题。基于社会比较理论，实际生活中人们习惯在社会群体的比较中对自身形成期望，这是决策者进行风险投资的重要考量。Linde 和 Sonnemans（2012）进行了实验，被试者必须在彩票中作出选择，而他人则面临固定的回报。实验发现，当被试者赚取的最低收入比他人的最高收入还高（获益情况）时，大多数人倾向于冒险。他们令被试者将自身收益与社会参照点的固定收益进行比较，共进行 42 个二元风险决策。每种选择情况下安全选项与风险彩票概率相同，但风险彩票的结果方差更大。他们设计了三种社会参考点：在损失情况下，决策者的最高最大收入与他们的参照对象一样多；在收益情况下，决策者的最低收入与他们的参照对象一样多；而在中性情况下，无论彩票的选择和结果如何，决策者和他们的参照对象都将获得相同回报。被试者的决策只影响他们自己的收入，且无法观察到他人的决策。结果发现，相比损失，决策者在获益情况下更多地选择风险彩票。从社会损失到中性环境风险规避会降低，在有社会收益的情况下降低得更多。因此，被试者在损失情况下比在收益情况下更厌恶风险。作为社会人，个体在风险决策过程中会主动与他人进行比较，社会比较的结果决定了决策的社会效用，并最终决定风险决策的方向。这一结果回答了社会收益（损失）函数的曲率为凹（凸），个人决策受到社会比较的影响。被试者在损失领域（可能最多赚得和他人一样多）比在收益领域（至少和他人一样多）更厌恶风险。家庭收入期望顺差能够带给家庭比处于自身期望经济地位的家庭更富有的心理感受，增加了进行风险投资的可能。

## 三、社会比较与工资决策

社会比较在多数薪酬谈判中起到了重要作用，在公共部门的集体谈判中更是如此。谈判者在社会比较的参照选择上存在差异，特别是这种差异可以由于人们在信息收集和公平判断上的自我服务偏差所导致。双方都倾向于选择和自己的利益相一致的参照群体。如果这种情形在公共部门的学校谈判中发生，意味着工会代表所选择的参照学区的工资水平要高于学校董事会所选择的参照学区的工资。这种差异可能成为导致工资谈判僵局的根源。

探讨谈判者在工资集体谈判中的公平感知和选择工资参照群时所表现的自我服务偏差成为重要的研究内容（Babcock、Wang and Loewenstein，1996）。Babcock 等在宾夕法尼亚州教师合约谈判陷入僵局期间对此进行了相关研究。教师们抱怨他们的工资增长比

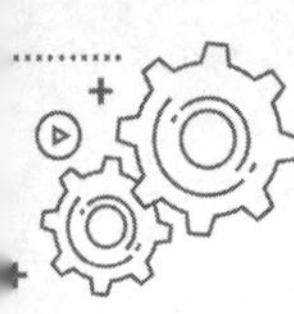



起本社区的其他成员来说太少了，而与此同时，一些学生家长对教师的罢工表示不满，他们认为教师的工资已经够高了，教师的工资要求太“贪婪”了。公立学校校区董事会在谈判中必须考虑到他们决策的政治影响，因此会考虑到学区家长们的意见。对于工会组织的工人来说，工会成员的工资明显高于具有同等工作技能的非工会工人。因此相对于其个人参照组中的非工会成员而言，在给定收入水平下，工会成员的收入将高于相同名义水平下的非工会工人。参照点选择对于工资合同谈判的重要影响得到了检验。他们认为谈判者对参照点的选择会受到自身利益考虑的影响，存在自我服务偏差；并且两个谈判者的参照点之间的差异程度能够估计谈判僵局的发生。他们通过问卷调查与实地数据相结合的方式，覆盖了 500 个学区内的教师工资、相邻学区教师工资、社区工资水平、罢工历史信息和其他背景信息等。对宾夕法尼亚州所有学区的主要工会和学校董事会谈判人员进行问卷调查，分别列出他们认为在薪资谈判方面具有可比性的学区名单。结果表明邻近地区教师工资上涨会提高工会名单上的平均工资水平并降低董事会名单上的平均工资，董事会在教师工资参照点的选择上存在自我服务偏差。表 6-1 展示了谈判双方所选择比较的学区名单，工会选择的学区中的教师工资水平要高于校董选择的学区中教师的工资水平，这反映了人们在社会比较中参照点选择的自我服务偏差。之后，研究者用学区中谈判双方存在的选择偏差程度作为解释变量，分析了本学区谈判僵局或罢工的影响因素，结果发现参照点选择偏差与谈判僵局事件成正比。

**表 6-1　自我服务偏差：工会与董事会选择的可比学区的工资差异**

| East Lake 学区 | | | |
|---|---|---|---|
| 工会选择 | | 董事会选择 | |
| 学区名称 | 所在区教师工资 | 学区名称 | 所在区教师工资 |
| Valley View | $27 008 | Valley View | $27 008 |
| Cedar Creek | $28 200 | Cedar Creek | $28 200 |
| Monrovia | $28 514 | Steel City | $27 170 |
| Suburban | $27 776 | East Hills | $26 065 |
| Beechwood | $28 800 | | |
| | | 平均值 | $27 111 |
| 平均值 | $28 060 | | |

资料来源：BABCOCK L, WANG X H, LOEWENSTEIN G, 1996. Choosing the wrong pond: social comparison in negotiations that reflect a self-serving bias[J]. The quarterly journal of economics, 111(1): 1-19.

## 第二节　相 对 收 入

社会比较理论是相对收入的理论基础。Duesenberry（1949）在修正了 Keynes（1936）对于消费支出彼此独立和消费支出受消费者目前实际收入影响的两个假设后，提出了相对收入假说。他指出消费并不取决于现期绝对收入水平，而是取决于相对收入水平，即相对于其他人的收入水平和相对于本人历史上最高的收入水平。根据相对收入假说，首先人们的消费会相互影响，有攀比倾向，即存在“示范效应”，人们的消费不取决于其绝对收入水平，而取决于同别人相比的相对收入水平。其次，消费有惯性，消费不仅受当期收入的影响，而且受过去所达到的最高收入和最高消费的影响。消费具有不可逆性，即存在“棘轮效应”。Duesenberry（1952）用幸福感（happiness）或主观福利（subjective wellbeing）作为消费者效用的替代变量，研究了绝对收入和相对收入对于效用的影响。他认为当收入高于周围群体或地区平均标准时，个体才会产生更强的幸福感。

经济增长与社会福利的关系成为幸福感领域最具影响力的研究主题。Easterlin（1974）通过对美国、日本、菲律宾等14个国家的收入和幸福感关系进行了横断比较研究，并对美国的收入和幸福感关系进行了时间序列研究，由此提出幸福-收入悖论（happiness-income paradox）。如图6-1所示，Easterlin（1974）计算了六类收入规模群体的幸福程度百分比，发现收入与幸福感的相关性为 0.864。从横断研究来看，收入和幸福感正相关，即富裕的国家（的居民）普遍比贫穷的国家（的居民）更幸福，富人普遍比穷人更幸福；从时间序列（通常指10年及以上）来看，二者无关，即一个国家（或社会）收入增长的同时，居民幸福感并不会随之增长。由此形成了对相对收入和幸福感这两者的持续关注和研究。进一步地，Frank（1985）认为示范效应不能被同等地适用于所有类型的商品，提出了炫耀性消费（conspicuous consumption）定义。他借鉴 Hirsch（1976）将商品分为位置商品（positional goods）（如汽车、住房、服装等）与非位置商品（non-positional goods）（如储蓄产品）。他认为以奢侈品的形式而生产的地位性商品是生产性资源的一种浪费，社会总体幸福因此而有所降低并没有增加。因此，个体消费特定数量的消费品所产生的效用会受到与他人比较的影响，即幸福水平取决于相对性而非绝对性。从而以他人收入为参照点的相对收入理论对社会福利具有决定性作用。

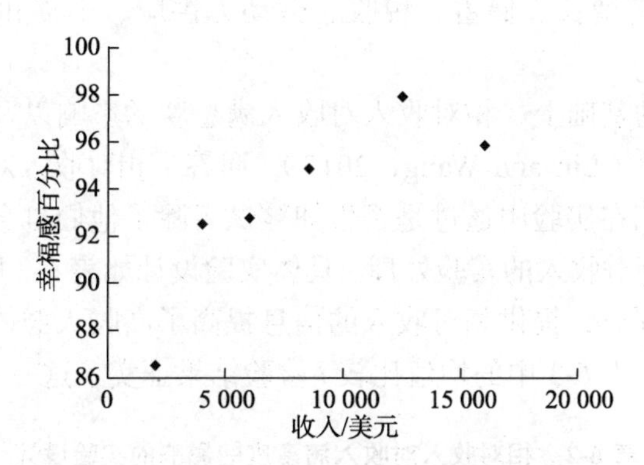


图 6-1　1970 年美国不同收入规模的幸福程度

说明：每类收入规模对 100 人进行了调查。

资料来源：EASTERLIN R A, 1974. Does economic growth improve the human lot? Some empirical Evidence[M]// DAVID P A, REDER M W. Nations and households in economic growth. New York: Academic Press.

# 第三节　相对收入与社会福利

## 一、相对收入与个人效用函数

社会比较的概念从关于风险决策的有限理论迅速扩展到涵盖幸福感、满意度等更抽

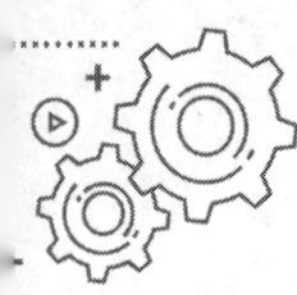



象的社会福利等相关概念，从而相对收入与社会福利以及不平等问题的研究逐渐成为社会比较领域的核心问题。贺京同等（2014）将效用的内涵区分为决策效用与体验效用两个方面，其中前者对应于新古典经济学强调的效用的欲求含义，后者为古典经济学偏重的效用的快乐含义。同时进一步指出，幸福应是体验效用的一个子集，它指个体从实际结果与可接受结果的差异中获取的满足感。这一定义意味着幸福更受结果的相对变化的影响，而对结果的绝对水平不敏感，这可作为构造幸福函数的基本原则。贺京同等（2014）将幸福函数假定为如下基本形式：$U=f(x=r)$。其中，$U$表示幸福程度，$x$表示实际结果，$r$表示参照点或可接受的一般（正常）结果，它取决于社会习俗、环境约束或历史惯性等因素，$f(\cdot)$为严格递增函数，并随个体的不同而不同，即个体的幸福函数具有异质性。其中，可令$f(0)=0$，其含义是，当实际结果与参照点相等时（$x=r$），个体将处于一种中性状态（即无幸福感）。相应地，当实际结果大于参照点时（$x>r$），个体将获得幸福感；反之个体将感到不幸福。

## 二、相对收入与社会福利

长期以来，收入一直是福利水平测度的主要指标之一，而所有提高社会福利和促进社会经济发展的经济政策，通常多归结于经济的长期增长。Easterlin（1974）指出尽管人均国民生产总值急剧上升，但西方国家在过去几十年中实际收入的大幅增长并未导致报告的幸福水平相应上升，是因为人们不仅从绝对收入中获得效用，还从他们与他人相比的收入中获得效用。Clark（2008）在此基础上考虑了效用函数中的相对收入如何影响消费、投资、经济增长、储蓄、税收、劳动力供应、工资和移民等领域的经济行为模型。

在现有理论研究的基础上，相对收入对收入满意度的影响以及这种满意度在个人之间的分布得到实验检验（Liu and Wang，2017），回答了相对收入对个人层面幸福感的影响及不平等问题。他们在实验中通过是否告知被试者除了他们自身收入之外的其他可能收入水平来引入有关相对收入的实验处理。具体实验设计如表6-2所示。研究发现，在控制绝对收入等因素的同时，提供相对收入的信息提高了高收入群体的幸福感，而降低了低收入群体的幸福感，表6-3中的均值比较$t$检验结果证实了这一点。

**表6-2　相对收入对收入满意度的影响的实验设计**

| 阶段1 | 被试者进行获取收入的任务 | | | |
|---|---|---|---|---|
| 阶段2 | 以三种收入水平进行支付 | 高收入组（60） | 中等收入组（40） | 低收入组 (20) |
| | 实验组（0）：无相对收入 | 被告知自己的收入（60） | 被告知自己的收入（40） | 被告知自己的收入(20) |
| | 对照组（1）：有相对收入 | 被告知自己的收入（60）与三种支付水平（60，40，20） | 被告知自己的收入（40）与三种支付水平(60, 40, 20) | 被告知自己的收入(20)与三种支付水平 (60, 40, 20) |
| 阶段3 | 被试者对自己收入满意度进行打分 | | | |

资料来源：LIU K, WANG X, 2017. Relative income and income satisfaction: an experimental study[J]. Social indicator research, 132: 395-409.

表 6-3　相对收入对收入满意度的影响结果（均值和方差）

| | 全部样本 | 低收入 | 中等收入 | 高收入 |
|---|---|---|---|---|
| 控制组均值 | 2.99 | 2.58 | 2.88 | 3.50 |
| 控制组方差 | 1.04 | 1.19 | 0.79 | 0.72 |
| 相对处理组均值 | 3.17 | 1.92 | 2.98 | 4.60 |
| 相对处理组方差 | 1.88 | 0.98 | 0.62 | 0.37 |
| 全部方差 | 1.46 | 1.19 | 0.71 | 0.85 |

资料来源：LIU K, WANG X, 2017. Relative income and income satisfaction: an experimental study[J]. Social indicator research, 132: 395-409.

实验结果表明，相对收入可能与性别等个人特征相互作用，从而影响收入满意度。对于中等收入群体，相对收入对女性和男性幸福感的影响不同，这种影响对女性是积极的，而对男性是负向的。对于低收入和中等收入群体，对相对收入地位的关注通过与相对收入的交互作用而显著降低幸福感。通过不同收入群体之间的社会比较，揭示相对收入会增加幸福感不平等。处于同一收入群体的个体幸福感没有显著差异。

# 第四节　相对收入与经济行为

本节运用社会比较与相对收入理论梳理了对消费行为、劳动力市场与个体捐赠行为等层面的经济现象的相关研究。

## 一、消费

在分析相对收入与消费决策时，Duesenberry（1949）指出人们倾向于生活水平的不断提升，一旦不断改善生活水平成为一种普遍的社会目标，生活水平便成为维持消费者自尊的必要手段，购买更高级商品成为消费者生活水平提高的证明，从而个体追逐相对福利进行消费攀比。王湘红（2012a、2013、2016）分别针对中国城镇居民、农村居民与农民工流动人口等群体研究了相对收入与相对消费及其不平等问题。

现有文献中将相对地位引入效用函数的方法可以归纳为两种，一种是比率型比较效用函数，即 $U=\upsilon(x,r)=\upsilon(x,\sqrt[x]{x})$。另一种是添加型比较效用函数，即 $U=\upsilon(x,r)=\upsilon\left(x,x-\overline{x}\right)$。其中，$x$ 表示个人绝对收入，$\overline{x}$ 表示参与排序的群体的平均收入，$\frac{x}{\overline{x}}$ 则表示个人相对收入。王湘红（2012a）采用形如 $\upsilon=x^{1-\gamma}\left(\frac{x}{\overline{x}}\right)^{\gamma}$ 的比率型效用函数和形如 $\upsilon=x-\delta\overline{x}$ 的添加型效用函数，通过对模型系数的考察来分析对收入的相对性的关注程度。在此理论基础上，进一步在中国城镇居民中进行包含相对收入和相对消费实验处理的调查问卷实验，考察相对收入和绝对收入对城镇居民消费影响，以及不同收入的不平等效应对消费的影响。根据表 6-4、表 6-5，研究发现相对收入和绝对收入对个人效用的影响始终存在，但在炫耀性消费品（如汽车和住房）和非炫耀性消费品（如假期和保险）上的影响程度不同；人们对相对收入和相对消费的关注程度较为集中在同一个区间里；教育程度和职业显著地影响相对收入对人们的效用，男性比女性显著地更加在意汽车和住房的相对消费；社会收入不平等没有显著影响对相对收入的关注度，但对住房消费的相对性有影响。

**表 6-4 汽车的相对消费的实验设计收入实验结果**

| 相对消费实验中的社会选择 | | | | | |
|---|---|---|---|---|---|
| 指标集 | | 孙子的消费水平 | 社会平均消费水平 | 社会 A 与社会 B 无差异下边际炫耀度 | |
| | | | | 比率型比较指标 $\gamma$ | 添加型比较指标 $\delta$ |
| | 汽车 A | 450 000 | 540 000 | | |
| 1 | 汽车 B | 406 500 | 360 000 | 0.251 | 0.242 |
| 2 | 汽车 B | 367 000 | 360 000 | 0.503 | 0.461 |
| 3 | 汽车 B | 332 000 | 360 000 | 0.750 | 0.656 |

资料来源：王湘红, 2012. 相对收入与个人效用——来自中国的证据 [J]. 经济理论与经济管理(5): 36-46.

**表 6-5 汽车的消费实验实验结果**

| 来自组 1 的结果 ($N$=239) | 汽车 | | |
|---|---|---|---|
| | 频数 | 频率 | 累计频率 |
| $0<\gamma<0.251, 0<\delta<0.242$ | 10 | 0.042 | 0.042 |
| $0.251<\gamma<0.503, 0.242<\delta<0.641$ | 73 | 0.305 | 0.347 |
| $0.503<\gamma<0.750, 0.461<\delta<0.656$ | 90 | 0.377 | 0.724 |
| $\gamma\geqslant 0.750, \delta\geqslant 0.656$ | 66 | 0.276 | 1.000 |
| 平均值 | $\overline{\gamma_A^{\text{car}}}=0.473, \overline{\delta_A^{\text{car}}}=0.428$ | | |
| 来自组 2 的结果($N$=308) | 汽车 | | |
| | 频数 | 频率 | 累计频率 |
| $0<\gamma<0.251, 0<\delta<0.242$ | 62 | 0.201 | 0.201 |
| $0.251<\gamma<0.503, 0.242<\delta<0.641$ | 34 | 0.110 | 0.311 |
| $0.503<\gamma<0.750, 0.461<\delta<0.656$ | 96 | 0.312 | 0.623 |
| $\gamma\geqslant 0.750, \delta\geqslant 0.656$ | 116 | 0.377 | 1.000 |
| 平均值 | $\overline{\gamma_B^{\text{car}}}=0.467, \overline{\delta_B^{\text{car}}}=0.417$ | | |

资料来源：王湘红, 2012. 相对收入与个人效用——来自中国的证据[J]. 经济理论与经济管理(5): 36-46.

在消费实验中，受访者获得的信息包括社会 A 和社会 B 中的某些消费品的平均消费水平、最低和最高消费水平以及孙子的公司为孙子提供的对应消费品的市场价值。消费品种包括汽车、住房、度假和保险。以下是消费实验中以社会 B 中的汽车和度假在某一消费水平时为例的部分问卷问题：

请在 A 和 B 两种社会状况中为你的孙子选择其中之一。除了以下消费信息以外，A 和 B 两种社会状况均相同（包括在其他商品上的消费支出）。选择对你的孙子最有利的社会状况，比如，让你的孙子觉得最满足的社会状况。

汽车

社会 A：公司为你的孙子提供一辆市场价值 450 000 元的汽车。

社会 A 中车辆的平均价值为 540 000 元。

社会 B：公司为你的孙子提供一辆市场价值 406 500 元的车。

社会 B 中车辆的平均价值为 360 000 元，最低为 260 000 元，最高为 460 000 元。

选择：□社会 A □社会 B

实验的控制变量主要有两层。

第一层在组内总是将社会 A 作为参照组进行控制，而使得社会 B 在不同收入和消费水平上变动，据此通过观察受访者在社会 A 和社会 B 之间的权衡取舍，就可以度量影响个人主观效用的收入水平和消费水平。

第二层变量在两个组之间，是收入不平等程度。两组受访者在问卷中面对的情景稍有不同：组 2 在保持收入和消费品的平均值与组 1 相同的基础上，对收入极差进行了缩小，这样设计是为了减小组 2 的收入和消费的不平等程度，因此组 1 为高差距组，组 2 为低差距组。两个问卷相同的部分在于社会 A 的收入和消费品都是一样的，这是为了选定同一个参照组。两个问卷的区别就在于社会 B 的量化分档设置上，组 1 的社会两极分化更加严重，贫富差距更加明显，组 2 的收入不平等程度则相对较小。这样设计是为了能够考察收入不平等效用是如何影响人们的相对收入和消费选择进而影响个人主观效用的。

在消费实验中，以汽车为例，两组中社会 B 的设计分别如下。

组 1（高差距组）：公司为你的孙子提供一辆市场价值 406 500 元的车。

社会 B 中车辆的平均价值为 360 000 元，最低为 260 000 元，最高为 460 000 元。

组 2（低差距组）：公司为你的孙子提供一辆市场价值 406 500 元的车。

社会 B 中车辆的平均价值为 360 000 元，最低为 310 000 元，最高为 410 000 元。

汽车的相对消费的实验设计如表 6-4 所示。

实验结果表明，在组 1 中，对于汽车，以 $\gamma$ 度量的比率型比较指标的中位数值坐落在 0.503 至 0.750 区间里（$\delta$ 在 0.461 至 0.656 区间内）（表 6-5）。在组 2 中，对于汽车，以 $\gamma$ 度量的比率型比较指标的中位数值坐落在 0.503 至 0.750 区间里（$\delta$ 在 0.461 至 0.656 区间内）。从组 1 和组 2 的相关结果来看，B 问卷回答的分布比 A 问卷的回答的分布更加明显地呈现单极化趋势。另外，对于组 1，不论是以 $\gamma$ 还是 $\delta$ 衡量的收入的平均比率型比较指标都要明显地高于消费的平均比率型比较指标。然而对于组 2，以 $\gamma$ 衡量的收入的比率型比较指标低于消费的相关值，而以 $\delta$ 衡量的收入的数值则又明显地高于消费数值。与此同时，组 1 的消费品边际炫耀度的平均区间也显著高于组 2，这是由于组 1 中的社会收入不平等程度更高，人们对更高社会地位的追求更加强烈，财富积累的激励也越强，相应地，对自己在周围社会范围内的收入排序和相对消费量也更加在意。

效用函数中相对收入项的存在对个人和家庭的消费和储蓄决策具有重要意义。Dupor 和 Liu（2003）认为对社会地位寻求的偏好会提高个人消费相对于休闲的边际效用，并产

生一种使他人嫉妒和不快乐的外部性。Frank（2005）认为所得税是减轻消费外部性的措施之一。在 Dupor 和 Liu（2003）、Frank（2008）对于地位寻求与消费的研究基础上，Sun 和 Wang（2013）使用村庄社区作为聚合水平，在一个紧密结合的社会比较组内测试相对消费，研究相对收入如何影响中国农村的消费。基于 2003—2006 年中国农村地区村户面板数据，考察社区收入不平等以及个体家庭的相对收入状况对消费倾向的影响。结果发现，家庭消费率越低，家庭在村内的相对固定收入地位越大，以及随着社区收入不平等程度的上升而上升，通过地位寻求可以提高消费率。

根据相对收入理论，一般相对收入较低的家庭，由于模仿或追赶高收入家庭消费而具有更高的储蓄率和更低的消费率。王湘红和陈坚（2016）从农民工特殊迁移背景导致的参照组多样性出发，考察了农民工群体消费率偏低的原因。基于 2008—2009 RUMiC（中国城乡劳动力流动调查）调查数据，从社会比较角度，考察农民工相对于群体内部、城市居民和农村居民的相对收入对家庭消费的影响。家庭相对收入指标是整个模型中的关键变量，其目的是在控制绝对收入水平的基础上探究相对收入对家庭消费行为的影响。相对收入从两个维度衡量，一是集成的相对剥夺（relative deprivation，RD）指数，二是 RD 分解的所在参照组内的收入相对排序和收入基尼系数。Stark 和 Yitzhaki（1988）提出的相对剥夺指数如下：

$$\text{RD\_Stark}^i = \int_{y^i}^{y^h} g[1-F(x)]\mathrm{d}x \tag{6-1}$$

其中，$y^i$ 代表当前个体的收入水平，$y^h$ 是参照组内最高收入水平，$g[1-F(x)]$可以简写为 $1-F(x)$而不影响计算结果经济意义。$\text{RD_Deaton}^i$ 是由 Deaton（2001）给出的衡量指标，由 $\text{RD\_Stark}^i$ 指标除以群体内的收入均值计算得到。相对排序则相当于经过标准化的收入分布中的百分比位置，收入最高为 1，最低接近 0。基尼系数计算公式如下（Dixon et al.，1987）：

$$\text{Gini}=\frac{N+1}{N}-2^*\frac{\sum_{i=1}^{i=N}(N+1-i)Y_i}{N^*\sum_{i=1}^{i=N}Y_i} \tag{6-2}$$

其中，收入按照非降序排列，即 $Y_i \leqslant Y_{i+1}$，基尼系数用于衡量参照组内的收入不平等程度。这里的相对排序和基尼系数相当于从两个维度将 RD 指数进行分解，即收入的相对位置和收入分布的不平等程度。农民工的迁移背景使得他们有多个潜在参照组。在研究相对收入对农民工家庭消费的影响时，将农民工个体与其他个体的比较作为外在参照点，将农民工个体与自身过去的比较作为内在参照点。与农民工群体和城市居民对比时，使用 RD 指数以及相对收入排序和基尼系数衡量相对收入指标；与农村居民对比时，使用外出务工时间和工资比做比较。结果发现，控制了绝对收入等其他因素后，相对收入低的家庭消费率更高，而不平等程度的增加显著降低了农民工的家庭消费率，这一现象在收入较低的家庭中尤为明显。农民工相对城市居民的过低收入削减了其当期消费，尤其在留城意愿较强的农民工中表现突出。城乡工资差距在长期会抑制居民消费。

## 二、劳动力市场

相对收入理论在劳动力市场中的应用主要体现在收入公平感与劳动供给（王湘红等，1996、2012b）。参照群体理论强调个人的个人参照群体通常由在年龄、教育和各种其他背景变量方面相似的其他人不成比例地组成。农民外出务工会提高个人或家庭在参照组（特别是所在社区内）的相对收入（Stark，1984）。相对收入较低是农民外出务工的主要原因。相对收入低会给人带来心理负担，从而导致人们通过迁移来改变相对收入。Stark与 Taylor（1989）通过对墨西哥的数据研究发现，村内相对较低的收入水平显著地刺激了墨西哥人去美国务工。他们发现绝对收入也影响农户外出务工的决策，因为外出务工也需要成本，需要一定的初始资金，只有绝对收入超过一定值的农户才能出去。

在 Stark（1984）等关于相对收入理论与农村劳动力流动方面研究的基础上，王湘红等（2012b）检验了相对收入对中国农村家庭成员外出务工的影响，使用农业部大样本定点调查数据估计两种以家庭所在社区为参照组的相对贫困指标对是否外出务工、外出务工人数比例和外出务工时间三个维度的影响。劳动力外出就业能够获得更多改善收入地位的机会，从而相对收入会促进劳动力迁移的发生。相对收入越低的家庭，感受到的相对贫困度越大，在其他情况相同的前提下，他们外出务工从而改变自身收入地位的意愿越大。结果表明：村内的相对贫困状态对外出务工产生了全面且显著的影响。在满足基本的外出所需资金之后，相对收入地位较低的家庭会倾向于外出务工。此外，通过外出务工，中国农村小范围内的收入不平等现象得到一定程度的改善。图 6-2 反映了三种村收入基尼系数的分布状况，可以看到使用去除务工收入和推算收入计算的村内基尼系数普遍比实际基尼系数更大，意味着外出务工确实减少了村内收入不平等。也就是说，由于收入地位低的家庭更多地选择外出务工，有可能缩小小范围收入差距，从而可能在一定程度上减小收入不平等所带来的负面影响。

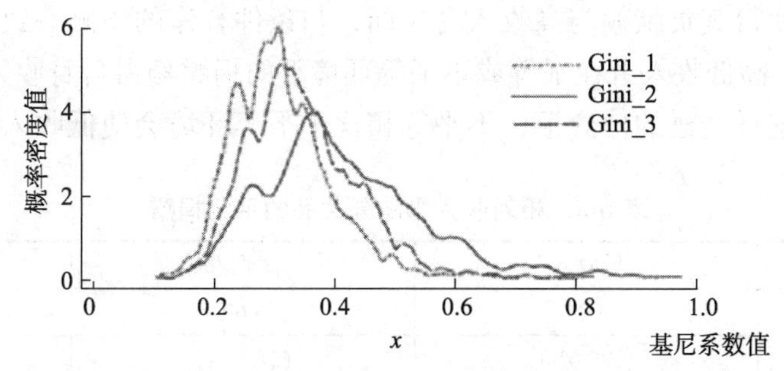


图 6-2　实际收入、去掉务工收入和推算收入计算的基尼系数分布

注：Gini_1 代表直接使用全年纯收入计算的基尼系数，Gini_2 代表使用纯收入减去外出务工收入后计算的基尼系数；Gini_3 代表使用推算收入计算的基尼系数。

资料来源：SUN W, WANG X, 2013. Do relative income and income inequality affect consumption? Evidence from the villages of rural China[J]. Journal of development studies, 49(4): 533-546.

## 三、捐赠行为

社会比较在慈善捐助和自愿提供公共物品方面有重要的积极影响，其可以增加对公

共品的贡献。

实地实验研究证实了社会比较在捐赠中形成的参照点作用。Shang 和 Croson（2006）研究了提供他人的捐赠额作为社会比较是否会影响人们的捐赠行为。该研究通过一家公共广播电台的平台实施了一项实验，在广播中推荐了多种捐款水平：50 美元是基本水平，捐赠 60 美元和 75 美元的听众可以获得额外的礼物。其他礼品级别分别为 120 美元、180 美元、240 美元、360 美元、600 美元、840 美元、1 000 美元和 2 500 美元。设计实验将对照组（无社会比较，即受试者未被告知他人的捐赠决定）与最初的、高水平的社会比较（即受试者被告知他人的捐赠决定，而且是较高数额的捐赠决定）进行比较。他们重点研究新捐赠者对社会比较操纵过程的反应，并选择了 300 美元作为合适的金额，表明代表 90%~95%响应目标是最具激励性的。300 美元代表新成员贡献的第 94 个百分位。研究结果表明，这种高社会比较可以显著增加新成员的贡献额（约 52 美元或 43%）。因此证明了社会比较对实地实验环境中公共物品供给的影响，贡献增加的过程确实是社会比较，且后续实验表明当捐赠者和社会比较对象是相同性别时，效果比他们不同性别时更大。

相对收入作为潜在参照点会引发社会比较效应，从而对环保公共品或扶贫慈善等不同公益类型捐赠项目产生不同的影响（王湘红和吴佳妮，2021）。在面对贫困者的慈善项目时，人们会在对于结果的不平等厌恶动机基础上进行收入境况的比较，因此高收入者会比低收入者提高捐赠水平；而在支付公共品时，人们会更看重群组里捐赠行为的比较，倾向于有条件合作。因此，不同收入者在公共品捐献决策中会相互参照他人的贡献水平。实验根据被试做实验任务赚取的两种收入水平来将他们随机分配到只有相同收入的平等小组或者是高低收入混合的不平等组，然后让他们对慈善项目或公共品项目进行捐赠决策，从而检验相对收入对不同项目的影响。表 6-6、表 6-7 结果显示，在公共品捐献中，给定平等环境，低收入者的贡献额占收入比例与高收入者相同；在不平等环境中，低收入者的贡献增加使得其贡献额与高收入者相同，与条件合作的预测一致。在对贫困群体进行慈善捐献时，高低收入者在平等或不平等环境下的捐赠额占自身收入比例保持不变；但在给定对他人捐赠金额的信念下，不平等相比于平等环境会使低收入者的捐赠减少、

**表 6-6　相对收入影响公共品的平均捐赠**

| | 低收入 | 高收入 | $P$ 值 |
|---|---|---|---|
| 平等组 | 4.94 | 9.62 | 0.01 |
| | (19.76%) | (21.38%) | (0.93) |
| | [33] | [37] | |
| 不平等组 | 7.97 | 9.64 | 0.50 |
| | (31.89%) | (21.42%) | (0.20) |
| | [38] | [36] | |
| $P$ 值 | 0.12 | 0.93 | |

注：括号内为平均的捐款比例。观察值用方括号表示。$P$ 值基于 Wilcoxon 秩和检验。

资料来源：王湘红，吴佳妮，2021. 相对收入影响公共品和慈善捐献的实验研究[R].

表 6-7　相对收入影响慈善项目的平均捐赠

| | 低收入 | 高收入 | $P$ 值 |
|---|---|---|---|
| 平等组 | 9.69 | 14.53 | 0.19 |
| | (38.78%) | (32.28%) | (0.34) |
| | [36] | [36] | |
| 不平等组 | 8.23 | 13.10 | 0.28 |
| | (32.90%) | (29.10%) | (0.31) |
| | [31] | [31] | |
| $P$ 值 | 0.82 | 0.78 | |

注：括号内为平均的捐款比例。观察值用方括号表示。$P$ 值基于 Wilcoxon 秩和检验。

资料来源：王湘红，吴佳妮，2021. 相对收入影响公共品和慈善捐献的实验研究[R].

高收入者的捐赠增加，体现出不平等厌恶。两类项目差异的原因可能是相对收入作为潜在参照点，在公共品捐献中使得人们更多表现为有条件合作，而在收入转移的慈善捐赠中使得人们根据信念表现出对收入不平等的厌恶。

## 第五节　相对收入与贫困

Kahneman 和 Tversky（1979）提出的“前景理论”成为相对贫困测度与不平等程度分析的基础。Köszegi 和 Rabin（2006）提出了一种混合形式的参照点依赖偏好模型，其中福利水平取决于当前收入的效用以及当前收入与基本收入（或参考收入）的偏差。Günther 和 Maier（2008）在 Köszegi 和 Rabin（2006）基础上又进一步构建了多期贫困和脆弱性（前瞻性贫困）指数。Ravallion 和 Chen（2019）从相对收入角度对全球贫困测度提出新的方法。

具体地说，Köszegi 和 Rabin（2006）提出的参照点依赖偏好（reference-dependent preferences）中代理人的总效用函数形式为 $u(c|r)=m(c)+n(c|r)$，$m(c)$ 是消费效用，$n(c|r)$ 是依赖于参照点 $r$ 的得失（gain-loss）效用，参照点由概率信念形成。假设一个人的参照点是最近对结果的理性预期，这些预期在个人均衡中由以下要求决定：它们必须与给定预期的最佳行为一致。在确定性环境中，选择使消费效用最大化，但当存在不确定性时，收益-损失效用会影响行为。将该模型应用于消费者行为，他们表明购买商品的意愿随着购买的预期概率和以购买为条件的预期价格的增加而增加。在一天内劳动力供应决策中，如果迄今为止的收入出乎意料地高，工人就不太可能继续工作，但如果预期收入高，则更有可能继续工作。

多时期贫困和脆弱性衡量标准需要考虑到行为经济学中社会参照点依赖（Günther and Maier，2014）。他们认为，当从静态和确定的框架转换为动态和不确定的框架时，关于个人决策与衡量贫困高度相关。在依赖于参考的效用的基础上，提出了（感知的）多时期贫困和脆弱性的新测度方法，其中个人的贫困状况不仅是（预期的）消费水平的函数，也是（预期的）损失和收益的函数消耗，即 $P_i = A[U(z)-U(y_i)]$ 其中 $U(z)-U(y_i)$ 是

来自个人 $i$ 的实际消费 $y_i$ 的效用与来自贫困线 $z$ 的消费的效用之间的效用差距，当 $U(z)>U(y_i)$ 表明穷人的消费效用差距为正。

Ravallion 和 Chen（2019）提出了一种衡量全球相对贫困的新测度方法。他们认为，过去关于使用均值、中位数或其他指标来衡量相对贫困会产生误差。例如，如这样的比较会给富人带来相等的权重（如平均值）或零权重（中位数），而这似乎是不合理的。他们在相对贫困测度中设定了比较收入。在国家层面的相对比较中，比较收入水平是中位数或同等加权平均数。虽然相对收入比较可能会降低富人的权重，但不会像中位数那样对富人的权重为零。他们发现秩加权平均值与国家贫困线数据更加一致。这意味着在设定国际相对贫困线时，应该使用基尼贴现平均数。

# 本 章 小 结

本章首先给出了社会比较的定义，从仅考虑个人的损失与获益转向与社会他人比较的交互作用。社会比较的结果决定了风险决策的社会效用，多数研究表明当他人比自己的收益多时，决策者认为是社会损失，从而会倾向于规避风险，更容易作出保守决策。进一步地，本章介绍了基于社会比较理论、以他人收入作为参照点的相对收入理论，现有研究围绕相对收入在居民幸福感与社会整体福利的决定性作用方面展开了丰富的研究，并对相对收入与个体经济行为进行了梳理。最后，本章介绍了社会比较与相对收入理论在贫困方面的应用，贫困关乎国家的发展水平和居民的收入分配，包含了共享繁荣的相对概念。社会比较是人的社会性的重要体现，大量行为实验与实证研究为社会比较与相对收入的研究提供了重要的理论意义和实践价值。

## 复习与思考

1. 请举例阐述你对社会参照点的认识。

2. 用 Frank（1985）的理论，说明相对收入如何可能形成对他人的负外部性。

3. 请综合运用本章内容，围绕相对收入与个体决策行为写出一个实验研究的设计方案。注意说明该实验的主要被解释变量。

# 第四篇　时间偏好

# 第七章　时间贴现和跨期选择

跨期选择是指人们对不同时期的成本和收益进行权衡的决策行为。这一决策行为在现实中广泛存在——教育、婚姻、生育、退休、储蓄、投资、贷款等重要人生问题都涉及成本和收益的跨期决策。针对跨期选择，萨缪尔森提出的效用贴现模型得到了主流经济学界的一致认可（Samuelson，1937），但许多“异常现象”是效用贴现模型难以解释的。偏离理性人假设的跨期选择行为表现出时间上的不一致性，可能会造成人们出现自我控制等问题。行为与实验经济学在上述领域有大量实验和实证的研究成果，包括健康消费、劳动绩效、信用卡借贷等方面的研究。行为经济学家提出双曲贴现模型并将其应用到自我控制、拖延、成瘾、退休计划等研究领域。

## 第一节　传统效用贴现模型与异常现象

### 一、效用贴现模型

传统上，跨期选择以萨缪尔森提出的效用贴现模型（简称 DU 模型）为规范模型，该模型的主要特点是使用恒定的贴现率对未来收入进行贴现，以下列方式表示。

$$U_0 = \sum_{t=0}^{T} \delta^t u_t \tag{7-1}$$

其中，$U_0$是所有决策结果的效用现值，$u_t$是 $t$ 时刻的效用；$\delta$ 是贴现因子，其取值在 0 到 1 之间，$\delta$ 对应正的时间偏好，即表示决策者一般偏好获得即时效益。该模型满足时间一致性原则，这意味着如果代理人对预期的未来进行权衡并作出某种决策，那么当未来真正到来时，他们仍会作出同样的决策（假设无新信息）。

然而，萨缪尔森（1937）并不赞同把 DU 模型作为跨期选择行为的规范模型，他本人对该模型持保留态度。由于 DU 模型具有简洁性以及与金融投资评估中所使用的贴现函数的相似性等特点，因此很快被推广使用。在后来很长一段时间中，DU 模型并没有得到经验证据的支持，反而更多的经验证据表明了个人行为与效用贴现模型的偏离甚至相悖。

### 二、跨期选择中的异常

跨期选择中的“异常现象”首先由 Thaler（1981）提出，包括符号效应（sign effect）、规模效应（size effect）、时间长度（length of time）等时间不一致证据。此外，Loewenstein（1988）提出了跨期选择中的另一种“异常现象”——“推迟-加速”的非对称性（delay-speedup asymmetry）。

#### （一）符号效应

符号效应是指人们对收益的贴现率大于对损失的贴现率。Thaler（1981）在一项实验

研究中询问受试者，如果他们在银行组织的抽奖活动中获得一笔钱（15 美元，250 美元，3 000 美元），可以现在领取，也可以以后（三个月、一年、三年）再领取。若是等到以后再领取，需要多少钱才能和现在领取一样有吸引力？同时，受试者也被询问，如果需要支付一张交通罚单（15 美元，250 美元，3 000 美元），可以现在支付或者以后支付（三个月、一年、三年），若是以后支付罚款，他们愿意支付多少？该实验的具体设计如表 7-1 所示。实验结果显示，人们获得收益和遭受损失的贴现率有很大区别，人们需要大量好处来等待奖励，但是并不愿意支出更多现金去推迟罚款。

**表 7-1　跨期选择实验设计——银行抽奖活动**

| 假如你在一次抽奖活动中分别获得了（15 美元，250 美元，3 000 美元），可以现在领取，也可以以后再领取。假如让你等待（三个月、一年、三年），你希望那时能领取多少钱？ | | | |
|---|---|---|---|
| 现在领取 | 15 美元 | 250 美元 | 3 000 美元 |
| 三个月后领取 | | | |
| 一年后领取 | | | |
| 三年后领取 | | | |
| 假如你需要支付一张交通罚单（15 美元，250 美元，3 000 美元），可以现在支付或者以后支付（三个月、一年、三年）。假如你可以等到（三个月、一年、三年）后支付罚款，你愿意支付多少？ | | | |
| 现在支付 | 15 美元 | 250 美元 | 3 000 美元 |
| 三个月后支付 | | | |
| 一年后支付 | | | |
| 三年后支付 | | | |

资料来源：THALER R H, 1981. Some empirical evidence on dynamic inconsistency[J]. Economics letters, 8(3): 201-207.

### （二）规模效应

规模效应指随着收益规模的增加，贴现率是逐渐下降的（Thaler，1981）。由于选择等待奖励需要被试者进行自我控制，对于小额奖金（15 美元），被试者通常需要更高比例的回报来使等待变得值得。15 美元可以买到一顿晚餐，250 美元相当于一场旅行，3 000 美元可以买到一辆好的二手车。对于一辆车或者一次旅行，付出 3 个月的等待对被试者影响较小；但是对于一顿晚餐，延迟收益必须是可观的被试者才会主动选择延迟。此外，时间长度也是贴现率的重要影响因素。等待奖励的相对边际价格会随着等待时间的增加而下降，即时间越长，贴现率越小。在 Thaler 银行奖励实验中，受试者同时也分别回答了将即时拿到 15 美元推迟到三个月、一年和三年所需的心仪价格，回答的中位数分别是 30 美元、60 美元和 100 美元，这意味着平均年折现率为：三个月 277%，一年 139%，三年 63%。而在 250 美元和 3 000 美元的实验结果中，平均年折现率相较于 15 美元要小得多，这印证了规模效应的假设。具体实验结果见表 7-2。

### （三）时间长度

除了实验室实验的证据，从直觉上来说，今天和明天的区别似乎要比一年后和一年后加一天的区别更大，这是现实生活中时间长度起作用的证明。

表 7-2 跨期选择实验结果——银行抽奖活动

| 假如你在一次抽奖活动中分别获得了（15 美元，250 美元，3 000 美元），可以现在领取，也可以以后再领取。假如让你等待（三个月、一年、三年），你希望那时能拿多少钱？（回答结果） | | | |
|---|---|---|---|
| 现在领取 | 15 美元 | 250 美元 | 3 000 美元 |
| 三个月后领取（中位数） | 30 美元（277） | 300 美元（73） | 3 500 美元（62） |
| 一年后领取（中位数） | 60 美元（139） | 350 美元（34） | 4 000 美元（29） |
| 三年后领取（中位数） | 100 美元（63） | 500 美元（23） | 6 000 美元（23） |

资料来源：THALER R H, 1981. Some empirical evidence on dynamic inconsistency[J]. Economics letters, 8(3): 201-207.

### （四）“推迟-加速”的非对称性

跨期选择中的另一个异象是“推迟-加速”的非对称性（Loewenstein，1988），即人们对收益时间点相对于参考点提前还是延后的折现率有显著差异，人们对推迟事情发生所需要的补偿往往高于提前该事情发生所愿意付出的代价。Loewenstein 在大学生样本中的研究显示，对于不期望一年内获得录像机的学生，他们为立即获得一台录像机愿意支付 54 美元：而对于期望立即得到录像机的学生，推迟一年获得录像机需要的支付给他们的补偿是 126 美元。Loewenstein 又将商品换成 100 美元的餐厅代金券，结果显示，将即时获得的代金券推迟 6 个月使用，需要给受试者补偿 86 美元；而为了将 6 个月后可获得的代金券提前使用，受试者愿意付出的代价仅为 78 美元。这两个实验结果虽然在数值和显著性上有所差别，但均表明实验中的折现率存在“推迟-加速”的非对称性。

# 第二节 双曲贴现等替代模型

## 一、双曲线贴现

传统效用贴现模型无法解释跨期选择中的异常现象，Strotz（1955）最先考虑了贴现效用模型的替代形式，他认为，“传统效用贴现模型无法解释为什么人们应该有这样一个特殊的贴现效用函数”。Strotz 认为预见未来偏好会变化的人们可能会采取两种策略：“预先承诺的策略”（承诺和计划同时作出）和“一致计划的策略”（制订计划时，排除自己不能完成的计划）。虽然 Strotz 没有提出任何替代模型的具体形式，但他确实建议研究者们要特别注意贴现率下降的情况。

随后，越来越多的经济学家意识到贴现率下降的事实，逐渐提出和完善双曲线贴现模型。在 Strotz（1956）、Phelps 和 Pollak（1968）以及 Akerlof（1991）的模型基础上，Laibson（1997）、O'Donoghue 和 Rabin（1999）采用参数（$\beta,\delta$）揭示了双曲贴现的本质。$u_t$ 为一个期间的效用，时间 $t$ 的整体效用为 $U_t$，则

$$U_t = u_t + \beta\delta u_{t+1} + \beta\delta^2 u_{t+2} + \beta\delta^3 u_{t+3} + \cdots \tag{7-2}$$

在上述 $\beta$-$\delta$ 模型中，参数 $\delta$ 反映了决策者的长期偏好，$\beta$（介于 0 和 1 之间）衡量即时满足感的强度，即对现在的偏向程度。该模型与标准模型（以恒定 $\delta$ 为贴现因子）

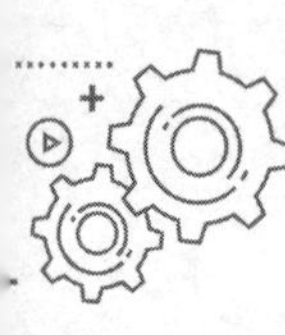



的唯一区别是参数 $\beta$（$\beta \leqslant 1$），该参数捕获了自我控制问题。当 $\beta<1$ 时，模型表明现在和未来之间的贴现高于未来任何时间段之间的贴现，这也是双曲贴现模型的主要发现。$\beta$ 值越低，意味着决策者对及时性满足的偏好越强。请注意，$t+1$ 期的贴现系数是 $\beta\delta$，未来任何两个时期之间的增量贴现系数是 $(\beta\delta^{t+1})/(\beta\delta^{t})=\delta$。在 $\beta=1$ 的特殊情况下，该模型还原为标准的 DU 模型。

由于 $\beta$ 系数的存在，贴现率并非一成不变，即贴现方程呈双曲线形式，贴现率随贴现时间的增加而减小。实验证明，消费者在选择节能产品的决策过程中存在双曲贴现，其隐含贴现率随贴现时间的延长而下降（周慧和夏梦瑶, 2018）。双曲贴现 $\beta$-$\delta$ 模型也可以应用于衡量政府年度和跨年度预算决策之间的制度差别，进而对跨期预算和年度预算决策机制的行为过程加以推导，从决策过程的机理上比较两种机制对预算决策的影响。与跨期预算决策机制相关的制度设计，可以从决策者总体层面提高理性决策者的比例，减少个体理性向非理性的转化（张莉, 2021）。

双曲线贴现 $\beta$-$\delta$ 模型也被用于研究自我控制问题，如拖延、最后期限（O'Donoghue and Rabin，1999，2001）和成瘾（Gruber and Köszegi，2001；O'Donoghue and Rabin，1999，2002），本书会在下一章介绍这方面的应用。

## 二、对自我控制的预期——部分幼稚

决策者不一定能够意识到他们的决策是在进行双曲贴现的。捕捉决策者对自身自我控制能力预期的一种方法是引入对自己未来行为的信念。O'Donoghue 和 Rabin（2001）允许决策者对未来的自我控制问题存在部分幼稚（partially naive）的信念，就是对自己的自我控制问题不完全了解。部分幼稚（$\beta, \delta$）的决策者在未来 $t+s$ 时期的效用函数为

$$\hat{U}_{t+s}=u_{t+s}+\hat{\beta}\delta u_{t+s+1}+\hat{\beta}\delta^{2}u_{t+s+2}+\hat{\beta}\delta^{3}u_{t+s+3}+\cdots \tag{7-3}$$

其中，$\hat{\beta} \geqslant \beta$，$\hat{\beta}$ 表示决策者对 $\beta$ 的信念或估计。决策者可能在自我控制问题上极端老练（$\hat{\beta}=\beta$），极端幼稚（$\hat{\beta}=1$），或者介于两者之间（$\beta<\hat{\beta}<1$），这个模型将自我控制问题与一种对未来自我控制的过度自信结合起来。极端幼稚的个体完全不知道自己是一个双曲贴现者，并且坚信自己能够按照指数进行折现，即相信未来的偏好与当前的偏好一致。而极端老练的个体可以准确预测出自己的偏好会如何随时间推移而发生变化。极端老练的人会寻求外部的自我控制措施，以保证自己能在未来耐心地行动（Ariely and Wertenbroch，2002），但极端幼稚的人不会这么做。

## 三、两系统矛盾——消费品和投资品

双曲贴现和决策者对自己时间偏好的信念会在一定程度上影响个体行为（Ho，Lim and Camerer, 2006），Ho、Lim 和 Camerer 的研究假设一个消费者面临着两期连续的决定，购买决策阶段（时期 0）。消费者必须决定购买一小包（一份）或一大包（两份）薯片。大包装的薯片有一定优惠。消费决策阶段（时期 1）。消费者必须决定消费薯片的份数。如果消费者购买了小包装，只能消费一份。如果消费者购买的是大包装，就需要决定是

一次吃两份，还是现在吃一份而将另一份保存起来以后消费。在时期 1，消费者获得了即时的消费效用，消费效用是消费者吃的份数减去每份的价格的函数。然而，因为薯片是不健康的，所以在时期 2 会产生成本。这个成本是时期 1 消费薯片份数的函数，如表 7-3 所示。据此，不同的 $\beta$ 值和 $\delta$ 代表三类消费者。

**表 7-3 消费者决策实验结果表**

| | 理性消费者 | 幼稚消费者 | 老练消费者 |
|---|---|---|---|
| 购买阶段： | | | |
| 时期 0 | 购买大包（两份）薯片 | 购买大包（两份）薯片 | 购买小包（一份）薯片 |
| 消费决策阶段： | | | |
| 时期 1 | 吃一份薯片 | 吃两份薯片 | 吃一份薯片 |
| 时期 2 | 吃一份薯片 | 健康受损 | |

资料来源：HO T H, LIM N, CAMERER C F, 2006. Modeling the psychology of consumer and firm behavior with behavioral economics[J]. Journal of marketing research, 43(3): 307-331.

（1）理性消费者（指数贴现者）：在第 0 期，消费者购买了大包装薯片以享受优惠。当时期 1 到来时，理性的消费者没有自我控制的问题，只吃了一份，并把另一份留到将来。

（2）幼稚的消费者：在第 0 期，消费者也购买了大包装薯片，但购买原因不同于理性消费者，他们在作出购买决定时，错误地预期自己在时期 1 只消费一份。然而，当时期 1 真正到来时，幼稚的消费者会对未来进行双曲贴现，即用一个较高的比率贴现时期 2 的负面影响，从而在时期 1 就消费了两份薯片。

（3）老练的消费者：老练的消费者可以准确地预测自己如果购买了大包装的薯片会发生什么——在时期 1 就吃掉两包薯片。因此，他们会在时期 0 故意购买小包装薯片，这样在时期 1 就只吃掉一份。

为了更好地描述自我控制问题，两系统矛盾模型（models of the conflict between two systems）被提出，该模型包括了一个规划者和一个实干家（Drew Fudenberg and David K. Levin, 2001），该模型在（$\beta$，$\delta$）偏好模型基础上为不同类型的决策提供了更准确的描述方式。两系统矛盾模型中，消费者的决策方式包括以下几种。

（1）理性消费。

$$b_1 + \delta b_2 \geqslant 0$$

（2）消费太少投资品，消费太多休闲品。

$$b_1 + \beta\delta b_2 \geqslant 0$$

（3）对投资品的消费的预期过高。

$$\hat{\beta} > \beta,\ b_1 + \hat{\beta}\delta b_2 \geqslant 0 \tag{7-4}$$

根据模型（7-4），消费者作出某一决策，在 $t$=1 时获得即时收益 $b_1$，$t$=2 时获得延时收益 $b_2$。对于诸如锻炼或找工作一类的决策，有 $b_1$<0 和 $b_2$>0 的特点，这类决策现在需要努力，明天就会带来快乐。相反，比如购买诱人的食物或收看电视节目之类的决策，其

$b_1>0$、$b_2<0$。这类决策提供即时奖励，在未来将付出一定的代价。对于理性消费者，个体对即时收益和延时收益并无特别偏好，仅需保证即时和延时的总收益为正；当个体消费过多休闲品时，说明个体更看重即时收益，计算延时收益时要考虑个体即时满足感的强度 $\beta$，保证个体总收益为正；当个体对投资品预期更高，即个体更看重延时收益，此时应使用个体对 $\beta$ 的预期值 $\hat{\beta}$ 计算总收益，且保证总收益为正。两系统矛盾模型的具体应用将在下章进行介绍。

## 第三节　贴现率的衡量

贴现率度量方法可以分为两类：一是实地研究，即从人们在现实生活中作出的经济决策中推断出贴现率；二是实验研究，通过要求被试者针对真实或假想的跨期收益作出评价来推断出贴现率。

### 一、实地研究

#### （一）近期未来和远期未来的权衡

实地研究通过识别现实世界中近期未来和远期未来的权衡行为来估计贴现率。早期研究考察了消费者对不同型号电器的选择，研究结果反映了消费者在当前购买价格和长期的电器运行成本（由其能源效率决定）之间的权衡。这些研究中得出的贴现率大大超过市场利率，并且在不同的产品类别中存在很大差异。空调的隐性贴现率为 17%～20%（Hausman，1979）；燃气热水器为 102%，制冷器为 138%，电热水器为 243%（Ruderman，Levine and McMahon，1987）；冰箱为 45%～300%，这取决于对电力成本作出的假设（Gately，1980）。

#### （二）对工资-风险的权衡

一些研究从员工对工资–风险权衡中推算出折现率，即个人决定是否接受风险更高同时工资也高的工作。这类决策涉及生活质量和预期寿命之间的权衡。未来的效用贴现额越多，寿命长度就越不重要，这使得有风险但高薪的工作更具吸引力。从这种权衡中，Viscusi 和 Moore（1989）得出结论，工人对未来生活年限的隐性贴现率大约为 11%。随后，Moore 和 Viscusi（1990a）使用不同的计量方法，利用相同的数据集，估计出贴现率约为 2%；而 Moore 和 Viscusi（1990b）另一项研究的结论是，折现率介于 1%和 14%之间。Dreyfus 和 Viscusi（1995）采用类似的方法研究了自动驾驶和安全性之间的决策，估计贴现率在 11%～17%。表 7-4 列举了部分文献对不同对象的贴现率估计值。

与实验研究相比，实地研究的好处在于其较高的生态效度，即结果具有普遍适用性和代表性。我们不需要担心估计的贴现率是否适用于真实行为，因为它们就是根据真实行为估计的。

但是，由于现实世界决策的复杂性和一些重要因素的非可控性，实地研究会受到额外的干扰。例如，广泛使用非节能电器所隐含的高折现率可能并不是由消费者对未来成

表 7-4　不同估计对象的贴现率

| 文　献 | 估 计 对 象 | 估计贴现率/% |
| --- | --- | --- |
| Hausman（1979） | 空调 | 17～20 |
| Ruderman&Levine&McMahon（1987） | 燃气热水器 | 102 |
| | 制冷器 | 138 |
| | 电热水器 | 243 |
| Gately（1980） | 冰箱 | 45～300 |
| Viscusi&Moore（1989） | 工资-风险权衡 | 11 |
| Moore&Viscusi（1990a） | 工资-风险权衡 | 2 |
| Moore&Viscusi（1990b） | 工资-风险权衡 | 1～14 |
| Dreyfus&Viscusi（1995） | 自动驾驶与安全性权衡 | 11～17 |

本的节约引起的，而是出于其他考虑，如消费者缺乏关于节能电器节约成本的信息、消费者不相信成本节约量会像宣传的那样多、消费者缺乏将现有信息转化为经济上有效决定的经验，以及节能电器含有隐藏成本（如便利性或可靠性降低）等因素。

## 二、贴现率实验研究方法

考虑到实地数据通常受到较多干扰，最常见的贴现率估算方法是实验研究法，即要求受试者对真实或假想的跨期收益前景进行回应。常用的实验研究方法有以下四种。

### （一）选择法

一个典型的选择任务的例子是，受试者被要求在 100 元的即时奖励和一年后 120 元的延迟奖励之间作出选择，如果受试者选择前者，这个行为意味着每年的贴现率至少为 20%。不过该方法只能得到贴现率的上下限，难以得到其精确值。此外，这种方法另一个普遍存在的问题是锚定效应——当受访者被要求在即时奖励和延迟奖励之间作出多种选择时，他们面临的第一个选择往往会影响随后的选择。例如，如果受试者 A 第一次面临的选择是（即时 100 元 vs 一年后 103 元），受试者 B 第一次面临的选择是（即时 100 元 vs 一年后 140 元），那么在受试者 A 和 B 同样面临（即时 100 元 vs 一年后 120 元）的选择时，受试者 A 比 B 更容易选择 120 元。一般来说，估算的贴现率会向他们面临的第一次选择的贴现率方向倾斜（Green et al.，1998）。缓解锚定效应的一个方法是滴定程序（titration procedures）。例如：询问受试者选择今天 100 美元还是一年后 101 美元？今天 100 美元还是一年后的 10 000 美元？今天的 100 美元还是一年后是 105 美元等。但即便如此，因为滴定程序通常只提供即时的奖励和未来更大奖励之间的选择，即假定正的贴现率，所以贴现率会潜在地偏高。

### （二）匹配法

在匹配任务中，受访者要进行填空，将两个跨期的数据等同起来（例如，现在的 100 美元=一年后的_____）。相较于选择任务，匹配任务有两个优点：第一，受试者显示了一个无差异点，因此可以推算出一个精确的贴现率；第二，不存在锚定效应，也不存在暗示的贴现率范围。然而匹配任务得到的贴现率结果仍然值得怀疑，人们填空的答案很可

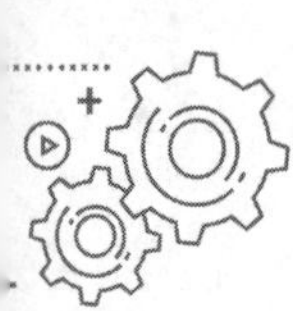



能是一些简单规则应用的结果，而非来自时间偏好；答案也可能非常粗糙，如表现为 100 美元的整数倍。更为重要的是，在进行类似的实验时，得到的贴现率结果差异非常大，这很可能是受询问方式的影响。这四种询问方式分别是：给定即时奖励金额和时间，填写与之等价的延迟的奖励金额；给定延迟的奖励金额和时间，填写等价的即时奖励金额（Albrecht and Weber，1996）；给定即时和延后的奖励金额，填写愿意等待的时间（Roelofsma，1994）；给定获得延迟奖励的时间、延迟奖励金额以及即时奖励金额，填写获得即时奖励金额的可接受的最晚日期。Roelofsma（1994）发现，隐性贴现率在很大程度上取决于受访者是匹配金额还是时间。比如，一组受访者被问到，如果他们购买的自行车晚交付了 9 个月，他们希望得到多少赔偿？索赔的中位数为 250 弗罗林。另一组人则被问及他们愿意推迟交货多久以换取 250 弗罗林的赔偿，延迟时间的中位数只有 3 周，这意味着贴现率比前一组高出 12 倍。再比如，在 Frederick 和 Read（2002）的研究中，要想受访者放弃得到现在的 100 美元，30 年后需要给予他们 1 万美元（未来的 1 美元是现在的 0.01 美元）。但问及受访者 30 年后的 100 美元如果可以提前到今天领取，受访者能够接受的提前领取的金额中位数是 50 美元（未来的 1 美元是现在的 0.5 美元）。

### （三）评级法

受访者根据自己的喜欢和厌恶情况对某一时期的报酬进行评级。举例来说，Shelley（1994）在实验中要求参与者对不同的彩票进行相对评级，彩票从概率、收益、损失以及兑换时间这四个维度上有所不同。比如，一个彩票是 60%的概率获得 1 000 美元，40%的概率损失 900 美元，损失或者收益将会在 6 个月后支付，然后参与者需要在评分表上指出他们对该彩票的相对评分。每一名参与者都将进行 128 种不同彩票的评级，参与者可以对相对评分表进行反复修改，直到符合自己的主观感受为止。用此种方法估算出的年贴现率为 4%～22%。

### （四）定价法

受访者愿意为获得或者避免某项报酬或惩罚支付一定的金额，这些报酬或者惩罚可以是真实的，也可能是假想的，如金钱奖励、晚餐券、电击或延长一年寿命。匹配法要求参与者报告他们愿意得到的延迟奖励相对于即时得到的金额，但以此计算出的折现率可能是存在问题的，因为参与者得到的报酬有时就是实验中报告的即时金额之一，这诱使参与者报告尽可能高的价格。为了避免这种问题，第二价格密封拍卖常被用来估算参与者对延迟奖励的准确现值，因为在第二价格密封拍卖中，“诚实报价”就是最佳策略（Vickrey，1961）。比如，在 Kirby（1997）的研究中，拍卖商品为“在 15 天后获得 10 美元”，参与者被要求填写“你愿意为此支付的最高价格是_____”并密封出价。

## 本章小结

本章要点可以归纳如下：

（1）传统上，“跨期选择”以萨缪尔森（1937）提出的效用贴现模型（简称 DU 模型）

为规范模型，该模型的主要特点是通过使用恒定的贴现率对未来的收入进行贴现。

$$U_0 = \sum_{t=0}^{T} \delta^t u_t$$

其中，$U_0$是所有决策结果的效用现值，$u_t$是$t$时结果的效用，$\delta$是贴现因子，其值在0到1之间，这对应一种正的时间偏好，也就是说，一种对即时结果的偏好。该模型满足时间一致的原则。

（2）经济学家意识到了符号效应、规模效应、时间长度、“推迟–加速”的非对称性等违反标准效用贴现模型的异常现象。

（3）经济学家根据贴现率下降的事实，在原有模型基础上采用参数（$\beta$、$\delta$）揭示了双曲贴现的本质。$u_t$为$t$期的效用，总效用为$U_t$，则

$$U_t = u_t + \beta\delta u_{t+1} + \beta\delta^2 u_{t+2} + \beta\delta^3 u_{t+3} + \cdots$$

参数$\delta$反映了决策者的长期偏好，而$\beta$（介于0和1之间）衡量即时满足感的强度，即决策者对即使效用的偏好程度。该模型与标准模型（以 $\delta$ 为贴现因子）的唯一区别是参数$\beta \leqslant 1$，参数$\beta$捕获了自控制问题。

（4）双曲贴现模型中融入决策者对自我控制能力的信念，允许代理人对未来的自我控制问题感到部分幼稚。部分幼稚（$\beta$，$\delta$）的代理人在未来$t+s$时期的效用函数为

$$\hat{U}_{t+s} = u_{t+s} + \hat{\beta}\delta u_{t+s+1} + \hat{\beta}\delta^2 u_{t+s+2} + \hat{\beta}\delta^3 u_{t+s+3} + \cdots$$

其中，$\hat{\beta} \geqslant \beta$，$\hat{\beta}$表示代理人对$\beta$的信念。代理人可能在自我控制问题上极端老练（$\hat{\beta}=\beta$），极端幼稚（$\hat{\beta}=1$），或者介于两者之间（$\beta<\hat{\beta}<1$）。

（5）贴现率可以使用两种方法衡量：一是实地研究，即从人们在现实生活中作出的经济决策中推断出贴现率；二是实验研究，通过请决策者对真实或假想的跨期收益作出评价来推断出贴现率。

## 复习与思考

1. 描述违反传统效用贴现模型的“异常现象”。

2. 描述双曲贴现模型，并说明它如何融入代理人对时间的偏好信念。

3. 用双曲贴现模型说明老练决策者和幼稚决策者在投资品和消费品选择中的不同行为。

# 第八章　自我控制与助推机制

“自我控制”问题是影响个体决策的重要驱动因素，需要有机制帮助个体控制自身情绪，理性地作出更好的选择，实现效用最大化。较高的自我控制能力会导致人们认为自己的选择并不能准确表明自身偏好。当“自我控制”问题发挥作用时，人们认为先前的决策无法反映他们的真实偏好和品位，对于先前决策的偏好也不会增加（Sela，2017）。由于自我控制弱的行为常常凌驾于个人欲望之上，且更倾向于外部约束、规范和长期规划，因此自我控制被认为可以削弱个人偏好对决策行为的影响（Stefano，2009）。由于自我控制问题的存在，对提升自我控制水平的行为助推方法的研究也受到更多关注；一系列助推政策得以应用，用以提高行为效率和社会福利。

## 第一节　自我控制问题模型的应用

### 一、闲暇类和投资类消费

根据第七章第二节内容，商品可以分为两种：一种是有即时成本和延时收益的投资类商品（如锻炼身体、寻找工作等），另一种是有即时收益和延时成本的闲暇类商品（如玩游戏、看电视等）。消费者往往由于自我控制问题过度消费闲暇类商品，过少消费投资类商品。

健身属于典型的投资类消费，其即时成本为消费者的时间、金钱以及身体疲劳程度，延时收益包括更高的健康水平、更健美的身材等。健身俱乐部实验（DellaVigna and Malmendier，2006）使用“跨期选择模型”［见第七章第二节公式（7-2）］研究了消费者的行为，$(\beta, \delta)$双曲贴现模型很好地解释了实验的结论。该实验通过设计两种合约机制（机制 1：每个月固定 80 美元费用；机制 2：每次的健身费 10 美元），研究了健身者的跨期选择行为。实验发现，选择机制 1 的健身者实际每月健身次数仅有 4.4 次；但是根据新古典主义经济学理论，理性消费者至少应每月健身 8 次才能保证选择第一种机制的效用高于选择第二种机制，显然实验结果与新古典模型结论不符。根据$(\beta, \delta)$模型，出现上述结果的原因是个体可能期望以月合约作为承诺机制来促使他们增加锻炼频率；同时也可能高估了他们未来的健身次数，即本实验健身者的$\beta<1$。本实验通过后续问卷调查和重新订立的合约表明，健身者高估了自己在健身行为上的自我控制能力为出现本实验结果的主要原因，即健身者的$\beta<1$。

日常休闲与自习之间的决策也是典型的闲暇与投资类消费示例，时间是个体付出的主要成本。个体在考虑是否现在就开始学习时可能面临这样一个问题，即认真学习后所获得的收益不是即时的，这种获益通常需要任务完成后一段时间后才能获得。在面临当前获益活动和未来获益活动时，特质性拖延个体更倾向于选择推迟完成未来获益活动，更多关注有即时收益的闲暇活动，这种对不同时间节点任务的选择也反映了个体的自我控制问题。大学生特质性拖延实验通过使用一般拖延量表（GPS）、跨期选择任务问卷（TCTQ）、未来时间洞察力问卷（FTP）进行调查，研究大学生在投资类（自习）和闲暇类（休闲活动）消费决策中的跨期选择问题（倪亚琨等，2018）。研究发现，缺乏自控能力和时间管理能力可能成为引发大学生拖延行为的主要原因；特质性拖延与大学生的 $\beta$ 正相关，即个体越具有拖延特质，其对未来奖赏的主观价值折扣程度越高，表现为更偏好即刻价值。

## 二、信用卡借贷行为

个体面临诸如信用卡借贷等长期规划问题时，由于自我控制问题影响，其决策可能并非最优选择，从而降低福利水平。

上文中的（$\beta$，$\delta$）双曲贴现模型也可用于分析信用卡借贷领域的一个典型矛盾：高信用卡借贷占比(占年收入的 11.7%)和大量非流动性财富积累（占 50～59 岁消费者年收入的 216%）（Laibson，Repetto and Tobacman，2009）。标准模型很难解释这两个现实情况之间的矛盾，因为信用卡借贷意味着消费者试图满足自己的更多欲望，这与大量财富积累的现实是不一致的，大量财富的积累需要消费者克制欲望减少消费。考虑了自我控制因素的双曲贴现预测，由于消费者的 $\beta<1$，所以其无法克制消费欲望，造成流动性资产的支出很高；在流动性资产需求下，非流动性资产被作为借贷资本的抵押品存在，所以消费者对非流动性资产的需求也很高。

现实生活中，个体偏好是有差异的，即（$\beta$，$\delta$）偏好模型中不同个体面对的 $\beta$ 值是不同的［见第七章第二节公式（7-3）］。个体偏好的不一致性对行为的影响取决于个体的自我意识程度，表现为对 $\beta$ 值所持有的信念 $\hat{\beta}$（O'Donoghue and Rabin，2001）。一种情况是个体极端幼稚，相信自己将来的偏好与现在的偏好是一样的，即 $\hat{\beta}=1$；另一种情况是个体极端老练，能够正确预测自己的偏好如何随着时间改变，即 $\hat{\beta}=\beta$。而在现实生活中，大部分人处于这两种极端情况之间，他们是部分幼稚的，能够意识到自我控制问题但却低估了问题的严重性，即 $\beta<\hat{\beta}<1$。识别自我意识程度的一种方法是自我承诺机制的运用，老练个体（即意识到自己的偏好会随时间变化）可能会事先剔除掉较差的选择，用更小的选择集来约束自己，因为较差的选择可能在随后的时间内变得有吸引力。

一项通过信用卡公司进行的大规模实地实验（Ausubel，1999）可以使用上述“部分幼稚”的自我控制问题模型进行分析。该公司随机邮寄了不同优惠方式以及利率的信用卡。实验包含一个控制组和两个处理组。对于控制组，前 6 个月借款利率为 6.9%，之后的利率变为 16%；对于处理组“Pre”，前 6 个月利率为 4.9%，之后的利率恢复为 16%；对于处理组“Post”，前 6 个月利率为 6.9%，之后的利率为 14%。根据标准模型预测，处理组“Pre”的借款比率应该低于处理组“Post”，然而实验结果是处理组“Pre”实际接受贷款的比率是处理组“Post”的两倍。Ausubel 对这一结果的解释是：个人的 $\hat{\beta}$ 取值为

$\beta<\hat{\beta}<1$，其“部分幼稚”地认为，他们在 6 个月低利率期之后将不会使用信用卡借过多的钱，然而事实并非如此。

个体对自我控制的不同预期可以使一些似乎异常的结果（使用指标模型分析得到的结果）合理化。根据部分幼稚的自我控制模型，上文的几个例子结论中的困扰能够使用以下理论进行解释：①健康俱乐部实验中，健身者过度偏好会员合同会使得健身者盲目选择第一种合约机制；②大学生特质性拖延实验中，习惯性拖延的大学生更偏好于即刻价值，且对自身未来能够完成学业任务盲目自信；③非流动性资产可以作为流动性资产的抵押品；④部分幼稚的自我控制模型可以很好地解释了涉及自我控制的各种环境中的定性模式；⑤信用卡借款利率后期的变动很容易被消费者忽视。

## 三、工作任务时间安排

工作任务的时间安排问题同样需要考虑“自我控制”因素，需要更细致的模型对当下收益和未来收益进行描述。两系统矛盾模型［见第七章第二节公式（7-4）］根据消费者对自我控制能力的预期，在部分幼稚的（$\beta$，$\delta$）双曲贴现模型中加入收益变量 $b_i$（在 $t$=1 时获得即时收益 $b_1$，$t$=2 时获得延时收益 $b_2$），分析投资类商品和休闲类商品的消费决策是否理性或是否有预期偏差。

以上模型用在分析关于家庭作业完成和截止日期的实验研究（Ariely and Wertenbroch，2002）。本实验的研究对象是 99 名学生，他们在麻省理工学院（MIT）的一个持续半学期的课程中注册，其间被要求完成 3 项家庭作业。控制组学生（48 人）被赋予了固定的、均匀间隔的作业截止日期。处理组学生（51 名）在课程结束前都可以自由地选择他想要提交作业的截止日期。根据标准模型，处理组学生应该将学期的最后一天设定截止日期；按照理性预期，提前设定最后日期对这些学生无额外收益，而且提前设定完成期限降低了这些学生在本学期时间安排的灵活性（没有约束的效用最大化总是比有约束的效用最大化更好）。相反，根据两系统矛盾自我控制模型，提前设置最后期限为受试者提供了一个有用的承诺方式，实验结果验证了这一点。

由于完成家庭作业是一种投资品（$b_2$>0），个人在完成家庭作业上实际花费的时间比他们预期的要少（$\hat{\beta}>\beta$）。提前给自己设定最后期限，增加自我控制的约束力，迫使未来的自己提前完成任务。根据式（7-4），由于 $\hat{\beta}>\beta$，因此 $b_1+\hat{\beta}\delta b_2 \geqslant b_1+\beta\delta b_2$，提前完成家庭作业的实际效用更高。根据图 8-1，大部分学生会设置提前交作业的期限进行自我控制，只有 43%的学生将作业提交期限选在最后一周，27%的学生选择把三个作业的期限都设为最后一周。根据图 8-1，三项作业从第二周开始陆续有学生开始提交，第十周前第一项作业已有超过 50%的学生提交完毕；最后一周前，三项作业提交人数均超过 50%。这些结果表明，人们愿意通过设定最后期限来克服拖延症，自我设定最后期限确实提高了表现。

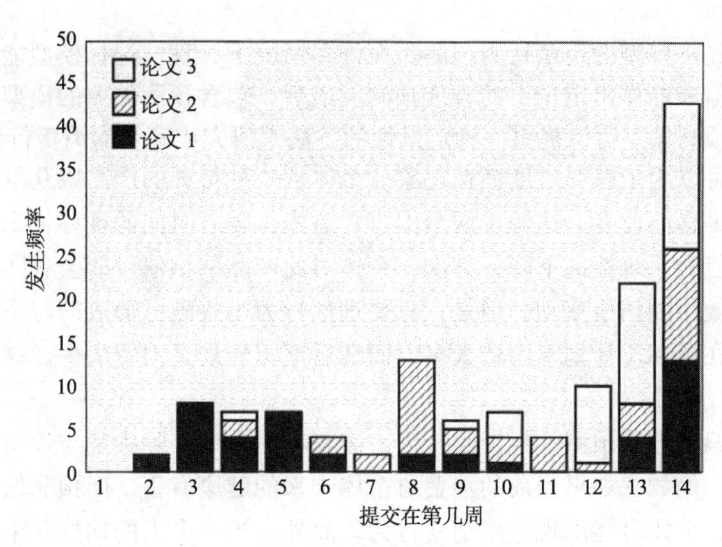


图 8-1　处理组学生设置的 3 项家庭作业的提交期限的分布

注：14 是最后一周。

资料来源：ARIELY D, WERTENBROCH K, 2002. Procrastination, deadlines, and performance: self-control by precommitment[J]. Psychological science, 133: 219-224.

# 第二节　助推机制

由于个人偏好会随时间改变，个体在做决策时需要预测自身偏好的变化。这种预测行为可能存在偏差，导致个体在未来出现自我控制问题。为了调整和修正这种偏差，需要对个体施加外部的行为引导方法。“助推机制”是诺贝尔奖得主 Richard Thaler 等提出的行为引导方法，也被 Loewenstein（2003）等称作温和家长制（soft paternalism）。在承认个人有限理性的前提下，在组织管理和公共政策实施中一系列行为助推方法可以提高效率和福利水平。

## 一、预测偏差

个人偏好因受前期消费、情绪波动、社会因素、年龄以及环境变化等因素影响，会随着时间而改变。最优决策需要预测个人偏好未来的变化，如在冬天制订暑假计划时，个体必须预测自己在夏天的感受；当个体决定是否尝试吸烟时，他必须预测这种行为将如何影响其未来的其他行为，如因产生烟瘾而持续吸烟（Loewenstein，O’Donoghue and Rabin，2002）。当预测自身未来偏好时，人们倾向于夸大他们未来的偏好与当前的偏好相似的程度，即预测偏差（projection bias）。

$$\tilde{u}(c,\ s\,|\,s') = (1-\alpha)u(c,\ s) + \alpha u(c,s') \tag{8-1}$$

式（8-1）为简单的预测偏差模型：预测值介于未来真实值 $u(c, s)$与目前观测值 $u(c,\ s')$之间。式中 $s$ 为未来值，$s'$ 为现值；当 $\alpha$=1 时，表示完全预测偏差。

将预测偏差纳入经济分析有三个原因：首先，预测偏差可以解释某些与标准理性选择模型不相容的现象，如动态不一致性。其次，即使作出类似的比较静态分析，预测偏

差也可以改善经济模型的定量行为预测。在许多情况下，理性选择模型能够作出定性上的正确预测，但未能作出定量上的合理预测。最后，包含预测偏差的模型可以改善福利分析。例如，预测偏差可以提供一种定量性的方法来研究成瘾者的消费行为。

预测偏差可以用于解释过度消费现象。个体从一种持久的产品中获得的满足感可能会随着时间的推移而改变，这源于两个因素：首先，随着时间的推移，个体对此产品的“新奇感”可能会系统性地下降；其次，个体对此产品的估值可能会有随机变动，习惯的形成使边际效用随估值变动。但是，只要理性行为不打破已形成的习惯，预测偏差就会导致一个人在早期（计划）消费太多，而在后期（计划）消费太少，这并不是最佳的消费决策。

使用预测偏差方法预测一个人的行为，需要考虑个人实际决策与效用最大化决策可能是不一致的。例如，如果当前的消费对个体未来的健康有害，而预测偏差导致人们低估了健康伤害，个体可能出现过度消费行为。此外，当一个人的偏好并未按照预测的方式改变时，他可能不会坚持最初的计划——预测偏差会导致动态不一致性。例如，一个缺少外部监督的大学生可能开始吸烟，并期望在毕业时戒烟，但在毕业后他由于意想不到的成瘾性而继续吸烟。

预测偏差表明，人们可能经常会上瘾，因为他们低估了当前的消费行为对自己未来偏好的影响，也可能由于自身对上瘾产品需求的短暂变化而反应过度。众多规则和行为引导方法都是为了处理即时预测偏差，这些规则帮助人们远离预测偏差，以避免损失和提升福利水平。

## 二、温和家长制

助推政策是政策制定者在了解人们的有限理性的前提下，结合行为经济学理论，以温和的方式去巧妙地改变人们的选择项目和选择动机，使人们的选择更优化，从而提高社会总体福利（Thaler and Sunstein，2008）。助推政策被恰当地描述为“温和家长制”，因为它们引导而非强制规定人们的行为方向。“温和家长制”下，个体受政策或助推政策引导的同时，保持完全的选择自由。需要强调的是，某种影响人们选择的社会环境（或“选择架构”）总是存在的。即使是天气变化也可以算作一种推动作用，因为它经常会影响人们的选择。

在日常生活中，GPS 是一个温和家长制的典型例子，引导人们向特定目标前进，但人们可以自由地选择自己的路线；一些生活类 App 也有同样作用，告诉人们前一天吃了多少卡路里的食物，但是人们仍可自由制订自己的饮食计划；通知短信也是如此，通知客户账单到期或医生预约在第二天；闹钟、自动注册养老金计划、电脑和手机的默认设置、自动支付信用卡账单和抵押贷款的系统都可以发挥类似的行为助推作用。

政府规制同样可以发挥行为助推作用，包括香烟盒的图形警告、家中电器上的能源效率或燃料经济性的标签、食品上的“营养事实”面板、“食品板”提供健康饮食的简单指南、公共援助项目的默认规则（如贫困儿童获得免费上学膳食资格的“直接认证”），甚至是政府网站的设计也可以首先列出某些项目和使用大字体来引导公众的关注重点

（Sunstein，2014）。许多助推机制的目标是让人们的生活更简单、更安全。同样，许多助推行动的目的是确保人们在寻求与政府互动或实现他们的目标时更积极。

温和家长制助推方法试图通过限制某些行为来应对预测偏差，同时抵消错误行为的外部性。这种方式对个人造成了伤害，但却产生了社会净收益。例如父母禁止孩子逃学或限制晚餐吃糖果的自由（Camerer，Issacharoff and Loewenstein，2003）。

非对称的家长制规则（asymmetric paternalism）是指一项规则为犯错的人带来了巨大的收益，而对完全理性的人几乎没有伤害。非对称家长制应该遵循一定的成本效益原则，该原则可以由式（8-2）表示，其包含以下假设：第一，可以将消费者分为两类，一类是有限理性的，另一类是完全理性的。第二，部分消费者（$p$）属于有限理性范畴。第三，一项拟议的家长制规则旨在抵消有限理性消费者所犯的错误，但通过限制行为，可能会将成本强加给完全理性的消费者。式（8-2）中，$B$ 表示有限理性消费者的净收益，$C$ 表示完全理性消费者的净成本。家长制规则还可能涉及实现成本，用 $I$ 表示。最后，该规则可能会改变企业的利润，我们用 $\Delta\Pi$ 表示。用成本收益的分析原则来进行决策，建议的公共政策在以下情况下是利大于弊的:

$$(p * B) - [(1-p) * C] - I + \Delta\Pi > 0 \tag{8-2}$$

## 三、助推方法

所有的机制，包括助推政策，都依赖现实证据而制定，而不是依靠直觉、轶事或者教条主义。最有效的助推机制往往是根据行为科学（包括行为经济学）中最有价值的研究成果而设计，因此助推机制反映了人们将如何应对政府举措的决策偏好。

通过实验（包括随机对照实验）模拟政策结果，可以帮助政策制定者预测可能存在的负面效果，并准备好相应的解决措施。实证研究表明，改革确实会奏效——但根据意外情况预测结果对政策作出调整，或准备一些替代方案，改革政策的实施效果会更好。

对实验过程的精心控制也是助推实验的主要要求。幸运的是，许多助推实验可以快速和低成本运行，在实验中连续测量数据并随时根据需要进行改进。这样的实验有时涉及对现有项目的微小调整，这些调整需要以较小的成本纳入实验计划。例如，如果官员们通过邮寄通知信来鼓励人们支付拖欠的税款，他们可能会在这些信件中使用不同的催款方法，并测试哪些方法更有效（Sunstein，2014）。以下是几类重要助推机制和例子。

### （一）默认规则

默认规则，指个体面对的以静默表示同意或自动遵守的各类规则，如教育、健康、储蓄等自动注册的项目。如果人们自动参加退休计划，他们的储蓄可能会显著增加。个体自动注册医疗保健计划或旨在改善健康的项目，对提高公民福利水平会产生重大影响。各种默认的规则（如双面印刷）可以促进环境保护。但在许多情况下，默认规则是不可或缺的，因为决策需要耗费更多精力和时间。

日常生活中，人们倾向于通过简化默认规则的形式来提升行动效率。当人们在不知

道使用何种策略时，默认使用一种决策规则可以降低机会成本。赵永萍等（2016）通过实验方式，验证了刻板印象作为一种默认策略在信息沟通中的作用。实验招募在校本科生阅读玛格丽特·米德（Margaret Mead）对新几内亚原始部落德昌布利人的性别与气质关系的田野调查报告。报告中包含多个诸如“舞蹈”“衣着”等对德昌布利人的具体描述信息，最终 15 条信息被确定为“刻板印象一致信息”，15 条信息为“刻板印象不一致信息”。实验员首先通过口头和书面相结合的方式，告知被试者他们将进行记忆与沟通的实验；然后告知被试者，他们需要按照自己的速度将故事阅读两遍后把故事通过书面方式传递给另一个被试者；之后被试者需要额外完成 3 分钟的记忆干扰任务；最后书面复述故事。书面复述故事没有时间限制，具体复述什么内容由被试者自己决定。实验采取 3～5 人小组测试的方式进行，所有被试者在单独隔间里进行实验。研究结果发现，最终传递结果中，被准确传递的“刻板印象一致信息”显著多于“刻板印象不一致信息”刻，这说明被试者将“优先传递更多的刻板印象一致信息”作为默认策略，默认策略保证了基本信息的有效传递。

正如上文所述，人们倾向于最不费力且最直接简便的选择，这意味着个体内心都存在一个默认规则使得个体面临决策时付出的努力最小。一个典型的例子是安装软件时，软件开发商提供的“常规安装”选项作为软件安装的默认规则（Thaler and Sustein，2008）。由于安装软件时，大部分用户都不会为了确定是否使用某一个特别设置而花时间阅读艰涩难懂的操作手册，此时默认设置更符合软件用户的感性认知；当默认的“常规安装”设置被认为能够代表大多数普通人的选择甚至是推荐实施的操作时，人们根据默认规则进行决策的倾向将更加明显。

设置默认规则也可以帮助政府引导公众作出更理性的决策。毫无疑问，经济人和一般社会人在经济活动中的决策行为大相径庭。经济人是理智的消费者和储蓄者，他们对于收入的使用会提前精细规划，进行长期储蓄以备不时之需；相反的是，很多社会人会进行过度消费，其储蓄率（特别是养老储蓄）低得可怜（Thaler and Sustein，2008）。Thaler 发现，合理储蓄对美国工人来说是一项艰巨的任务。为了解决工人养老金问题，美国政府引入“自动注册储蓄计划”和“更多的储蓄明天计划”两个项目。在启动计划前，美国政府设定了一个固定储蓄方案作为默认规则，人们必须将其收入的一部分储蓄于养老金提供机构，最高比例可达总收入的 6%。这个计划通过默认的储蓄行为，引导公众合理规划收入，保证未来可以有足够的养老金支持生活。该计划在美国实施得非常成功，凸显了默认规则在政府治理中发挥的作用。

默认规则也可以用于改变人们对于储蓄行为的固有印象。阿富汗普通居民并无储蓄习惯，Blumenstock 等（2018）与阿富汗最大的移动电话运营商合作，设计并实验评估了一种新的基于手机的默认储蓄账户，名为“M-Pasandaz”。通过将员工随机分配到不同种类的与工资相关的储蓄账户，该研究发现默认登记使阿富汗员工储蓄参与率增加了 40%（这一储蓄参与率提升水平相当于对被试者额外提供 50%匹配激励的效果）。在为期 6 个月的试验结束时，实验人员取消了所有的财务激励措施，并要求每位员工自行决定是否继续捐款；即使没有激励，45%的员工仍旧选择继续储蓄。实验发现，默认分配规则改变了员工对储蓄的态度，使他们更有可能在研究结束后积极地决定储蓄。

下面，对以上默认规则的实验示例进行总结，详见表 8-1。

**表 8-1 默认规则实验研究实例**

| 作　者 | 发表时间 | 研究内容 |
| --- | --- | --- |
| 赵永萍，赵玉芳，张进辅 | 2016 年 | 通过信息传递实验，验证刻板印象作为一种默认策略在信息沟通中的作用。实验发现，被试者将“优先传递更多的刻板印象一致信息”作为默认策略，默认策略保证了基本信息的有效传递 |
| Thaler 和 Sustein | 2008 年 | 安装软件时，软件开发商提供的“常规安装”选项作为软件安装的默认规则，当开发商表明这是大多数人的常规选择时，人们更倾向于按照默认规则安装软件 |
| Thaler 和 Sustein | 2008 年 | 美国政府引入“自动注册储蓄计划”和“更多的储蓄明天计划”两个项目，以解决工人养老金问题，政府设定了一个固定储蓄方案作为默认规则，保证公民未来可以有足够的养老金支持生活 |
| Blumenstock，Joshua；Callen，Michael; Ghani and Tarek | 2018 年 | 研究者与阿富汗最大的移动电话运营商合作，设计并实验评估了一种新的基于手机的默认储蓄账户。实验发现，默认分配规则改变了员工对储蓄的态度，使他们更有可能在研究结束后积极地决定储蓄 |

资料来源：ARIELY D, WERTENBROCH K, 2002. Procrastination, deadlines, and performance: self-control by precommitment[J]. Psychological science, 133: 219-224.

### （二）社会规范

社会规范强调大多数人在做什么，可以被划分为描述性规范、动态描述性规范和命令性规范（葛万达和盛光华，2020），描述性规范如“75%的酒店客人重复使用毛巾”或“人们高度赞同绿色消费”，动态描述性规范如“过去的一年中，75%的酒店顾客会重复使用毛巾，并且该比例正在持续增加”，命令性规范如“请酒店贵客重复使用毛巾以避免浪费”。最有效的社会规范之一就是使用描述性规范告诉人们，大多数人都在从事某种行为。当这些信息尽可能本土化和具体化时，如“你社区的绝大多数人按时纳税”，它将发挥最大效能。使用社会规范可以减少犯罪行为，也可以减少有害的行为（如酗酒、吸烟和歧视）。当大多数人都存在某种不良行为时，管理者仅单纯强调“大多数人实际做了什么”无法显著降低不良行为，但是强调“大多数人认为人们应该做什么”可以更有效地达成目标（比如，“90%的爱尔兰人认为人们应该按时纳税”）。

实验证实使用社会规范可以调节个体的消费行为，一项消费实验对不同类型社会规范对绿色消费存在促进作用做了系统研究（葛万达和盛光华，2020）。该实验采用单因素的四组（描述性规范组、动态描述性规范组、命令性规范组、控制组）组间实验设计。整个实验过程包括两个部分：第一部分为社会规范的操纵，第二部分为绿色消费意愿的测量。在社会规范的操纵部分，首先要求不同组被试者分别阅读对应类型的社会规范信息，具体描述信息见表 8-2。第二部分采用情境模拟测量被试的绿色消费意愿，让所有被试者想象因生活需要，需要购买一款洗衣液，现有两款洗衣液可以选择，分别为强效洗衣液和天然洗衣液（绿色产品），要求被试者采用 7 分制对两种不同产品的购买意愿进行评分。

**表 8-2 促进绿色消费实验使用的社会规范信息表**

| 社会规范类型 | 社会规范内容 |
| --- | --- |
| 描述性规范 | 中国消费者协会进行的绿色产品市场调查结果显示，75%的中国消费者已经选择购买了绿色产品。在对消费者的随机拦访调查中，他们均表示“现在环境污染严重，自己正努力地通过多种方式来保护环境，购买绿色产品是一种非常简便、有效的方式” |
| 动态描述性规范 | 中国消费者协会进行的绿色产品市场调查结果显示，我国绿色消费者数量占比已由 2013 年的 10%上升到 2018 年的 75%，并且这一比例正在快速上升。在对消费者的随机拦访调查中，他们均表示“现在环境污染严重，自己正努力地通过多种方式来保护环境，购买绿色产品是一种非常简便、有效的方式” |
| 命令性规范 | 绿色产品市场调查结果显示，人们高度赞同购买绿色产品。在对消费者的随机拦访调查中，他们表示“现在环境污染严重、生态系统退化，环境是人类生存的家园。我们每个人都应该保护环境，主动参与环保行为是值得称赞的行为，购买绿色产品是一种非常简便、有效的方式” |

资料来源：葛万达，盛光华, 2020. 社会规范对绿色消费的影响及作用机制[J]. 商业研究(1): 26-34.

表 8-2 非常直观地展现了三种不同社会规范的表述差异，可以作为规范制定的参考。描述性规范明确表示 75%的中国消费者已经选择绿色产品，明确了公众对购买绿色产品的意愿；动态描述性规范的差别在于，使用动态性的描述语言“占比已由 2013 年的 10%上升到 2018 年的 75%，并且这一比例正在快速上升”说明了公众购买绿色产品的意愿；命令性规范引发消费者的后果认知，进而激活个人规范，如“高度赞同购买绿色产品”“每个人都应该保护环境，主动参与环保行为是值得称赞的行为”。

实验发现，描述性规范、动态描述性规范、命令性规范均会促进绿色消费，三者对绿色消费的促进作用无显著差异，但是均优于控制组（无任何社会规范）公众对绿色产品的消费额。可见，社会规范是一种行之有效的助推机制。

### （三）信息披露和信息提醒

信息对于个体决策有着决定性的影响，信息助推机制包括信息披露（例如与能源使用相关的经济成本或环境成本）和信息提醒（例如，通过电子邮件或短信，关于逾期账单和即将到来的义务或预约）。信息披露可以让市场和政府“更清洁”。对消费者来说，在信息既可理解又可获取的情况下，信息披露政策可以非常有效。同时，消费者存在惰性、拖延和简单的健忘等自我控制问题，当他们不做出某种行为时（例如，支付账单、服药或预约医生）时，一个提醒可能会产生重大影响。对于信息提醒，时机非常重要；确保人们能够立即根据信息采取行动也是至关重要的（特别是考虑到个体均有偶尔健忘的倾向）。另一种柔性信息提醒的方法是“提示选择”，即人们不需要选择，而是被问及他们是否想要选择。

为了研究信息披露对投资者社会责任感的影响，张继勋等（2019）邀请我国某重点大学的 100 名 MPAcc（会计硕士专业学位）研究生参与一项问卷实验。该研究采用 2 × 2 的组间实验设计，实验的两个自变量分别是“社会责任披露语调”和“财务信息诚信”。“社会责任披露语调”分为积极的语调和平实的语调；“财务信息诚信”分为两个水平，即财务信息披露诚信度比较高和财务信息披露诚信度比较低；因变量为投资者感知的社会责任。被试阅读由企业披露的部分社会责任信息，包括公司当年的水质净化、废水减排、节能降耗三个方面。

实验变量设置见表 8-3，其中中介变量为“信息披露的满意度”，自变量为“信息披露语调”和“信息披露诚信度”。变量设置综合考虑了信息披露的方式以及作用机制，这些因素直接影响了信息披露机制能否有效提升社会福利。该研究发现，采用积极的语调披露社会责任信息，投资者感知的社会责任更好；相比在公司财务信息披露诚信度比较高的情况下，投资者感知的社会责任更好。实验证明了信息披露能够提升社会福利水平，更积极的语调和更高的诚信度可以提升助推机制的有效性。

**表 8-3　信息披露助推社会责任的实验变量设置**

| 变量类型 | 变 量 名 称 | 变 量 定 义 |
|---|---|---|
| 因变量 | 感知的社会责任 | 您认为 A 公司的环境社会责任表现如何<br>（量表 0～10，0：一点也不好，10：非常好） |
| 中介变量 | 社会责任信息披露的满意度 | 您对 A 公司的社会责任报告满意度如何<br>（量表 0～10，0：一点也不满意，10：非常满意） |
| 自变量 | 社会责任信息披露语调 | 平实语调：一般性地陈述社会责任环境信息披露的内容<br>积极语调：比平实语调组多了“新高”“明显”“大大”和“巨大”等带有积极色彩的词汇 |
|  | 财务信息披露诚信度 | 诚信度比较高：严格遵循财务信息披露制度，诚信档案中没有处罚记录<br>诚信度比较低：财务信息披露存在违规，受到两次通报批评，记录于诚信档案中 |

资料来源：张继勋，蔡闫东，倪古强，2019. 社会责任披露语调、财务信息诚信与投资者感知——一项实验研究[J]. 南开管理评论(1): 206-212, 224.

### （四）警告、图形或其他提示

如果涉及严重的风险，私人或公开的警告可能是最好的助推机制，香烟盒上的警告标识是常见的图形警告助推机制。大的字体、粗体字母和明亮的颜色可以有效地引起人们的注意力。警告的一个优点是，它可以抵消人类自然走向不切实现实的乐观主义的倾向，同时增加人们长期关注的可能性。然而，有一种风险是，人们会通过“打折的警告”来回应原有的警告（如“我会很好的，不用那么担心”）。在这种情况下，尝试更积极的信息是有意义的（例如“为首选行为提供某种奖励”）。

Sabbane 等（2009）利用一项实验研究三种不同吸烟警示标识的有效性（无警示、纯文字警示、文字+图形警示），如图 8-2、图 8-3 所示。实验由 296 名分别来自加拿大和美国的高中生参与，实验受试者独自在实验室电脑上浏览由熟悉的香烟品牌或不熟悉的香烟品牌赞助的网站，接触不同的吸烟危害警示标识。受试者浏览网页后，被要求对“品牌态度”“网站态度”和“吸烟意图”三个指标进行评分。

实验结果表明，图形+文字警示标签对加拿大高中生最有效，导致消极态度和较低的吸烟意图；文字警示对降低加拿大和美国高中生吸烟意图均有效；但图形 + 文字警示在

图 8-2　文字吸烟警示标签

资料来源：SABBANE L I, LOWREY T M, CHEBAT J C, 2009. The effectiveness of cigarette warning label threats on nonsmoking adolescents[J]. The journal of consumer affairs, 34(2): 332-344.

图 8-3　图形 + 文字吸烟警示标签

资料来源：SABBANE L I, LOWREY T M, CHEBAT J C, 2009. The effectiveness of cigarette warning label threats on nonsmoking adolescents[J]. The journal of consumer affairs, 34(2): 332-344.

降低吸烟意图方面对美国高中生无效果，这可能与美国高中生自身接触香烟更容易有关。上述实验结果说明文字、图形警示机制可以规范人们的行为，但是具体使用方式需要根据目标对象的具体情况作出针对性设计。

## 四、助推机制的制度化

实现助推机制的制度化包含两种方法：依赖现有机构，创建新机构。

### （一）依赖现有机构

完全依赖现有的机构实现助推政策制度化需要现有机构内的官员（特别是最高领导人）理解助推政策的机制和目标。例如，要实现环境保护、公共安全、消费者保护、减少私人和公共腐败等目标，需要相关政府部门负责人针对性地提出和实施助推政策。要实现助推机制的制度化，我们需要关注解决具体问题的官员，而不是抽象的理论。如果相关官员既有知识又有真正的权威（非研究机构），他们就有能力进行重大改革，从而产生大的影响。以现有机构执行助推政策是最简单的方法，因为它不需要新的办公室或大量的额外资金，现有机构只关注正确的人事任命和解决问题的具体方案。

以促进新能源汽车产业发展的助推政策为例。新能源汽车是全球汽车产业转型升级的重要方向以及应对化石能源危机的有效方法，各主要工业国都非常重视新能源汽车产业的发展，出台了一系列助推政策，依靠相关政府部门操作执行。美国联邦和州政府依靠现有机构，共同优化新能源汽车产业发展环境，对生产企业、研发人员以及消费者的行为进行引导。美国各级政府通过研发领域专项拨款、税收减免、低息贷款等方式提升了企业投资生产新能源汽车的积极性、促使更多科研人员投身相关技术的研究中、提升了消费者对新能源汽车的认可程度和购买欲望，最终形成了政府引导、企业主导、科研机构参与的新能源汽车产业发展助推体系。英国为了推广新能源汽车利用率，于政府层面为电动汽车提供补贴，同时依靠交通部门在伦敦等主要城市对满足欧 5 排放标准且二氧化碳排放量低于 75 克/千米的车辆免收拥堵费，引导消费者购买新能源汽车（左世全 等，2020）。美国和英国依靠现有政府机构与科研机构，实现了一些产业助推政策的制度化。

### （二）创建新机构

创建一个新的机构——比如一个行为研究团队或一个某种形式的“推动单位”。这样的机构以不同的方式组织，它可以有许多不同的形式和规模。一个行为研究团队可以作为政府的正式组成部分来创建，或者作为一个纯粹的咨询机构存在。无论新机构的具体形式如何，该机构都将包括一个专业的团队，同时在实验设计方面具有专业知识。组建类似机构的风险在于，这样的团队将类似于学术辅助团体，没有权力进行真正的改革。

仍以新能源汽车产业的助推政策为例，德国联邦政府成立了联合工作组，统筹协调经济科技部、交通部、环境部、教育及研究部等部门工作；日本成立了新能源汽车综合开发机构（NEDO），负责构建“官民一体”协作机制（左世全 等，2020）。

## 本章小结

本章要点可以归纳如下：

（1）由于自我控制行为常常凌驾于个人欲望之上，且更倾向于外部约束、规范和长期考虑，因此自我控制被认为可以削弱个人偏好对决策行为的影响。行为助推机制可以提高行为效率和社会福利。

（2）双曲线贴现（$\beta$，$\delta$）模型解释了人们为何过少消费像锻炼身体、寻找工作等有即时成本和延时收益的投资商品，过多消费像玩游戏、看电视等有即时收益和延时成本的闲暇商品。

（3）个体对自我控制的不同预期可以使目前的一些不合理结论（使用指标模型分析得到的结果）合理化。

（4）个人偏好由于过去的消费、日常情绪变化、社会原因、年龄以及环境变化等因素，会随着时间而改变，最优决策需要预测和考虑个人偏好的变化。当预测自身未来偏好时，人们倾向于夸大他们未来的偏好与他们当前的偏好相似的程度，即预测偏差。

（5）“助推机制”也称作家长制（paternalism），在承认个人有限理性的前提下，一系列行为助推方法在组织和公共政策中可以提高效率和福利。这些助推方法试图通过限制行为来抵消外部性。这种方式对个人造成了伤害，但却产生了社会净收益。

（6）实现助推机制制度化的最简单方法是依靠现有机构，这需要我们关注解决具体问题的官员（保证其既有知识又有真正的权威），而不是抽象的理论；另一种方法是建立一个新的机构，这样的团队将类似于学术辅助团体，没有权力进行真正的改革。

## 复习与思考

1. 本节中 Ariely and Wertenbroch（2002）用学生交作业的实验说明了机制设计如何帮助解决学生自我控制问题，写出其实验设计方案。

2. 思考一个身边的“自我控制问题”案例，要求：

（1）使用（$\beta$，$\delta$）模型对案例进行分析。

（2）分析本案例中是否包含“部分幼稚的自我控制问题”，并构建模型进一步分析讨论。

3. 描述重要的助推机制和例子。针对题 1 中的案例出现的自我控制问题，设计助推机制，以及可行的公共政策。

# 第五篇　非标准信念和应用

# 第九章　非标准信念

标准经济学模型假设个体能够正确预测各种状态下的概率，但行为实验研究发现个体具有系统性的非标准信念，从而得出不准确的概率分布，这主要是通过过度自信、过度推断和过度映射三个方面导致的。本章将从这三个方面介绍非标准信念，重点放在过度自信方面。

## 第一节　过度自信的概念和度量

### 一、过度自信的概念

过度自信经常发生，且容易导致决策偏误和决策质量的降低。过度自信的定义是基于认知心理学的研究证据，认为人类高估了自己的知识、能力和信息的准确性。Tversky等（1974）发现，个体经常对自身的判断和决策能力表现得过于自信。在相关文献中，过度自信包含了在自我评价方面的三种偏差：校准上的错误（miscalibration）、对自己的排名位置的估计高于平均值（better-than-average effect or overplacement）、对事务控制度的错觉和不切实际的乐观（illusion of control and a unrealistic optimism）

#### （一）校准错误

校准错误是一种认知偏误，它建立在人们倾向于高估自己知识的准确性这一事实之上。

在校准实验中，参与者回答一系列（常识）问题，并确定他们对每个答案的正确性的信心。衡量校准错误是通过比较参与者正确回答问题的百分比和参与者对这些问题的答案的平均置信度来进行的。如果满足以下条件，个体表现则被认为是良好的校准：从长远来看，若这些回答的置信度为 $p$%，则大约 $p$%的回答应该是正确的（Adams，1957）。然而，大多数人并没有很好地校准，即表现出过度自信，这通过系统性偏离完美校准表现出来，并被定义为“无依据地对自己答案正确性的信念”（Lichtenstein et. al.，1977）。通常，对于所有问题，正确答案的比例低于置信度（Lichtenstein et. al.，1982）。

衡量校准错误的另一种方式是要求受试者回答一系列问题的正确答案的上下限置信区间来衡量，即受试者有 $x$%的信心认为正确答案会落入由该上下限决定的区间内，研究结果通常是正确答案的比例低于置信区间的置信度这一比例（Lichtenstein et. al.，1982）。例如，当受试者被要求陈述某个不确定数字的 90%置信区间时，超出这个区间的真值的百分比高于 10%，则说明受试者存在校准错误。在 Alpert 和 Raiffa（1982）的研究中，100 名 MBA 学生回答 10 个数字问题，如“1967 年进口到美国的外国汽车数量（以千计）”和“1965 年美国的鸡蛋总产量（以百万计）”。学生们还被要求提供 98%的置信区间。如果学生正确估计了他们信息的精确度，那么他们的置信区间应该包含 1 000 个回答中大约

980 个的正确答案。然而，在 1 000 个回答中，仅包含 574 个正确答案，即 98%置信区间情况下只包含了约 60%的正确答案。此外，50%置信区间情况下只包含了 30%的正确答案，也提供了类似的过度自信的证据。

### （二）高于平均的自信

高于平均的自信指人们倾向于夸大自己的才能并认为自己的水平高于平均值。研究表明，人们通常在估计技能或积极的个人特征方面认为自己与其他人相比高于群体平均值（Taylor and Brown，1988）。例如，司机群体中自我报告的驾驶技能评分过高，从而发现了优于平均水平效应（Sümer et.al.，2006）。大量的研究调查、实验室实验和实地实验都表明了个体会对于自己的能力过度自信。例如，大多数人会低估完成任务所需的时间（Buehler et. al.，1994）。再如，人们会高估自己解决难题的能力（Camerer and Lovallo，1999）。实验中，受试者进行多轮游戏，其中 $n$ 名受试者中只有前 c 名能够获得正利润。在运气处理组中，排名前 c 的受试者取决于运气；而在技能处理组中，排名前 c 的受试者取决于解决难题的能力。参与技能处理组的受试者多于运气处理组的受试者，这表明受试者高估了他们（相对）解决难题的能力。

### （三）过度乐观

过度乐观包括控制错觉和不切实际的乐观。控制错觉与一个人夸大自己控制命运的程度有关。有控制错觉倾向的受试者往往低估机会在人类事务中的作用，并将机会游戏误解为技巧游戏（Kahneman and Riepe，1998）。Langer（1975）在她的开创性研究中将这种现象定义为“对个人成功概率的期望不恰当地高于客观概率所保证的概率”。

对未来生活事件的不切实际的乐观（过度乐观）是一种认知偏误，它与控制错觉有密切关系（Weinstein，1980）。大量的研究证实了心理健康的人倾向于表现出鼓励乐观的心理偏误，也统称为“积极的错觉”（Johnson et.al.，2006）。“乐观的过度自信”代表受试者对有利事件的发生概率的过高估计（Griffin and Brenner，2005）。乐观主义者低估了不利事件发生的可能性，甚至在他们无法控制的情况下仍会如此。例如 Kahneman 和 Riepe（1998）的研究结果显示大多数大学生认为他们在 50 岁之前患癌症或心脏病的可能性比他们的室友小。

综合来看，过度自信反映了人们习惯在决策中强调自己判断得更加准确、认为自己优于他人、高估自己能力或者不切实际的乐观的心理现象。

## 二、过度自信的成因

过度自信与个体能力和信息加工方式有关。据周爱保和赵鑫（2009）的总结，信息加工偏差、误差判断的无偏效应、自我提升动机、权重差异与信息差异是导致过度自信的主因。

第一，信息加工偏差理论认为，过度自信是由信息搜寻策略和动机造成的。个体在作出判断时，先在记忆中搜寻相关的信息并得到初步的答案，然后在记忆中寻求更多的证据来支持自己最初得到的答案。而联想记忆的机制会促使个体依据最初的猜想去搜寻信息，且判断者一般会认为信息的加工过程是不存在偏差的，因此会更加支持自己最初的猜测（Hoch，1985）。在许多情况下，动机因素会增加这种偏差。人们总是认为自己是智慧的、知识渊博的，因此他们有理由相信自己所选的答案是正确的（Larrick，1993）。

第二，误差判断的无偏效应观点认为，判断过程中之所以存在误差，是因为个体在评价有效信息时对不同信息源预测效度的估计存在偏差，以及这种测量个体主观自信水平的方法本身所存在的缺陷（Erev et. al.，1994）。

第三，自我提升动机理论认为，人们乐意用积极的眼光和角度去看待自己。Taylor和Brown（1998）指出，人们知觉自己的积极品质要好于同伴，这种积极的错觉可以使他们更好地应对现实生活中的各种挫折。这种错误的观念甚至可以提高他们的心理健康水平。

第四，权重差异理论认为，当个体将自身的能力、成就、经历某些事件的可能性、在合作中的贡献以及在竞争中获胜的概率等方面与他人进行比较时，个体总是以自我为中心，过多考虑比较目标的能力、成就和在合作中的贡献等，而很少考虑甚至忽略比较对象的能力、成就和在合作中的贡献（Kruger et. al.，2008）。

第五，信息差异理论则认为，在社会比较的过程中，个体相对比较对象而言拥有更多的关于自身的信息。因此个体可以对自身能力、表现等进行更为准确的评价，而个体对他人的评价是建立在缺乏相关信息基础之上的，所以评价的结果更多依赖于对比较对象所在团体平均水平的猜测。当个体认为自身的能力、表现等高于他所猜测的比较对象平均水平时，过度自信就产生了（Moore and Small，2007）。

此外，过度自信是由个体对认知处理不足造成的，而这与人们习惯用直觉启发式的（heuristic）认知方式有关。事实上，大量研究也佐证了过度自信实际上是决策有限理性的一种体现。

## 三、过度自信的度量

### （一）过度自信的直接度量

实验中对过度自信进行直接校准评估的方法有两种：对离散命题进行概率判断和对不确定数值进行概率密度函数的校准（分位数法）。

第一，用离散命题度量过度自信。使用该方法需要受试者回答一系列问题，并陈述他们对每个问题的信心，即认为他们的答案是正确的。校准可以通过几种不同的测量方法来表示（例如校准曲线、Brier 分数）。然而，一个方便的衡量标准是偏差分数，它可以区分缺乏自信和过度自信。偏差分数的计算为所有问题的平均置信水平与正确答案比例之间的差值（偏差分数=平均置信百分比–平均正确百分比）。正偏差分数代表过度自信，负偏差分数代表不足自信，偏差分数为零表示准确校准（中立）的人员。

第二，用分位数法测量校准。未知连续量值的不确定性（例如，从伦敦到东京的空中距离）可以表示为该量可能数值的概率密度函数（Lichtenstein et. al.，1982）。对于一系列数值答案未知的问题，受试者要回答上限和下限以使其有 $x$%的信心认为正确答案会落在该区间内。在回答的数值是连续的情况下有两种校准方法：四分位指数和意外指数。四分位指数是指落在在四分位范围内（即介于 0.25 和 0.75 分位数之间）的真实值的比例，完全校准的人的四分位指数为 0.5。意外指数是超出评估的最极端分位数的真实值百分

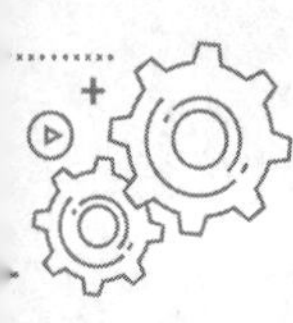



比，当最极端的分位数为 0.01 和 0.99 时，完全校准的人的意外指数应为 2。较大的意外指数表明评估者无法给出足够宽的置信区间，以尽可能多地包含真实值，这也代表了过度自信。

### （二）过度自信的间接度量

过度自信的间接度量指寻找过度自信的代理变量并对其进行度量，相关研究中使用的代理变量包括投资者的股市高回报率、交易员的性别、投资者的交易模式和业绩变化以及下注的选择等。使用过度自信代理变量的研究不允许用数字来衡量过度自信的程度。

首先，使用投资者过去的股市高回报率作为过度自信程度的代理变量（Statman et. al., 2006）。研究者认为，经历过去的高回报之后，成功的投资增加了投资者过度自信的程度，后期的交易量将会增加，从而检验美国股票市场过度自信和高交易量相互依赖的假设。Kim 和 Nofsinger（2003）在日本股市中使用了同样的过度自信（即过去的高回报率）指标。

其次，将交易员的性别作为过度自信的代理变量（Barber and Odean，2001）。研究的假设是，根据心理学文献，女性没有男性那么自信，因此她们的交易量会少于男性。在他们的研究中，实际结果显示男人比女人交易更多。在另一个研究中，研究者将投资者的交易模式和业绩变化作为过度自信的代理变量，这些投资者在 1992 年至 1995 年从基于电话的交易转向网上交易（Barber and Odean，2002）。他们的研究结果表明，这些投资者交易更积极、投机性更强，但表现欠佳。

此外，有研究通过在一个简单的任务中所做的选择来衡量过度自信（Blavatsky，2008）。受试者可以在自己的知识上下注，也可以在同等的彩票上下注。那些选择以自己的知识打赌的人被归类为过度自信（其他人则不自信）。在这一测量过程中，受试者平均对自己的知识缺乏信心，他们的信心并不取决于他们对风险以及模糊性的态度。

# 第二节　过度自信的应用

## 一、消费行为

消费中的过度自信表现之一为对自己未来的健康消费行为的估计不准确。例如，消费者在面对健身俱乐部合同等选择时对未来自我控制能力的过高估计（DellaVigna and Malmendier，2006）。消费者可以在年度合同、月度合同和次卡合同中进行选择，年度合同和月度合同的合同面额更高，但若消费者的健身次数较多，则每次预期的健身费用较低。因此在进行健身合同的选择时，消费者需要对自身的健身频率进行估计。研究结果表明，在选择健身俱乐部合同时，选择固定月费超过 70 美元的合同的会员平均每月健身 4.3 次。这意味着尽管他们可以使用 10 次的次卡来支付每次 10 美元的费用，但他们仍然选择成为每次预期的健身费用超过 17 美元的月卡合同的会员。年会员每次健身的平均费用为 12.22 美元，也多于次卡的费用 10 美元。这说明消费者高估了自己的健身次数，如表 9-1 所示。

表 9-1 健身会员的过度自信：健身费用和健身次数

| 类 型 | 每月平均健身费用 | 每月平均健身次数 | 每次健身平均费用 |
|---|---|---|---|
| 月会员 | 75.26<br>（0.27） | 4.36<br>（0.14） | 17.27<br>（0.54） |
| | $N$=866 | $N$=866 | $N$=866 |
| 年会员 | 66.32<br>（0.37） | 4.36<br>（0.36） | 15.22<br>（1.25） |
| | $N$=145 | $N$=145 | $N$=145 |

注：括号内为标准差，$N$ 表示样本量。

资料来源：DELLAVIGNA S, MALMENDIER U, 2006. Paying not to go to the gym[J]. The American economic review, 96(3): 694-719.

## 二、投资行为

过度自信在投资中有以下几种表现。

首先，在证券交易中，个体高估自身关于信息的准确性会对其投资行为产生影响。Odean（1999）提供了与这种形式的过度自信相一致的研究证据，如果投资者高估了他们关于个别公司信息的准确性，他们将进行过多交易。事实上，投资者平均每年交易 1.3 次，在每笔交易中，买卖证券的佣金成本超过 2%。除了这些巨大的交易成本外，个人投资者还要为交易支付回报成本，因为在接下来的一年里，卖出的股票的表现优于买入的股票的表现大约 3 个百分点。因此，对于个人投资者来说，过度自信会导致更大的交易量和更低的期望效用。

其次，对私人信息准确性的过度自信也有助于解释金融市场中的其他异常现象，如短期收益正相关（动力）和长期负相关（长期反转）（Kent Daniel、David Hirshleifer and Avanidhar Subrahmanyam，1998）。为了解释这些现象，过度自信需要与自我归因偏差（self-attribution bias）相结合。自我归因偏差是一种倾向，即对与自己预想的不一致的信息进行折扣。过度自信导致个体对私人信息的过度交易。从长期来看，公开信息占上风，估值回归基本面，引发长期反转。自我归因偏差是造成动力的原因：在短期内，随着投资者获得额外的私人信息，他们将符合他们想法的信息解释为更具信息性，从而变得更加自信。

再次，过度自信会对股票价格变动产生影响。宫汝凯（2021）的研究结果表明：首先，面临有利消息时，过度自信投资者比例越大，股票的均衡价格越高，投资收益将越低，而面临不利消息时则相反；其次，随着过度自信投资者比例以及过度自信程度升高，市场风险溢价将下降；再次，投资者群体在信息传导过程中出现分化，对股价变动形成异质信念；最后，未获取信息和获取信息但未出现过度自信的投资者认为股价被高估，获取信息且出现过度自信的投资者认为价格被低估，促使更多的交易，引发市场成交量和股价变动。

此外，过度自信会对上市公司员工的投资行为产生影响。在进行投资时，员工对自己所在公司的业绩表现出的过度自信将影响其投资行为。Cowgill、Wolfers 和 Zitzewitz

（2008）研究了谷歌为自己的员工建立的预测市场。虽然员工对与谷歌无关的证券的平均定价是正确的，但对谷歌有影响的证券却表现出了明显的过度自信：在两个结果中，如果出现对谷歌有利的结果，支付 1 美元的股票价格为 45.6 美分，而平均收益仅为 19.9 美分。虽然这一证据是针对谷歌的，但调查证据表明这种现象更为普遍。事实上，员工对自己公司业绩的过度自信是公司向普通员工提供股票期权的主要原因（Oyer and Schaefer，2005；Bergman and Jenter，2007）。股票期权已成为一种常见的薪酬形式：1999 年，每年授予上市公司员工的期权价值超过 400 美元（约为薪酬的 1%）（Oyer and Schaefer，2005）。激励效应不太可能解释发行，因为每个员工对公司价值的贡献非常有限。相反，对自己公司业绩的过度自信会使股票期权成为雇主的一种有吸引力的薪酬形式。这种形式的过度自信尤其合理，因为对特定公司过于自信的员工更有可能选择这种形式。

## 三、性别差异

男性比女性有更过度自信的表现。Gallup 组织给出了这一现象的实地调查证据。Gallup 在 1998 年 6 月至 2000 年 1 月进行了 15 次调查，每次调查约有 1 000 名受访者。受访者被问及“在未来 12 个月内，你预计投资组合的总体回报率是多少？”以及“从整体的角度考虑股市，你认为股市在未来 12 个月将为投资者提供什么样的总体回报率？”平均而言，男性和女性都预期自己的投资组合表现优于市场。然而，男性预期自己的表现超出市场 2.8%，而女性预期自己的表现超出市场 2.1%。此外，男性和女性预期自己超出市场的表现之间的差异具有统计学意义（$t$=3.3），即男性比女性更过度自信。

此外，研究者对男性比女性更过度自信的这种差异产生了两种预测：男性的投资交易量会比女性多，且男性的投资回报会比女性的投资回报因过度交易而更容易遭受损失。（Barber and Odean，2001）为了验证这些假设，研究者将一家大型经纪公司 35 000 多家户的交易记录数据集划分为男性和女性开立的账户，研究男女家户的普通股投资的头寸价值、周转率和回报表现，具体结果如表 9-2 所示。

表 9-2 的 A 组中展示了男性和女性持有的普通股投资组合的头寸价值和转手率。研究结果表明，女性比男性持有的普通股投资组合略小（18 371 美元对 21 975 美元）。更令人感兴趣的是男女在转手率方面存在的差异：女性的投资组合年转手率约为 53%（月转手率 4.4%乘以 12），而男性的投资组合年转手率约为 77%（月转手率 6.4%乘以 12），且男性和女性的转手率存在显著的性别差异。

表 9-2 的 B 组中展示了女性和男性持有的股票投资组合的自基准月度总异常回报率和月度净异常回报率。研究结果表明，女性的月度总回报比年初持有的投资组合低 0.041%，而男性的月度总回报比年初持有的投资组合低 0.069%，两者之间的差异为 0.028%（每年 0.34%），且在 1%的水平上显著。至于以自我为基准的净回报率，结果显示女性的月度净回报率比年初持有的投资组合低 0.143%，而男性的月度净回报率比年初持有的投资组合低 0.221%。两者之间的差异为 0.078%（每年 0.94%），且在 1%的水平上显著。

表 9-2 男女家户普通股投资的投资行为和回报表现

| | 女性 | 男性 | 差值（女性-男性） |
|---|---|---|---|
| 家户数量 | 8005 | 29659 | NA |
| A 组 | | | |
| 初始头寸价值均值[中位数] | 18371 | 21975 | −3604*** |
| | [7387] | [8218] | [−831]*** |
| 月转手率均值[中位数] | 4.40 | 6.41 | −2.01*** |
| | [1.74] | 2.94 | [−1.20]*** |
| B 组 | | | |
| 自基准月度总异常回报率/% | −0.041*** | −0.069*** | 0.028*** |
| | (−2.84) | (−3.66) | (2.43) |
| 自基准月度净异常回报率/% | −0.413*** | −0.221*** | 0.078*** |
| | (−9.70) | (−10.83) | (6.35) |

注：***、**、*分别表示在 1%、5%和 10%的水平上显著。中位数差值检验基于 Wilcoxon 秩检验。家户根据开户人的性别划分为女性或男性。初始头寸价值是指在样本期内，家户出现在样本内第一个月时持有的普通股的市场价值。月平均转手率指售出和购买的转手率的平均值。方括号内为中位数。自基准月度异常回报率是指家户的已实现月回报率减去家户全年持有年初投资组合本应获得的回报率。括号内为异常回报率的 $T$ 统计量，通过跨月的时间序列标准误差计算得出。

资料来源：BARBER B M, ODEAN T, 2001. Boys will be boys: gender, overconfidence, and common stock investment[J]. The quarterly journal of economics, 116(1): 261-292.

总而言之，与过度自信模型的预测一致，男性普通股的平均转手率几乎是女性的 1.5 倍。虽然男性和女性都会因为过度交易而导致净回报率下降，但男性每年比女性的净回报率多减少 0.94 个百分点。

# 第三节 过度推断与过度映射

## 一、过度推断

过度推断指人们在对某一事件发生的概率或某一事物的属性进行推断时容易倾向于使用直觉推断法，高估可得性信息和代表性信息，从而造成系统性偏差（Tversky and Kahneman, 1974）。典型的情况是人们总是运用小数定律，认为小样本和大样本具有相同的概率分布，这可以模型化为 Rabin（2002）的小数定律模型。该模型假定个体在独立同分布过程中观察到一系列信号时，会错误地认为这些信号是从一个规模为 $N<\infty$ 的容器内无放回地被取出的。

如果已知信号的分布，那么将产生关于“赌徒谬误”（gambler's fallacy）的信念，即在观察到一个信号后将预期下一个信号是不同的。举例来说，假设一个共同基金的回报取决于从一个装有 10 个球的容器内有放回地取出的，球且分别有 5 个“上”球和 5 个“下”球。那么在前两期都是“上”后，理性的投资者会预期下一期是“上”的概率为 50%，而小数定律的信仰者则认为该概率为 37.5%（3/8）。而在实地研究中，基于同注分彩的彩票博弈也反映了“赌博谬误”现象（Terrell, 1994），该彩票规则是每个人可以选择三个数字，其中选该数字的人越少，则期望奖金越高。结果发现对于最近已经赢过的数字，玩

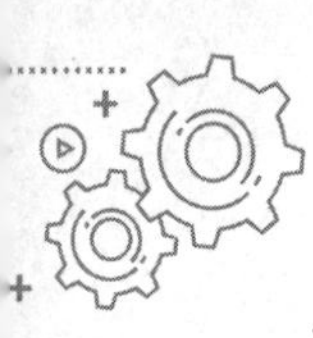



家的下注变少，从而期望报酬降低。

而在不确定信号分布的情形下，Rabin（2002）的模型还预测了过度推断的行为，即个体在观察到一系列同类型的信号时会推断下一个信号也会是相同类型的。这有时可被称为热手谬误（hot hand fallacy），虽然看上去像是跟赌徒谬误相反，但事实上这两者是互补的。同样考虑一个共同基金的回报取决于从装有10个球的容器中有放回地取出的球，且分别有5个“上”球和5个“下”球。但该基金的经理能力未知，有50%的概率管理好，即有7个“上”球和3个“下”球；有50%的概率管理差，即有3个“上”球和7个“下”球。那么若观测到前三期都是“上”，则理性的投资者运用贝叶斯法则，认为该基金好的概率约为0.927；而小数定律的信仰者却错误地认为前三期信号是无放回取出的，从而认为该基金好的概率约 0.972，因此是过度推断了基金经理的能力。[①]而对于下一期表现的预测，理性投资者认为是“上”的概率为 $0.927 \times 0.7 + (1 - 0.927) \times 0.3 \approx 0.671$，而小数定律的投资者认为是“上”的概率为 $0.972 \times 0.7 + (1 - 0.972) \times 0.3 \approx 0.689$（假设其认为下一期的容器被重新装满了），所以也会过度推断下一期的表现。

## 二、过度映射及其实验证据

过度映射指个体有系统性的错误信念，即认为自己未来的感觉与其现在的感觉是极其接近的。例如，为了验证个体会将现在的饥饿水平映射到未来，研究者便询问办公室职员现在选择一周后（傍晚）是得到健康零食还是不健康零食（Read and van Leeuwen, 1998）。预计下周会挨饿的人更有可能选择不健康的零食，这可能反映了饥饿状态下对不健康零食的偏好增加。但此外，作出选择时感到饥饿的人更有可能选择不健康的零食，这表明人们正在将他们当前的饥饿水平映射到他们未来的饥饿水平上。

事实上，如果我们将表9-3中饥饿和饱腹状态的主对角线解释为反映真实偏好，那么数据正好符合映射偏差的模式。对于那些目前正处于饥饿状态但预期未来会处于饱腹状态的受试者，他们知道当他们感到饱足时，他们的口味会发生变化，选择不健康零食的人数少于预期未来处于饥饿状态下的人数。但目前正处于饥饿状态但预期未来会处于饱腹状态的受试者低估了这种变化的程度，因为选择不健康零食的人数多于现在处于饱腹状态且预期未来也处于饱腹状态下的人数。一个类似的结论适用于那些目前已经吃饱了并且预期会饿的受试者。

**表9-3 选择不健康零食的受试者比例**

| | | 未来的饥饿情况 | |
|---|---|---|---|
| | | 饥饿 | 饱腹 |
| 现在的饥饿情况 | 饥饿 | 78% | 42% |
| | 饱腹 | 56% | 26% |

资料来源：READ D, VAN LEEUWEN B, 1998. Predicting hunger: the effects of appetite and delay on choice[J]. Organizational behavior and human decision processes, 76(2): 189-205.

① 贝叶斯法则：$P(Well \mid UUU) = P(Well) \times P(UUU \mid Well) / [P(Well) \times P(UUU \mid Well) + P(Poor) \times P(UUU \mid Poor)]$。其中理性投资者认为 $P(UUU \mid Well) = 0.7^3$, $P(UUU \mid Poor) = 0.3^3$；而小数定律投资者认为 $P(UUU \mid Well) = 7/10 \times 6/9 \times 5/8$，$P(UUU \mid Poor) = 3/10 \times 2/9 \times 1/8$。

类似地，个体也会低估他们对未来情况的适应程度。例如，研究要求被试预测对一个事件的幸福感，比较现在反应和事件发生后反应的差异，结果发现现任的助理教授预测未来获得终身教职会显著提高他们的幸福感，但对于获得终身教职的助理教授和被拒绝授予终身教职的助理教授之间，他们的幸福感差异很小且不显著（Gilbert et al.，1998）。研究者推导了一个关于映射偏差的简易模型，该模型假设效用 $u$ 是消费 $c$ 和状态变量 $s$ 的函数，即 $u = u(c, s)$（Loewenstein et. al，2003）。其中，现在状态为 $s'$，而未来状态为 $s$。那么有映射偏差的个体预测未来效用 $\hat{u}(c, s) = (1 - \alpha)\, u(c, s) + \alpha\, u(c, s')$，而不是 $u(c, s)$。其中，参数 $\alpha \in [0, 1]$表示映射偏差的程度，$\alpha = 0$ 意味着标准的情形，而 $\alpha = 1$ 意味着完全映射偏差的情形。

在实地研究中，研究者利用两百万冬季衣服订单数据来证明了映射偏差（Conlin et. al，2007）。根据标准模型，购买冬季衣服时的天气越冷，应该对退货率是不产生影响或者是产生负向影响的。而映射偏差模型却是作出了相反的预测，在更冷的时候，个体会高估他们未来使用厚衣服的可能性，从而事后更可能进行退货。这样的预测不管是在对未来效用还是对未来天气的映射偏差下都是成立的。研究结果也表明，随着订货当天的温度下降 30°F，冬季厚衣服的平均退货率增加 3.96%。所以结果与映射偏差是一致的，且对于上述结构模型估计可得 $\hat{\alpha} \approx 0.5$，即消费者对于未来喜好的预测大约介于现在喜好和真实未来喜好之间。

## 三、过度映射的来源

过度映射主要来源于三种不同但相互关联的机制，包括不完全的直觉理论、有差异的显著性和热/冷共情隔阂。

第一，不完全的直觉理论。人们通常依赖直觉理论来预测感觉。当谈到回忆过去的感觉时，人们通常依靠直觉理论来重建对过去的合理再现，而不是依靠实际的个人经验（Ross，1989）。依据直觉理论，人们普遍认为随着年龄的增长，人们的政治观点趋于僵化。这种直觉使年轻人夸大他们过去改变观点的程度，并导致他们预测未来他们的观点更加僵化。事实上，来自政治信仰的研究证据并不支持人们随着年龄的增长在政治上变得更加僵化的观点（Ross，1989；Marcus，1986）。

第二，有差别的显著性。在预测未来感受时，其他不同的考虑因素可能比实际影响经验感受的考虑因素更为显著。例如，当人们思考当前或者近期发生的事件时，他们倾向于后悔自己做了一些他们希望自己没有做的事情，如他们对别人说了一些他们不应该说的话（Gilovich and Medvec，1995）。然而，当他们思考他们自己更遥远的过去时，他们倾向于后悔没有去做某件事情——他们没有做他们应该做的事情。例如，被拒绝的痛苦可能对一个正在考虑和女孩约会的男孩来说非常显著的，但是多年以后，这种痛苦与从未鼓起勇气约她出去的记忆相比似乎是微不足道。同样，学习一门外语所需要的时间在今天看来似乎过于昂贵，但从现在开始的 5 年后，没能学习一门外语的悔意将比不学一门外语所节省的时间更加显著。

第三，热/冷共情隔阂。当处于“冷”状态时，人们往往难以想象如果处于“热”状

态时（例如，愤怒、饥饿或痛苦）他们会有什么感觉，或者他们可能会做什么（Loewenstein，1996）。还有一种情况可能是，处于“热”的状态时，人们往往难以想象自己将不可避免地冷却下来。这两种类型的热/冷共情隔阂都会导致预测情感和行为的错误。

所有被归类为诱惑或胁迫行为的情感预测错误都可以理解为热/冷共情隔阂的后果。例如，孕妇可能会避免麻醉，因为对她们来说，分娩的痛苦似乎不是真实的，除非她们真正经历过。同样，那些没有毒瘾的人低估了这种渴望的力量（Lynch and Bonnie，1994；Loewenstein，1997）；那些缺乏好奇心的人低估了好奇的力量（Loewenstein et al.，1996）；那些没有处于购物环境的人低估了“挥霍欲望”（Hoch and Loewenstein，1991），而当他们进入购物中心时，他们会体验到这种欲望（Ausubel，1991）。

## 本章小结

行为实验经济学发现个体具有系统性的非标准信念，从而得出不准确的概率分布。本章从过度自信、过度推断和过度映射三个方面来分析非标准信念。其中过度自信指个体高估了自己的能力表现；过度推断指个体对于小样本赋予了大样本的统计性质，即小数定律；过度映射指个体将自己当下的偏好映射到了未来上，即映射偏差。

## 复习与思考

1. 在股票交易所，为什么有些投资者不愿意卖出自己已经亏损的股票，但是对于刚刚获利的股票却很快抛售而不多等一些日子？

2. 试分析一下公司的 CEO 为什么会有 Better than Average 的心理效应。

3. 由于过度映射，个体会将现有饥饿水平映射到未来，设计一个消费实验来验证这类行为。

# 第十章 信念偏差和谈判机制

信念偏差（bias）是一种非理性的假设或信念，会影响人们根据事实和证据作出决定的能力。自利的信念偏差是心理学研究中关于人类判断的各种信念偏差中的一种。研究发现，自利的信念偏差会导致谈判僵局。谈判和讨价还价行为，可以概况广泛的经济活动，其机制设计对于经济效率和经济关系的协调至关重要，有重要的理论和应用意义。本章首先介绍信念偏差的相关实验研究，其次介绍谈判机制的相关理论，之后介绍信念偏差对谈判结果的影响，最后介绍通过减少信念偏差以促进双方和解的谈判机制设计。

## 第一节 信念偏差

### 一、信念偏差的概念

在经济活动中，人们的行为不仅受到效用最大化的驱使，也取决于信念所引发的心理状态（姜树广和韦倩，2013）。信念偏差是一种非理性的假设或信念，它影响了根据事实和证据作出决定的能力。信念偏差是人类的固有特征，由于持有不合逻辑或不合理的偏好或偏见，人们的行为或决策都会受到影响。

自我服务或自利的信念偏差（self-serving bias）是信念偏差的一种，指人们有寻求信息并以促进自身利益的方式使用信息的倾向。换句话说，人们常常不自觉地作出有利于自己的决定，而其他人可能会认为这是不可辩解的或不道德的。例如，在一项记录自利的信念偏差的研究中，研究者调查了学生对普林斯顿和达特茅斯之间一场有争议的足球比赛的看法（Hastorf and Cantril，1954）。来自这两所学校的学生观看了比赛的录像，并对两队的点球次数进行了评分。普林斯顿大学的学生看到达的特茅斯队受到明目张胆的处罚次数是他们自己球队的两倍，轻微处罚次数是他们自己球队的 3 倍。另外，达特茅斯的学生记录的两队罚点球次数大致相等。研究人员得出结论，这两组学生似乎“看到了一场不同的比赛”。这也说明了自利的信念偏差不仅影响个人对自己的评价，也影响他们所属群体的评价。

自利的信念偏差存在于许多领域。例如，那些被告知外向是一种可取的特质的人往往会回忆起他们生活中那些把自己描绘成外向者的情节，而那些被告知内向是可取的人往往会回忆起那些把自己塑造成内向者的情节（Sanitioso，Kunda and Fong，1990）。此外，被要求对自己在各种任务中的能力进行评分的人往往更看重他们擅长的技能方面（Dunning，Meyerowitz and Holzberg，1989）。例如，开快车的司机认为速度是“驾驶技能”的一个重要方面，而谨慎的司机往往强调安全，因此 90%的司机认为他们是排名前 50%的优秀司机（Svenson，1981）。

受到特别关注的一种自利的信念偏差是对公平的认知偏差。人们倾向于在判断什么是公平或正确时偏向于自己的利益。例如，人们在工作报酬方面会表现出对公平的认知偏差（Messick and Sentis，1979）。在实验中，受试者被要求给出两个人（一个是受试者，另一个是在一项任务中工作了 10 小时或 7 小时的人）的公平的报酬。工作 7 小时的人总是得到 25 美元的报酬。受试者会被问工作 10 小时的人应该得到多少报酬。当受试者工作了 7 个小时后，他们认为另一个人 10 个小时的工作应该得到 30.29 美元的报酬。但当受试者工作了 10 个小时后，他们认为另一个工作 10 个小时的人应得 35.24 美元。30.29 美元和 35.24 美元之间的差额被认为是对公平的认知存在自利的信念偏差的证据。

## 二、信念偏差的度量

具有不同利益的个体对同一事物的评判结果的显著差异可以用于度量信念偏差。已有研究通过实验室实验和现实案例对信念偏差进行度量。

通过实验室实验度量信念偏差。例如，在审判案件实验中，通过比较原告和被告对案件评判结果的差异来度量信念偏差（Babcock and Loewenstein，1997）。研究者根据得克萨斯州的一次审判提出了一个侵权案件，一名受伤的摩托车手起诉与他相撞的汽车司机，并要求 10 万美元的赔偿。受试者被随机分配到原告或被告的角色，并尝试协商解决方案。受试者首先收到一页解释实验、事件顺序、谈判规则以及如果无法达成协议所面临的成本的材料。然后，两名受试者都收到了来自得克萨斯州原始法律案件的相同的 27 页材料。这些材料包括证人证词、警察报告、地图和双方的证词。受试者被告知，实验者将相同的案件材料交给了得克萨斯州的一名法官，该法官就原告的赔偿作出了 0～100 000 美元的判决。在谈判之前，受试者被要求写下他们对法官裁决的猜测。该实验旨在测试在丰富的语境和受控的实验环境中自利的信念偏差的影响。由于双方都获得了相同的案件信息，且双方都没有关于法官的私人信息，因此被告和原告之间的估计差异不能归因于信息差异。实验结果表明，自利的信念偏差十分明显，原告对法官的预测平均比被告高 14 527 美元，原告的公平和解款额平均比被告高 17 709 美元，两者的差异在统计学上均不为零。

通过现实案例度量信念偏差。例如，在劳资谈判的现实案例中，通过比较学校董事会和教师工会对工资可比较组选择的差异来度量信念偏差（Babcock，Wang and Loewenstein，1996）。研究发现，工会认为的可对照地区的教师平均工资（27 933 美元）高于学校董事会认为的可对照地区的教师平均工资（26 922 美元），且平均工资之间差异（711 美元）在统计学意义上具有显著性（$p = 0.003$）。这说明谈判者存在自利的信念偏差，会以自利的方式选择可比较地区。

# 第二节 谈判机制

在经济活动和社会互动中经常面临这样的场景：双方或多方共同作出一个决策、确定一个选择。一方面，双方在进行决策时有共同的利益；但另一方面，双方在如何进行这种决策方面出现了冲突。谈判是一种策略性讨论，以双方都认可和接受的方式来解决问题。在谈判中，每一方都试图说服对方同意他或她的观点。通过谈判，所有参与方都试图避免争论，而是同意达成某种形式的妥协。谈判涉及一些取舍，这意味着一方总是会在谈判中胜出，而另一方必须让步。参与谈判的各方可能有所不同，它们可以包括：买家和卖家之间的谈判，雇主和潜在雇员之间的谈判，或两个或多个国家的政府之间的谈判。

## 一、结构化的讨价还价实验

实验中所使用的结构化的讨价还价具有一般性的特征，即参与者在一个有限的或无限的时期内轮流出价。通常不建议一位参与者连续两次出价，因为这会被看作一种示弱。如果某个出价被拒绝了，那么继续进行谈判将会带来成本，因为在现实中，连续性的谈判往往会涉及某些机会成本，如劳资纠纷会导致利润和工资的损失。在这些情形中，影响讨价还价结果的一个重要因素是每名参与者的贴现率或贴现因子。如果贴现率是讨价还价中的共同知识，那么具有较低的贴现率（即较高的贴现因子）的参与者在这类博弈中就拥有一定的优势，因为他们可以做到更有耐心。

通过实验控制可以研究不同形式的讨价还价结构，其中，最重要的变量是出价的轮数、贴现率的大小以及在不同参与者之间的贴现率关系。在 Binmore、Shaked 和 Sutton（1985）的实验中，使用了一种包含两次两轮博弈的方案，其中两位参与者的贴现因子（δ）均为 0.25。在重复博弈中，第一次博弈中的参与者 1 在第二次博弈中变成参与者 2。实验结果表明存在两个焦点解：一个是“公平的”50 对 50 方案，另一个是属于子博弈完美纳什均衡的 75 对 25 方案。在每次博弈中，如果参与者 1 在第一轮中的出价被拒绝，则被用来分配的 1 英镑在第二轮就缩减为 0.25 英镑，因此参与者 2 在第一轮中没有动机拒绝任何高于 0.25 英镑的出价（此处不考虑社会性偏好和互惠等因素）。另外一个值得注意的发现是，在第二次博弈中，只有子博弈完美纳什均衡成为最初出价的焦点解，这表明存在学习效应。它意味着第二次博弈中的参与者 1 在经历了在第一次博弈中扮演参与者 2 的情况后，意识到把最初的出价定在 0. 25 英镑之上是不合理的。其他一些涉及“角色转换”的类似研究也表明确实存在一种相似的学习效应，但并不像上面例子中那么明显。

其后，有研究使用了一种包括两轮、三轮和五轮的轮流出价博弈的实验方案，在每种博弈中的贴现因子分别为 25%、50%和 34%，并且在每个博弈中，子博弈完美纳什均衡均为最初出价 1.25 美元（Neelin，Sonnenschein and Spiegel，1988）。在两轮博弈中最初的出价集中于子博弈完美纳什均衡，但在三轮和五轮博弈中最初的出价却并非如此。在所有这三类博弈中，第二轮的最初出价都倾向于接近第二轮中能够被分配的总金额。这表明受试者（他们均为商学或经济学的学生）曾经学习过逆向归纳法，或是自己按逆向归纳法算出了一步，但他们却未能运用这一技巧来进一步推算三轮或五轮博弈中的子博弈完美纳什均衡。

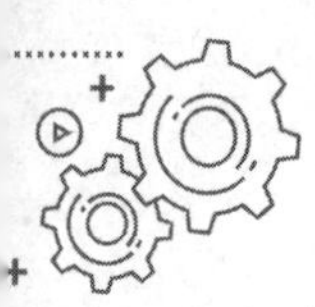



## 二、非结构化的讨价还价实验

非结构化的讨价还价允许参与者使用各种沟通方式，并且不限制信息传递的类型及报价的顺序。Nash（1950）提出了一个单一帕累托最优解，它使得参与者在所谓的“非协议点”上效用的乘积最大化。然而，20 世纪 70 年代的许多早期实验研究得出的结果与纳什解不一致。产生不同结果的原因是这些研究没有考虑到货币报酬如何映射到效用，也没有考虑风险态度（他们通常假设风险中性）。

谈判结果可能存在不止一个焦点（focal point）解（Roth and Malouf，1979）。当彩票给予每名参与者的货币奖励相等时（1 美元），参与者的谈判结果几乎都是按 50 对 50 的方案平分彩票，并且很少有未达成协议的。然而，当彩券给予第二位参与者的奖金额是给予第一位参与者的 3 倍时（1.25 美元相对 3.75 美元），谈判结果往往有两个焦点解。主要的焦点解是按照 75 对 25 的方案分配彩票，其中第一位参与者可获得较多彩票，使得两位参与者的期望收益相等（第一位参与者获得的彩票数量是第二位参与者的 3 倍，但每张彩票能获得的奖金额只有第二位参与者的 1/3）。然而，另一个焦点解仍然是按 50 对 50 的方案平分。产生两个而非一个焦点解的后果是，未达成协议的平均比例较高，占交易量的 14%。

这些不同的焦点解是由自利的信念偏差现象导致的，即人们总是偏好那些对自己有利的信息解释。一个典型的例子是，大部分人都相信他们的驾驶技术要好于平均水平。另一个例子是，在 Roth 和 Malouf（1979）的研究中，第二位参与者由于能从每张彩票中获得更多奖金，因此希望按 50 对 50 的方案平分彩票，而不愿意按照能使两名参与者获得相同期望收益的方式分配彩票。

## 三、谈判实验中的要素控制

在正式介绍谈判实验之前，我们首先引入两个谈判中常见的概念：第一个是谈判中的保留价值（底线）（reservation value），即一个人接受谈判协议的最不利点。通俗地说，对于卖方来说，保留价值就是他们准备接受的最低金额；而对于买方来说，保留价值是他们准备支付的最高金额。第二个是合同区（contract zone，pie），指谈判双方对协议满意的范围或区域，本质上是谈判中买卖双方保留价值的重叠区域。

此外，信息也是经济学研究中的重要变量。不完全信息指的是买方和/或卖方未拥有所有必要的信息来对产品的价格或质量作出理性的决策，简单地说，就是买家或卖家并不了解作出理性决策所需的所有信息。不对称信息是指一方，无论是买方还是卖方，比另一方拥有更多关于产品质量或价格的信息。在许多现实情形中，参与者具有不对称的信息，他们通常更加了解自身的收益而不是其他参与者的收益。比如在拍卖中，买者知道他自己对标的物的估价，但通常不知道卖方的估价，反之亦然。许多不完全信息的讨价还价博弈是动态的，可能涉及几个阶段。这使得讨价还价过程更为复杂，因为参与者不仅要最大化他们的效用，而且要意识到他们在提出、接受或拒绝某些开价或要价时会传递他们对标的物估价的信息，而这些信息往往不利于他们达成自身的目的。尽管如此，我们仍然要考虑如何运用讨价还价结构来安排这些交易。

信息在谈判实验中起重要作用沟通可提高交易的效率（Valley et al.，2002）。如果交易发生在买者估价超出了卖者估价的情况下，则称这项交易是有效率的。在典型的密封投标机制中，买卖双方都提交一个愿意交易的保留价格，交易效率无法达到 100%，因为买卖双方都倾向于根据博弈论的预测来"修正"他们的出价。这意味着买者的出价会低于其真实的估价，而卖者的出价会高于其真实的估价。一个最重要的发现是与其说是沟通会提高交易的效率，不如说是沟通在何种方式下能提高交易效率。议价双方倾向于在双方都会提出的某一单一价格上进行磋商。这种磋商采取一种"相互试探"的方式，双方努力搜寻关于对方估价的线索，同时为掩盖自己的真实估价而保持一定的虚张声势。这里涉及的大部分谈话内容不是相互吐露实情。从上面这项开创式的研究中还可看到，面对面的沟通要比书面沟通更容易提高交易的效率。

谈判的效率与合同区的大小和不确定性有关（Babcock，Loewenstein and Wang，1995）。在实验中，受试者在谈判场景中扮演管理者和工人的角色，工人与管理者就工资进行谈判：管理者提供的最高工资为 Ym，工人接受的最低工资为 Yw。谈判人员有 10 分钟的谈判时间。谈判的成本依据双方未能达成和解的时长进行评估。Cm 和 Cw 是未能达成和解的每分钟谈判时长的固定成本。对于管理者而言，$n$ 分钟拖延后的总成本为 $n*\mathrm{Cm}$；对于工人而言，为 $n*\mathrm{Cw}$。如果他们在 $n$ 分钟后在 $Y$ 的金额达成和解，则管理者从谈判中获得的收益为（$\mathrm{Ym}-Y-n*\mathrm{Cm}$），工人获得的收益为（$Y-\mathrm{Yw}-n*\mathrm{Cw}$）。此外，拖延的成本是共同知识。

实验是一个 2×2 的设计。操纵变量是合同区的大小以及交易双方是否知道对方的保留价值。实验设计如表 10-1 所示。

**表 10-1　不确定性和合同区大小对谈判效率影响的实验设计**

| | 确定性（Certainty） | 不确定性（Uncertainty） |
|---|---|---|
| 小合同区（Small contract zone） | SC 情况 | SU 情况 |
| 大合同区（Large contract zone） | LC 情况 | LU 情况 |

资料来源：BABCOCK L, LOEWENSTEIN G, WANG X, 1995. The relationship between uncertainty, the contract zone, and efficiency in a bargaining experiment[J]. Journal of economic behavior & organization, 27(3): 475-485.

合同区的大小由不同的 Ym 和 Yw 控制，其数值由一个均匀分布决定。在 SC 和 SU（小合同区）情况下，Yw 从 23 美元到 25 美元不等，Ym 从 25 美元到 27 美元不等。在 LC 和 LU（大合同区）情况下，Yw 从 21 美元到 23 美元不等，Ym 从 27 美元到 29 美元不等。因此，在小合同区情况下，平均合同区规模为 2 美元；在大合同区情况下，平均合同区规模为 6 美元。在所有情况下，管理者的拖延成本为每分钟 15 美分，工人的拖延成本为每分钟 10 美分。

在确定性情况下（SC 和 LC），双方从分布中获取各自的保留价值，并将保留价值披

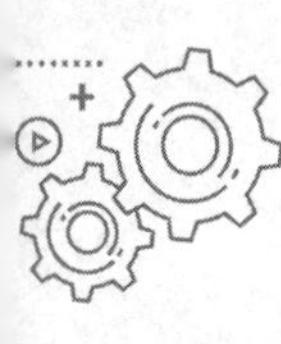



露给对手。在不确定情况（SU 和 LU）下，双方只知道自己确定的保留价值以及对方保留价值的分布区间。值得注意的是，在小合同区和大合同区情况下，双方的不确定性程度（分布的方差）是相同的。此外研究者还关注了受试者的三种谈判策略：是否至少有一个谈判者夸大了他们的保留价格（夸大），谈判者提出“分割合同区”的建议（分割），以及提出由公平主张支持的谈判建议（公平）。

实验结果表明，在控制合同区大小的情况下，合同区位置存在不确定性情况下的谈判效率会低于确定性情况下的谈判效率。研究还发现，讨价还价的效率不一定会随着合同区规模的增加而增加。这种关系似乎取决于合同区的位置和大小是否存在不确定性。当对方存在不确定性时，合同区规模的增加将导致更有效率的谈判；而在对方确定的情况下，合同区规模的增加将导致更低效率的谈判。此外，关于谈判策略的分析表明，当合同区已知时，更容易吸引谈判者对于公平的关注，且在有更大的合同区时，公平的解决方案可能更容易被谈判双方接受。

## 第三节　信念偏差对谈判的影响

信念偏差至少在三个方面会阻碍谈判并导致谈判僵局。第一，如果谈判者以自私自利的方式评估谈判解决方案的替代方案的价值，可能会因此通过削减合同区（双方都喜欢保留价值的一组协议）减少达成一致的可能性。第二，如果争议方认为他们对公平的理解是公正的，且被对方认同，那么他们会将对方的激进讨价还价解读为一种玩世不恭、剥削性的企图，而不是为了获得他们认为的公平。心理学和经济学研究表明，讨价还价者不仅关心对方提供的要价，还关心对方的动机。第三，谈判者会对即使是稍微低于他们认为的公平的方案表示强烈的反对（Loewenstein，Thompson and Bazerman，1989），如果争议方愿意作出经济牺牲以避免和解方案被视作不公平且他们的公平观念偏向于有利于自己，那么“只想实现公平”的谈判方可能无法解决他们的争议。

信念偏差导致谈判效率降低、影响市场交易。

第一个例子为分配彩票的谈判，在实验中受试者就如何分发一堆100张彩票进行谈判（Roth and Murnighan，1982）。如果一名玩家中了彩票，她将得到20美元。如果另一名玩家中了彩票，她将得到5美元。有两种显然的方法可以用来分配彩票：每人50张彩票（中奖机会均等）或20张奖金为20美元的彩票和80张奖金为5美元彩票（预期的价值相等）。当两位玩家都不知道谁有哪一种奖金时，受试者通常同意平均分配门票，只有12%的参与者未能达成协议从而最终没有任何报酬。然而，当双方都知道两种奖金金额时，受试者似乎认为对自己有利的分配是公平的，奖金为20美元的受试者可能会坚持被分配一半的彩票，而奖金为5美元的受试者则要求被分配80张彩票以使预期价值相等。在这种情况下，22%的受试者未能达成一致。

第二个例子为土地交易谈判（Camerer and Loewenstein，1993）。实验中的受试者如果购买土地，他们只知道土地的价值；如果他们出售土地，他们只知道土地的成本。所有的谈判双方都达成了一个销售价格。在第二阶段，同样的两人一组在了解到土地对他们的对手方的价值或成本后重新谈判。20%的谈判双方未能在第二轮中达成一致，尽管实际上他们有更多的特别是关于他们对手方的预设价格信息。在第一次谈判中达成良好协议的学生认为以同样的价格再次出售土地是公平的，而他们的对手方通常认为他们应该得到比第一轮更好的价格，以补偿在第一轮中的失利。

第三个例子为“缩小馅饼”的分配资金谈判（Weg，Rapoport and Felsenthal，1990）。受试者轮流提出如何分配一笔钱的建议。每一次出价被拒绝，被分配的金额就会减少。研究者测试了三种情况，三种不同的情况对应着两个受试者的馅饼收缩率的不同组合。在其中两种情况下，每个受试者的馅饼收缩率不同，而在第三种情况下，每个受试者的馅饼收缩率相同。不同条件下的分歧率有显著差异。在同等馅饼收缩率条件下，88%的受试者达成了的协议（分割者的初始分配被接受）。在两种不同的馅饼收缩率条件下，只有43%的双方达成了一致。

## 第四节　减少信念偏差的谈判机制

### 一、劳资谈判

信念偏差除了会对谈判效率产生影响，还可能导致谈判双方决策目标金额时参照的对象不同。当社会比较进入谈判领域时，双方使用同一套“比较组”的程度可能会影响他们达成自愿协议的可能性。当他们就相关的一个或多个比较组达成一致意见时，他们会倾向于主张相近的和解方案，并相对较快地和解。然而，当对何为合适的比较组存在实质性的分歧时，双方可能对谈判结果有着截然不同的期望，因此无法在没有僵局的情况下达成协议。Babcock、Wang 和 Loewenstein（1996）探讨了比较组的选择在解释教师薪资合同谈判僵局中所起的作用。研究发现，谈判者会以有自利的方式选择“可比较”地区，使得工会认为的可对照地区的教师工资平均（27 933 美元）高于学校董事会认为的可对照地区的教师工资平均（26 922 美元），且平均工资之间差异（711 美元）在统计学意义上具有显著性（$p = 0.003$）。研究还发现，罢工活动与工会和董事会可对照地区清单中工资水平的差异呈正相关。

自利的信念偏差是导致谈判僵局的重要原因，任何限制谈判双方选择可比较组余地的方法都可能减少僵局。例如，调解人可以帮助谈判各方就比较组达成一致，或就选择比较组的标准达成一致。对于那些希望减少僵局的人来说，他们的任务是使谈判者之间的比较趋同。

### 二、气候谈判

在气候谈判的背景下讨论自利的信念偏差的研究提出，“无知之幕”可以作为干预措施避免偏见的发生（Kriss et. al.，2011）。人们对于事物的判断会被自己的处境所左右，那么如何能够就“社会契约”达成一致？哲学家约翰·罗尔斯建议，我们应该想象我们

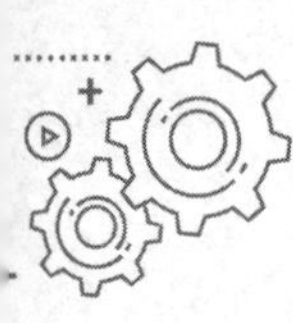



坐在无知的面纱后面，每个人不知道自己是谁。通过对自己的情况一无所知，可以更客观地考虑社会应该如何运作。Kriss 等（2011）的实验设计为：在“美国和中国”背景下的实验中，受试者被告知两国必须减少温室气体排放以避免气候变化的负面影响，受试者的任务是具体说明各国应该如何分担巨大的经济牺牲。在“A 国和 B 国”背景下的实验中，受试者被告知两国必须在一条河上筑坝以避免严重的洪水，受试者的任务是具体说明各国应该如何分担巨大的经济牺牲。此外，受试者在相应的实验中被告知美国/A 国的 GDP（国内生产总值）水平更高，但增长更慢；中国/B 国的 GDP 水平更低，但增长更快。受试者为分别来自中国和美国的本科生。实验的结果表明，美国受试者和中国受试者在“美国和中国”背景下对公平的划分比例存在明显分歧，美国受试者与中国受试者认为中国该承担的分担比例相差约 16%（实验结果如表 10-2 所示）。但只要给受试者贴上标签并改变问题（即“A 国和 B 国”背景下的实验），就可以完全消除这种差异，这说明自利的信念偏差确实会对谈判达成产生影响。

**表 10-2　自利的信念偏差影响气候谈判的实验结果-认为中国/B 方应承担的比例**

| 国　　家 | 美国受试者 | 中国受试者 | t-test |
|---|---|---|---|
| 美国和中国 | 41.69<br>（20.53）<br>$n = 108$ | 26.33<br>（14.88）<br>$n = 102$ | $t = -6.17$<br>$p<0.000\ 05$ |
| A 国和 B 国 | 33.92<br>（18.85）<br>$n = 125$ | 33.57<br>（18.04）<br>$n = 106$ | $t = -0.15$<br>$p = 0.88$ |

注：括号内为标准误，$n$ 表示样本量。

资料来源：KRISS P H, LOEWENSTEIN G, WANG X H, 2011. Behind the veil of ignorance: self-serving bias in climate change negotiations[J]. Judgment and decision making, 6(7): 602-615.

## 三、案件审判

关于如何削弱自利的信念偏差，促进谈判双方达成一致，Babcock 和 Loewenstein（1997）在关于审判侵权案件的实验中设计了三种谈判机制。

第一种谈判机制为在谈判前告知更多（有关存在信念偏差现象）的信息。受试者在被分配角色并阅读案件后但在记录他们对公平性的评估和对法官判决的预测之前，阅读一段描述自利的信念偏差程度和后果的段落。他们还做了一个简短的测试，以确保他们理解了解释关于信念偏差的段落。然而，被告知存在信念偏差对双方的预期差异没有影响，也对和解的可能性没有影响。虽然如此，这项研究确实得出了一个有趣的结果。除了询问他们对公平和法官的看法外，受试者还被要求猜测他们的对手对法官的预测。实验结果表明，告知受试者存在信念偏差使他们对另一方的预测更加现实。然而，这并没有导致他们改变自己对法官的预测。当他们了解到这种信念偏差时，受试者显然认为对方会存在这种偏见，但认为这种偏见并不适用于他们自己。

第二种谈判机制为列出支持对方观点的论点和证据。在谈判之前，受试者被要求写一篇文章，尽可能令人信服地为反对者的观点进行辩论。这项干预措施的灵感来源于一项研究，该研究表明，具有更好的观点采纳能力的人能够更有效地解决纠纷（Bazerman and Neale，1982）。这确实改变了预期的差异，并且在某种程度上具有微弱的统计学意义，但与预期方向相反，且对和解可能性没有重大影响。

第三种谈判机制为列出自己的不足之处。相关研究表明当受试者质疑自己的判断时，偏差会减少。例如，当受试者被要求给出非实际发生的结果可能发生的原因时，后见之明偏差（认为过去实际上更可被预测的这种倾向）会减少（Slovic and Fischhoff，1977）。再如，通过让受试者列出与他们的信念相反的论点，一种被称为过度自信的信念偏差被减少了（Koriat，Lichtenstein and Fischhoff，1980）。他们得出结论，这种过度自信部分源于忽视相互矛盾的证据的倾向，而通过使这些证据更加突出，校准可能会得到改进。Babcock 和 Loewenstein（1997）通过让受试者必须列出自己案例中的弱点来削弱信念偏差。实验结果表明，在这种实验设计下谈判者更可能达成自愿和解。在 30 分钟的协商期间，控制组有 35%的受试双方未能和解，而在减少信念偏差的处理组只有 4%的受试双方未能和解。与控制组相比，他们达成和解所花的时间更少，在法律费用上花费的钱也更少。在减少信念偏差的处理组中，双方对法官裁决的预测平均相差不到 5 000 美元，但控制组的平均差异超过 20 000 美元（$p = 0.02$）。当受试者被指示考虑相反的情况时，对其他关于信念偏差的研究产生了类似的成功削弱信念偏差的案例（Lord et al.，1984；Anderson，1982，1983）。

# 本 章 小 结

自利的信念偏差指人们以一种自利的方式处理信息，更加重视符合他们偏好的信息。自利的信念偏差不仅影响个人对自己的评价，也影响他们所属群体的评价。一种自利的信念偏差是对公平的认知偏差，即人们倾向于在判断什么是公平或正确时，偏向于自己的利益。

谈判机制可以分为非结构化的讨价还价、结构化的讨价还价和不完全信息下的讨价还价。非结构化的讨价还价允许参与者使用各种交流方式，并且不限制信息传递的类别以及出价的顺序。结构化的讨价还价一般是参与者在一个有限的或无限的时期内轮流出价。不完全信息下的讨价还价指参与者在讨价还价中具有不对称的信息，尤其是他们更加了解自身的支付而不是其他参与者的支付。

信念偏差会对谈判结果产生影响，如影响谈判的效率以及导致谈判双方决策目标金额时参照的对象有差异。

人们可以通过调整谈判机制来削弱自利的信念偏差对谈判的不利影响，以此促进谈判双方达成一致。三种旨在减少信念偏差的谈判机制设计为：在谈判前告知更多（有关存在信念偏差现象）的信息、列出支持对方观点的论点和证据以及列出自己的不足之处。

## 复习与思考

1. 名词解释：自利的信念偏差。
2. 设计一个实验来检验信念偏差现象。
3. 举例说明信念偏差是导致谈判僵局的原因之一。
4. 有哪些谈判机制的设计可以减少信念偏差？

# 第十一章　行为实验中的性别差异

行为经济学正在越来越多地关注性别差异的研究，对经济学中的劳动力市场、家庭经济等问题有较重要的理论和现实意义。本章介绍用行为实验研究社会性偏好、竞争偏好、领导意愿、性别刻板印象、反歧视政策等行为实验的方法和基本结果。有一些性别差异，来自人们在信念中对不同的性别的行为预判的不同，有些是有偏差的。

## 第一节　社会性偏好实验中的性别差异

前面各章已经对“社会性偏好”有所介绍，包括利他主义、不平等厌恶、互惠行为等。社会性偏好是指人们在经济决策中会他人的效用引入自身的效用函数中。已经有许多实验研究证明，社会性偏好在程度和形式上存在性别差异。但是这些研究的结果并不是完全统一的。例如，有的研究证明女性更容易信任他人，而有的研究表明女性有时会表现得更不信任。接下来，我们将介绍社会性偏好方面的性别差异较为普遍的结果。主要结果如表 11-1 所示。

**表 11-1　典型行为实验的性别差异**

| 典型实验 | 男性与女性的差异 | 文　献 |
| --- | --- | --- |
| 最后通牒博弈 | 无论提议者的性别如何，对女性的分配金额都低于对男性的分配金额 | Solnick（2001）；Eckel and Grossman（2001） |
| | 女性参与者比男性更有可能提出三方平分金额的建议 | Güth，Schmidt and Sutter（2007） |
| 独裁者博弈 | 女性比男性更加利他 | Eckel and Grossman（1998）；周业安，左聪颖和袁晓燕（2013） |
| | 女性更关注双方收入的均衡，而男性则更关注效率的最大化 | Andreoni and Vesterlund（2001） |
| 信任者博弈 | 女性作为玩家一时向玩家二分配的金额更少，原因不仅是女性对他人的信任水平较低，也有可能因为女性更加厌恶风险 | Buchan，Croson and Solnick，2008；Engle-Warnick and Slonim，2006；Eckel and Wilson，2004 |
| 囚徒困境博弈 | 男性的合作多于女性 | Shubik，1967；Mack，Auburn and Knight，1971 |
| | 女性比男性更具有合作性 | Sibley，Senn and Epanchin，1968；Tedeschi et al.，1968 |
| | 第一轮发现女性合作程度更高，但是随着时间的推移，性别差异消失 | Ortmann and Tichy（1999） |
| 公共品博弈 | 男性对公共利益的贡献比女性大 | Brown-Kruse and Hummels（1993），Wilson（1991） |
| | 女性比男性对公共账户的贡献更大 | Solow and Kirkwood（2004） |
| | 女性和男性对公共账户的贡献没有显著的性别差异 | Seguino，Stevens and Lutz（2005）；Andreoni and Petrie（2008） |
| | 相比于纯女性组，女性在揭示性别信息的混合性别组中表现出犹豫不决、不愿意领导的态度 | Grossman，Komai and Jensen（2015） |

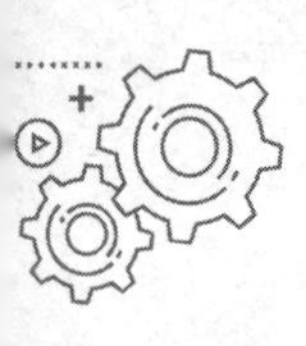



续表

| 典型实验 | 男性与女性的差异 | 文　献 |
|---|---|---|
| 公共品博弈 | 女性在小组中不愿意主动贡献自己的想法 | Coffman（2014） |
| | 在男性较多的团队中女性的领导意愿、自信心等都受到负面影响 | Born，Ranehill and Sandberg（2020） |
| | 在混合性别群体中的女性比单一性别群体中的女性更容易受到性别刻板印象效应的影响 | Chen and Houser（2019） |
| 锦标赛实验 | 竞争环境对于男性的表现存在显著的正向刺激作用，对于女性则不会产生影响 | Gneezy，Niederle and Rustichini（2003） |
| | 男性更偏好竞争模式的激励方案，女性更偏好非竞争模式的激励方案 | Niederle and Vesterlund（2007） |
| | 女性不愿意参加竞争，但是主动选择竞争环境的女性，在这些环境中表现的和男性一样好 | Vandegrift and Paul（2005），Gupta，Poulsen and Villeval（2005） |
| 谈判 | 男性在谈判中的态度更加强硬，而女性更容易让步。并且与男性相比，女性总是避免参与竞争性的谈判环境 | Babcock and Laschever，2003 |
| | 男性在谈判中更倾向于采取欺骗的策略 | Pierce and Thompson，2018 |
| 领导风格 | 男性领导者更具有指令性或独裁性，女性领导者更具有参与性、民主性 | Eagly and Johnson，1990 |
| | 男性更多地采取“事务型”领导风格；而女性则更擅长“变革型”的领导风格 | Rosener（1990） |
| | 女性领导者更擅长通过频繁的交流和沟通构建扁平化的组织结构，而不是金字塔式的等级结构 | Helgesen，1995 |

## 一、最后通牒博弈

关于最后通牒博弈中参与人行为的性别差异，我们通过比较两个典型研究来说明。这两份研究都借助最后通牒实验研究了性别差异问题，但是实验设计略有不同，Eckel 和 Grossman（2001）采用了多轮随机匹配的方式，Solnick（2001）是一次性的实验设计，得到的结论也不尽相同。两项研究都发现，男性和女性作为分配者的总体平均提议金额差别不大。同时，Solnick（2001）和 Eckel 和 Grossman（2001）的研究结果都表明，无论提议者的性别如何，对女性的分配金额都低于对男性的分配金额，这有可能是因为人们在信念上认为女性作为响应者对分配的接受率较高。在响应者的差异上，Solnick 报告的女性拒绝率更高，而 Eckel 和 Grossman（2001）报告的男性拒绝率更高。Eckel 和 Grossman 发现，女性比男性更有可能接受较低的报价。相反，Solnick 发现女性比男性要求更高。这两个研究最大的差异在于女性向女性进行提议时的拒绝率差异，在 Eckel 和 Grossman（2001）的研究中，女性向女性提议被拒绝的可能性最小（3.1%），而在 Solnick（2001）的研究中，这种提议最有可能被拒绝（23.1%）。

在存在第三方参加的最后通牒实验中也发现了性别差异，表现在女性参与者比男性更有可能提出三方平分的建议，并认为这是由于利他主义或不平等厌恶造成的（Güth，Schmidt and Sutter，2007）。

## 二、独裁者博弈

独裁者博弈中由于响应者没有权力接受或者拒绝，所以实验中提议者的决策主要是反映出了对公平的偏好和利他的倾向，与策略和风险因素关系不大。

以往的实验结果基本的结论是女性作为独裁者更慷慨。Eckel 和 Grossman（1998）研究中的独裁者博弈，两名参与人对 10 美元进行分配。在匿名条件下，女性提议者所分配的金额是男性的两倍（平均而言，女性给 1.6 美元，男性给 0.82 美元）。因此他们的研究表明，女性是比男性更加利他。周业安，左聪颖和袁晓燕（2013）使用独裁者博弈实验进行研究时也发现了类似结论，女性的利他偏好在一定程度上高于男性。在社会文化和社会规范不同的背景下，结果可能有所不同。Gong，Yan 和 Yang（2015）在摩梭人等不同的社会中进行了同样的研究，结果发现，在摩梭人社会中与 Eckel 和 Grossman 的结论是相反的，而在彝族社会中并没有发现性别差异。这一结论暗示了社会因素在塑造亲社会行为的性别差异方面发挥了一定作用。Andreoni 和 Vesterlund（2001）进行了一个改良的独裁者实验，修改了向响应者分配资金时的“成本-收益比”。随着分配资金“成本-收益比”的改变，女性的分配金额变化很小，而男性的分配金额则反应比较强烈，增加对响应者收益的价值率会提高男性的捐赠水平，但是平均而言，女性提议者的伙伴比男性的伙伴赚得更多。总体来说，实验结论表明女性更关注双方收入的均衡，而男性则更关注效率的最大化。结果与 Eckel 和 Grossman（1998）的发现基本一致，女性明显比男性慷慨。

## 三、信任者博弈

信任者博弈主要考察信任和互惠方面的社会性偏好。与最后通牒博弈和独裁者博弈不同的是，信任者博弈通常是正和游戏。该博弈中，玩家 A 将自己的全部或部分禀赋分配给玩家 B，所分配金额通常会被乘以 2 或者乘以 3 由玩家 B 接收；然后玩家 B 可以视情况决定将多少收入返还给玩家 A。在这个过程中，玩家 A 向玩家 B 发送资源表现出信任行为，而玩家 B 向玩家 A 返还资源表现出互惠行为。虽然在研究中通常使用玩家 A 向玩家 B 的发送量作为衡量信任水平的标准，但是这一过程实际上混淆了信任和风险偏好。多数的研究结论表明，女性作为玩家 A 时向玩家 B 分配的金额更少（Buchan，Croson and Solnick，2008；Engle-Warnick and Slonim，2006；Eckel and Wilson，2004），原因不仅是女性对他人的信任水平较低，也有可能因为女性更加厌恶风险。仅有少数研究发现女性对他人更信任（Bellemare and Kröger，2003）。

由于多数实验室实验都是邀请学生完成，Garbarino 和 Slonim（2009）招募了 18～84 岁被试者对信任者博弈实验的稳健性进行验证。结果表明，女性作为玩家 A 的表现在各个年龄段都比男性更不信任的结果是稳健的。作为玩家 B，返回的额度反映了个体互惠和可被信赖的程度（trustworthy），结果显示回报行为的性别差异与年龄和收到的金额相关：年轻人中，如果收到 9 美元，女性的回报比男性少 11.1%，但如果收到 90 美元，女性的回报比男性多 3.3%；而在中年受试者中，如果收到 9 美元，女性的回报比男性少 0.5%，

如果收到 90 美元，则少 0.9%。

### 四、合作与互惠

在囚徒困境博弈实验中，有研究表明男性的合作多于女性（Shubik，1967；Mack，Auburn and Knight，1971），也有研究证明女性比男性更具有合作性（Sibley，Senn and Epanchin，1968；Tedeschi et al.，1968），还有其他研究则表明男女并不存在显著性别差异（Orbell，Dawes and Schwartz-Shea，1994）。Ortmann 和 Tichy（1999）在重复的囚徒困境实验中第一轮发现女性合作程度更高，但是随着时间的推移，性别差异消失了。在公共品博弈研究中也存在类似情况，不同实验研究得到了不同的结论。Brown-Kruse 和 Hummels（1993），Wilson（1991）发现男性对公共利益的贡献比女性大。而 Solow 和 Kirkwood（2004）发现女性比男性对公共账户的贡献更大。Seguino，Stevens 和 Lutz（2005）和 Andreoni 和 Petrie（2008）没有发现显著的性别差异。

总之，有大量的研究表明在社会性偏好方面存在性别差异，但是研究结论存在诸多矛盾之处。在一些实验中女性会比男性更利他、互惠和合作，而在一些实验中女性表现却不如男性。Cox 和 Deck（2006）的研究改变了所分配的总禀赋的大小、实验中的社会距离（单盲与双盲）等条件，发现女性作为提议者分配比例从 64%到 32%不等，在 32 个百分点的范围内。相比之下，男性分配的比例从 55%到 35%不等，范围只有 20 个百分点。与男性相比，女性对实验设计的反应更加敏感。也有研究证明，女性参与者对社会线索更加敏感（Ellingsen et al.，2013）。因此实验设计中的微小差异会对女性产生较大的影响，如报酬大小、背叛的成本、匿名程度、重复的轮次等。

## 第二节　竞争偏好与谈判行为的性别差异

诸多实验研究发现男性和女性在竞争环境中表现出不同态度，女性比男性更不容易参加竞争性互动。此外，男性在竞争环境中的表现也会更好。本节将从竞赛和谈判两种情境下介绍竞争偏好的性别差异。

### 一、竞争偏好

第一，男性在竞争环境下的表现比女性更好。Gneezy，Niederle 和 Rustichini（2003）实验中要求男性和女性在电脑上进行迷宫游戏，被试者在两种环境下参与游戏：一种是非竞争的计件形式，每解决一个迷宫问题，获得一定数额的支付；另一种是只有组内表现最好的被试才能获得收入的竞争形式。在计件方式下，男性的表现略好于女性，平均解出 11.2 道题，而女性平均为 9.7 道。而在竞争环境下，男性平均成绩增加到 15，女性平均成绩保持不变（10.8）。因此竞争环境对于男性的表现存在显著的正向刺激作用，对于女性则不会产生影响。Gneezy 和 Rustichini（2004）在实地实验中进一步验证了这一结论。在体育课上，每个孩子参加两次跑步，单独跑和在不同性别组成的双人跑。老师通过计时发现男孩在比赛环境下跑步成绩提高了。

第二，女性比男性更不愿意参与竞争。当被试者可以自己选择激励方案时，男性和女性可能由于竞争偏好的不同而主动选择进入不同的环境。Niederle 和 Vesterlund（2007）的设计中，被试者需要完成加法任务。她们将两位男性与两位女性组成一组，让被试者分别体验计件报酬和“赢者通吃”的竞赛报酬支付模式；然后在下一任务中，被试者可以自主选择报酬方案。尽管在计件和竞赛环境下男性与女性的表现没有显著差异，而 73%的男性要求他们的表现以竞赛模式进行支付，而大多数女性（65%）要求计件补偿。当然，竞争偏好的差异导致了许多表现好的女性因为不愿意参与竞争而不能获得更高的收入，也导致一些表现差的男性因为热衷于竞争而损失了收入。Vandegrift 和 Paul（2005），Gupta，Poulsen 和 Villeval（2005）的研究也证明了女性不愿意参加竞争，但是主动选择竞争环境的女性，在这些环境中表现的和男性一样好。

### 二、谈判行为

男性与女性在谈判行为方面也存在性别差异，并且是造成劳动力市场上性别工资差距的重要原因之一。其具体表现为男性在谈判中的态度更加强硬，而女性更容易让步。并且与男性相比，女性总是避免参与竞争性的谈判环境（Babcock and Laschever，2003）。在一项实验研究中，被试者开始时被告知他们参与实验将获得 3～10 美元的报酬。在被试者完成后，实验者向他们表示感谢并说“这是 3 美元的报酬，可以吗？”只有 2.5%的女性参与者和 23%的男性参与者要求更多的钱（Small et al.，2007）。Babcock（2002）观察到卡内基梅隆大学毕业的男性 MBA（工商管理硕士）的平均起薪比女性高 7.6%，这种差异是由于只有 7%的女性试图就他们的工资待遇进行谈判，而 57%的男性同行进行了谈判。此外，也有研究证明男性更热衷于竞争导致了他们在谈判中更倾向于采取欺骗的策略（Pierce and Thompson，2018）。总之，由于女性比男性更回避竞争，她们在讨价还价中更被动、更容易处于劣势。

## 第三节　领导行为的性别差异

20 世纪中期，随着女性解放运动的兴起，研究者对于领导行为性别差异问题也越来越关注。1986 年，Hymowitz 和 Schellhardt 发表在《华尔街日报》的文章首次提出了“玻璃天花板”的概念，用来比喻女性在职位晋升过程中遇到的无形障碍，并且这种障碍与她们的能力、经验不直接相关。后来关于“玻璃天花板”效应的表现、成因和如何破解等问题，研究者也展开了一系列讨论。本节主要介绍两性在领导力方面的差异，以及阻碍女性晋升的重要行为因素——领导意愿的性别差异。

### 一、领导力性别差异

领导力性别差异的研究主要集中在两方面：第一，男性和女性是否在领导风格方面存在差异；第二，男性和女性是否在领导效率方面存在差异。

首先，早期研究结论表明男性领导者与女性领导者在领导风格方面确实存在差异。主要表现为男性领导者更具有指令性或独裁性，女性领导者更具有参与性、民主性（Eagly and Johnson，1990）。Rosener（1990）认为男性更多地采取“事务型”领导风格，擅长明确责任、监督工作，并通过绩效激励下属；而女性则更擅长“变革型”领导风格，激发下属的情感反应，使追随者更具有发展性、主动性。Helgesen（1995）认为女性领导者更擅长通过频繁的交流和沟通构建扁平化的组织结构，而不是金字塔式的等级结构。也有研究发现男女在领导风格方面差异很小（Bartol，1978；Dobbins and Platz，1986；Powell，1990）。此外，韩国的一项大型问卷实验研究表明，女性下属比男性下属对变革型领导者的看法更加积极，而对事务型领导者的态度不存在性别差异（Lee and Park，no date）。

关于女性领导力有效性问题，近年来的研究结论已经基本达成一致，男性领导者和女性领导者的领导效率不存在显著差异。Eagly 提出了“角色一致”理论，认为无论是男性还是女性，在其合适的领导位置上更为有效（Eagly and Makhijani，1995）。Cuadrado，Morales 和 Recio（2008）设计了一个 2（男性化与女性化领导风格）× 2（男性与女性领导者）的实验，证明了如果女性采用男性化的领导风格，她们会得到不利的评价。

## 二、领导意愿的性别差异

虽然在过去的几十年里，女性的受教育水平和劳动参与率都得到了显著提高，但是能够担任领导职务、进入管理层的女性依然较少。因此，“玻璃天花板”现象得到了研究者的关注。限制女性领导力发展的因素来自内、外两方面：外部因素可能包括社会观念、性别偏见等；从行为的角度探讨内部因素主要是由于女性自身领导意愿较低。

领导者在团队中的职责可能包含以身作则、决策以及奖惩等。首先，领导者的“以身作则”职能是在公共品博弈实验中较为常见的一种设计，领导者首先作出贡献，其他成员观察到领导者的行为后再决定自己向公共账户投资多少。Grossman，Komai 和 Jensen（2015）在一个非常简化的领导者公共品实验中发现，相比于纯女性组，女性在揭示性别信息的混合性别组中表现出犹豫不决、不愿意当领导的态度。其次，在决策类任务中，Coffman（2014）发现女性在小组中不愿意主动贡献自己的想法。Born，Ranehill 和 Sandberg（2020）设计了一个“荒野求生”小组任务，在男性较多的团队中女性的领导意愿、自信心等都受到负面影响，即使是那些能力优秀的女性，也比团队中表现最差的男性领导意愿低。Chen 和 Houser（2019）的研究也得到了类似结论，群体的性别构成会影响个体的领导意愿。在混合性别群体中的女性比单一性别群体中的女性更容易受到性别刻板印象效应的影响，导致女性在混合型别组中领导意愿更低。此外，该研究还表明对女性能力的公开反馈会显著提高她们的领导意愿。

## 三、女性领导力发展的限制因素

Eagly 等（2007）用“迷宫”形容女性在晋升过程中面临的阻碍更恰当，因为女性在晋升的整个过程一直面临着多种多样的阻碍，而不是只有最后一个阶段才会遇到“天花板”。除了领导意愿以外，也有其他行为方面的因素限制了女性在领导力方面的发展。心理方面因素主要包括竞争偏好和自信水平。在职业晋升过程中，不免产生竞争，女性有可能因为不愿意参与竞争环境而避免表达自己的领导意愿。Niederle 和 Vesterlund（2011）对竞争中的性别差距进行了回顾和解释。她们认为，竞争的意愿主要源于自信心和对竞争的态度。因此女性领导意愿较低的另一个重要原因是自信心的差异。自信是劳动力市场上最重要的非认知能力之一，它可以提高一个人的积极性和绩效（Bénabou and Tirole，2002；Compte and Postlewaite，2004）。过度自信作为一种信念偏差，在男性和女性中都存在，但是男性过度自信的倾向更明显（Brad M. Barber and Odean，2001）。男性和女性自信心的差异在青少年时期就已经表现出来了（Archard，2012），由于女性自信心不足、对自己的能力低估，因此对展示领导意愿表现得更犹豫。同时，以男性为主导的环境对女性自信心和领导意愿的负面影响更大（Martin and Phillips，2017）。

传统的性别分工和社会观念也限制了女性领导力的发展。无论是在家庭或工作中，女性更容易承担服务者或辅助者的角色。实地证据表明，与男性相比，女性在志愿服务或低促进性任务上花费更多时间。Misra，Lundquist 和 Templer（2012）分析了一所研究密集型大学中男女教师的时间使用情况，结果显示，女性在家务和照顾孩子方面花费的时间更多，因此投入研究的时间更少。在工作场所，Mitchell 和 Hesli（2013）发现，在学术专业领域，女性被要求提供比男性更多的服务。此外，Doğan（2020）报告说，在顶尖的研究生院里，为会议预订房间的女学生志愿者比男志愿者多。Babcock 等（2017）的实验室研究发现女性比男性更容易被人要求做志愿者。此外，还有研究表明女性会因为不违反社会性别观念而遭受惩罚，因为拒绝帮助他人而受到比男性更消极的评判（Heilman and Chen，2005）。

另一方面，女性的能力容易被低估（Eagly，Johannesen-Schmidt and van Engen，2003），她们的想法和贡献也不容易得到团队认可（Shurchkov and van Geen，2019）。Bordalo 等（2019）使用不同类别的问题，发现男性和女性都倾向于低估女性在男性类型领域的能力。因此，当伙伴的性别不被透露时，小组的表现会更有效率。该研究的结论还提到，女性能力会被低估的原因与机制尚不清楚。总的来说，传统性别观念限制了女性在劳动力市场中的表现，特别是在领导力方面。

## 四、女性赋权政策的实验

女性赋权与经济发展密切相关，首先经济发展有利于减少性别不平等，其次赋予女性更多机会也将促进经济发展。因此，实施女性赋权政策对于推动二者良性循环具有重要意义。已有研究对现行的女性发展政策用不同方法进行了考察和评估，主要在反歧视政策和女性赋权政策。实验室和现实数据的实证研究都发现，增加女性领导者的这些机制能够整体提升领导或参政群体的能力，而不降低效率。

反歧视政策（affirmative action）是指为增加妇女和少数民族在就业、教育和文化领域的代表性而采取的积极手段。实验研究表明，该政策能够增加女性参与竞争的意愿和在竞争中获胜的比例，由于该政策效果是通过增加了高能力女性的参与率而实现的，因

此不降低效率（Balafoutas and Sutter，2012）。女性赋权政策旨在提高女性在社会政治活动中的话语权，最常用的一种政策是“配额制”，该政策往往规定在社会政治活动中女性领导所占的最低比例。Besley 等（2017）在瑞典的研究发现，该政策总体提高了政治家的素质，主要是它促成了女性的参与和平庸男性的退出。Beaurain 和 Masclet（2016）通过实验检验了配额政策对雇用决定中的性别歧视的影响，检验平权行动是否增加了女性就业、公司业绩是否受到此类政策的影响。实验包括三个处理：无配额处理中由两个雇主和 6 个潜在的工作候选人组成一组。雇主必须根据包括性别和学习年限及科目在内的候选人特征信息来雇用两名工人；第二种低惩罚处理中，方法与基线相同，但是施加了配额制的要求，即至少一半的雇员必须是女性。如果这个配额没有得到遵守，公司必须支付罚款；最后一种即高额处罚，与低额处罚相同，只是处罚额度要高得多。研究发现，在没有配额的情况下对女性的雇用是不利的，引入配额则大大减少了性别歧视，而且公司业绩不受引入配额的影响。

女性赋权政策的实施有利于社会经济发展，一些实地实验验证了女性赋权政策能带来巨大的经济收益。首先，在政治领域，Duflo（2012）在印度的实地实验研究表明，提高女性领导者比例易于经济发展的良性循环，女性领导比男性领导更重视与健康相关的项目。其次，在教育领域，一项随机的实地实验证明增加对年轻女教师的雇用对儿童的成绩有正向作用，特别是那些成绩在中低层的儿童提高显著（Banerjee, A.V. et al., 2007）。此外，Jensen（2010）进行的一项实验提供了一个清晰的证明，即可用机会的增加如何使女孩比男孩受益。他与业务流程外包（BPOs）中心合作，在印度北部 3 个州的农村地区随机选择的村庄组织招聘会。这些村庄是印度对女性歧视最严重的地区，并且招聘人员通常不会去这些地方招聘。结果发现，在处理组村庄招聘开始 3 年内后，女孩的入学率提高，体重也增加了，而对男孩的影响并不显著。这些例子都表明，提高女性的社会话语权、经济地位有利于社会经济的良性发展；同时经济多样化和增加妇女在劳动市场上的选择可以使家庭调整他们的行为，使他们走向性别平等。

## 第四节　性别差异研究中的实验方法

本节以近年来较为经典的几个性别差异的实验室实验为例，介绍在性别研究中的实验设计及其注意事项。

### 一、性别信息控制

在性别差异的行为研究中，由于性别信息本身作为一个关键变量，因此在实验设计中必须小心加以控制，主要包括两个方面，即是否展示性别信息和如何展示性别信息。

研究者可以对被试者性别不加任何限制随机招募，并且在实验过程中完全不设计性别信息的方式来实现隐藏。如果意图揭示性别信息，有以下实验方法可以参考。一是在招募时说明。Grossman，Komai 和 Jensen（2015）在公共品实验中，进行了性别混合的实验，也进行了纯性别组的实验。在纯性别组的实验中，招募广告中就写明了此次实验仅招募男性或是女性，当被试者来到实验室参加实验时也能观察到同场次内被试者的性别都是男性或者都是女性。二是在实验室现场能观察到。Born，Ranehill 和 Sandberg（2022）的实验是手工实验，因此组员之间能够直接互相观察到性别。而 Chen 和 Houser（2019）在电脑上进行的实验，男性被试和女性被试间隔入座，同一行内为同一小组的成员，因此在电脑上进行的实验也依然可以使用直接观察其他组员性别的方式来展示性别信息。三是用委婉方式透露性别信息。Bordalo 等（2019）使用了更加委婉的方式让被试者知道自己搭档的性别，实验员叫出被试者的编号时，被试者回答"到"。在实验室中有隔断，被试者无法互相观察，但是可以通过声音辨别出自己搭档的性别。在这种隐晦的性别信息处理方式下，性别变量依然对行为产生了影响，因此在实验设计中应当谨慎对待。四是用图片提示性别信息。Babcock 等（2017）用实验研究小组成员中的女性是否更多地被要求为小组利益进行投资，在信息展示阶段展示了能够识别性别的小组其他成员的剪影图片，这样也避免在文字中强调成员的性别。

## 二、实地调查与实验室研究的结合

在研究中同时使用实地证据和实验室研究的方法有利于增加研究的外部有效性，并且更加清晰的解释机制，提高结果的稳健性。针对女性在工作中担任挑战性、发展性的任务较少，服务性工作较多这一现象，Babcock 等（2017）针对在劳动者自己具有一定裁量权的情况下，为什么女性更容易接受那些与晋升关系不大、带有志愿服务性质的工作。作者设计了多个实验和实地调查进行研究，这一部分将介绍实验是如何进行安排的。该研究的总体设计框架如表 11-2 所示。

**表 11-2　接受任务的性别差异研究总体设计**

| 实验回答的问题 | 实 验 设 计 |
|---|---|
| 相比于男性，女性更多地提供志愿服务吗？ | 发邮件在教师中招募委员会工作者 |
| 相比于男性，女性更多地提供无偿劳动吗？ | 以三人为一组（男女性混合），组员选择是否为小组投资（提供无偿劳动）。一定时间内若没有人进行投资，则个人收益为 1 美元。若任一组员进行投资，该组员获得 1.25 美元，另外两个组成员各获得 2 美元。如果多方同时投资，投资者随机确定 |
| 为团队投资率取决于小组性别组成吗？女性的投资偏好更高吗？ | 设置男生组、女生组，其余同实验 1 |
| 相比于男性，女性更多地被要求提高无偿劳动吗？ | 增设第四名组员——请求者，可以请求另三位中的一位组员投资，如果成功，请求者获得 2 美元，其余同实验 1 |
| 在大众看来，女性会比男性更多地投资吗？ | 让第三方参与者预测实验 1 中组内每个成员投资概率 |

资料来源：整理于 BABCOCK L, RECALDE M P, VESTERLUND L, et al., 2017. Gender differences in accepting and receiving requests for tasks with low promotability[J]. The American economic review, 107(3): 714-747.

实地调查是在教师中招募委员会成员。在公立大学的教务每年都会向全体教师发送一封电子邮件，邀请他们加入一个委员会，该委员会工作与科研无关，更多的是提供服务性工作，所以在教务委员会中的工作并不会对教师的晋升有所帮助。Tannenbaum 等（2013）通过电子邮件请求进行了一项实验，以确定电子邮件中的语言如何影响教师同

意在委员会任职的概率。该研究所收集的数据表明，92%的人忽视了这封电子邮件。然而，在回复邮件的群体中存在着性别差异，女教师（7%）比男教师（2.6%）更有可能自愿加入委员会（$P<0.001$）。但是这一实地实验的证据并不能解释背后的原因，因此作者通过实验室实验进一步解释解释其中机制。

实验室实验用来模拟对于“低晋升”任务的接受，使用了“志愿者困境”（volunteer's dilemma）模型设计实验。实验一共有 10 轮，每轮被试者都会随机分入一个 3 人小组。在 2 分钟内，3 人需要在倒计时结束前作出自愿投资的决定：如果在 2 分钟结束前没有人投资，则所有成员个人收益为 1 美元；如果有一个小组成员进行了投资，那么这一轮就结束了，进行投资的个人可以获得 1.25 美元的报酬，而其他两个小组成员则各获得 2 美元。实验一结果发现女性志愿者比男性志愿者多了50%，并且研究者在分析时也控制了风险偏好、利他主义等个人特征。

## 三、组内性别构成在性别研究中的作用

由于女性对于实验设计中的环境信息非常敏感，因此在设计实验的细节方面应当小心把控。特别是性别比例信息，已有研究证明了性别比例信息能够通过影响性别刻板印象或性别歧视作用来影响女性行为。我们仍然讨论 Babcock 等（2017）女性接受服务性任务的实验研究。在实地实验数据与实验室研究的基础上，作者仍然无法确定提供志愿服务这一行为来自男性和女性本身偏好的不同，因此在实验一的基础上设计了实验二，与实验一的基本相同，实验一为混合性别而实验二采用了纯性别的分组方式。在只有男性组员和只有女性组员的情况下，实验并没有发现女性会更早地作出贡献。该结果如图 11-1 所示。图中的两条实线展示的是在实验一中混合性别条件下个体对小组的投资贡献倾向，女性显著高于男性；图中的两条虚线展示的是在实验二中男性和女性分别在单性别条件下对小组的投资倾向，此时性别之间没有显著差异。说明男性和女性本身对于作为志愿者作出贡献本身不存在偏好差异，而恰恰是混合分组造成了女性承担了更多的成本。在性别相关实验中，组内的性别组成是一个较为重要的变量。很多实验使用单一性别这种设置来分离男性和女性本身的偏好，与混合型别组进行对比，可以通过这种比较静态观察到男性和女性在互动中行为的改变。

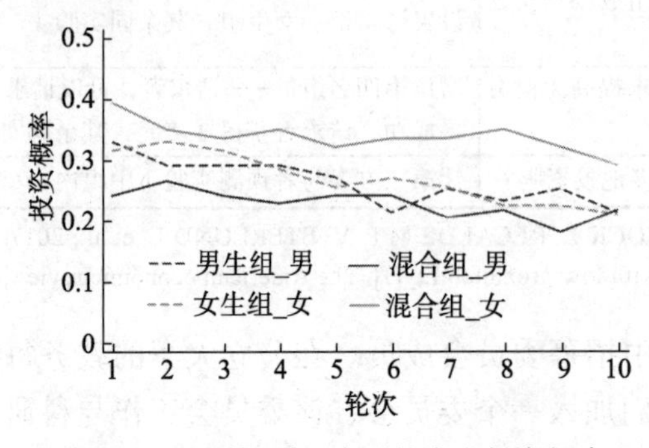


图 11-1 不同性别组成下的个人投资概率

资料来源：BABCOCK L, RECALDE M P, VESTERLUND L, et al., 2017. Gender differences in accepting and receiving requests for tasks with low promotability[J]. The American economic review, 107(3): 714-747.

## 四、性别偏见的考察

在经济学研究中，“信念（belief）”对个体决策和社会决策的影响都很大。在社会观念的塑造下，关于性别的偏见也时常存在，例如，女性被认为不擅长数学和科学等，这种偏见可能导致女性在该领域表现不佳。

关于信念及其偏差的研究要解决两个基本问题，第一如何衡量能力，第二如何衡量偏见。Coffman（2014）的实验中让被试者回答多个类别的选择题，包括迪士尼电影、烹饪、艺术和文学、情感识别、语言技能、商业、数学、汽车、摇滚乐、电子游戏以及体育和游戏。同时，被试者需要表达对自己和搭档能力的信念，估计自己和搭档在每个类别中正确答案的总数，以及正确回答每个特定问题的概率。通过正确率和被试者对自己和搭档表现的估计，研究者可以评估个人的能力和定型观念，结果显示，在男性被认为擅长的领域，女性的能力往往容易被低估。该实验设计如图 11-2 所示。

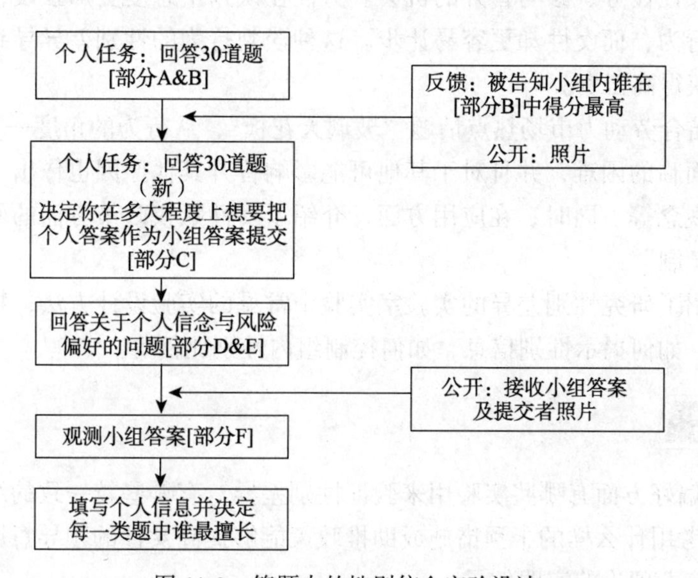


图 11-2　答题中的性别信念实验设计

资料来源：COFFMAN K B, 2014. Evidence on self-stereotyping and the contribution of ideas[J]. The quarterly journal of economics, 129(4): 1625-1660.

在图 11-2 展示的实验流程中，研究者最关心的是被试在 C 部分的决策，表明被试代表小组提交答案的意愿。实验的主要干预设计是在两个方面：第一，是否收到关于个人表现的反馈信息，处理组在 B 部分结束后会收到个人在 B 中答题的表现；第二，是否有公开个人图片，处理组在 C 部分开始前被拍照，并被告知会在 F 开始前向组员公开。这就形成了一个 2X2 的组间实验设计。在分析被试在 C 部分的意愿时，B 中的答题表现用来控制个体的能力，D 中的信念用来控制个体的自信心。结果显示，女性在艺术文学、流行文化两个领域更愿意做小组代表，男性在环境科学、历史、地理、体育四个领域更愿意做小组代表，而这些科目也正是他们认为对应性别分别擅长的。这表明性别刻板印象可能会影响个体在小组内按照真实能力进行有效率的发挥，Coffman 在此通过反馈等实验讨论了一些可能的政策干预机制。

## 本 章 小 结

本章第一节从社会性偏好的性别差异入手，介绍了行为领域对于性别差异的研究，主要包括最后通牒博弈、独裁者博弈、信任者博弈和合作与互惠四个方面。多数研究表明女性比男性更加利他，但是也有少部分研究发现了相反的结论。因此究竟是男性更加利他还是女性更加利他并没有得出完全一致的结论，但是实验室实验和实地实验都发现了女性对于实验条件或社会背景更加敏感。

在第二节中，介绍了近年来较新的研究，竞争意愿和谈判行为的性别差异。研究发现男性在竞争环境下表现更好，并且女性不愿意主动参与竞争，这导致了女性在工作中失去了参与挑战性任务、参与晋升的机会。男性在谈判中态度更加强硬，甚至会在谈判中采取欺骗性行为，而女性却更容易让步。这种谈判行为的性别差异导致男性在劳动力市场中更容易获得高工资。

第三节中结合劳动力市场热点话题“玻璃天花板”，从行为的角度——领导意愿，解释女性晋升中面临的困难，并且对于其他可能影响晋升其他原因也作出了介绍，包括竞争意愿、社会观念等。同时，在应用方面，介绍了女性赋权政策方面的研究，最常见赋权政策为“配额制”。

第四节介绍了研究性别差异的实验室实验中常见的实验设计方法，特别是在性别变量的处理方面，如何揭示性别信息、如何控制组内性别比例等。

## 复习与思考

1. 社会性偏好方面有哪些实验用来验证性别差异？有哪些较一致的结论？

2. 尝试思考用什么样的干预措施或助推政策能够提高女性的领导意愿？举例说明现行使用行为经济学理论的实践例子。

3. 在检验竞争意愿的性别差异的实验中，Niederle 和 Vesterlund（2007）如何在多期实验中设计被试者的竞赛参与意愿，并防止选择性偏误，阅读原文回答。

# 第六篇　非标准决策和应用

# 第十二章　非标准决策

给定个体的偏好和信念，作出决策可能并不是通过求解出复杂的效用最大化问题，而是通过启发法（heuristics）（Tversky and Kahneman，1974）。因此，个体可能受到决策问题的框架影响，可能通过有限注意来简化问题，可能在选项的菜单下使用次优启发法。

本章将从以下五个方面分析非标准决策：①决策框架的影响；②由于注意力有限导致信息权重过低（或权重过高）；③用于菜单外选择的次优的探索法；④社会压力和他人的劝说；⑤情绪。其中，本章的侧重点为框架效应。

## 第一节　框 架 效 应

### 一、框架效应的含义

框架效应最初是由 Tversky 和 Kahneman（1981）在针对“亚洲疾病问题”（Asian disease problem）的研究中发现并提出的。在该实验中，参与者在正面框架下倾向于选择确定型选项，而在负面框架下倾向于选择风险型选项。Tversky 和 Kahneman 认为，这种选择偏好上的明显改变是由于备选项表述上的改变引起的。他们将决策者对某一特殊选择有关的行为、结果和意外事件的理解和认识称为“决策框架”（decision frame），并首次明确提出了框架效应的概念。

### 二、框架效应的种类

框架效应依据框架结构进行分类可划分为风险选择框架（risky choice framing）、属性框架（attribute framing）和目标框架（goal framing）三种类型（Levin et al.，1998）。

风险框架效应指对于本质相同的信息，个体面对其获益框架时倾向于风险规避，而面对其损失框架时倾向于风险寻求。风险选择框架中，决策者被要求在都有一定风险的两种备选方案中进行选择，其中最为经典的还是 Tversky 和 Kahneman（1981）提出的疾病问题，指美国正在应对一种罕见的疾病，预计该种疾病的发作将使 600 人死亡。现有两种与疾病做斗争方案可供选择。假定对各方案产生后果的精确估算，正面框架中包含 A 方案和 B 方案，负面框架中包含 C 方案和 D 方案，具体方案如表 12-1 所示。结果表明，正面框架下大部分人选 A，而负面框架下大部分人选 D，而实际上 A 与 C、B 与 D 是等同的选项，即对于期望价值相同的选项，人们作出了不同的选择。

从框架效应所产生的结果出发，风险框架效应可进一步划分为单向框架效应（unidirectional framing effect）和双向框架效应（bidirectional framing effect）（Wang，

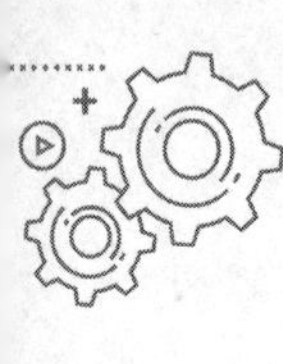



表 12-1　风险选择框架案例：“疾病问题”

| | |
|---|---|
| 正面框架 | A 方案：200 人将生还 |
| | B 方案：有 1/3 的机会 600 人将生还，2/3 的机会无人生还 |
| 负面框架 | C 方案：400 人将死去 |
| | D 方案：有 1/3 的机会无人死去，2/3 的机会 600 人将死去 |

资料来源：TVERSKY A, KAHNEMAN D, 1981. The framing of decisions and the psychology of choice[J]. Science, 211(4481): 453-458.

1996）。双向框架效应是传统意义上的框架效应：在正性框架下，人们表现出更多的风险规避态度；而在负性框架下，人们表现出更加强烈的风险偏好。而单向框架效应是指仅产生了决策者偏好移动（preference shift）的框架效应。此时在正性框架和负性框架下，人们的偏好是一致的，只是偏好的强弱程度不同而已。

属性框架效应指采用积极框架或消极框架描述一个事物的某个关键特征，会影响个体对该事物的喜爱程度，而且个体一般偏爱用积极框架描述的事物。属性框架一般与风险无关，更加强调属性本身的正负性，是最为简单的一类框架。比如在“瘦肉占 75%”还是“脂肪占 25%”的两种牛肉中进行选择时，导致不同决策的主要因素并非对决策风险的描述，而是对牛肉本身的属性或特征的描述。也就是说，属性框架通过影响人们对某个物体的评价而影响最终的决策结果。属性框架效应的产生是由于人们在框架所提供的描述之上对信息进行编码，从而唤醒了人们可能会引起支持或反对行为的相关记忆（Levin et al.，1998）。

目标框架效应指表述信息是强调做某事获益还是强调不做某事的损失会影响信息的说服力。目标框架强调行为选择的结果，与属性框架相比，目标框架让人们评价的倾向性更为强烈，其构成形式也更加多样，既可以强调采取（或不采取）这一行为所能得到（或损失）的利益，也可以强调采取（不采取）这一行为所能避免（或遭受）的损失。但是，目标框架中的正性框架和负性框架都是为了促进同一结果的实现，属于单向框架，这也是它与风险选择框架、属性框架最大的不同之处。但是风险选择的框架效应仍然是研究者最为关注的。

## 三、框架效应的应用

### （一）框架效应与参照依赖

心理学的一个重要原则是情境的背景和框架十分重要。两个等价的决策问题，但由于框架不同则可能会引起不同的反应。

一个经典的例子是一组受试者被要求考虑一对同时发生的决策（决策一和决策二）选项，如表 12-2 所示（Tversky and Kahneman，1981）。在 53 名参加彩票决策的人中受试者，49%的人选择 A 而不是 B，68%的人选择 D 而不是 C。总的来说，28%的受试者选择 A 和 D 的组合。这种彩票组合意味着有 75%的概率损失 7.6 英镑，有 25%的概率获得 2.4 英镑。而 B 和 C 彩票组合更优，有 75%的概率损失 7.5 英镑的，有 25%的概率获得 2.5

英镑。因此，超过 1/4 的受试者会选择一种以狭隘框架（即每种彩票都是单独呈现的）呈现的占优彩票。另一个由 45 名受试者组成的小组在宽泛框架（显示了四种不同的彩票组合所导致的结果分布）内给出了相同的选择。意料之中的是，在这一组中没有一个受试者选择 A 和 D 的组合。显然，选择的框架很重要。

**表 12-2　决策框架**

| | |
|---|---|
| 决策一 | A. 获得 2.4 英镑的确定收益 |
| | B. 25%的机会获得 10 英镑，75%的机会获得 0 英镑 |
| 决策二 | C. 一定损失 7.5 英镑 |
| | D. 75%的概率损失 10 英镑，25%的概率损失 0 英镑 |

资料来源：TVERSKY A, KAHNEMAN D, 1981. The framing of decisions and the psychology of choice[J]. Science, 211(4481): 453-458.

我们可以从参照依赖的角度来理解上述关于框架效应的例子。个体分别评估两张彩票，将结果与参照点进行比较。这些个体对收益几乎是风险中性的，因此 49%的人选择 A 而不是 B；对损失是风险偏好的，因此 68%的人选择 D 而不是 C。重要的是，个体受到了实验者设置的框架的诱导而没有对彩票进行加总。也就是说，他们受到了狭窄框架的影响。这个例子说明了人类决策的一个一般特征：判断具有比较性，如果框架中的变化改变了比较物的性质，即使不影响基本的经济权衡，这些变化仍然可以影响决策。

第二个例子说明了呈现的格式在排除了对参照点的影响后是如何影响偏好的（Benartzi and Thaler，2002）。研究调查了 157 名参加 403（b）计划的加州大学洛杉矶分校（UCLA）的员工，并要求他们对三个计划（标记为 A、B 和 C 计划）进行评级：他们自己的投资组合、平均投资组合和中位数投资组合。每个投资组合显示其预计退休收入的 5%、50%和 95%分位数。在偏好已知的情况下，人们的期望是个人更喜欢自己的计划而不是其他计划。然而，自己的投资组合评级（3.07）与平均投资组合评级（3.05）大致相同，大大低于中位数投资组合评级（3.86）。事实上，62%的员工对中位数投资组合的评价高于对自己投资组合的评价。因此，根据最终结果重新进行决策似乎会对偏好产生极大影响。另一种解释是，这些员工在他们的退休储蓄决策中从来没有考虑过中位数投资组合，如果被提供这一投资组合选项则他们会选择该投资组合。为解释这一可能，该研究调查了 351 名另一退休计划的参与者，他们被明确提供了一个定制的投资组合，但主动拒绝了定制的投资组合。这些员工对他们自己的投资组合、平均投资组合和定制投资组合进行评级，并根据最终收益重新进行决策。大多数（61%）的员工更喜欢定制的投资组合（他们之前拒绝的）而不是自己的投资组合。因此，退休储蓄的决策在很大程度上取决于所提出决策的形式。这种框架效应反映了这样一个事实，即消费者对决定最终收益的因素（如费用）缺乏重视，或者他们没有意识到自己投资的风险。

### （二）领导力与框架效应

框架效应会对领导意愿和行为产生影响。例如，一项公共品实验设计了领导任务框架和领导选择框架来研究领导偏好和领导行为的性别差异（Jiang and Wang，2021）。具体

而言，领导者的任务是以两种不同的框架呈现的：一种强调领导者有责任提高小组的捐赠水平并使所有成员受益（责任框架），另一种强调领导者惩罚的权力和赚取潜在额外收入的特权（权力框架）。因此，领导力内在个人属性的性别差异仅仅是由描述差异引起的。此外，实验设计了两种选择领导者的框架——通过领导意愿选出领导者（自愿框架）和通过他人投票选出领导者（投票框架），以此来检验领导者因自我选择和外部力量（社会规范）而产生的行为之间的差异。

实验结果表明，虽然总体而言女性比男性更不愿意担任，也没有那么多人投票支持她们担任领导者，但在权力框架中女性与男性同样具有担任领导者的动机。更重要的是，女性领导者的捐赠额更大，因此在责任框架下担任领导者时小组的捐赠效率更高。框架效应在不同的领导者选择机制中发挥着不同的作用：自愿框架倾向于选择那些符合领导任务描述的人，并通过激发他们的内在属性来放大效果；而在投票框架下，领导者的捐赠额直接受到框架效应的影响，责任框架下的领导者会比权力框架下的领导者给出更高的捐赠额。

# 第二节　有限注意力

## 一、有限注意力的理论模型

在标准模型的最严格形式中，个人使用所有可用信息进行决策。然而自 Herbert A. Simon（1955）以来，经济学家们一直试图放宽这一强有力的假设，并提出了一些模型，心理学的实验室研究表明，注意力是一种有限的资源，人们可能无法使用所有信息进行决策。例如，在双边听力研究中（Donald E. Broadbent，1958），受试者的右耳和左耳听到不同的信息，并被要求注意其中一个信息。当被问及另一条信息时，他们几乎记不起来信息内容。此外，在受试者必须在听的时候复述一个句子或一串数字的实验中，他们对信息的注意力要差得多。

自西蒙（Simon，1955）以来，经济学家们一直试图放宽个人使用所有可用信息进行决策这一强有力的假设，并提出了一些模型。在这些模型中，个体可以简化复杂的决策。

其中一个模型将注意力作为稀缺资源，并得出可测度的影响。考虑一种价值 $V$ 由两个分量之和决定的商品，一个是可见分量 $v$ 和一个非透明分量 $o$，$V=v+o$。由于注意力不集中，消费者认为值为 $\hat{V}=v+(1-\theta)o$，其中 $\theta$ 表示注意力不集中的程度，$\theta=0$ 为注意力完全集中的标准情况。$\theta$ 的解释是，每个人都看到了非透明的信息 $o$，但随后只是部分地将其处理到 $\theta$ 的程度。注意力不集中程度参数 $\theta$ 本身是关于 $o$ 的显著程度 $s\in[0, 1]$和竞争刺激 $N$ 的函数：$\theta=\theta(s, N)$。基于心理学的证据，假设注意力不集中程度 $\theta$ 关于信息非透明的显著程度 $s$ 递减，关于竞争刺激 $N$ 递增：$\theta'_s<0$ 和 $\theta'_N>0$。对于完全显著的信号，注意力不集中程度为零：$\theta(1, N)=0$。消费者的需求是 $D[\hat{V}]$，对于所有 $x$ 的，$D'[x]>0$。

该模型提出了三种识别注意力不集中程度参数 $\theta$ 的策略。第一种策略是计算 $\hat{V}$ 的估

值如何对随 $o$ 的变化而变化的；导数 $\partial \hat{V} / \partial o = (1-\theta)$可与$\partial \hat{V} / \partial v = 1$ 进行比较，以测试注意力是否有限。第二种策略是检验消费者估值对信息非透明的显著程度 $s$ 增加的反应，即$\partial \hat{V} / \partial s = -\theta'_s o$，并检验它是否不为零。第三种策略是改变竞争刺激的数量 $N$，即 $\partial \hat{V} / \partial N = -\theta'_N o$，并检验它是否不为零。所有这三种策略都能识别出某些决策者并没有完全注意到的非透明信息 $o$（参见 Chetty, Looney, and Kroft，2009；DellaVigna and Pollet，2009）。

## 二、有限注意力的案例

### （一）忽视运费

在交易中，物品的价格比运费更容易注意到，因为运费没有被列在物品名称中，而且大多数购买都不涉及运费。将 $v$ 定义为物品的价值，$o$ 定义为运费的负数：$o = -c$。以 eBay 拍卖为例，由于 eBay 本质上是第二次价格拍卖，因此缺乏注意力的竞拍者出价时会扣除运费：$b^* = v - (1-\theta)c$。卖家获得的收入是 $b^* + c = v + \theta c$。因此，运费 $c$ 每增加 1 美元，收入则增加 $\theta$ 美元。在注意力完全集中（$\theta = 0$）的情况下，运输成本的增加对收入没有影响。相关研究用一个实地实验来检验这些假设（Hossain and Morgan，2006）。在 $c_{LO}$处理组中，他们拍卖的光盘底价为 4 美元，没有运费；而在 $c_{HI}$处理组中，他们拍卖的光盘底价为 0.01 美元，运费为 3.99 美元。底价的变化保证了这两次拍卖对于一个注意力完全集中的竞拍者来说是等价的。$c_{HI}$ 处理组的平均收入比 $c_{LO}$ 处理组高出 1.79 美元（10.16 美元比 8.37 美元），90%的光盘的收入更高。这些估计意味着严重的注意力不集中：$\hat{\theta} = 1.79/3.99 = 0.45$。第二组拍卖的运输成本较高（$c_{LO} = 2$ 美元，$c_{HI} = 6$ 美元），在运输成本较高的情况下，对应的注意力不集中程度参数为 $\theta = 0.72/4 = 0.18$，导致收入的增长幅度较小（12.87 美元比 12.15 美元）。

### （二）忽视不透明的税费

消费者可能会忽视商品价格中不透明的税费，如州间接税（Chetty et al.，2009）。研究使用杂货店的商品需求数据，假设需求 $D$ 是价值的可见部分 $v$ 的函数，包括价格 $p$ 和不太明显的 $o$ 部分。在这种情况下，州税$-tp$：$D = D[v-(1-\theta)tp]$。使税费完全显著（$s = 1$，因此 $\theta=0$）引起的需求的对数 $\Delta \log D$（将需求线性化）的变化是 $\log D[v-tp] - \log D[v-(1-\theta)tp] = -\theta tp \times D'[v-(1-\theta)tp]/D[v-(1-\theta)tp] = \theta t \times \eta_{D,p}$，其中 $\eta_{D,p}$ 是需求的价格弹性。（因为需求 $D$ 是价值减去价格的函数，$\eta_{D,p} = -pD'[v-(1-\theta)tp]/D[v-(1-\theta)tp]$。）注意，对于注意力完全集中（$\theta=0$）的消费者而言反应为零。可以推出 $\theta = \Delta \log D / (t \times \eta_{D,p})$，此外研究者通过实地实验操纵税费的显著程度。在 3 周的时间里，某些商品的价格标签除了标明税前价格外，还标明了税后价格。与前一周同一商品的销售额相比，以及与税费不显著的商品相比，平均销售量（显著）减少了 2.2 件，与基准水平 25 件相比，下降了 8.8%。由于该样本中的价格弹性 $\eta_{D,p}$ 估计为−1.59，税率为 7.375%，因此我们可以计算 $\hat{\theta} = (-0.088) / (-1.59 \times 0.07375) \approx 0.75$。在另一个估算策略中，研究者确定了消费税和销售税在不同州与不同时间内的变化对啤酒消费的影响。由于消费税包含在价格中，

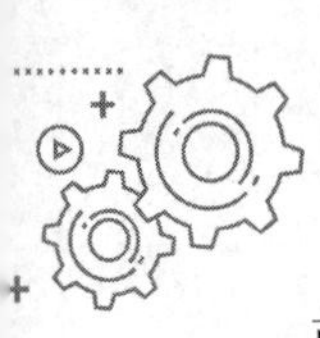



而销售税则被加在登记簿上，因此不注意的消费者应该对消费税的变化有更大的反应而不是对销售税的变化有更大的反应。事实上，前者弹性要大得多，导致对注意力不集中程度参数的估计为 $\hat{\theta} = 0.94$。消费者对不透明税费的不注意情况是相当严重的。

### （三）忽视排名中的复杂信息

信息的熟悉程度取决于数据格式的简单性，因此人们可能会忽视数据格式复杂的信息。例如，在分数和排名都公布情况下，虽然得分包含的信息更丰富，但是排名这种更容易处理的信息会更受关注（Devin，2007）。研究者记录了消费者对《美国新闻与世界报道》（*U.S. News and World Report*）中医院和大学排名的反应。每年，公司都会根据声誉得分构建一个从 0 到 100 的连续的质量分数，然后根据这个分数创建排名。分数和排名都在年度报告中公布。虽然连续得分包含了所有的信息，但是排名这种信息大概更容易处理（排名第五的医院和得分为 89/100 的医院），所以消费者对排名这种信息有明显反应。在质量分数不变的情况下，医院解雇对医院之间的排名差异有显著的反应；同样地，大学申请对大学之间的排名差异也有反应。

### （四）忽视新闻信息

首先，投资者的有限注意力会导致其对新发布的信息反应不足（Hong and Jeremy，1999）。一个关于信息反应不足的例了是 EntreMed 公司的案例（Huberman and Tomer，2001）。1997 年 11 月 28 日，《自然》杂志刊登了一篇文章，报道了 EntreMed 公司在治疗一种癌症方面取得积极成效的药物获得了专利。同一天，《纽约时报》在 A28 页报道了一篇关于同一主题的文章。不出所料，EntreMed 公司的股价上涨了 28%。令人惊讶的是接下来会发生什么。1998 年 5 月 4 日，《纽约时报》在头版刊登了一篇关于 EntreMed 公司的文章，这篇文章与 1997 年 11 月已经发表的文章非常相似。事实上，尽管这篇文章没有包含新的信息，它仍导致 EntreMed 公司的单日回报率为 330%，所有生物科技公司的单日回报率为 7.5%，市值达到数十亿美元。到第二年年底，EntreMed 公司的股价仍高于以前的水平。

其次，投资者可能会忽视对间接的、不太显眼的新闻（在前文的框架中为 $s$ 较小的情况）（Lauren Cohen and Andrea Frazzini，2008）。研究认为公司被供应商–客户链连接起来。当一家客户公司宣布重大盈利消息时，该消息也会影响供应商，但这种间接影响不太可能引起人们的注意。事实上，研究发现若公司的供应商的股票回报率下降，则在 1～3 个月后的公司本身的股票回报率也会降低（Cohen and Frazzini，2008）。该研究使用（$\partial r_{SR}/\partial o$）/（$\partial r_{LR}/\partial o$）来衡量收益率对有关客户公司新闻的反应速度，其中 $r_{SR}$ 是一个月的收益率，$r_{LR}$ 是 7 个月的收益率。他们发现，对于客户公司来说，93%的总体反应发生在最初的一个月；而对于供应商公司来说，只有 60%的总体反应发生在第一个月，这表明他们严重忽略了间接联系。

最后，假设信息是连续的，人们可能忽视很远的未来（或过去）的信息。一般来说，信息的连续性很难控制，因为时间距离较远的信息通常相关性较低或估计不太准确。有研究通过考虑人口结构导致的未来需求变化来解决这一问题（DellaVigna and Pollet，

2007)。与其他的需求决定因素不同，即使在未来 10 年，人口规模的变化也是可高度预测的。例如，如果 2006 年有一大批人出生，那么 2012 年时校车公司的需求将出现可预测的增长，如果市场是不完全竞争的则利润也将出现增长。如果投资者完全注意到这一点，那么这一增长将计入 2006 年的回报率，而 2006 年至 2012 年的股票回报率则不能通过人口统计信息进行预测。然而，如果投资者忽视 5 年以后的信息，股价只会在 2007 年上涨，2006 年至 2012 年的股票回报率则可以通过人口统计方面的公开信息进行预测。使用 1939 年至 2003 年 48 个行业的数据研究发现，由于人口统计学提供了提前 5～10 年的信息，这导致预期的需求增加，进而导致对行业的股票回报率作出乐观的预测。这些结果与对未来 5 年左右的信息的不关注情况是一致的。

# 第三节　菜 单 效 应

个体在一个菜单集中进行选择时，例如投资选项或选票上的候选人选项，心理学的证据表明，其会使用（至少）五种次优探索方法来简化这些决策：①多样化选择（excess diversification）；②偏好熟悉的事物（preference for the familiar）；③偏好突出的事物（preference for the salient）；④逃避选择（choice avoidance）；⑤混淆（confusion）。

## 一、多样化选择

面对复杂选择的个人可能会通过多样化选择来简化选择。以一个实验室实验为例（Simonson，1990），在第一个实验中（同时决策情况），一个班的学生一次性选择未来三次班会上吃的零食，一次班会吃一种零食。在第二个实验中（连续决策情况），受试者分别在三次班会上选择本次班会时吃的零食。在同时决策的情况下，受试者表现出多样化决策，64%的受试者选择了三种不同的零食。而在连续决策的情况下，只有 9%的受试者作出了这种选择。

此外，在个体在投资时也会通过多样化来简化选择。以 401（k）投资为例（Benartzi and Thaler，2001），研究者探究了 $n$ 个可用选项的多样化情况，即 $1/n$ 启发法。他们使用了 162 家公司 1996 年计划资产的汇总数据，这些公司平均提供 6.8 个计划选项。由于缺乏个体维度的数据，他们研究了 $1/n$ 启发法的总体含义。如果个人将投资大致平均地分配给各个选项，那么在 401（k）计划中提供股票选项可以增加个体购买股票的可能性。有一些证据表明存在有条件的 $1/n$ 启发法：给定已选择的分配项，个人分配给这些选项的储蓄大致均等。在投资了 4 种基金的员工中，37%的员工的行为符合这一模式，投资 5 种基金的员工中，有 26%的员工的行为符合这一模式，投资 10 种基金的员工中，有 53%的员工的行为符合这一模式。相反，对于非整数数字，这种行为模式并不常见。总的来说，当投资选项数量较少时，一些员工会使用 $1/n$ 启发法；当选项数量较多时，接下来讨论的其他探索法则会起作用。

## 二、偏好熟悉的事物

简化复杂决策的另一种启发法是选择熟悉的选项。这种趋势在个体投资者中很普遍，具体表现为投资者偏好本国的股票。美国、日本和英国投资者的股权投资分别占国内股票的 80%、98%和 82%（French and Poterba，1991）。虽然对本国股票的偏好可能是出于投资外国资产的成本的考虑，但国内投资也出现了同样的模式。一个记录了 Bell 公司的股东的地理分布的研究发现，投资于本州地区 Bell 公司的比例比投资于其他地区 Bell 公司的比例高出 82%（Huberman，2001）。尽管缺乏多样化的成本很高，但人们还是偏爱熟悉的事物。

偏好熟悉的事物的另一个例子是雇员对自己所在公司的股票偏好。平均而言，尽管雇员的人力资本已经投资于他们的公司，雇员仍将 20%～30%的自由支配资金投资于雇主公司的股票（Benartzi，2001）。这种投资选择并不反映有关未来表现的私人信息。与员工投资比例较低的公司相比，员工投资比例较高的公司随后一年的回报率较低。

对熟悉选项的偏好与对不确定选项的厌恶是一致的。正如经典的 Daniel Ellsberg（1961）悖论中所说的，厌恶不确定选项的投资者即使在两项投资的平均收益相同的情况下，仍然可能更喜欢收益分布已知的投资，而不是收益分布未知的投资。

## 三、偏好突出的事物

个体会通过选择一个突出的选项来简化复杂的决策。例如，在投资领域，个体会通过选择“突出”的公司以简化投资组合决策（Barber and Odean，2008）。研究利用个体交易数据发现，个体投资者是前一天业绩异常高或低的公司、成交量高的公司以及新闻中提及的公司的净买家。这一影响是巨大的：对于前一天收益率最高或最低 10 分位数的公司，个体投资者的买入－卖出失衡 [ 买入－卖出/（买入＋卖出）] 比第 50 分位数的公司高出 20 个百分点。这些结果表明，个体可以通过选择那些突出的公司来解决信息过多的问题。同样的问题并不存在于股票销售中，因为大多数投资者在任何时候都只持有少量股票。但这种不对称的股票买卖模式也可能是由于卖空限制：个人投资者希望出售“突出”的股票，但由于卖空限制而无法出售。

在不同的背景下，对突出事物的偏好表现为不同的形式。在选票上选择候选人时，名单上的第一位政治家很突出。政治学中的一个早期文献研究了候选人顺序对选票的影响（Bain and Hecock，1957）。另一个研究提供了最有说服力的证据，证明了即使是随机确定的顺序也十分重要（Ho and Imai，2008）。研究者利用加州投票系统进行自然实验。自 1975 年以来，该系统明确地将选区候选人的投票顺序随机化。研究发现，在 1998 年和 2000 年的大选中，一个小党派的候选人由于名字列于选票上的第一位，其得票率平均上升了 10%。相反，顺序对主要政党候选人的影响非常小。这表明在决策者掌握的信息较少的情况下，不相关的信息将其决定性作用。在初选中，候选人的知名度平均较低，顺序的影响更大：顺序排第一的影响平均会增加 20%，约占党内选票的 1.6%。

### 四、逃避选择

用于处理困难决策的第四种启发法可能是最令人惊讶的：完全避免选择。例如，一项实地实验比较了消费者在一家高档杂货店的行为，发现人们可能因商品选项过多而减少消费行为、逃避选择（Iyengar and Lepper，2000）。在高档杂货店，有时消费者有机会品尝 6 种果酱（简单选择处理组），而在其他时候有机会品尝包括 24 种果酱（困难选择处理组）。他们发现，在 24 种果酱的处理组，更多的消费者停下来品尝果酱（145 比 104 个顾客），但购买果酱的消费者却少得多（4 比 31 个顾客）。这一发现令人惊讶，因为在标准模型中，更多的选择只可能导致购买量的增加。对这种违反直觉现象的解释是，当选择很困难时，如因为选择集很大时，个体会发现决策的压力很大，因而寻找避免选择的方法。

逃避选择的另一个表现是偏好小型而不是大型选择集。一个关于邮寄 50 000 份贷款邀请函的实地实验研究了一个小型或大型选择集的影响。研究者（Bertrand et al.，2010）将解释贷款使用的表格的形式随机化。例如，小表格只列出一种贷款规模，而大表格则列出四种不同的贷款规模。这一发现与逃避选择的结果是一致的。与基准比例 8%相比，小表格的占比高出 0.6 个百分点，其影响大小相当于将月利率降低了 2.3 个百分点。

### 五、混淆

与前文中的启发法不同，混淆并不反映偏好，而只是在执行偏好时出现了错误。发生混淆的一种情况为在选票中选择一位政治候选人。例如，研究利用选票上候选人位置的随机变化来分析 2003 年选举中的加州选民的投票行为（Shue and Luttmer，2009）。结果发现，如果某一小党派的候选人的名字在选票上与主要党派候选人的名字相邻，那么这一小党派的候选人的得票率会显著提高。

发生混淆的另一种情况为在投资时的股票选择。例如研究者在 MCI 和 MCIC 两家公司的股票交易中发现了混淆的现象（Rashes，2001）。MCI 通信公司的股票代码是 MCIC，而 MCI 是一个鲜为人知的封闭式共同基金 MassMutual Corporate Investors 的股票代码。一些试图交易这家大型通信公司股票的投资者混淆了股票代码，转而交易共同基金公司的股票，导致这两个公司的股票交易量之间的相关系数为 0.56。

## 第四节　社会压力的影响

### 一、劝说

劝说会对个体决策产生影响（Cain，Loewenstein and Moore，2005）。受试者根据其估算一个罐子里硬币数量的准确性获得报酬。因为受试者只能从远处看到罐子，所以他们必须依赖第二组受试者的建议。第二组受试者为顾问，他们可以从近距离观察罐子。两种实验处理中顾问获得报酬的计算依据不同。在第一种实验处理中，顾问的报酬取决

于是受试者猜测硬币数量的准确程度；在第二种实验处理中，顾问的报酬取决于受试者所猜测的硬币数量的多少。结果显示受试者在第二种实验处理中所估计的硬币数量比在第一种实验处理中高出 28%。

在金融领域，研究者分析了大、小投资者对金融分析师的建议的反应（Malmendier and Shanthikumar，2007）。分析师的预测是出了名地存在偏差的，他们 94.5%的建议是持有、买入或强势买入。该研究发现，大投资者在决策时会考虑到这种偏差，且不会完全信任分析师的建议。例如，面对分析师给出持有股票的建议时他们仍会出售股票。相反，小投资者会接受劝说，全盘接受分析师的建议。例如，面对分析师持有股票的建议时，他们会真的继续持有股票。

在政治领域，相关研究检验了新闻提供的信息是否能说服其受众。他们（DellaVigna and Kaplan，2007）研究利用地区间存在的是否在有线电视节目中提供福克斯新闻频道的这一差异和 9 256 个城镇的投票数据，发现 2000 年时共和党的支持率在提供了福克斯新闻频道的城镇要高 0.5 个百分点，且估计福克斯新闻说服了 5%～30%的本不是共和党支持者的观众。

## 二、社会压力

关于社会压力的影响的一个例子是 Asch（1951）的一个经典实验室实验。在实验中，受试者看到两张画有线的白色大卡片：第一张卡片上有 3 条长度相差很大的线，而第二张卡片上只有 1 条线。受试者要回答第一张卡片中哪条线的长度最接近第二张卡片中的那条线。在对照组中，受试者单独完成任务，准确率高达 98%。在高社会压力处理组中，受试者在 4～8 名受试者一致选择了错误答案后选择他/她认为的长度相同的那条线。平均来说，超过 1/3 的受试者对这个问题给出了错误的答案，以避免表示出对其他参与者的一致判断的不认同。

在关于社会压力的影响的另一个实验室实验中，一组受试者被告知他们的任务是监视另一个受试者的学习，并在这个受试者犯错时对他施加电击（Milgram，1963）。在实验者的鼓励下，62%的受试者尽管听到了受试者痛苦的尖叫声，仍将电击电压提高到 450 伏。这种服从的倾向令受试者自己都感到惊讶。

此外，一些关于同伴效应的文献也指出了社会压力的重要性，如研究同伴压力对任务绩效的影响（Falk and Ichino，2006）。瑞士的高中生被招募来做一份工资固定的任务。他们被要求把信塞进信封里，工作时长为 4 个小时。对照组有 8 名学生，他们单独完成这项任务；处理组有 16 名学生，两人一组，但每个学生都被要求单独完成塞信封的任务。结果显示，处理组的学生处理完了更多的信封（221 比 190）。

虽然 Falk 和 Ichino（2006）的研究结果也可能是由于社会学习的影响导致的，之后有研究提出了社会压力的影响的直接证据：超市连锁店中高生产率收银员可以提高同一班同事的生产率（Mas and Moretti，2009）。如果工人中较落后的工人的平均永久生产率提高 1%，其同伴的生产率将提高 0.23%，且对距离其较近的同事的影响更大。但落后工人生产率的提高对高生产率同事的生产率没有影响。这表明生产率中的同伴效应完全是由于工人感觉被高生产率的同事观察所引起的社会压力造成的。

## 第五节 情绪的影响

情绪在决策中起着重要的作用，而且不同的情绪起作用的方式非常不同（Loewenstein and Lerner，2003）。这一节将给出关于情绪对决策的影响的两个例子，分别为心情和情绪激发。

第一，心情对决策的影响。在心理学研究中，即使是轻微的心情变化也会对行为产生实质性的影响。例如，在阳光明媚的日子，受试者在餐馆给的小费更多（Rind，1996），并表示总体幸福感水平更高（Schwarz and Clore，1983）。实地调查发现，尽管每天的天气波动不太可能会影响股市的基本面，但天气引发的心情波动会影响股票收益。纽约云层覆盖率较高时美国股市总回报率较低（Saunders，1993）。此后有研究利用股市所在城市的天气数据将这一分析扩展到1982年至1997年的26个国家。他们发现（Hirshleifer and Shumway，2003），结果显示26个城市中有18个城市的云量和股票总回报率之间存在负相关关系。天空完全被云覆盖的日子的日股票回报率比晴朗的日子低0.09%，标准差为5%。在控制了云量之后，其他的天气变量如雨和雪与股票回报率无关。这些影响心情的事件会对回报率产生影响可能是由于：一方面影响心情的事件会影响风险厌恶程度或对波动的感知，另一方面影响心情的事件可以反映对经济基本面的态度。前文中提到的经验证据不允许我们区分这两种影响。

第二，情绪激发对决策的影响。实验室实验表明情绪激发对决策有重要的短期影响。例如观看暴力视频可能会激发个体的攻击性行为（Josephson，1987）。在实验中，受试者被随机分为两组，控制组中的受试者观看非暴力视频，处理组中的受试者观看暴力视频。其中，非暴力的视频是关于一个男孩参加越野摩托车队训练的故事，它以骑行特技和赛车动作为特色，但绝对不包含暴力因素；暴力视频是关于警察追击狙击手的故事，在追击中伏击和射击是主要的攻击方式，具有暴力行为的特征，这些特征被认为会使观众更有可能随后进行攻击。受试者在观看完视频后进行曲棍球比赛。在比赛过程中，裁判被要求对受试者在比赛中的以下行为进行记录：推搡他人、挤他人、用曲棍球棒打他人、绊他人、打自己的身体、侮辱他人或者用有辱骂含义的名字称呼他人。除了这六种行为之外，观察者还被告知要报告所有在他们看来是故意对他人造成伤害的行为。研究者根据裁判记录的攻击性行为来度量受试者的攻击性水平。实验结果显示，与控制组中观看非暴力视频的受试者相比，观看暴力视频的受试者更有可能表现出更具攻击性的行为，如曲棍球比赛中的攻击性打法。

## 本章小结

给定个体的偏好和信念，作出决策可能并不是通过求解出复杂的效用最大化问题，

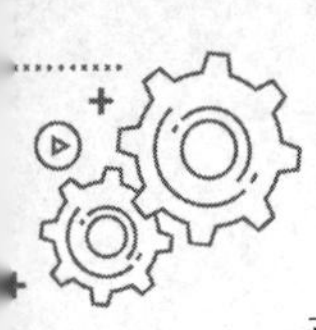



而是通过启发法（Tversky and Kahneman，1974），即个体的决策可能会偏离标准决策。

本章从以下五个方面分析了非标准决策：①框架效应，即由于对选项描述上的不同而导致对同一问题的不同备选方案产生偏好反转的现象；②由于注意力有限导致信息权重过低（或权重过高）从而影响个人的决策；③菜单效应，在面临菜单集时人们会通过分散选项、选择熟悉的选项、选择突出的选项、避免选择以及在实现他们的选择时显示出一些混乱来简化决策；④社会压力和他人的劝说会对个人决策产生影响；⑤情绪影响个人决策。

## 复习与思考

1. 名词解释：框架效应。

2. 举例说明人们是如何对不同叙述方式的同一事件作出不同反应的。

3. 为什么人们在做决策时会偏好多样化的选项？为什么在面临过大的选择集时人们会逃避选择？

4. 如果某一小党派的候选人的名字在选票上与主要党派候选人的名字相邻，那么这一小党派的候选人的得票率会显著提高。你能解释为什么吗？

5. 投资者更偏向于投资本国的资产，雇员更偏向于购买本公司的股票，请解释一下原因。

# 第十三章　行为决策理论与消费

本章介绍行为决策中过度自信、禀赋效应、框架效应、心理账户等理论在消费和储蓄领域的广泛应用，这些应用研究对于促进我国消费环境改善，鼓励消费等有着广阔的应用前景。

## 第一节　过度自信与消费

过度自信是指人们高估了自己的知识、能力和信息的准确性，这种认知偏差常对人们的消费行为产生一定的影响。

### 一、过度自信与健身合同

健身合同选择中常常存在过度自信问题，过度自信的人高估了出勤率以及自动续签合同的取消概率。DellaVigna 和 Malmendier（2006）分析了一个来自 3 家美国健康俱乐部的数据集，该数据集包含了 7 752 名会员在 3 年内的合同选择和日常出勤决策信息。观察到的消费者行为很难与标准偏好和信念相一致。首先，选择固定月费超过 70 美元的合同的会员平均每月参加 4.3 次。尽管他们可以使用 10 次的次卡来支付每次 10 美元的费用，但月卡合同的会员每次预期的健身费用超过 17 美元。平均而言，这些用户在成为会员期间放弃节省 600 美元。其次，选择月合同的消费者比选择年合同的用户更可能在一年后继续注册。这是令人感到意外的，因为月会员要为取消合同支付更高的费用。研究还发现月会员从最后一次出勤到合同终止平均花费 2.31 个月的时间，相关的会员费为 187 美元；20%的用户从最后一次出勤到合同终止平均至少需要 4 个月的时间。对此发现的主要解释是人们对未来自我控制或未来效率的过度自信。研究结果表明，在理性预期假设下，从观察到的契约选择中进行推断可能导致消费者偏好估计中的偏差。

### 二、过度自信与冲动消费

过度自信也会对冲动消费有所影响。卢长宝（2013）提出在虚假促销活动中，消费者是否作出购买决策，与消费者决策理性、时间压力感知以及是否过度自信密切相关。文章将时间压力分为个人时间约束、促销时间限制和机会成本感知三个维度，将虚假促销决策中的过度自信分为夸大感知利得和忽略感知风险两个维度。在此基础上，文章通过实证调研获得的数据对所构建的虚假促销购买决策认知机制模型进行了检验和分析。数据分析结果表明，在虚假促销活动中，消费者购买决策中的时间压力与决策自信程度有着显著的正相关关系，而过度自信又对购买意愿有着显著的影响。因此，将过度自信看作虚假促销活动诱致的“热”心理状态，很好地解释了消费者上当受骗的认知机制。从各变量的具体维度来看，促销时间压力比个人时间约束更易引起过度自信，且机会成本感知更易导致夸大感知利得。此外，过度自信中的夸大感知利得比风险意识缺失对购买意愿的影响更大。

## 三、过度自信与信用卡消费

过度自信还会影响信用卡消费。Ausubel（1999）通过一家信用卡公司进行的大规模实地实验提供了信用卡使用的证据。这家公司邮寄了关于信用卡优惠的一封信，提供了不同的前期优惠和后期优惠利率。例如，与对照组的前 6 个月和 6 个月后的利率相比，前处理组的前期利率更低，后期利率保持一致；相反，后处理组的后期利率较低，具体实验设计如表 13-1 所示。Ausubel 观察了每张信用卡的使用率以及持卡人 21 个月的借贷历史，发现在这些优惠中，前 6 个月的平均借款余额约为 2 000 美元，而考虑到这些借款利率，随后 15 个月的平均借款余额约为 1 000.7 美元，标准理论预测，前处理组（相对于对照组）的信用卡使用率增加应小于后处理组：忽略复利，6/12 × 2% × 2 000 美元小于 15/12 × 2% × 1 000 美元（如果我们能够观察到过去 21 个月的余额，那么比较只会更有利后处理组）。然而结果相反，前处理组（10 万人中有 386 人）的信用卡使用率增长是后处理组（10 万人中有 154 人）的 2.5 倍，即个人对先期利率反应过度。Ausubel 对这一结果的解释是，个人（天真地）相信，他们不会在优惠期之后借太多的信用额度。

**表 13-1　过度自信对信用卡消费的影响研究的实验设计**

| | 前 6 个月的利率 | 6 个月后的利率 |
|---|---|---|
| 对照组 | 6.9% | 16% |
| 前处理组 | 4.9% | 16% |
| 后处理组 | 6.9% | 14% |

资料来源：AUSUBEL L M, 1999. Adverse selection in the credit card market[R]. Working paper.

# 第二节　禀赋效应与消费

## 一、禀赋效应与市场交易

禀赋效应是指人们会因为拥有实物后会对它评价更高，这会减少市场中的交易数量。尼奇（Knetsch，1989）在马克杯和巧克力条的实验中发现，大学生在有机会进行交易时更倾向保留他们本身拥有的物品。初始拥有马克杯的学生中89%选择保留马克杯，初始拥有巧克力条的学生中则 90%选择保留。这一现象也在比较买方支付意愿和卖方接受意愿差异的实验中得到验证（Kahneman et al.，1991），在马克杯这一消费品市场中，卖方出价的中位数为 7.12 美元，买方出价的中位数为 2.87 美元，WTA（willingness to accept）是 WTP（willingness to pay）的两倍以上。禀赋效应由损失厌恶结合预期理论所解释（Kahneman and Tversky，1979）。有些研究认为支付意愿与接受意愿的差异是由损失厌恶造成的而非禀赋效应（Brown，2005）。也有研究指出禀赋效应会随着交易经验而减少，甚至是关于其余类型商品的交易经验（List，2003；List，2004）。我们对此争论的看法是禀赋效应与损失厌恶是相一致的，即使有经验的交易者间不存在禀赋效应，也不能排除禀赋效应对一般消费者的影响。

关于禀赋效应的大多实验都是检测在拥有实物后立刻体验的即时性禀赋效应。Strahilevitz 和 Loewenstein（1998）将分析拓展到了适应和持续效应。没有拥有过实物的个体对于物品的估值低于那些一直持续并适应拥有实物的个体。这种适应性似乎使禀赋效应的作用更强。如果人们逐渐适应了拥有关系，对于先前拥有实物的购回价格将随着他之前拥有实物的时间而增加，这被称作"现有所有权持续效应"（duration-of-current-ownership-effect）。他们通过让持续拥有时间从 20 分钟变到 1 小时以对于这种效应进行验证。然而现实中持续拥有的时间要比实验控制的时间更长。

## 二、禀赋效应与退货政策

禀赋效应运用于消费领域的一个例子是退货政策。禀赋效应的行为理论表明，消费者可能更难退回购买的商品，因为人们一旦拥有了这些商品，就会更看重它们。如果消费者在购买商品后不愿意退货，那么零售商在宽松的退货政策下担心产品退货过多可能是没有道理的。所有权的持续时间效应进一步表明，长退货期可能比短退货期更能降低退货率。

一项考察退货政策下禀赋效应的行为研究是 Wood（2001）的远程购买实验，实验过程是受试者在第一阶段作出是否购买物品的决定，第二阶段要求受试者在收到产品后立即作出保留或归还的决定。Wood 的研究检验了退货政策和禀赋效应如何影响消费者的决策时间——消费者订购产品时的考虑时间和收到产品并决定是否保留产品的考虑时间。实验设计包括宽松的退货政策和限制性退货政策。宽松的退货政策保证全额退款，而限制性退货政策不退还退货的运费。产品订单和产品接收之间的时间差促进了禀赋效应。Wood 的主要观点是，通过减少决策冲突和允许退货的灵活性，宽松的退货政策将减少消费者在订购阶段的考虑时间。在没有禀赋效应的情况下，消费者需要在保留或归还阶段用更长的考虑时间来弥补这一点。然而，在有禀赋效应的情况下，由于消费者的所有权意识，他们无法充分考虑保留或退回产品的决定。实验证实，宽松的退货政策减少了消费者在订购阶段的考虑时间，提高了他们订购产品的比率，但没有增加消费者在保留或退货决策阶段的考虑时间。

另一项考察禀赋效应与退货政策的研究是退货政策和禀赋效应如何影响购买倾向和退货率的实地实验（Wang，2009）。实验包括三种退货政策设计：长退货期限退货政策、短退货期限退货政策和无退货政策，具体实验设计如表 13-2 所示。在长退货期限退货政策处理组中，买家被告知他们可以在两周内退货。在短退货期限退货政策处理组中，买家被告知他们可以在第二天退货。在无退货政策处理组中，买家在第一阶段被告知购买的商品不能退货；然而，在接下来的一周，他们被告知退货政策已经改变，他们可以在第二周退货。在第三种处理组中，从不能退货到可以退货的政策变化对于检验文章的假设很重要。第一阶段的不能退货处理允许文章检验退货政策的信号效应。在第二阶段中更改为"可以退货"使我们能够检查人们后悔购买的可能性，或者当他们在第一阶段面

临无退货保证时，改变主意的可能性，因为他们本应作出更谨慎的决定。这将提供一个基准回报率，以便与宽松退货处理组中的退货率进行比较。

**表 13-2　禀赋效应与退货政策实验设计**

| | 长退货期限处理组 | 短退货期限处理组 | 无退货政策处理组 |
|---|---|---|---|
| 退货保证 | 有 | 有 | 从无到有 |
| 退货期限 | 两周 | 一天 | 两周 |

资料来源：WANG X H, 2009. Retail return policy, endowment effect, and consumption propensity: an experimental study[J]. The B.E. journal of economic analysis & policy, 9(1): 1-29.

该实验在退货制政策响消费倾向的研究中用不同的方式检验了禀赋效应。研究首先通过最低接受意愿和最高支付意愿的差异证明了禀赋效应在中国被试中同样存在。研究更专注于另两种检验方法：所有权的持续效应，结果显示购买杯子的消费者的最终估价高于初始估价；与短退货期限退货政策处理组相比，购买马克笔的消费者在长退货期限退货政策处理组中会增加估价。更为重要的，该研究的实验检验了宽松退货政策下伴随更高初始购买率的买方是否比无退货政策处理组的买方退货更多。无退货政策处理组中的政策转变允许研究者将买家在没有过高的初始估价时的退货或“后悔”水平作为比较的基准。研究发现有一定证据显示宽松退货政策下的退货率与无退货政策相近，尽管整体的退货水平都较低。

## 三、禀赋效应与二手市场

二手市场交易中禀赋效应也发挥了重要作用。二手商品的出售者往往会比购买者要求更高的市场售价，这一更高售价除了“低买高卖”的销售策略外，也存在因资源所有权归属而产生接受意愿普遍高于支付意愿的禀赋效应现象。由于买卖这一行为会使资源所有权发生转移，对于出售者来说是一种预期损失。Genesove 和 Mayer（2001）对于住房市场的研究发现，1%的预期损失会转换为高出0.25%的市场标价。禀赋效应也使二手商品住房市场呈现这样一种普遍现象：住房待售时间在价格下降时比价格上升时会更长。如何避免像住房市场等二手商品因禀赋效应导致买卖双方出价不一致而形成市场交易不足状况？或许，借鉴禀赋效应实验研究成果，采用“试住”“试用”或“试吃”等所有权临时发生转移的行为策略，是一个有用的策略。因为这些策略提高了购买者对资源的使用体验和心理估值，也降低了出售者为规避资源损失的过高要价，从而更可能促成二手商品市场交易。

## 四、禀赋效应与储蓄计划

禀赋效应在储蓄计划中也有广泛的应用。“自动加入”可能会增加 401（k）计划的参与率，因为一旦个人成为 401（k）参与人，他们实际上可能比作为非参与人更重视 401（k）参与。这是由个人相对于现状感知损失和收益的方式的不对称所驱动的。当比较一个与个人已有收益和损失相等的替代方案时，损失的权重将更大。对于自动加入者，选择退出的收益是增加的当前消费，而损失是减少了退休储蓄。禀赋效应将导致自动加入的个人比根据旧计划规定计划参加 401（k）计划的个人更重视退休储蓄的损失。因此，通过将 401（k）储蓄账户的所有权自动授予原本不会参与的个人，可能会增加这些人对储蓄的重视。这种类型的禀赋效应也可以解释在自动登记下对默认供款率和默认投资选项的偏好。

# 第三节　框架效应与消费

框架效应指备选项表述上的改变引起的选择偏好上的改变，消费者在进行决策时很容易受到商品折扣方式与表述方式的影响。

## 一、框架效应与年金选择

框架对年金化决策至关重要：在消费框架中，年金被视为有价值的保险，而在投资框架中，年金是一种风险资产，因为回报取决于不确定的死亡日期。布朗等（Brown et al., 2008）在对于年金选择时的框架效应研究中发现，当在消费框架中呈现时，绝大多数个人更喜欢年金而不是替代产品；而当在投资框架中呈现时，大多数个人更喜欢非年金产品。鉴于投资框架是消费者作出退休财务规划决策的主要框架，这一发现可能有助于解释为什么很少有人年金化。

## 二、框架效应与价格折扣

对于相同力度不同表现形式的价格折扣，顾客的感知和反应是不同的。Heath 等（1995）提出，价格折扣框架，即促销价格折扣的呈现方式，影响消费者的价格感知。如果百分比折扣较大，就应该呈现百分比折扣；如果绝对折扣（立减）较大，则用立减方式呈现价格折扣。比如，对于高水平促销（如 50%折扣），应以百分比折扣方式表示。不同的价格促销方式影响消费者的感知和购买意图，在同等促销力度下，对于高价产品来说，相比折扣的促销方式，立减的方式会让消费者感知更显著，对于低价产品则正好相反。然而，Morwitz 等（1998）发现，当以百分比折扣方式呈现附加费时，消费者倾向于回忆较低的价格，因此，当顾客面临百分比折扣时，会低估促销力度，从而影响他们的购买意愿。Hardesty 和 Bearden（2003）发现在低价产品适度折扣水平的情况下，立减和百分比折扣对消费者选择的影响不大，但对于高水平的折扣，消费者更看重百分比折扣。DelVecchio 等（2009）通过实验得出，在低价产品低折扣力度的情形下，相对立减，消费者对百分比折扣方式的感知价格更高。

## 三、框架类型与消费决策

不同类型的框架对消费者决策起到的作用不同。Levin 等（2002）考察不同类型框架（风险选择框架、特性框架和目的框架）的正负面信息对于大学生决策的影响。

在特性框架中，参与者被要求假设他们邀请了一位朋友来吃饭，并且他们正在用碎牛肉做他们最喜欢的千层面。在正面框架下，参与者被告知牛肉是“80%瘦肉”；在负面框架下，参与者被告知牛肉含有“20%的脂肪”。在两种框架下，参与者均被要求从以下

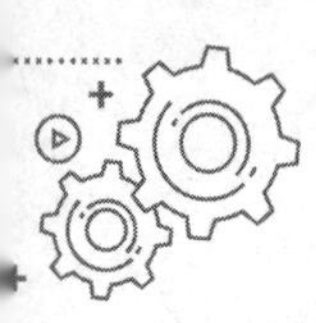



几个方面对牛肉进行评价：肥—瘦、油腻—不油腻、低质量—高质量，味道差—味道好。

在目标框架中，参与者被要求想象他们的父母之一正在考虑在他们的饮食中消除或减少红肉的数量。在正面框架下，参与者被告知："如果你的父母停止吃红肉，他或她将能够降低血液中的胆固醇水平。因此，他或她将显著降低早发心脏病的可能性。"在负面框架下，参与者被告知："如果你的父母继续吃红肉，他或她将无法降低血液中的胆固醇水平。因此，他或她将无法显著降低心脏病早发的可能性。"在两种框架下，参与者均被要求对他们建议父母从饮食中消除红肉的可能性进行评分，并对他们建议父母至少减少饮食中 1/3 的红肉的可能性进行评分。

在风险选择框架中，参与者被要求想象他们的父母之一被诊断为有危险的高胆固醇水平。他们被告知已经开发了两个治疗高胆固醇水平的方案。在正面框架下，参与者被给予以下描述："如果采用方案 A，1/3 的受治疗者将成功降低胆固醇。如果采用方案 B，有 1/3 的机会所有受治疗者成功降低胆固醇，2/3 的机会没有一个受治疗者成功降低胆固醇。"在负面框架下，参与者被给予以下描述："如果采用方案 A，接受治疗的人中有 2/3 不能降低胆固醇。如果采用方案 B，有 1/3 的机会接受治疗的人中没有一个人不能降低胆固醇，有 2/3 的机会所有人不能降低胆固醇。"在两种框架下，参与者被要求完成一个 7 分制的评分，一端标为"肯定会推荐方案 A"，另一端标为"肯定会推荐方案 B"。回答得分为 1 ~ 7 分，数字越高，表示对风险选项的偏好越高。

实验结果如表 13-3 所示。在特性框架下，正面框架下的关键信息带来了更多的有利的评价；而风险选择框架下，当结果被表述成损失时带来了更多的偏爱。这些都与以往的一些研究结果相似，但目的框架没有起作用。

**表 13-3　三种框架下的评分均值、标准差和 *T* 检验结果**

| | | 正面框架 | 负面框架 | 差值（正面框架-负面框架） | *T* 检验 | | |
|---|---|---|---|---|---|---|---|
| | | 均值 | 均值 | 均值 | *t* 统计量 | 样本量 | 显著性 |
| 特性框架 | 肥/瘦 | 4.47<br>（1.60） | 3.60<br>（1.57） | 0.87<br>（1.76） | 5.02 | 101 | 0.000 |
| | 油腻/不油腻 | 4.02<br>（1.32） | 3.32<br>（1.32） | 0.70<br>（1.47） | 4.77 | 101 | 0.000 |
| | 低质量/高质量 | 4.5<br>（1.49） | 3.86<br>（1.45） | 0.64<br>（1.52） | 4.23 | 101 | 0.000 |
| | 味道差/味道好 | 5.16<br>（1.21） | 4.84<br>（1.52） | 0.31<br>（1.50） | 2.12 | 101 | 0.037 |
| | 平均特性评分 | 4.54<br>（1.17） | 3.91<br>（1.24） | 0.63<br>（1.24） | 5.14 | 101 | 0.000 |
| 目的框架 | 消除红肉 | 5.11<br>（1.46） | 5.02<br>（1.48） | 0.09<br>（1.59） | 0.56 | 101 | 0.576 |
| | 减少 1/3 红肉 | 6.08<br>（1.05） | 6.10<br>（1.25） | –0.02<br>（1.30） | –0.15 | 101 | 0.880 |
| 风险选择框架 | 评分 | 3.12<br>（1.36） | 4.21<br>（1.49） | –1.09<br>（2.07） | –5.30 | 101 | 0.000 |

注：括号内为标准误。

资料来源：LEVIN I P, GAETH G J, SCHREIBER J, et al., 2002. A new look at framing effects: distribution of effect sizes, individual differences, and independence of types of effects[J]. Organizational behavior and human decision processes, 88(1): 411-429.

### 四、信息框架与消费决策

广告信息的呈现方式（即信息框架）可能会对消费者对广告产品的判断和决定产生相当大的影响（Ganzach and Karsahi，1995；Smith，1996）。信息框架是指广告信息以积极或消极的方式呈现（Levin and Gaeth，1988）。正面框架强调购买产品的好处，而负面框架强调不购买产品的潜在损失（Maheswaran and Meyers-Levy，1990）。

一项研究考察了以提升为焦点和以预防为焦点的消费者的框架效应是有何不同的（Lee et al.，2018）。这项研究比较了正面和负面的信息框架，并检验了产品类型和消费者的监管焦点如何影响广告效果。研究者在受试者之间进行了一项 2（信息框架：正面框架与负面框架）×2（产品类型：享乐型与功利型）×2（监管焦点：提升焦点与预防焦点）的实验。关于产品类型：享乐型产品主要用于情感或感官满足，如吃巧克力蛋糕或花一周时间在夏威夷晒日光浴；而功利型产品具有功能性和实用性并提供认知导向的好处，如涂汽车蜡或使用地板清洁剂（Woods，1960）。关于监管焦点：以提升为焦点的个体关注愿望和成就，关注是否有积极成果。相比之下，以预防为焦点个体关注责任和安全，关注是否存在负面结果（Shah et al.，1998）。

研究结果表明，无论产品类型如何，对于以提升为焦点的消费者而言，具有正面框架信息的广告都比具有负面框架信息的广告更有效。然而，对于以预防为焦点的消费者来说，当广告产品为功利型产品时，正面框架的信息比负面框定的信息更有效。相比之下，当广告产品是享乐型产品时，负面框架的信息比正面框架的信息更有效。因此，营销人员可以通过将信息框架与广告产品相匹配来更有效地瞄准消费者。

## 第四节　心理账户与消费

心理账户是人们在心理上对结果的编码、分类和估价的过程，它揭示了人们在进行决策时的心理认知过程。心理账户理论为众多相关领域的研究提供了指导，下文将介绍心理账户在消费者行为领域的应用。

### 一、支付痛感与消费满足

人们在消费决策中的心理账户存在两个通道，一个通道记录了付款后从消费中获得的正效用，即消费中体验到的快乐；而另一个通道则记录了为获得收益而支付的负效用，即付款时感到的疼痛（Prelec and Loewenstein，1998），这被称为双通道心理账户。如果双通道心理账户的正效用值大于负效用的绝对值，人们会感觉到消费是值得的、愉悦的；相反，如果双通道心理账户的负效用绝对值大于正效用的值，人们则会感觉到消费是不值得的。

关于个体如何计算双通道心理账户的盈亏，双通道心理账户理论提出一个重要假设，认为人们在心理上拥有一个“预期账户”，这个账户记录了每次购买行为的“消费”和“支付”之间的关系。为了进一步说明消费与支付之间的关系，双通道心理账户理论提出另一个重要概念——“联结”，即消费与支付的紧密程度，同时引入两个联结系数：$\alpha$ 系数

和 $\beta$ 系数。$\alpha$ 系数是指消费的快乐被付款的疼痛所降低的程度，即快乐弱化系数。$\beta$ 系数是指付款的疼痛被消费的快乐所降低的程度，即疼痛钝化系数。$\alpha$ 系数和 $\beta$ 系数受到情境因素、产品特征、消费者个性因素以及动机等很多因素的影响而发生变化，因此两个联结系数经常影响人们的消费体验和实际的购买决策。例如有的人在花钱时 $\alpha$ 系数较小，很少去考虑成本；而有些人买回来一件商品，每次使用都会心疼当初支付的钱，说明其 $\beta$ 系数较小（李爱梅等，2012）。

关于消费和付款的联结如何影响个体的消费决策行为，Prelec 和 Loewenstein（1998）发现，消费与支付的时间间隔是影响双通道心理账户联结的重要因素。从图 13-1 发现：当消费时间在点 0 时，如果在点 $A$ 预付款，点 0 和点 $A$ 相隔较远，消费和支付在时间上的联结较弱，这时的估算成本几乎为零，人们在消费时会觉得消费的收益远大于成本，感觉消费是免费的，此时消费的 $\alpha$ 系数较小，账户是盈余的，人们的消费效用是正的；如果支付费用的时间在点 $B$，点 0 和点 $B$ 相隔较近，支付与消费的联结较紧密，消费者会感觉到成本变大，收益与成本的差值较小，$\alpha$ 系数变大；当支付时间在点 $C$ 时（支付处于消费之后的短时期内），支付和消费联结很紧密，估算成本最高，收益要小于成本，$\beta$ 系数很小，人们的消费效用是负的，更容易体验到支付的疼痛；而随着支付推迟到遥远的将来（点 $D$），联结又变得较弱，估算成本又有所下降，$\beta$ 系数变大。

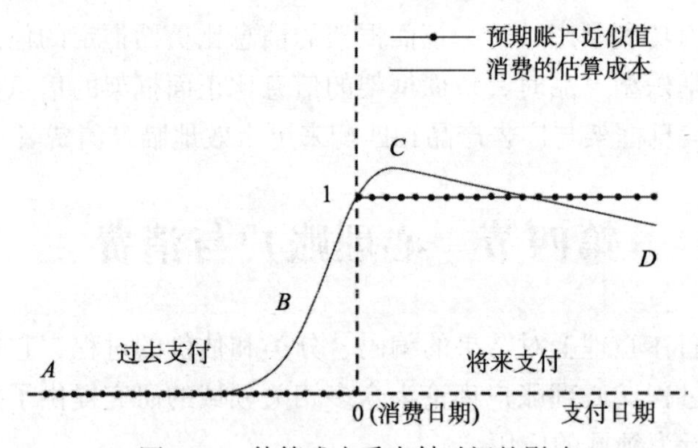


图 13-1　估算成本受支付时间的影响

资料来源：PRELEC D, LOEWENSTEIN G, 1998. The red and the black: mental accounting of savings and debt[J]. Marketing science, 17(1): 4-28.

总而言之，预付进行的消费感受到的心理成本比消费后支付的心理成本明显要小。间隔时间越久，消费与支付的联结越弱，人们感觉到的心理成本接近零；随着消费和支付在时间上越接近，消费和支付的联结逐渐紧密。当消费和支付同时发生时，人们感知到的心理成本为 1；但在先消费后支付的情况下，在短时间内人们感知的心理成本大于 1，消费和支付联结紧密，此时人们感知到的消费效用为负值。因此，不同的支付时间和支付方式影响消费与支付之间的联结，从而影响人们的消费决策行为。

## 二、心理账户与替代品选择

消费者的选择通常只涉及可行方案之间的比较，但研究发现，替代品之间共享的功能被取消，更大的权重放在所提供选择中的独特功能上。通过改变那些看起来独有的特征，可以增强或减少选择集的吸引力（Dhar and Sherman，1996）。

另外，当已经拥有某一类别耐用型产品的消费者面临升级到新的、更高质量产品的机会时，替代品的购买决策将受到规范性经济因素和心理因素的双重驱动（Okada，2001）。作为一个规范的决策者，个体除了考虑新产品的购买价格，还会考虑淘汰旧产品的心理成本。在拥有产品的过程中，消费者会在心理上降低初始购买价格，从而为产品创造“心理账面价值”。这种心理账面价值的注销被认为是置换购买（以旧换新）的心理成本。

相关实验研究检验了旧物置换对替换购买决策的影响（Okada，2001）。该实验使用了两种产品：一种是在海滨别墅的共享时间，另一种是体育俱乐部会员。它们都属于可重复使用的产品范畴，一旦购买了更新的、更具吸引力的可重复使用产品，旧的产品就没有了价值。产品定价分为两个类别：旧物置换和销售。在旧物置换情况下，新体育俱乐部会员的价格为 200 美元，旧体育俱乐部会员的价格为 100 美元；在销售情况下，新体育俱乐部会员的价格从原来的 200 美元折扣到 100 美元。在旧物置换情况下，新共享时间以 250 美元的价格出售，旧共享时间以 100 美元的价格出售；在销售情况下，新共享时间从原来的 250 美元折扣到 150 美元。根据实验设计，首先，受试者会被随机分配到根据产品类别和定价类别划分的第 1 组或第 2 组，小组划分情况如表 13-4 所示。其次，受试者被随机分配到 2（体验频率）×2（体验质量）的 4 种体验情况中的一种，体验情况如表 13-5 所示。体验频率是指过去的使用频率，分为两个级别：频繁的和不频繁的。在频繁（不频繁）的情况下，受试者被告知他们经常（很少）去体育俱乐部/共享时间的滨海别墅度假。体验质量是指过去的消费有多愉快，分为两个层次：积极和消极。处于积极（消极）状态的受试者被告知他们在那里的那段时间里（没有）有过非常愉快的经历。

**表 13-4　受试者根据产品类型和定价类型分组情况**

| | | 定价类别 | |
|---|---|---|---|
| | | 旧物置换 | 销售 |
| 产品类别 | 滨海别墅共享时间 | 第 1 组 | 第 2 组 |
| | 体育俱乐部会员资格 | 第 2 组 | 第 1 组 |

资料来源：OKADA E M, 2001. Tradeins, mental accounting, and product replacement decisions[J]. Journal of consumer research, 27(4): 433-446.

**表 13-5　受试者对产品的体验情况**

| | 体验质量 | |
|---|---|---|
| 体验频率 | 消极-不频繁 | 积极-频繁 |
| | 消极-频繁 | 积极-不频繁 |

资料来源：OKADA E M, 2001. Tradeins, mental accounting, and product replacement decisions[J]. Journal of consumer research, 27(4): 433-446.

实验结果如表 13-5 所示，结果表明，当使用体验为负面且不频繁时，旧物的心理账面价值较高，而旧物折价有效地缓和了账面价值的影响，从而将替换购买概率从62%增加到79%。然而，当使用体验积极且频繁时，心理账面价值较低，旧物置换没有调节作用，

因此对替换购买概率没有任何影响（销售情况下为72%，旧物置换情况下为73%）。图13-2中的扇形效应表明，当过去的使用体验不频繁且消极时，旧物置换在增加替换购买概率方面最为有效。研究再将数据集分为两种：销售情况与旧物置换情况。替换购买概率的方差分析表明，在这两种情况下，替换购买概率均随心理账面价值的增加而降低，但心理账面价值对替换购买概率的负面影响在销售情况下更大，在旧物置换情况下较小。这表明，旧物置换交易减轻了心理账面价值对替换购买概率的影响。

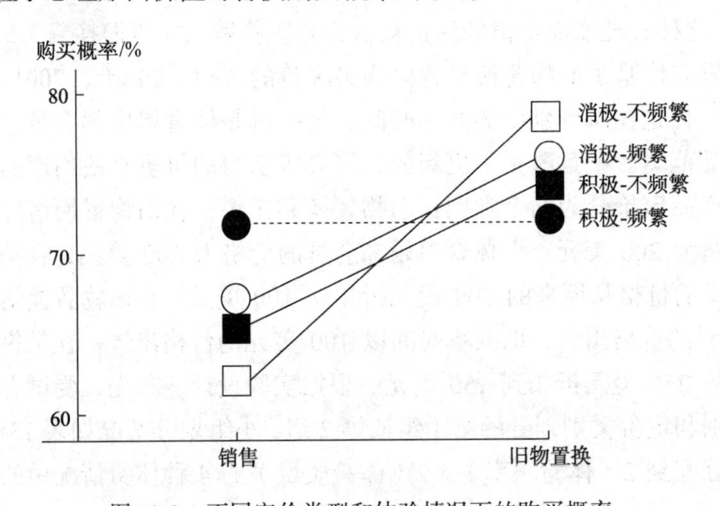


图 13-2　不同定价类型和体验情况下的购买概率

资料来源：OKADA E M, 2001. Tradeins, mental accounting, and product replacement decisions[J]. Journal of consumer research, 27(4): 433-446.

## 三、促销对心理账户的影响

在促销情况下，心理账户的决策框架仍然适用，然而，促销改变了原始决策规则中的参考点（Heath，1995）。不同的促销方式形成了人们的心理账户。首先，当交易存在折扣降价和现金返还这两种不同的优惠促销形式时，人们的消费特点是不同的（Heath and O'Curry，1994）。当获利来源于折扣降价时，消费者更倾向于买质量更好的产品，因为降价省下来的钱，人们仍然看成购买该商品的心理账户预算，用于购买该商品的心理账户的钱就多了，因此可以买品质更好的产品；如果获利是来自现金返还，人们通常把这笔钱看作总现金账户的增长，对消费行为的影响不大。他还提出消费者可能会把他们的收入来源和消费支出按重要性程度进行分类。这类似于“专款专用”，认为消费者倾向于把不重要来源获得的收入花在一些不重要的项目上，把来源重要的收入花在一些非常重要的消费项目上。这也意味着，人们会把辛苦挣来的钱存起来，舍不得将其用于消费，究竟怎么花费这笔钱都经过谨慎、理智的权衡；而如果是一笔意外之财，人们可能很快将其消费完。

其次，当促销形式分别表现为同类产品“买一送一”“现金折扣”和“赠送购物券”时，消费者的心理账户特点是不同的（Okada，2001）。“现金折扣”所得的钱可以用作别的用途；“买一送一”的策略倾向于使消费者认为单个商品物超所值，产生好的购买体验；

"赠送购物券"的方式让消费者为了使用购物券，必须再投入额外现金，促使消费者购买一些并不需要的商品。

最后，消费者在预期内的价格折扣和预期外的价格折扣这两种情况下的决策行为存在差异（Ha et al.，2006）。研究表明，消费者更倾向于花费从预期外折扣中获得的钱，而不是从预期内折扣中获得的钱。此外，如果有两种产品可供选择，那么节省下来的钱更有可能用于折扣产品而不是其他产品。

# 本 章 小 结

本章介绍行为决策中的过度自信、禀赋效应、框架效应、心理账户等理论在消费和储蓄领域的广泛应用。

第一节讨论了过度自信对消费的影响。在健身合同例子中，人们会高估自己的健身频率导致办年卡可能比办次卡更不划算，也会因为过度自信拖延终止健身会员合同。在虚假促销活动的例子中，消费者购买决策中的时间压力与决策自信程度有着显著的正相关关系，而过度自信又对购买意愿有着显著的影响，因此在虚假促销活动中过度自信心理会导致冲动消费。在信用卡消费例子中，个人（天真地）相信他们不会在借款利率优惠期过后借太多的信用额度，但实际个人会对前期的优惠利率反应过度，反而增加信用卡的使用率。

第二节讨论了禀赋效应对消费的影响。在退货政策的例子中，有一定证据显示宽松退货政策下的退货率与无退货政策相近，因此可以推广宽松退货政策以促进商品交易。在二手商品市场交易的例子中，采用"试用"等所有权临时发生转移的行为策略可以提高购买者对资源的使用体验和心理估值，降低出售者为规避资源损失的过高要价，从而更可能促成二手商品市场交易。在参与储蓄计划的例子中，禀赋效应将导致自动加入的个人比根据旧计划规定计划参加 401（k）计划的个人更重视退休储蓄的损失，从而增加了储蓄计划的参与率。

第三节讨论了框架效应对消费的影响。框架效应可以帮助解释为什么很少有人选择年金化的退休财务计划。框架效应还出现在对于相同力度不同表现形式的价格折扣，顾客的感知和反应是不同的。如果百分比折扣较大，就应该呈现百分比折扣，如果绝对折扣（立减）较大，则用立减方式呈现价格折扣。

第四节讨论了心理账户对消费的影响，主要从支付痛感与消费满足的抵消、替代品的选择、优惠促销对心理账户的影响这几个方面进行了阐述。

## 复习与思考

1. 举例说明过度自信会对个人的消费行为产生影响。
2. 设计一个框架以促进商品销售（提示：价格折扣框架影响消费者的价格感知）。
3. 试从心理账户的角度解释非理性消费行为。
4. 用一个实验设计说明如何检验禀赋效应对个人消费或储蓄计划的影响。

## 本章小结

# 第七篇　行为实验的外延方法

# 第十四章　问卷实验法

本章主要介绍基于大众人群的问卷实验方法（population-based survey experiments）。在问卷调查实验中，参与者被研究人员随机分配不同的处理或控制条件，且不需要在实验室环境中进行实验，因此针对实验参与者不能共处于同一实验室场景下时，问卷实验法是非常便捷的。基于人群的问卷实验方法，不要求研究者的书面或口头访谈技巧有多么娴熟，也不取决于实验室外环境的设置情况。

严格来说，问卷实验这一方法的重点在于实验而不是问卷调查。根据实验设计，这一方法可以利用随机分配的方式实现无偏的因果推断。与普通的问卷调查相似，实验在目标人群的随机样本中展开。然而，问卷实验不需要依赖于具有全国代表性的人口样本，其目标人群可能是某些民族或族裔群体的成员、18 岁以下儿童的父母或者是收看电视新闻的人群等。

问卷实验的优势在于可以在特定的人口样本中对理论假说进行检验，而这种方式的缺点在于，大多数研究人员很少有实验室外的实验处理经验，所以本章会详细介绍问卷实验这一新方法和需要注意的地方。

## 第一节　提高测量精度的问卷实验

问卷实验不仅能用来检验某一特定的理论假说，还能提高测量精度。在很多情况下，一项研究的基本假设就是测量方式存在系统性偏差。提高测量精度与降低实验中的系统性偏差的目的是一致的。例如，当研究假设为“白人不能完全诚实地报告他们对少数族裔的态度”，这同时也是假设“社会期望会扭曲‘白人对少数族裔态度’的测量”。

在问卷实验中，有三种方式常被用来提高测量精度——条目计数法（item count technique）或列表实验（list experiment），改变推论方式，采用锚定方法。与传统直接问询的方式相比，问卷实验方法对匿名性有一定的保证，从而能让参与者消除顾虑，进行诚实答复。

### 一、条目计数法或列表实验

列表实验的目的是允许敏感性或争议性立场和行为的存在，但不要求回答者直接承认。回答者不需要直接表明自己对某种行为的态度，只需要报告列表中自己赞同或不赞同的行为数量。仅在随机的一半样本中，访问者提供的列表会包含目标条目。比如，在评估人们对种族的态度时，参与者被随机分为 A 和 B 两组分别阅读以下的指导语：

A 组被试将阅读到如下指导语：

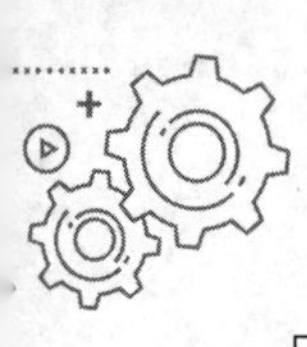


> 现在你将看到三件事情。在你阅读完后，仅需要告诉我们其中有多少件事情让你不适。我们不需要你指明是哪一条，只需要总数目。
> 1. 联邦政府增加汽油税。
> 2. 职业运动员得到百万年薪。
> 3. 大公司污染环境。

B组被试将阅读到如下指导语：

> 现在你将看到四件事情。在你阅读完后，仅需要告诉我们其中有多少件事情让你不适。我们不需要你指明是哪一条，只需要总数目。
> 1. 联邦政府增加汽油税。
> 2. 黑人家庭成为你的邻居。
> 3. 职业运动员得到百万年薪。
> 4. 大公司污染环境。

不难看出，“黑人家庭成为你的邻居”是研究者想要关注的问题，但是对于特定的被试来说，他们只能看到A组或B组中的一份指导语，因此难以推断出研究者的真实目的。并且参与者不需要告诉访问员具体选择了哪些条目，仅需报告条目的总数。于是，通过比较控制组A组和处理组B组的回答情况，研究者就可以估计在多大程度上，人们为了遵循社会期望去虚报对目标条目的回答。需要注意，这一方法并不能让研究者知道某一特定个体对目标条目的态度，但是处理组和控制组回复情况的均值差异可以归因于样本选择偏误或者差异条目的存在。

Burden 和 Yamada（2017）利用列表实验评估了美国公众反对女性总统的程度。作者通过电话向受访者提供了一份清单，并询问在清单中有几条陈述让他们感到不适。控制组和处理组的受访者都收到相同的 4 份陈述，而处理组的受访者额外增加了第五条陈述“一名女性担任总统”。

控制组被试将阅读到如下指导语：

> 我将向你展示四件可能会令你生气或不高兴的事情。在读完这四件事后，请告诉我其中有多少件让你不高兴。你不需要指明是哪几件，只需要说有几件。
> 1. 汽油价格不断上涨
> 2. 职业运动员获得百万美元的薪水
> 3. 要求开车时使用安全带
> 4. 大公司对环境的污染

处理组被试将阅读到如下指导语：

> 我将向你展示五件可能会令你生气或不高兴的事情。在读完这五件事后，请告诉我其中有多少件让你不高兴。你不需要指明是哪几件，只需要说有几件。
>
> 1. 汽油价格不断上涨
> 2. 职业运动员获得百万美元的薪水
> 3. 要求开车时使用安全带
> 4. 大公司对环境的污染
> 5. 一名女性担任总统

以上处理组和控制组得到的答题者回答的不适数量之差就是对“女性担任总统”不赞成的人群比例。本实验有两个重要的发现：首先，控制组平均选择的项目数为 2.17，而在处理组为 2.30，总体差异为 0.13，即 13%的受访者对女性担任总统感到不满，这一比例远远高于公开场合反对一位合格的女性总统候选人的比例（大约 10%），因为他们是被直接问及这一点，人们在被直接问及的时候不方便透露真实看法。其次，本研究发现，与 Streb 等（2008）的实验结果相比，对女性总统持消极态度的比例从原来的 26%大大下降，而男性受访者的偏见水平与 2008 年持平（26%），主要是女性大众对女性总统的偏见消失了。

## 二、改变推论方式

许多方法通过改变人们思考问题的方式来提高人们回答问题的测量精度。其中一个方法被称为“内隐目标启发”（implicit goal priming）。在引发人们对社会敏感性问题（如过度饮酒）的自我报告之前，参与者会进行一些看似无关的练习，这些练习会将他们引到某一特定目标。在 Rasinski 等（2005）的一项研究中，参与者会先完成一项词汇任务，然后完成一系列关于饮酒的调查问卷。下面是实验流程的示意，处理差异在词汇任务上，控制组看到的是一组中性词，而处理组看到的是一组与“诚实”有关的词汇。

控制组实验流程：

> 本实验分为两个部分
> 第一部分：词汇任务
> 你将看到一组四个词汇，请在后面三个词语中选出与第一个词语最为接近的词语
> **混合**　　**融合、混杂、结合**
> ……
> 第二部分：问卷调查
> 你是否有过醉驾行为
> 你是否因过度饮酒而记不清楚事情
> ……

处理组实验流程：

> 本实验分为两个部分：
> 第一部分：词汇任务
> 你将看到一组四个词汇，请在后面三个词语中选出与第一个词语最为接近的词语
> **诚实　　真诚、坦诚、真实**
> ……
> 第二部分：问卷调查
> 你是否有过醉驾行为
> 你是否因过度饮酒而记不清楚事情
> ……

对于处理组的参与者来说，他们深入思考了“诚实”的概念并在相近的词义中进行区分，这是一种高效的启发方式。正如预期那样，作者发现，处理组成员即深入考虑了“诚实”的人，更多地自我报告了从事敏感性行为（如酒驾、醉驾、因饮酒记忆力衰退）。

## 三、采用锚定方法

锚定效应是认知偏差的一种形式，是指接触某些信息会影响随后的结果估计。锚定效应可以通过信息呈现的顺序或信息呈现的大小来触发。对于调查研究来说，参与者的过度报告是一个严重的问题。而给予参与者一个锚定点或者参照点，如关于整体人群中某种行为频率的信息，鼓励他们与其他人进行比较，他们能够进行更为准确的估计。在自我报告对新闻的接触程度的研究中，研究者尝试通过三种不同的指导语来给予参与者不同的锚定点。

> 第一组：
> 最近电视新闻观众大量减少，很少的美国人会在工作日傍晚观看全国新闻。
> 第二组：
> 最近电视新闻观众大量减少，少于 1/10 的美国人会在工作日傍晚观看全国新闻。
> 第三组：
> 最近世界上发生了一些事情，许多美国人都在工作日晚上观看全国新闻。

其中第一组参与者接收到模糊的频率信息，第二组参与者接收到精确的频率信息，第三组参与者则故意夸大了估计。研究者认为，有关看新闻在人群中的频率信息为参与者的估计提供了一个参考点，鼓励他们考虑这个参考点是否适用于自己（Burton and Blair，1991）。实验结果显示，任何关于人群频率或者其他人的参考信息都会减少参与者对接触新闻程度的过度报告（Prior，2009）。对此可能的解释是，对于不经常看新闻的受访者来说，他们听到“很少的美国人”或者“少于 1/10 的美国人”看新闻时，会认为自己符合常态，所以报告较低的新闻频率。当他们听到“许多美国人”看新闻时，他们意识到自己并不属于这一类人群，故而也降低了自己的估计。研究结果还表明，人们经常从自己对政治新闻的了解程度而非真实对新闻的接触程度来报告自己对新闻的接触情况。

除了提高测量的精度，锚定效应还表现在改变问题顺序可以影响被试的决策。比如，如果受访者先进行有关政治知识问题的回答，然后让他们估计自己对政治的兴趣水平，他们往往会低估自己的兴趣水平。若将回答政治问题与报告政治兴趣两个环节调换顺序，则没有这样的效应。这是因为他们在回答政治知识问题时遇到的困难导致他们降低了自我评估的兴趣水平。

## 第二节　直接处理法和间接处理法

本节介绍在问卷实验中应用最广、最为灵活处理方式——直接处理法和间接处理法。直接处理是指对参与者的操控或介入显而易见的处理方式，可能是让不同参与者面对对立的两种观点，也可能是参与者对某张图片的判断。直接处理法很容易让参与者接触一些新的信息、观点或者其他干预措施。间接处理法的特征并不像直接处理法那样明显，甚至对第三方而言，都很难看出实验设计的目的。间接处理是通过一些表面的目的来引发参与者情绪、目标、优先事项或者思维过程的改变。间接干预要更加微妙。比如，一个人想要引出一组参与者的积极情绪和另一组参与者的消极情绪，研究者会在一种条件下让参与者回想过去最快乐的两件事情，而在另一种条件下让参与者回想过去最悲伤的两件事情。接受间接处理的参与者通常会按照研究者的要求进行回忆，但并不会意识到这种行为与随后的问题和回答有什么关系。

### 一、直接处理法

直接处理在检验基础研究问题及其应用、政策相关问题都是很有帮助的，接下来介绍直接处理法在四个场景下的应用。

#### （一）直接处理法与网络平台

一些问卷实验中的直接处理法利用了网络平台的视觉和交互功能。例如 Oliver 和 Lee（2005）设计过一项研究来检验“对少数族裔和女性的肥胖判断标准是否与对白人和男性相同”。参与者会随机看到一系列由电脑生成的不同体型的图片，然后要求判断在什么时候图片上的个体是“超重”或“肥胖”。电脑随机生成的体型有男有女，有白人也有黑人，图像被随机分给黑人男性、白人男性、黑人女性和白人女性。参与者按下键盘上的按钮，同时看着图片中的个体逐渐变胖，当他们认为该个体超重或者肥胖时，就停止按下按钮。

实验结果发现，在男性和女性同样体型的情况下，女性更容易被认为是超重或者肥胖。图片中个体的种族对超重或者肥胖标准并不产生影响，但参与者的种族会对评判有影响——白人男性比黑人男性更容易认为个体肥胖或者超重。

#### （二）直接处理法与大众决策

问卷实验还为研究政策如何影响大众决策提供了工具。例如，健康计划模式可能会

对大众健康产生重大影响，因为它会改变人们进行疫苗接种的计划。Davis 和 Fant（2005）想要知道拥有公司提供的健康计划的员工是否会愿意每月支付更高的费用以换取疾控中心所推荐疫苗的接种。研究的潜在前提是，如果健康计划范围中没有覆盖某项特定服务，参保人员不会愿意自费接受该项服务，但如果当初提供一个稍微昂贵的健康计划（覆盖这项服务），他们可能愿意接受。

实验要求参与者设想如果要选择一种健康计划套餐作为员工福利：套餐 A 是个人健康计划，保费是每月 45 美元；套餐 B 不仅包含套餐 A，还多出多种疾控中心推荐的疫苗，价格每月增加 3 美元（即总共 48 美元）。然后实验者询问参与者对健康计套餐的偏好，健康计划套餐只在费用和覆盖疫苗的全面性上有所差别。

令人惊讶的是，结果显示，人们普遍愿意（超过75%的参与者）支付更高的保费，以获得推荐疫苗的覆盖。"人们愿意当时支付稍高一点的费用，也不愿意之后再额外支付费用"这一结论让那些设计健康计划的学者能最大限度地提高公众福利。

**（三）直接处理法与演化心理学**

问卷实验在检验演化心理学假说时也发挥了重要作用。演化心理学的一个假说认为，男性更在意性上的不忠，而非情感上的不忠，女性则相反。Buss 等（1992）提出了一种观点并进行验证，这种观点认为，孩子父亲身份的不确定性和孩子母亲的确定性意味着男性和女性对同样的关系威胁的反应是不同的。按照这种想法，男性应该对伴侣的性不忠比情感不忠更不快。而因为女性对母亲身份很确定，她们所面临的更大威胁是自己的孩子无法获得配偶更多的资源。因此，这一理论表明，女性更有可能因为配偶的资源流失和情感不忠而感到沮丧。

然而支持这一理论的研究几乎都来源于大学生的样本，这限制了参与者的年龄和恋爱经历。为了在更有代表性的参与者样本和不同的结果衡量方式中外推这一发现，Sabini 和 Silver（2005）设计了一个问卷实验，其中包括两种不忠类型（实际不忠与假设不忠）和两种不同的结果衡量方式。

研究者询问那些被分配到实际不忠状态的参与者，他们是否被欺骗过，如果是的话，是性不忠、情感不忠还是两者都有。人们不能被随机分配去经历不同类型的不忠，但在这项研究中，他们至少是经历过不忠的人的随机样本。在"假设不忠"实验处理中，参与者则被要求想象伴侣爱上了其他人。总体而言，研究结果表明，男性和女性的相似大于差异。男性和女性对性不忠都比对情感不忠表现出更多的愤怒和责备，同时男性和女性都报告了情感不忠会带来更多的伤害。

**（四）直接处理法与群体行为**

直接处理法的优势不仅限于政策相关和演化心理学领域，当学者们想要概括"人类"等庞大、多样的群体行为时，这些好处就特别明显。Eaton 和 Visser（2008）利用全国男性和女性样本的多样性，研究了两种性别如何不同地扮演权力角色。一般来说，有权有势的人会坚持自己的立场，抵制劝说。那些权力较小的人应该更有可能重新考虑别人的劝说，低权力的职位意味着容易受影响的可能性大，但男性和女性扮演高权力角色的方式是一样的吗？研究预测，男性会符合这一普遍模式，但身居高位的女性会考虑有说服力的观点，甚至会受到有说服力的观点的影响。

参与者首先使用 7 分量表报告他们对各种社会和政治问题的态度，包括他们对死刑的态度。在报告他们的态度后，参与者被随机分配阅读反对死刑的相同强或弱说服信息。阅读信息后，参与者被要求评估信息并报告他们对死刑的态度。实验者使用参与者对死刑的初始态度和信息发布后的态度来确定他们对有说服力信息的态度的反应程度。研究者在一个 2×2×2 的实验中验证了自己的观点，实验设计如表 14-1 所示。参与者按照性别（男性/女性）、权力（被启发/控制）和劝说性论点（强/弱）进行分组，这些参与者在之前的采访中对死刑持积极态度。参与者面对的劝说性论点是反对死刑，论点有强有弱。通过让参与者完成不包含任何与权力相关的词汇或者包含诸如“权威”和“强大”这样的词汇的任务，在语义上启发权力。参与者在辩论结束后重新报告了他们对死刑的态度。

**表 14-1　直接处理法在群体行为研究中的应用**

| 实验设计（2×2×2） | | | | | |
| --- | --- | --- | --- | --- | --- |
| 参与者性别 | 权力启发情况 | 劝说强弱 | 参与者性别 | 权力启发情况 | 劝说强弱 |
| 男 | 启发 | 强 | 男 | 未启发 | 强 |
| 女 | 启发 | 强 | 女 | 未启发 | 强 |
| 男 | 启发 | 弱 | 男 | 未启发 | 弱 |
| 女 | 启发 | 弱 | 女 | 未启发 | 弱 |

资料来源：EATON A A, VISSER P S, 2008. The effects of gender and power on persuasion[C]//The Annual Meeting of the Midwestern Psychological Association, Chicago, IL.

在控制条件下，男人和女人都更容易被强有力的论点说服；但在他们被启发了权力后，男人面对强弱论点的反应没有区别。相比之下，有权力的女性会根据论点的质量改变自己的态度，更容易被强论点说服。但无论如何，有权势的男人都很固执，这意味着男性和女性以不同的方式思考与扮演自己的权力角色。

## 二、间接处理法

在直接处理法中，研究者往往对参与者施加一个刺激，再让参与者报告自己的反应。然而，在某些情况下，人们无法完全意识到自己受到了某种刺激。例如，上面描述的权力启发过程并不像提供强弱两种劝说那样直接，该方法的特点使得参与者无法从实验本身了解到实验的真实目的。

间接的处理方法之一是提供虚假反馈。虚假反馈是指参与者先参与一项任务，然后研究者就他们在该任务中的表现提供虚假反馈（有时是随机的，有时是确定的）。Knowles 和 Gardner（2008）曾经干预过参与者的“主观社会联系感”。研究人员根据参与者刚刚报告的亲密朋友的数量，通过实验处理让他们感觉自己的亲密朋友比普通人少，或者比普通人多，从而向参与者暗示，他们是社会失败者，或者是社会赢家。

为了对参与者的主观社会联系感进行实验处理，研究者向每个参与者提供了简单的饼状图。例如，在“主观社会隔离”这一处理条件下，参与者看到的饼状图显示，有 5 个或更少的亲密朋友的人属于“社会孤立”状态（只有 5%的人处于该状态），那些拥有 6～

10 个亲密朋友的人属于“弱社会联系”。而那些处于“主观社会融合”条件下的参与者将看到另一个饼状图，该图表明人们平均只有两个亲密的朋友，且通常只有社交型的人有 3 个或更多的亲密朋友。

研究者感兴趣的是参与者随后通过补偿性实验来重获社会联系感的程度。研究人员假设，那些（被干预为）社会孤立的人常常会评价自己的社会群体具有不同寻常的凝聚力和意义，通过夸大过去的群体依恋来满足他们的归属需求。在完成干预后，参与者还回答了一系列关于社会群体依恋倾向的问题。与预期结果一致，当被告知他们是社会失败者时，参与者会使用夸大群体凝聚力等策略来重新获得社会联系感。

并不是所有的间接处理都需要提供虚假反馈。事实上，大多数都是通过暗中启发让参与者想到实验者引导的地方。例如，Graham 和 Clark（2006）用间接处理的方法研究了自尊高低与综合性思维之间的联系。他们让参与者完尽可能快而准确地指出屏幕上依次出现的十个词语是否适用于自己的母亲。正面词汇是宽容、关心、值得信赖、忠诚和理解，负面词汇是贪婪、厌恶、残忍、自我和不诚实。参与者被告知，如果觉得该词语形容自己的母亲合适，就按电脑键盘上的 S 键，否则就按 K 键。电脑屏幕上一次只出现一个词语，直到参与者做出反应。参与者的反应时间和内容都将被记录。任务包括 10 次试验，其中 5 次目标词是正面的（以“P”表示），5 次是负面的（以“N”表示）。单词呈现的顺序或是交替的( PNPNPNPNPN 或 NPNPNPNPNP ),或是非交替的( PPPPPNNNNN 或 NNNNNPPPPP )，参与者被随机分配到交替条件和非交替条件的一种，从而处于间接处理状态。

实验设计如表 14-2 所示。研究假设，低自尊人群的大脑孤立处理积极信息和消极信息，而高自尊人群采用综合性思维对待积极和消极信息。由于低自尊人群整合消极情绪和积极情绪的能力有限，因此在正面词汇和负面词汇交替出现的条件下，他们的反应时间会更长。研究结果表明确实如此，对于交替出现的词汇，低自尊人群的反应较慢，而对于非交替出现的词汇，高自尊和低自尊的两类人群在反应速度下没有区别，这表明较高的自尊程度将呈现较高的综合思维能力。

**表 14-2 自尊高低与综合性思维实验设计**

| | 词汇顺序 | |
|---|---|---|
| 自尊程度 | 低自尊-交替 | 低自尊-交替 |
| | 高自尊-非交替 | 高自尊-非交替 |

资料来源：GRAHAM S M, CLARK M S, 2006. Self-esteem and organization of valenced information about others: the" Jekyll and Hyde"-ing of relationship partners[J]. Journal of personality and social psychology, 90(4): 652.

## 第三节 小短文情景处理方法

基于群体的问卷实验优点之一是能够进行多因素实验和检验各因素的交互作用。相对较大的样本量意味着研究人员可以避免因为处理条件过多而导致每个组人数过少。这一优势使研究人员能够将许多实验处理合并到一个实验中，从而提供了研究复杂相互作用的机会。

小短文处理（vignette treatment）是直接处理方法的子类，因为干预基本上都很明显。但是，由于所有影响因素都结合在一个复杂的实验设计中，参与者的注意力很可能无法集中在一个因素上，所以从参与者的角度来看，处理可能不那么明显。

小短文处理的目的是评估当研究对象或研究对象背景以某种系统性方式改变时会有什么不同。例如，一场刑事案件的受害者可能在一个场景中被描述为男性，在另一个场景被描述为女性，一个案例中是黑人，另一个案例中是黑人，或一个场景中富有，另一个场景中贫穷，研究人员可能感兴趣这些因素是否导致参与者更有可能将受害者的困境归咎于其本身。Pager 和 Freese（2004）调查了公众对失业者援助的态度是否受到失业者种族（白人、黑人、无指定种族）、失业的原因（下岗、被开除、进监狱）以及工作史（稳定或不稳定）的影响。小短文描述如下：

> Michael 是一个 26 岁的[黑人/白人/无指定种族]男性，拥有高中学历。大约两年前，Michael[下岗/被开除/因犯罪入狱]，在[下岗/被开除/进监狱]之前，Michael 已经[有一份稳定的工作几年了/难以干一份超过几个月的工作]。自 Michael 失业以来，他一直在积极寻找工作，但找到工作却很困难。

该实验以当事人的种族、失业原因、失业前工作经历为独立因素，采用 3×3×2 因子设计，共 18 个条件。以前的研究中种族差异很少包括种族不确定的情况，这里它被认为是有用的中立基准线来评估参与者对白人和黑人版本的 Michael 的反应差异。听了这个小故事后，参与者被问及“政府经常提供职业培训和就业计划以帮助人们找到工作。如果有的话，Michael 在找工作时应该得到多少政府的帮助?”——很多、一些还是一点都不需要?

总体而言，与白人相比，黑人参与者支持提供“很多”政府援助的可能性要高出近 30%。此外，黑人失业者比白人失业者得到更多的支持。当事人的失业原因也会造成很大影响，被开除和进监狱的工人比下岗的工人得到更少的支持。黑人和白人参与者对待失业前工作经历的态度有很大不同。

人们对小短文的处理方式是否明显看法不一。在这个例子中，它显然避免了参与者基于种族的对比。毕竟，每个人都只被问及一个例子，所以没有进行比较的可能。事实上，由于只能在总体上进行比较，所以不可能在研究中确定任何特定的个人是否具有种族歧视。即便如此，参与者也有可能意识到小短文中当事人的种族已经被明确提及。因此，当事人是黑人时，参与者可能会因为害怕被认为是种族主义者而试图补偿。因为任何给定的小短文只能提到有限的特征，参与者的注意力集中在这些特征上可能会使参与者的回应方式变得过于谨慎。后文提及的将文字与图片处理相结合可以减少这方面的问题。

另外一个关于小短文处理的例子来自对收入分享的研究。Fromell 等（2021）在肯尼亚农村的实地实验中使用 Krupka-Weber 规范启发方法，来衡量当个人在面临与社区其他成员分享收入时的要求，实验检验了通过储蓄和与亲戚邻居分享收入来调节财富积累之

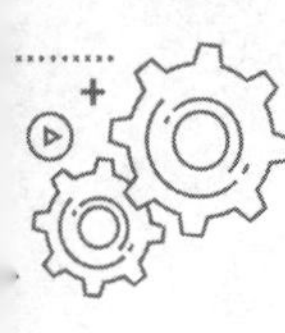



间权衡的社会规范。在实验中，被试者被提供一段小短文：假设某人获得了意外收入，他们计划将该笔收入存起来以发展自己的业务。然而，他被要求与有需要的朋友分享这笔钱。被试者被激励报告他们对个人保持不同数量的意外收入而不与朋友分享的社会（不）适当性的看法。他们发现了多种规范：从禁止任何形式的财富积累的严格共享规范到允许适度财富积累的规范。只有少数参与者认为严格共享的规范是合适的。大多数参与者认为适度积累财富是社会可以接受的，尽管他们确实认为充分分享财富是最合适的。大约 1/4 的参与者甚至认为"支持储蓄"是一种规范，即把大部分财富留给自己是最合适的做法。

此外，他们询问允许个人将收入保密的机制如何影响感知到的分享义务。他们向一部分实验参与者描述了一个修改版本的小短文，其中假设获得意外收入的人可以对他人保密收入，即可以合理地拒绝与朋友分享，而非显得不愿意分享。结果发现，在这种情况下，支持储蓄标准的参与者比例翻了一番，达到 50%。这是一个重要的发现，因为它表明，促进收入隐私的机制有助于抵消共享规范的潜在负面影响，不仅可以降低规范偏差的成本，还可以改变这种情况下对社会规范的认知。结果表明，一些个人和社会网络特征可以预测所感知的规范，并且当个人可以向亲属和邻居隐瞒其收入时，支持储蓄的规范就会变成多数派。在进一步的探索性分析中，个人感知的规范类型在收入保密对实际储蓄行为的影响中起到了中介作用。结果强调了在制定有利于储蓄的政策干预措施时衡量社会规范的重要性。

以上是以文字为基础的例子，但只有文字可能会引起对某些特征的过度关注，并可能触发被社会所期待的反应，图片可以缓解这一问题。Penny 和 Wilson（2006）在一个多因素实验中采用了图片和文字组合的方式，旨在证明社区内社会组织和感知社区质量之间因果关系的方向。在大多数情况下，社会学家一直强调社区组织在创造更理想的社区环境中的积极作用。但是，当人们认为自己的邻居非常有吸引力时，他们也更愿意融入他们的社区中。换句话说，反向因果是存在的。研究者使用了真实社区的图片以及来自社区居民的言论来操纵参与者对社区质量的看法。然后，他们询问参与者居住在那里参加某些活动的可能性。通过操纵对社区质量的认知，研究者能够记录反向因果路径。也就是说，邻里质量的感知可以影响参与社区组织的意愿以及社区组织水平。

另一个关于图片与文字组合的例子是国际谈判。比如，减缓气候变化需要各个国家共同减少温室气体排放，但很难就谁应该减少排放量达成一致，其中部分原因是自我服务偏见（Kriss et al.，2011），如表 14-3 所示。Kriss 及其合作者在美国和中国大学生中进行了问卷调查实验，在被试者之间采用 2（人群）×3（情景）×2（滑块位置）的问卷实验设计。将来自美国和中国的学生随机分配到三种情景中的一种，这些情景会改变他们对自己国家利益的了解程度。第一种情况旨在显示自我服务偏见发生作用的情景，明确了领域（气候变化）以及所涉及的两个国家（中国和美国）。第二种情况对国家进行了伪装（使用通用标签"A 国"和"B 国"），并且改变了环境问题的性质，因此受试者不太可能意识到它与气候变化有关。第三种情况进一步掩盖了问题，将其视为两个相邻农民之间的谈判。尽管情景在多个维度上有所不同，但各方之间转移负担的相对经济后果在三个方面都是相同的。结果显示，中美群体都在制定缓解气候变化所造成的经济负担的公平分配时表现出民族主义的自我服务偏见，自我服务偏见在难以就“如何实施减排”达成一致方面起着重要作用，而通过掩盖问题和当事人的身份，有可能引发不受国家利益影响的公平观念。

**表 14-3　气候谈判情景实验设计**

| | |
|---|---|
| 美国/中国 | 两国必须减少温室气体排放，以避免气候变化的负面影响。减少排放必然会降低现在和未来的人均 GDP。两国之间可以通过多种方式分配牺牲。您的任务将是指定各国应如何分担它们需要作出的大量经济牺牲。假设必须作出牺牲：应该如何分配？ |
| 国家 A/B | 在两国边界上有一条河流。两国必须在这条河上建一座大坝，以避免严重洪水的发生。修建大坝将降低现在和未来的人均 GDP。两国可以通过多种方式分配这种牺牲。您的任务将是指定各国应如何分担它们需要作出的大量经济牺牲。假设必须作出牺牲：应该如何分配？ |
| 农民 A/B | 两个农民的山上有一条小溪。这两个农民必须改道这条河流，防止流经土地，淹没住所，破坏庄稼。改道在现在和将来都将花费大量资金，但可以使他们的农场免受非常严重的破坏。这种牺牲可以通过多种方式在两个农民之间分配。您的任务将是指定农民应如何分担他们需要作出的大量经济牺牲。假设必须作出牺牲：应该如何分配？ |

资料来源：KRISS P H, LOEWENSTEIN G, WANG X H, 2011. Behind the veil of ignorance: self-serving bias in climate change negotiations[J]. Judgment and decision making, 6(7): 602-615.

与实验室实验相比，问卷实验具有较强的一般化优势，并且更容易验证多因素的假设，这也是研究种族等敏感问题的一种不那么唐突的方式。然而，一项小短文处理中往往包含好几个实验处理，所以不清楚有多少参与者的注意力集中在某一个特定的特征上。处理的内容越长越复杂，就越有可能出现无效的处理。此外，该方法还假设人们对于具有某特征的某一个体的态度反映了他们对于同样具有该特征的人群的态度，而这一假设不一定始终成立。

# 第四节　以博弈为背景的问卷实验

实验处理的另一种方式是在博弈背景下进行。在一些情况下，这些博弈似乎是人们为了娱乐而玩的真正博弈，并没有经济动机。在另外一些情况下，这些是经济博弈，通常是在实验室环境中。这两种情况都是“博弈”，因为参与者是与其他玩家在一定规则下进行互动的。

## 一、经济学博弈

在行为经济学领域，研究主要分为两类：一类是将结果推广到更多样化的人群，一类是检验样本异质性。以信任研究为例，信任他人不仅意味着愿意冒着金钱损失的风险，还包括愿意冒着被背叛的风险。在以大学生为样本的实验研究中，Bohnet 和 Zeckhauser（2004）发现，少数族裔和白人学生容易受到不同因素的影响，这些因素影响了他们的信任水平。愿意承担风险可能是其中一个因素，而被一个自己信任的人背叛的不愉快，或者知道自己受到了另一个人的不公平对待，也可能是其中的因素。研究者假设少数族

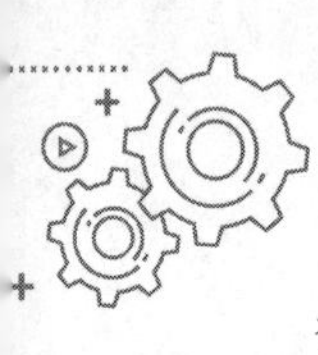


裔成员比白人群体对与信任相关的风险更加敏感。

采用问卷实验，按少数族裔对受试者进行分层，研究者设计了一项研究，在该研究中，参与者 A 必须在确定回报和可能高于或低于确定回报之间作出选择。在“随机确定”的条件下，如果选择了有风险的回报，参与者 A 被告知回报是由计算机随机决定的。在“他人决策”条件下，回报是由参与者 B 决定的。这样就产生了 A 会被 B 出卖的可能性，B 可以得到 A 分走的剩余部分。每个参与者都参与了一系列的三个博弈，从而提供三个不同的数据，如图 14-1 所示。

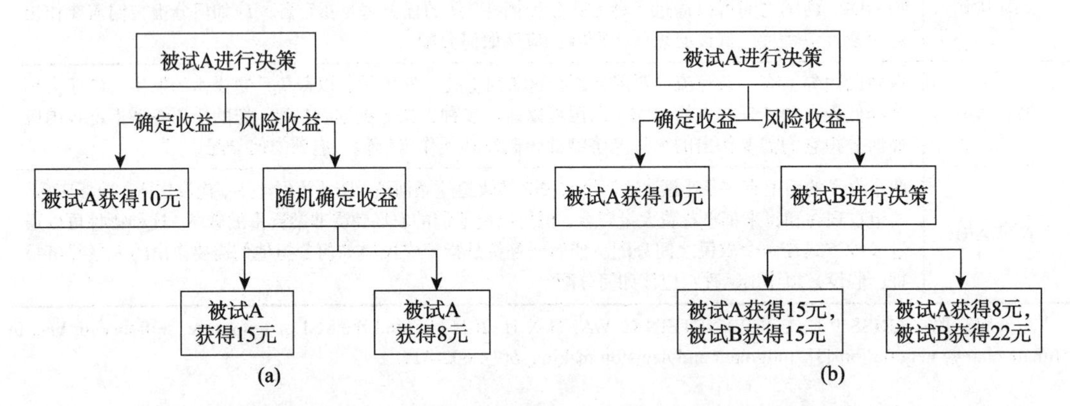


图 14-1 “随机确定”条件下实验设计和“他人决策”条件下实验设计

(a) “随机确定”条件下实验设计；(b) “他人决策”条件下实验设计

资料来源：BOHNET I, ZECKHAUSER R, 2004. Trust, risk and betrayal[J]. Journal of economic behavior & organization, 55(4): 467-484.

结果表明，在信任博弈的情境下，背叛被视为比运气不好造成的同等经济损失更糟糕的经历。换句话说，如果经济风险与背叛联系在一起，人们会特别厌恶这种风险。这一发现非常重要，因为大多数经济交易都涉及对另一个人的信任，而这也带有背叛的可能性。当这种效应按人口统计特征进行分解时，似乎某些亚群体，如白人，比其他人更反感背叛。

## 二、社会学博弈

除了标准经济学实验外，博弈在模拟社交互动方面也很有用，无论是与电脑还是真实的人，互联网提供了许多复杂程度各异的娱乐在线博弈。与经济博弈相比，这些博弈通常只是为了好玩。

Williams 和 Jarvis（2006）设计了一款名为 Cyberball 的博弈，旨在研究社会排斥现象。Cyberball 是一款在电脑上操作的互动抛球博弈，它能够引发社会排斥感。在这个三人博弈中，另外两名玩家虽被描述为“同时登录”，但实际上是被程序控制的。如图 14-2 所示。

这个博弈大约花费参与者 5 分钟。在博弈过程中，参与者有机会接球和抛球，他/她可能处于“过度纳入”的处理条件（不低于一半的球都被扔给参与者），“正常纳入”条件（得到 1/3 的投掷），“较少纳入”条件（只得到 1/6 的投掷），或“完全排斥”条件（没有得到任何投掷）。

令人惊讶的是，尽管参与者知道他们永远也不会认识另外两个参与者，但参与者非常关心自己被纳入的程度。博弈结束后，研究人员评估了他们的情绪、自尊、归属感、存在感和控制感等感受。那些正常被纳入或过多被纳入的人感觉明显好于那些较少被纳入的人，较少被纳入的人比那些完全被排斥的人感觉更好。根据这一证据，Williams 认为 Cyberball 这一博弈创造了社会排斥感。

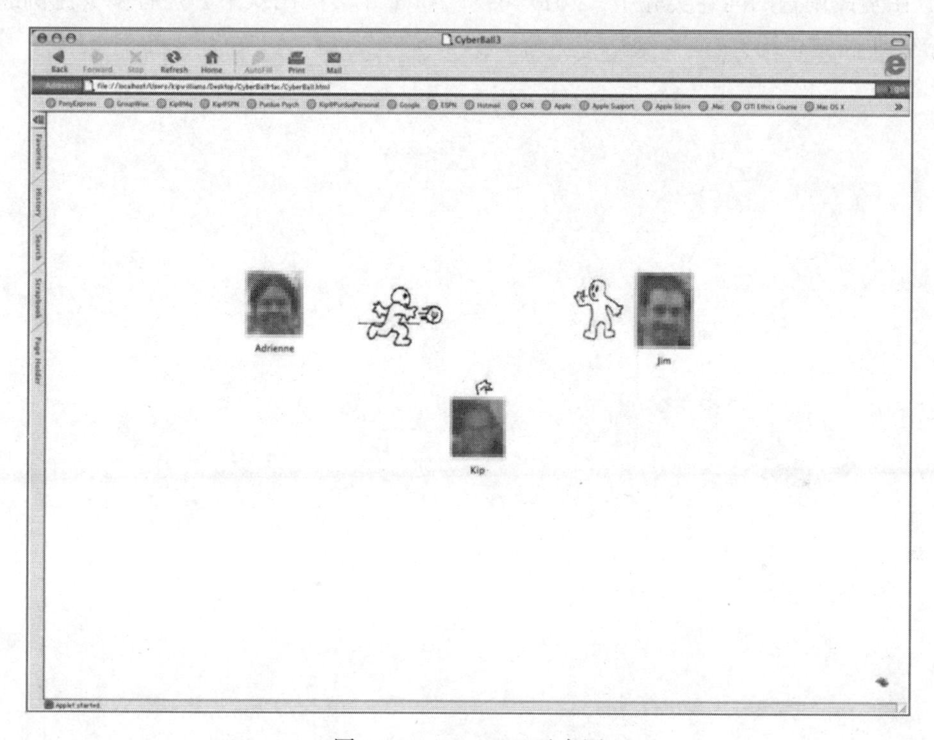


图 14-2　Cyberball 示意图

资料来源：WILLIAMS K D, JARVIS B, 2006. Cyberball: a program for use in research on interpersonal ostracism and acceptance[J]. Behavior research methods, 38(1): 174-180.

# 本 章 小 结

本章要点可以归纳如下：

（1）问卷实验不仅能用来检验某一特定的理论假说，还能提高测量精度。有三种方式常被用来提高测量精度——列表实验、改变推论方式、采用锚定方法。

（2）直接处理法和间接处理法是问卷实验中应用最广、最为灵活处理方式。直接处理是指对参与者的操控或介入显而易见的处理方式，间接处理是通过一些表面的目的来引发参与者情绪、目标、优先事项或者思维过程的改变。

（3）小短文处理可以方便研究人员将许多实验处理合并到一个实验中。小短文处理是直接处理方法的子类，但由于所有影响因素都结合在一个复杂的实验设计中，从参与者的角度来看，处理可能不那么明显。

## 复习与思考

1. 描述在问卷调查中提高测量精度的三种方式并举例说明。

2. 描述“问卷实验法”的分类及其区别。

3. 描述“小短文”处理方法的原理。

4. 在全民调查的问卷实验中，2017 年和 2008 年美国民众中分别有多少比例的受访者不希望女性做总统？

# 第十五章　实地实验的方法

在实验室实验中，我们将实验室看作一种无菌环境，这样的环境使我们可以清楚地看到外生处理对被试者行为的影响。然而，实验室实验对于预测现实中人们行为的能力是有限的，因此，我们在这一章介绍实地实验（又名“田野实验”）的研究方法。

在实地实验中，为了寻求与现实更大的相关性，经济学家在实地环境中而不是在学校教室里招募被试，实验过程中采用实地背景而非抽象背景，使用真实物品而非诱导价值。虽然实地实验和实验室实验看上去有许多区别，但它们在一定程度也有相似之处。并且，在实地实验中放松控制时被试出现的意想不到的行为，往往展示出在实验室中被忽视的经济交易的某些关键特征。因此，实地实验可以进一步帮助人们设计出更好的实验室实验，将实地数据作为实验室数据的补充，可以增强实验的置信程度和外部有效性。

## 第一节　实地实验的概念

在定义实地实验的过程中，我们要确定哪些因素构成了实地实验。比如，在研究大众对环境资源的价值评估中，List（2001）在实地实验中获得的结果与 Cummings、Harrison 和 Osborne（1995）以及 Cummings 和 Taylor（1999）对应的实验室实验结果不同时，我们要厘清是什么造成了这种差异。是由于实验中选择的市场性质比较特殊？是招募了有相关任务经验的被试？还是使用了简化的说明、较少干预的实验方法？Harrison and List（2004）提供了一个框架来系统性地解释这种差异。

### 一、实地实验的界定标准

总结实地实验本身所包含的元素能够帮助我们界定实地实验的范畴，至少可以包括以下六个方面（Harrison and List，2004）。

#### （一）实验对象的性质

学生被试可以被看作实验中的标准被试，因为他们是学术界常用的样本。从这个意义上来说，在户外采用的实地被试是非标准的。不过，是否使用非标准被试并不能绝对区分实验室实验和实地实验。例如，Cummings、Harrison 和 Rutström（1995）在实验室实验中从教会招募了大量被试，以便获得比大学生更广泛的人口统计学特征。

#### （二）被试自有信息的性质

非标准被试可能会自带商品或任务方面的先验信息。如果实验设计导致被试自带信息的重要性被削弱了，那么他们的行为也可能发生改变。

#### （三）商品的性质

传统实验室实验一般使用虚拟商品，可能无法对被试产生真实激励，从而影响实验

者判断和行为选择的干扰，故研究者开始关注实物商品。不过，仅仅拥有实物商品并不表明一定是实地实验。比如，Rutström（1998）在研究拍卖机制的实验室实验中出售了大量的松露巧克力，旨在真实地获取价值，但她的研究在很大程度上是实验室实验。

### （四）任务或交易规则的性质

被试的任务是实地实验的一个重要组成部分，可以预期实际经验会帮助个人在任务行进中进行启发式探索，有实际经验的被试和没有实际经验的被试的行为决策将有明显不同。例如，Kagel 和 Levin（1999）的实验室实验就说明有大量经验的被试相比于没有经验的被试落入"赢家诅咒"的可能性要小一些。

### （五）奖励的性质

实验室里的奖金可能与实地的奖金截然不同，这也会对行为产生影响。如果被试在奖金为几十美元或几百美元时认真对待，而在价格低于 1 美元时无动于衷，那么实验室或实地实验中低于一美元的奖金就很容易诱导出不精确的出价。

### （六）实验对象所处环境的性质

实地实验提供给实验者进行行为选择的场所相对实验室环境而言更为丰富多样，这样可以避免特定的实验室环境对行为判断所造成的潜在干扰。不过特定实验室环境也可能产生角色扮演的行为，特别是在货币奖励不够突出的情况下（即使有足额的奖励，环境效应也可能存在）。

## 二、实地实验的分类

任何实地实验的分类方法都无法完全区分实地实验和传统实验室实验。但用宽泛的分类标准来区分我们所认为的关键差异是有一定价值的，Harrison 和 List（2004）建议采用以下分类：①传统实验室实验（conventional laboratory experiments）。传统实验室实验采用标准的学生被试库，设定抽象的背景和实验规则。②人工实地实验（artefactual field experiments）。人工实地实验具有非标准被试库，其他与传统的实验室实验一致。③框架实地实验（framed field experiments）。框架实地实验中交易物品、实验任务、被试的实验信息均是真实的情境，且被试知道自己处于实验中，其他与人工实地实验一致。④自然实地实验（natural field experiments）。自然实地实验中实验在自然发生的环境中展开，但被试不知道自己正在参与实验，其他与框架实地实验一致。如表 15-1 所示。

**表 15-1　实地实验类型对比**

| 实验方法 | 被试类型 | 被试信息 | 激励 | 实验环境 | 被试知晓实验 | 研究者干预 | 外生改变 |
|---|---|---|---|---|---|---|---|
| 实验室实验 | 学生 | 抽象信息 | 诱导价值 | 实验室 | 是 | 是 | 否 |
| 人为的田野实验 | 普通人 | 抽象信息 | 诱导价值 | 实验室 | 是 | 是 | 否 |
| 框架的田野实验 | 普通人 | 情境信息 | 真实激励 | 自然环境 | 是 | 是 | 否 |
| 自然的田野实验 | 普通人 | 情境信息 | 真实激励 | 自然环境 | 否 | 是 | 否 |

# 第二节　人工实地实验

实地实验与实验室实验在被试选择上有着明显的不同，实验室实验被试以学生为主，实地实验的实验对象则是统计学特征更为丰富的普通人。

人工实地实验是在传统实验室实验的基础上引入非标准的被试库，同时保持实验室环境和设计基本不变。在实验经济学研究中多选用学生为被试，并在实验室进行实验。传统的实验室实验一般是告诉学生一些基本的实验情况，然后招募被试者。通常情况下，研究者不会告诉被试实验的真实目的和想要研究的真正问题，以避免对被试的行为造成影响。由于以学生作为被试，实验室实验得出的结论在推广中经常遭到质疑，因此在传统实验室实验上，引入非标准被试库，此时实验对象不再是大学生，而是“真实的人”，使得实验结果有更广泛的外延性。

在人工实地实验中，研究者常招募证券公司交易员、业务经理、工人、农民等人群作为实验对象，并与标准学生被试进行对比。一般来说，标准被试和非标准被试行为决策是否一致取决于待检验的理论和具体的研究问题。如果理论本身对各类人群都成立，那么选取学生作为实验对象是合适的，虽然学生样本可能面临统计性缺乏的问题。例如，Güth，Schmidt 和 Sutter（2002）分别在学生被试和非学生被试中进行三人的最后通牒博弈，提议者将给出如何在自己、应答者和第三方分配一定金额的方案，由应答者选择接受与否。结果显示，相同年龄段的学生样本和非学生样本的行为一致，但由于年龄是影响实验结果的重要因素，当不对年龄加以控制时，学生样本和非学生样本整体并不一致。Harrison 和 Lesley（1996）使用南卡罗来纳大学的学生作为实验样本，询问被试者是否愿意贡献一定金额用于公共物品，并对收集的数据进行处理，将统计结果与美国某次公共品事件的全国性大规模调查结果进行对照。结果也表明学生样本问题是由于学生样本缺乏人口统计学上的多样性，并非学生的行为模式不具有代表性。再如，Blackburn、Harrison 和 Rutström（1994）在研究中将同一市区中的学生样本和从教堂中提抽出的市民样本进行了对比，数据统计分析发现两类样本的区别仅仅是后者的人口统计学特征更为多样，年龄为 21～79 岁，而学生样本的年龄仅为 19～27 岁。使用教堂样本统计出的行为模式来估计学生时，结果与学生样本的统计结论一致，但使用学生样本统计出的行为模型估计教堂样本时，结果却大相径庭，这是由于学生样本的人口统计学特征有限，不足以代表整个人群。

当实验研究考虑到被试的年龄、教育、职业、种族等影响因素，学生被试与非标准被试结果就可能有所不同。周晔馨、涂勤和胡必亮（2014）在探究条件合作的普遍性中和影响机制的过程中，利用学生传统实验和工人实地实验进行了检验。研究发现不管是在学生群体还是工人群体间，条件合作都是普遍存在的，惩罚机制可以提高合作水平且存在内生溢价，但不同群体间内生溢价方向和机理并不一样。Henrich 等（2001）从 12 个不同国家中的 15 个小规模社会中招募受试者进行最后通牒博弈，这些社会有着不同的经济状况与文化背景，来自不同社会的受试者行为表现出较大不同，在发达国家进行最

后通牒博弈时，提议者的报价一般在 44%左右，但是从这次更广泛的实验样本来看，提议者的平均报价为 26%~58%，该研究结果表明，最后通牒实验的结果与被试所在地区的经济和文化因素有关。

# 第三节 框架实地实验

除了对被试库进行合适的选择外，在得出一般结论之前，还需要考虑实验的现场环境。如果环境本身与被试的表现相关，那么抽象的、不提供具体背景的实验并不能提供更普遍的结论。我们可以修改实验室的实验设计，以便更可靠地模仿实地环境。

## 一、实验报酬的性质

实验经济学学者经常遭受这样的批评：实验室实验涉及的报酬额度较小，可能面临着被试激励不足的问题。如果被试对较低的实验报酬不屑一顾，很难相信他们会认真对待这次实验。

试想，在最后通牒博弈中，应答者可能会拒绝 2 元中的 0.5 元，甚至 100 元中的 25 元，但是对于 100 万元中的 25 万元恐怕是难以拒绝的。Hoffman、McCabe 和 Smith（1996）在最后通牒博弈中使用的分配奖金是 100 美元，他们发现，分配额为 100 美元和 10 美元的博弈中，提议金额的分布没有明显的差别，但应答者的拒绝率随着奖金的提高单调下降。Cameron（1999）在印度尼西亚也进行了三次这样的实验，他们采用的分配金额更高，从 5 000 印尼盾到 200 000 印尼盾（相当于参与者平均月支出的 3 倍），实验结果如表 15-2 所示。在低分配金额（5 000 印尼盾）的情况下，博弈结果与在美国等发达国家观察到的结果没有明显区别，平均报价比例为 43%。随着奖金额度的增加，提议者的行为大致保持不变，但拒绝率越来越低的。如表 15-2 所示。

表 15-2　在不同总金额下提议者和响应者的行为统计

| | 实验 1 | 实验 2 | 实验 3 |
|---|---|---|---|
| 第一轮 | | | |
| 分配奖金 | Rp5 000 | Rp5 000 | Rp5 000 |
| 提议平均数 | 0.47 | 0.43 | 0.38 |
| 提议众数 | 0.4 | 0.5 | 0.4 |
| 接受率 | 0.77 | 0.85 | 0.79 |
| 第二轮 | | | |
| 分配奖金 | Rp5 000 | Rp40 000 | Rp200 000 |
| 提议平均数 | 0.40 | 0.45 | 0.42 |
| 提议众数 | 0.5 | 0.5 | 0.5 |
| 接受率 | 0.69 | 0.91 | 0.90 |
| 样本量 | 29 | 35 | 37 |

资料来源：CAMERON L A, 1999. Raising the stakes in the ultimatum game: experimental evidence from Indonesia[J]. Economic inquiry, 37(1): 47-59.

被试行为会受到奖金额度的影响，实验报酬额导致激励较小的问题通常可以由以下两种方式缓解。

首先，可以在发展中国家寻找实验对象，对较为贫穷国家的被试来说，特定的预算占他们收入比重更大（例如，Kachelmeier and Shehata，1992；Cameron，1999； Slonim and Roth，1998）。在发展中国家进行实地实验的原因之一是比较容易找到相对贫穷的实验对象。与富裕国家的被试相比，这些被试更可能愿意接受特定水平的实验费用。Slonim 和 Roth（1998）在斯洛伐克共和国进行了最后通牒博弈，以测试“高奖金”对行为的影响。三场实验分配金额分别是 60、300、1 500 斯洛伐克克朗。按当地月平均工资计算，它们分别相当于大约 2.5、12.5 和 62.5 小时的工资，而按照当时的美元汇率，这些分配金额分别为 1.9、9.7 和 48.4 美元。对于 50 名被试，若每场比赛大约分得 50 美元，只需要 1 250 美元，这在大多数实验预算中是相当低的。但是，50 个被试分得相当于 62.5 小时的工资确是一笔很大的预算。若是在美国，对于低技能的蓝领工人或学生来说，平均工资是每小时 10 美元，这场实验就需要 15 625 美元！具体兑换情况如表 15-3 所示。

**表 15-3 在美国与斯洛伐克共和国进行的同样实验花费**

| 奖金/斯洛伐克克朗 | 60 | 300 | 1 500 |
|---|---|---|---|
| 奖金/美元 | 1.9 | 9.7 | 48.4 |
| 奖金/小时 | 2.5 | 12.5 | 62.5 |
| 在美国进行同样实验奖金/美元 | 25 | 125 | 625 |

资料来源：SLONIM R, ROTH A E, 1998. Learning in high stakes ultimatum games: an experiment in the Slovak Republic[J]. Econometrica, 66(3): 569-596.

这个实验的研究结论是：分配总金额的大小对第一轮中初始报价行为没有影响，但随着被试在随后几轮中获得经验，更高的分配总金额确实对报价产生了影响。他们还得出结论说，在所有的轮次中，分配总金额越高，接受度更大。他们的实验颇具代表性，因为他们将奖金增加了 25 倍，并使用了大家熟知的实验。

其次，可以把任务交给切实关心它的人。Bohm（1972；1979；1984a, b；1994）反复强调招募那些对任务有一些实地经验或对任务感兴趣的被试的重要性。Bohm 在用实验探究如何解决搭便车问题时，对公共品的选择通常是出于一种原则：让对象面对真实的奖励和后果，换句话说，要寻找到让奖励有意义的群体。

Bohm 在 1972 年的研究具有里程碑意义，对许多研究者在评估实地公共品和搭便车程度的实验产生了巨大影响。该研究中的公共品是瑞典的一个新电视节目，实验开始时每名被试都收到了 50 瑞典克朗的奖金，并被问及自己愿意为观看这个电视节目支付的费用。如果被试总的 WTP（支付意愿）不低于一个已知的金额，那么该公共品就会被生产出来，并且该群体真真切切能够看到这个节目。对于这些被试来说，电视节目是真实的，对他们的激励也是实在的。Bohm 采用了五种不同的方法来诱导出该公共品的价值，研究结果认为平均在 7.29~10.33 瑞典克朗。

## 二、任务的性质

实验经济学的一个传统是使用抽象背景，因为特定情景可能会干扰被试行为，而且难以得到一般性的结论。不过实地参照物通常可以帮助减轻被试对任务的困惑，如果被试不了解任务的内容，不知道哪些行动是可行的，不知道不同行动的后果是什么，那么实验者对被试的控制就比较弱。也就是说，采用抽象背景实际上可能会导致比真实情景更少的控制。人们通常期望采用抽象情景的实验是对经济理论的异常严格的测试，因为没有具体背景就意味着研究者无法控制被试自己可能强加于抽象实验任务上的情景。

不过，如果被试了解了实验的真实背景，他们可能会触发解决问题的不同方法，使用实地中特定的启发式方法来解决实验室中的具体问题（Todd and Gigerenzer，2000）。如果被试缺乏对任务的理解或未能应用相关的实地启发式方法，他们的行为可能在实验室和现场之间有所不同。在 Bohm（1972）的研究中，作者还比较了电视节目被真实生产出来与假设情况下被试的支付意愿差异，结果显示假设节目下的支付意愿大大超过了真实的支付意愿。随后的研究也普遍支持 Bohm 的发现，认为被问及假设问题时，人们会适度夸大物品的实际价值（List and Gallet，2001），这种对价值的假设性陈述和实际陈述之间的差异被称为假设性偏差（Harrison，2006）。

# 第四节　自然实地实验

被试在实验室实验中受到的大多数干预都是受控的，并且被试知道自己处于实验当中。实际上，实验室是一个无菌、干净的环境，唯一变化的是研究者感兴趣的“压力源”。而在“真实世界”中，个人不仅注意压力源，而且还注意自己周围的环境和其他各种影响因素。我们在这里考虑实地环境中三个潜在的重要部分：实验场所、实验信息的公开性以及做决策的对象。

## 一、实验场所

在实验室中，环境是人工构建的，而在实地实验中，环境是自然产生的，被试对这两种条件下构建的环境和干预可能作出不同的反应。例如，对颜色感兴趣的研究者可以在实验室条件下将被试暴露在不同颜色的刺激下（Berlin and Kay，1969）。但实地实验者会认为，在实验室中被试对颜色刺激的反应很可能与现实世界中的反应不同，因为在现实世界中，颜色是在自然环境中出现的（例如，Wierzbicka，1996，第 10 章）。

传统的礼物交换博弈认为，雇主给雇员提供更高的工资，雇员也会投桃报李，提高自己的努力的水平（Akerlof, 1982; Fehr, Kirchsteiger and Riedl, 1993）。Gneezy 和 List（2006）在真实的劳动力市场背景下进行了一次礼物交换实验。实验背景是在大学的图书馆藏书编码工作，招募海报上承诺参与者需要一次性工作 6 小时，每小时支付 12 美元。控制组按照海报承诺的那样给予工资，而处理组的被试则被告知每小时将得到 20 美元的报酬。然而，处理组的被试在这场 6 个小时的工作中，仅有前一个半小时受到金钱激励，表现出较高的努力水平，一个半小时后，处理组和控制组的努力水平没有任何差别。作者指出，抽象背景下和真实背景下受试者行为表现不一致的原因在于，实验室实验通常是简化的，时间通常不会超过两个小时，但是在真正的劳动力市场中，这种互动通常会持续数月甚至数年，足以"冷却"短时间内被试的决策。

## 二、实验信息的公开性

实验对象是否被告知他们正在参加一个实验可能是影响实验结果的一个重要因素。在社会学研究中描述这一影响的概念是霍桑效应，它表明，任何工作场所的变化，如研究性学习，都会使人们感到自己很重要，从而提高他们的表现。代理人在被他人观察时可能会改变他们的行为，特别是当他们知道观察者在寻找什么结果的时候。

大量经验研究显示，从哮喘发病率到教育再到刑事司法，许多经验证据支持霍桑效应的存在。例如，在 20 世纪 60 年代的教育研究实验中，一些儿童被贴上了成绩好的标签，而另一些儿童则被贴上了成绩差的标签，但实际上他们平时成绩表现是差不多的（Rosenthal and Jacobson，1968），只是教师根据学生身上的标签产生的期望导致了最终学生成绩的差异。

也有学者质疑霍桑效应的存在。Kruger（1999）对美国 STAR 项目进行了研究，该项目是 1985—1989 年在美国的田纳西州的 80 所学校开展的一场大规模的随机实验，在这场实验中，幼儿园学生和老师被随机分为小班（13～17 人）和常规班（22～25 人）。小班老师被告知，如果班级学生表现良好，全州的班级规模都会缩减。Kruger 的研究结论是小班教学下的学生有较好的表现，并且否认了霍桑效应是造成小班教学因果效应的原因。然而，Caroline（2000）用来自康涅狄格州的学校的自然实验数据进行分析，发现如果老师不知道实验目的，小班教学并不会表现出明显的优势。

## 三、做决策的对象

生活中的许多决策不是由个人作出的，在一些情况下是由家庭成员或者团体共同达成了某个决定，这可以被描述为某些合作或非合作过程的结果。在团体决策更合理的情况下，如果实验者把注意力放在个人决策上，那么结果就有可能不准确。同样，即使决策是由个人作出的，也有可能出现社会学习或空谈博弈来帮助作出决定。Ashraf（2009）进行了一项家庭内部财务决策的实地研究。实验流程如图 15-1 所示，他们在菲律宾，要求夫妻对一天的工资作出支出或者储蓄的决定，同时外生改变夫妻间的互动程度。在"协商"的处理条件下，夫妻在决策前可以进行沟通，然后他们分别作出决策，一方的决策可以马上被对方观察到。在"非私人"的处理条件下，夫妻同时进入一个房间，并同时作出决策，但不能进行沟通，只有决策完成后夫妻双方才能获悉对方的决策。在"私人"的处理条件下，夫妻双方从实验开始就分开，即使在事后他们也无法了解到对方的决策。实验结果表明，在"协商"和"私人"的条件下，夫妻双方的储蓄决策没有差别，但在"非私人"条件下，男性的储蓄明显低于女性。

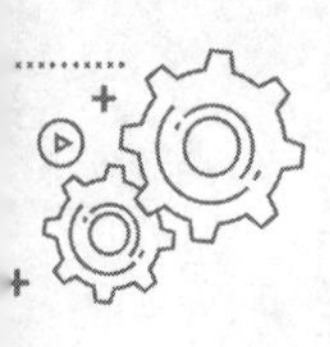


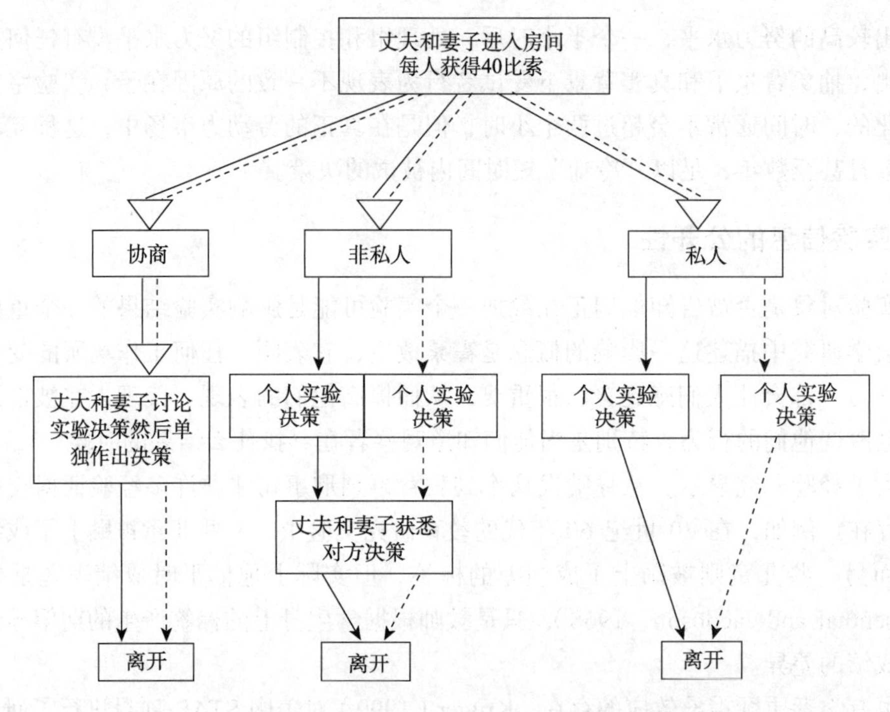


图 15-1　家庭内部财务决策实地实验流程

资料来源：ASHRAF N, 2009. Spousal control and intra-household decision making: an experimental study in the Philippines [J]. The American economic review, 99(4):1245-1277.

实验室研究者也已经开始研究实地决策的这一特征，这实际上是将自然现场环境的特点之一带回实验室。标准的最后通牒博弈只包括提议者和响应者两个人，但是在现实生活中，许多讨价还价下的场景谈判者都是群体（如家庭、董事会或者立法机构），而非个人。Bornstein 和 Yaniv（1998）的研究比较了个人 vs 个人和三人小组 vs 三人小组的最后通牒博弈的结果。该研究要求提议者（组）在自己和对方间分配 100 美元，个人和小组各有 20 对，一半形式为普通博弈，另一半进行双盲博弈实验。在小组或群体形式的博弈中，提议组在分配前可以进行组内面对面的讨论，最终再共同作出决定。其中 10 次普通博弈的结果如表 15-4 所示，可以看到群体提议者往往比个人提议者吝啬得多，群体提议者为自己保留的均值为 60.8 美元，明显高于个人提议者所保留均值 51.4 美元，作者认为这是群体比个人更加理性的结果。

**表 15-4　最后通牒实验的个人和群体提议者保留金额分布**

| 个人 | 40 | 50 | 50 | 50 | 50 | 50 | 50 | 50 | 60 | 64 | 均值=51.4 |
|---|---|---|---|---|---|---|---|---|---|---|---|
| 群体 | 50 | 50 | 50 | 50 | 60 | 60 | 70 | 70 | 73 | 75 | 均值=60.8 |

注：每一列是一次实验观测值，是提议者100禀赋中留给自己的额度。

资料来源：BORNSTEIN G, YANIV I, 1998. Individual and group behavior in the ultimatum game: are groups more "Rational" players?[J]. Experimental economics, 1(1): 101-108.

现实中拍卖中竞价决策也往往由群体决定，如石油公司通常会指派地质学专业人士和管理人员共同组成的委员会来制定投标策略（Hoffman et al.，1991）。大量关于拍卖中个人竞价决策的文献表示"赢家的诅咒"现象市场发生（Kagel and Levin, 1986; Lind and Plott, 1991），但是群体竞价行为的影响尚不清楚，Cox 和 Hayne（2006）比较了共同价值拍卖中一个五人团体和个人关于竞价的决策。研究结果显示，是否出现"赢家的诅咒"取决于群体的特征。如果群体是由具有不同信息的个人组成的，那么群体竞价确实是比个人竞价更加理性：如果群体是由拥有共同信息的个人组成，那么群体并不会比个体更加理性。

# 第五节　实地实验的应用

## 一、发展问题

实地实验在解决全球发展问题的研究中展现出一定的可操作性、内部有效性与外部有效性。通过将全球贫困问题分解为地区性、群体性的微观问题，以 Banerjee、Duflo 与 Kremer 为代表的经济学家在发展中国家选定群体实施随机干预，展示了如何确定消除贫困的最有效行动方案。

随机对照实验最早引入至减贫的发展研究时主要关注教育领域的政策有效性（Kremer，2003），后续逐渐扩展到农业、健康、金融、劳动力市场、政治经济学、政治参与等多项发展议题（Udry，2010）。应用于减贫研究的随机对照实验主要评估较为简单的干预措施，如提供免费早餐、教材、额外教师项目和地方监管制度等。在进行随机对照实验时，如何随机化处理样本是其中最重要的环节。研究者们将实验样本随机分配到一个或多个实验组和一个控制组，进行实验干预的实施。

以针对教育的实地实验为例，学者在随机实验的基础上引入信息经济学、机制设计理论以及行为经济学等微观经济分析方法对这些具体的小问题进行分析，最后找出各种可能改善或解决这些致贫小问题的机制和方案。具体地，Banerjee 和 Duflo 从学生课程和教师考核两个角度入手对教育效果提升机制进行了实验研究。

首先，在发展中国家，许多贫困儿童因小学课程难度太大而无法适应。Banerjee 和 Duflo 等通过一系列实验探讨了如何提高学生学习效果的办法并给出了精准的效果评估，并对实验的外部有效性进一步检验。在课外补习方面，Banerjee 等（2007）在印度进行了两项随机实地实验，一项是补习教育计划，该计划为那些已经三、四年级但尚未掌握基本识字和计算机技能的儿童提供大约每日两小时的课外辅导；另一项是计算机辅助学习项目，项目覆盖的儿童每周会有两小时的计算机使用时间，用来玩各种有关解决数学问题的游戏。结果显示，补习教育计划使得处理组学校的平均考试成绩提高，且提高的全部效果来自那些接受课外补习的基础较差的同学，这表明教育投入的重点在于学生能力和教学质量的匹配，此外，计算机辅助学习项目也提高了处理组同学的数学成绩。在学前课程方面，Banerjee 等（2017）设计并评估了一个以游戏为基础的学前课程，旨在提高儿童在数字和几何方面的技能。在对 214 所印度幼儿园的 1 540 名儿童（平均年龄 4.9 岁）进行的一项随机实验中发现，4 个月的数学游戏训练对提升实验组幼童直觉能力有显著

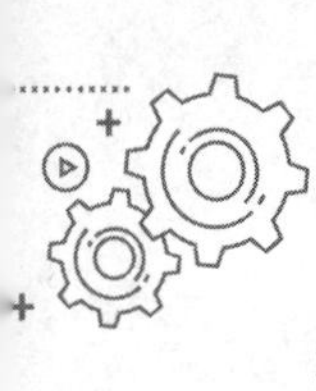



和持久的作用。受过数学训练的儿童在数学符号识别上也有明显的进步，但这种优势在随后的学校数学语言和概念的学习中会逐步消失。

为了使实验结果更有说服力，Banerjee 等（2016）评估了一系列方法，包括开发学前课程，并在印度的两个城市（Bihar and Uttarakhand）进行大规模实验以验证外部有效性。另外，学者们还选择了两个发展水平类似的印度城市作为对照组。在两个作为实验组的城市中，学者分别实施了两种不同的外生干预：在比哈尔邦，教师们得到了培训的政府顾问的支持，并在学校每日的课中专门抽出 60 分钟时间，按照学生的能力实施教学；在北阿坎德邦，由接受过培训的志愿者在学校的上课时间实施了为期 40 天的高强度、短时间的“学习营计划”，以及为期 10 天的夏令营计划，来验证按学生能力实施教学的实验干预效果。研究结果表明，在两种模式下，实施按学生能力教学的干预都能够提高学生的成绩，且比哈尔邦的学生语言成绩提高程度相对更大。

其次，为解决中低收入国家教师缺勤率偏高的问题，学者从监督、经济激励和合同聘用制度等外生干预机制出发开展了大规模的实地实验研究。在监督和经济激励方面，Duflo 等（2012）在处理组学校用摄像机来监测教师的出勤率，且教师的工资是出勤率的非线性函数，结果显示，在 30 个月内处理组教师的缺勤率下降了 21 个百分点，儿童的考试分数平均提高了 0.17 个标准差。为了持续维持教师的出勤积极性，Duflo 等（2011）在肯尼亚开展了教师聘用制改革的随机实地实验，该项目使肯尼亚的家长教师协会（PTAS）能够选择以短期合同聘用新教师，新教师的增加同时也带来一年级班级规模缩小的实验效果。通过对比合同聘用制与长聘制（即公务员制度）教师的教学效率与成果，学者发现合同制教师的缺席率显著降低，且学生学习效果与考试成绩提高，即便合同制教师的工资更低。

## 二、环保问题

现有研究从行为经济学的非标准偏好、有限注意力等理论出发，对随机抽取的样本进行环保与节能相关的外生干预。本部分将以电力节能的干预实验为例进行阐释。

有限注意力理论认为，外生的信息干预会影响被试决策参照中信息的显著性排布，人们关心自身决策、他人决策与直接展示的参考信息。基于此，Allcott（2011）与 Opower 公司合作展开了节能信息干预设计的随机实地实验。该项目基于 Opower 公司的住宅共用事业客户群体，在美国各地随机选取了60万个实验组和控制组家庭作为干预和研究对象，向其中的实验组发送家庭能源报告信。项目旨在通过社会规范信息吸引人们对能耗水平的注意力，实现有效节约用电的目标，因而报告信中将目标家庭的用电情况与邻居的用电情况进行比较。学者通过对比实验组和控制组家庭的用电情况，并进一步根据家庭初始用电水平进行异质性分析，检验了这一低成本外生干预的刺激居民节电行为的高效性。

上述研究并非止步于此，而是在跟踪数据检验了中长期效应的基础上进一步开展了后续干预（Allcott and Todd，2014）。首先，在上述项目干预结束后的一段时间内，Allcott 和 Todd（2014）通过用电数据追踪发现，最初的报告会导致高频的“行动和倒退”，但这一周期性现象会随着后续报告的反复推送而减弱。其次，如果用电报告的持续周期性推送在实施两年后被停止，将会在实验组居民中产生更为持久的干预效果。长期数据追踪、随机实地实验后周期性的干预设计、短期与长期效应的检验对比等研究方法能够在一定程度上弥补随机实地实验外部有效性缺乏的问题，且证明被试对干预的已有经验或许是实验者优化项目设计、强化干预效果的重要参考。

信息干预的直接性为研究者通过问卷方式开展实验提供了机会。研究者认为信息不完善和对能源成本的不关注是政府设置能效标准和补贴的重要潜在动机，因此有必要检验直接的能耗信息对家电消费决策如何产生影响。基于有限注意力理论，Allcott 和 Taubinsky（2015）将研究目标聚焦于灯泡市场选择的干预设计，展开了线上与线下结合的问卷实验。线上实验通过专业的问卷研究网站 TESS 实施，网站上的被试群体将回答一份灯泡消费的支付意愿问卷，问卷之间唯一的区别在于灯泡产品信息的展示。研究者将随机给出三类灯泡相关信息：正面信息（节能灯泡对比普通灯泡的用电情况）、负面信息（节能灯泡对比普通灯泡的亮度等）、控制组信息。每一位被试将被随机分配到上述三种信息之一，实验干预前后，被试填写其对两类灯泡的支付意愿。线下实验的设计与线上实验类似，被试群体为线下商店的客户群。实验者在商店实地随机发放包含不同信息干预设计的问卷，以检验信息完善程度对消费行为的影响。主要结果表明，对节能灯泡的适度补贴可能会增加福利，但仅仅是信息和注意力偏差并不能证明对白炽灯的禁止是合理的。

随机实地实验的研究范式为微观层面居民决策的环保问题探究提供了切入点，弥补了理论模型与实验室实验设计中结论外部有效性存疑以及情景过于抽象化、简单化的不足。

## 三、歧视问题

用实证数据研究劳动力市场上是否存在歧视是非常困难的，一般的劳动力调查并不会包含雇主在雇佣和提拔员工时所观测到的所有特征。也就是说，研究者无法真正知道从雇主的角度来看，少数族裔和非少数族裔、男性和女性是否真正相似。传统实证数据带来的研究困难使得研究者转向实验。Bertrand 和 Mullainathan（2004）根据芝加哥和波士顿报纸上的招聘广告投递简历，并记录对投简历者的致电率来判断种族歧视情况。具体措施为，实验者虚构出求职者的名字，一半简历上求职者名字明显为白人，而另一半简历上求职者名字明显为非洲裔美国人，并且简历质量会随着招聘广告要求而变化。针对每一份招聘广告，实验者通常发送 4 份简历，即两份质量较高的简历和两份质量较低的简历，且每种质量的简历中各分配一个白人名字和一个非洲裔美国人名字。实验结果显示，每 10 份白人求职者简历平均收到 1 份回电，而非洲裔求职者需要发送 15 份简历才能达到同样的结果，两者有近 50%的差距，且随着简历质量的提高，两者之间的差距呈现出扩大趋势。采用类似的方法，Riach 和 Rich（2006）对英国劳动力市场的招聘广告发送了简历，作者主要关注了秘书、工程师、会计师和程序员这四种职业。针对每一条广告，（虚假的）简历申请者的背景仅有男女性别上的区别。研究结果如表 15-5 所示，在秘书这一被传统认为为女性擅长的职业中，男性受到了显著的歧视，而在“男性职业”工程师方面，对女性的歧视是显著的。而对于“混合职业”——会计师和程序员，男性出

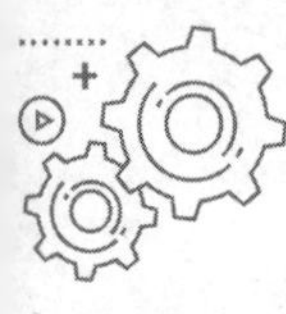



乎意料地遭受了歧视，男性遭受到的歧视分别比女性多了 3 倍半和 4 倍。

表 15-5　工作招聘性别歧视实地实验结果

| 职　业 | 未收到回复 | 收到回复 | 平等对待 | 女性受到歧视 | 男性受到歧视 | 净歧视 |
|---|---|---|---|---|---|---|
| 会计师 | 284 | 55 | 22 | 11 | 22 | 11 (–20.0*) |
| 会计师（面试） | | 23 | 5 | 4 | 14 | 10 (–43.5**) |
| 程序员 | 96 | 34 | 14 | 4 | 16 | 12 (–35.3**) |
| 工程师 | 134 | 39 | 12 | 18 | 9 | 9 (23.1*) |
| 秘书 | 180 | 51 | 13 | 8 | 30 | 32 (–43.1***) |

注：会计师（面试）表明收到的回复中有面试邀请。平等对待表明男性求职者和女性求职者均收到回复，女性受到歧视表明男性求职者收到回复而女性未能收到回复，男性受到歧视则相反。净歧视统计结论采用卡方检验。

资料来源：RIACH P A, RICH J, 2006. An experimental investigation of sexual discrimination in hiring in the English labor market[J]. Advances in economic analysis & policy, 6(2): 1416.

## 四、腐败问题

腐败是阻碍经济和社会发展的因素之一，腐败一直是经济学家研究的热点话题。实际上，由于腐败的非法性和隐蔽性，几乎很难拿到关于腐败的实证数据，而实地实验很好地克服了这一点。针对印度的驾照考试，Bertrand 等（2007）将驾照申请人随机分配为三组：奖金组、培训组于控制组。实验者对奖金组的被试要求是，他们如果能够在短时间内获得驾照，将得到大量的经济奖励。对于培训组，实验者将为他们提供免费的驾照培训。研究结果显示，奖金组和培训组更有可能拿到驾照，并且奖金组成员更有可能实施贿赂，也更可能拿到驾照却不会开车。然而，成员并不是直接贿赂官员，而是贿赂能够帮助他们规避法律获得驾照的代理人。在印度尼西亚的一项实地实验中，Olken（2007）进行三项干预措施，一部分村庄为审计处理组，将受到来自中央的自上而下的审计监督，此外实验者还设计了两个自下而上的监督方式，在一种处理中，实验者邀请数百名村民参加村庄的预算会议，在另一种处理中，除了邀请村民参加会议，还分发了匿名意见表，具体实验设计如表 15-6 所示。随后，通过对比公路建造的实际成本与预算成本的差异，实验者估算出了当地的腐败水平。研究结果显示，自上而下的监督显著降低了 8 个百分点的腐败水平，与之相比，自下而上的监督对腐败水平影响较小，仅在劳动支出上有所作用。

表 15-6　公路修建实地实验中各种处理类别（村庄数）

| | 控制 | 邀请监督 | 邀请监督且接受匿名意见 | 总计 |
|---|---|---|---|---|
| 控制 | 114 | 105 | 106 | 325 |
| 审计监督 | 93 | 94 | 96 | 283 |
| 总计 | 207 | 199 | 202 | 608 |

资料来源：OLKEN B A, 2007. Monitoring corruption: evidence from a field experiment in Indonesia[J]. Journal of political economy, 115(2): 200-249.

上述研究并没有直接对腐败进行测量，只是通过实验结果的变化对腐败行为进行推断，如在 Bertrand 等（2007）实地实验中，将较短时期获得驾照这一行为归因于腐败。进一步地，Armantier 和 Boly（2011）在非洲的一个国家进行了一场实地实验，他们雇用兼职人员来评阅试卷，而其中一份试卷会收到考生用现金换取高分的贿赂提议。为了进一步了解腐败的影响因素，作者进行了六个不同的处理：控制组（阅卷人得到一笔固定报酬）、高贿赂、高工资、低监督和惩罚、高监督和惩罚、无贿赂。实验结果表明，从微观因素来看，年龄和阅卷人本身能力都会影响接受贿赂的概率，而性别没有影响。就处理效应而言，高贿赂会增加阅卷人的受贿概率，且受贿者会更高概率地汇报行贿者成绩合格；高工资对腐败的影响是模糊的，虽然降低了受贿概率，但也加强了受贿者的回报倾向；监督和惩罚是有效的反腐措施，但高监督可能会挤出诚实的内在动机。

## 五、中国应用

实地实验兴起于 20 世纪 50 年代，近十几年来，实地实验也在中国有了较为广泛的应用与发展。不少实地实验考察了群体之间的偏好差异，如何浩然和徐慧（2017）对独生子女与非独生子女经济偏好和行为展开研究，在我国北京和贵州两地对大学生和成年工作人群开展了诸如风险偏好、时间偏好、亲社会合作行为以及社会的侵占、报复行为等一些系列实验，实验结果表明独生子女和非独生子女在这些经济行为上没有差异。儿童也是实地实验经济学者关注的重点，由于儿童时期是个体偏好形成的关键时期，不少实地实验研究了儿童的教育和偏好情况。在竞争偏好方面，董志强和赵俊（2019）研究了留守儿童这一身份对孩子竞争意愿的影响。实验者在河北省的农村小学以班级为单位招募被试 144 人进行投塑料游戏币，在非竞争、竞争与竞争选择三个情境下了解学生的游戏能力与竞争决策。实地实验结果发现，留守儿童比非留守儿童显著地规避参与竞争。在公平偏好方面，徐慧和汪斯妤（2018）对河南省的 3 所农村小学公共 314 名儿童开展独裁者博弈和最后通牒博弈，研究结果显示，留守儿童和非留守儿童在优势不平等的地位下分配行为没有差异，且两类儿童群体对弱势不平等的厌恶也是一致的。在儿童教育发展方面，王春超和肖艾平（2019）对小学生随机进行排座，然后跟踪学生的学生成绩，考察了班级处于高中心地位的学生对与其作为距离不同的同伴学习成绩的影响。研究结果发现，拉近与高中心性学生座位距离可以提高学习成绩。Lu 和 Anderson（2015）通过随机分配中学生的座位评估了坐在邻近的同学的性别如何影响学生的学业成绩，实验结果表明，对于一个女生来说，当周围有 5 个女生时，她的考试成绩会提高 0.2～0.5 分，这主要源于合作行为，但是对男生的考试成绩却没有这样的效应。

除了以上提及的儿童与教育领域，在促进农村公共事务治理、提高公共捐赠、提升乡村社会资本等方面，研究者都通过实地实验给出了政策建议（贾小虎、马恒运、秦国庆，2020；王一子、连洪泉、黄国宾，2021；汪崇金、杨亿、谷军建，2021）。总之，我国正处于经济转型的重要时期，教育、医疗、乡村振兴等现实问题为实地实验提供了丰

富的对象与素材。因此，需要经济学者深入经济实践，在实地开展经济研究工作，进一步推广实地实验的应用。

## 本 章 小 结

本章要点可以归纳如下：

（1）六个因素可以帮助区分实地实验与实验室实验：实验对象的性质、实验对象的性质、商品的性质、任务规则的性质、奖金的性质、实验对象所处环境的性质。

（2）实验主要可分为传统实验室实验、人工实地实验、框架实地实验、自然实地实验四类。

（3）人工实地实验具有非标准被试库，传统实地实验多采用学生作为被试，而人工实地实验被试对象为统计学特征更为丰富的普通人。

（4）框架实地实验设定在真实情境下，实验中交易物品、试验任务与被试的信息均是真实的，被试知道自己正在参加实验。

（5）自然实地实验也是在真实情境下开展，但被试不知道自己正在参与实验。

### 复习与思考

1. 描述界定实地实验的六个因素。
2. 根据界定因素描述实地实验的类型及其区别。
3. 举例说明实地实验在发展、环保、歧视、腐败等领域的应用。

# 参考文献


陈冬华, 范从来, 沈永建, 等, 2010. 职工激励、工资刚性与企业绩效——基于国有非上市公司的经验证据[J]. 经济研究, 45(7): 116-129.

陈其安, 高国婷, 陈慧, 2011. 基于个人投资者过度自信的中国股票市场定价模型[J]. 中国管理科学, 19(4): 38-46.

陈强, 2014. 高级计量经济学及 Stata 应用[M]. 北京: 高等教育出版社.

陈叶烽, 等, 2021. 实验经济学讲义: 方法与应用[M]. 北京: 北京大学出版社.

陈叶烽, 丁预立, 潘意文, 等, 2020. 薪酬激励和医疗服务供给: 一个真实努力实验 [J]. 经济研究, 55(1): 132-148.

陈叶烽, 周业安, 宋紫峰, 2011. 人们关注的是分配动机还是分配结果?——最后通牒实验视角下两种公平观的考察[J]. 经济研究, 46(6): 31-44.

程兵, 梁衡义, 2004. 过度自信、过度悲观与均衡资产定价[J]. 管理评论(11): 23-27, 63.

崔巍, 2013. 信任、市场参与和投资收益的关系研究[J]. 世界经济, 36(9): 127-138.

戴维斯, 霍尔特, 2013. 实验经济学[M]. 北京: 中国人民大学出版社.

董志强, 赵俊, 2019. "留守"与儿童竞争偏好: 一项实地实验研究[J]. 经济学动态(4): 33-48.

段锦云, 曹忠良, 娄玮瑜, 2008. 框架效应及其认知机制的研究进展[J]. 应用心理学, 14(4): 378-384.

弗里德曼, 桑德, 2011. 实验方法[M]. 北京: 中国人民大学出版社.

葛万达, 盛光华, 2020. 社会规范对绿色消费的影响及作用机制[J]. 商业研究(1): 26-34.

何诚颖, 陈锐, 蓝海平, 等, 2014. 投资者非持续性过度自信与股市反转效应[J]. 管理世界(8): 44-54.

何浩然, 2011. 个人和家庭跨期决策与被试异质性——基于随机效用理论的实验经济学分析[J]. 管理世界 (12): 12-20.

何浩然, 徐慧, 2017. 独生子女的经济行为有别于非独生子女吗?——来自实验室和田野实验的证据[J]. 北京师范大学学报(社会科学版)(1): 51-65.

何浩然, 周业安, 2017. 换位经历是否会促进换位思考: 来自经济学实验的证据[J]. 世界经济, 40(4): 147-166.

何嘉梅, 黄希庭, 尹可丽, 等, 2010. 时间贴现的分段性[J]. 心理学报, 42(4): 474-484.

贺京同, 那艺, 郝身永, 2014. 决策效用、体验效用与幸福[J]. 经济研究(7): 176-188.

黄玮, 余嘉元, 2008. 框架效应对决策的影响研究综述[J]. 江苏技术师范学院学报(职教通讯)(2): 93-98.

贾小虎, 马恒运, 秦国庆, 2020. 外生激励如何影响合作水平——基于农户公共物品田野实验的分析[J]. 农业技术经济(9): 79-91.

姜树广, 韦倩, 2013. 信念与心理博弈: 理论、实证与应用[J]. 经济研究, 48(6): 141-154.

金佳, 张武科, 2015. 框架效应影响因素及其认知机制研究综述[J]. 西安电子科技大学学报(社会科学版), 25(2): 30-36.

卡格尔, 罗斯, 2015. 实验经济学手册[M]. 北京: 中国人民大学出版社.

李爱梅, 2006. 心理账户与非理性经济决策行为的实证研究[D]. 广州: 暨南大学.

李爱梅, 郝玫, 李理, 等, 2012. 消费者决策分析的新视角: 双通道心理账户理论[J]. 心理科学进展, 20(11): 1709-1717.

李爱梅, 鹿凡凡, 2014. 心理账户的心理预算机制探讨[J]. 统计与决策(8): 50-53.

李爱梅, 魏季, 2012. 基于"时间心理账户"视角的幸福体验研究[C]//中国心理学会. 第十五届全国心理学学术会议论文摘要集.

李彬, 史宇鹏, 刘彦兵, 2015. 外部风险与社会信任:来自信任博弈实验的证据[J]. 世界经济, 38(4): 146-168.

李建标, 李朝阳, 2013. 信任的信念基础——实验经济学的检验[J]. 管理科学, 26(2): 62-71.

李声高, 2019. 失信被执行人惩戒制度研究[D]. 武汉: 中南财经政法大学.
连洪泉, 董志强, 张沛康, 2016. 禀赋效应的行为和实验经济学研究进展[J]. 南方经济(11): 95-112.
廖俊峰, 2014. 东西方文化价值差异下的冲动性购买研究[D]. 广州: 华南理工大学.
刘涛, 2010. 基于心理账户视角的大学生消费决策分析[J]. 中国青年研究(12): 93-96.
卢长宝, 秦琪霞, 林颖莹, 2013. 虚假促销中消费者购买决策的认知机制: 基于时间压力和过度自信的实证研究[J]. 市场营销, 16(2): 92-103.
罗俊, 陈叶烽, 何浩然, 2019. 捐赠信息公开对捐赠行为的“筛选”与“提拔”效应——来自慈善捐赠田野实验的证据[J]. 经济学(季刊), 18(4): 1209-1238.
倪亚琨, 郭腾飞, 王明辉, 2018. 大学生特质拖延、跨期选择和未来时间洞察力的关系[J]. 中国心理卫生杂志, 32(9): 765-771.
石广平, 刘晓星, 姚登宝, 等, 2018. 过度自信、市场流动性与投机泡沫[J]. 管理工程学报, 32(3): 63-72.
宋紫峰, 周业安, 2011. 收入不平等、惩罚和公共品自愿供给的实验经济学研究[J]. 世界经济, 34(10): 35-54.
孙海龙, 安薪如, 熊冠星, 2021. 多时点结果跨期选择的决策效应及其心理机制 [J]. 心理科学进展, 29(12): 2224-2235.
谭松涛, 2013. 自我归因偏差、学习与股民的过度自信[J]. 经济理论与经济管理(11): 71-79.
汪崇金, 杨亿, 谷军健, 2021. 第一书记驻村帮扶能提升乡村社会资本吗?——一项田野实验研究[J]. 财经研究, 47(3): 110-124.
汪丁丁, 2011. 行为经济学讲义[M]. 上海: 上海人民出版社.
汪良军, 童波, 2017. 收入不平等、公平偏好与再分配的实验研究[J]. 管理世界(6): 63-81.
汪敏达, 李建标, 殷西乐, 2019. 偏好结构、策略远见和集体行动[J]. 南开经济研究(2): 122-146, 167.
王春超, 肖艾平, 2019. 班级内社会网络与学习成绩——一个随机排座的实验研究[J]. 经济学(季刊), 18(3): 1123-1152.
王海英, 李亚宁, 周畅, 2019. 反义标识的认知实验研究[J]. 东北大学学报(自然科学版)(7): 1056-1060.
王娜娜, 2014. 购买决策的影响因素: 双通道心理账户的中介效应和情绪的调节效应[D]. 银川: 宁夏大学.
王湘红, 2012. 相对收入与个人效用——来自中国的证据[J]. 经济理论与经济管理(5): 36-46.
王湘红, 2021. 消费行为的助推机制和政策效应研究[M]. 北京: 经济科学出版社.
王湘红, 陈坚, 2016. 社会比较和相对收入对农民工家庭消费的影响——基于 RUMiC 数据的分析 [J].金融研究 (12): 48-62.
王湘红, 宋爱娴, 孙文凯, 2018. 消费者保护与消费——来自中国工商总局投诉数据的证据[J]. 金融研究(6): 123-137.
王湘红, 孙文凯, 任继球, 2012. 相对收入对外出务工的影响:来自中国农村的证据[J]. 世界经济, 35(5): 121-141.
王湘红, 王曦, 2009. 退货制度影响消费倾向的行为理论和调查[J]. 经济理论与经济管理(10): 48-51.
王湘红, 吴佳妮, 2021. 相对收入影响公共品和慈善捐献的实验研究[R]. 中国人民大学.
王一子, 连洪泉, 黄国宾, 2021. 强化团结规则是否有利于促进群体内部合作? ——来自人工实地实验的证据[J]. 中国人民大学学报, 35(2): 55-66.
王云, 张昀彬, 2020. 经济学实验中的信念诱导与测度: 理论、方法与应用[J]. 南方经济 (6): 87-104.
威尔金森, 2012. 行为经济学[M]. 北京: 中国人民大学出版社.
谢晓非, 陆静怡, 2014. 风险决策中的双参照点效应[J]. 心理科学进展(4): 571-579.
徐慧, 汪斯妤, 2020. 留守儿童的公平感与幸福度: 来自实地实验与调查的依据[J]. 南方经济(4): 40-52.
杨春鹏, 吴冲锋, 2005. 过度自信与正反馈交易行为[J]. 管理评论(11): 21-26, 65.
袁卓群, 秦海英, 杨汇潮, 2015. 不完全契约中的决策: 公平偏好及多重参照点的影响[J]. 世界经济, 38(8): 168-192.
张继勋, 蔡闫东, 倪古强, 2019. 社会责任披露语调、财务信息诚信与投资者感知——一项实验研究 [J]. 南开管理评论(1): 206-212, 224.

张莉, 2021. 政府跨期预算决策过程分析——基于时间偏好动态一致性的研究[J]. 中央财经大学学报(6): 16-26.

张新超, 范良聪, 刘璐, 2016. 腐败何以持续: 基于社会规范视角的实验研究[J]. 南方经济(5): 97-114.

张元鹏, 林大卫, 2015. 社会偏好、奖惩机制与公共品的有效供给——基于一种实验方法的研究[J]. 南方经济(12): 26-39.

赵永萍, 赵玉芳, 张进辅, 2016. 刻板印象信息沟通的默认策略[J]. 心理学探新, 36(1): 48-51.

周爱保, 赵鑫, 2009. 过度自信的研究展望[J]. 心理与行为研究, 7(3): 236-240.

周慧, 夏梦瑶, 2018. 能效悖论与消费者非理性行为: 双曲贴现、数量效应和框架效应[J]. 产经评论, 9(4): 127-139.

周业安, 左聪颖, 袁晓燕, 2013. 偏好的性别差异研究: 基于实验经济学的视角[J]. 世界经济(7): 3-27.

周晔馨, 涂勤, 胡必亮, 2014. 惩罚、社会资本与条件合作——基于传统实验和人为田野实验的对比研究[J]. 经济研究, 49(10): 125-138.

宗计川, 朱鑫鑫, 隋聪, 2017. 资产组合调整惯性行为研究: 实验室证据[J]. 管理科学学报, 20(11): 61-74.

左世全, 赵世佳, 祝月艳, 2020. 国外新能源汽车产业政策动向及对我国的启示[J]. 经济纵横(1): 113-122.

ABELER J, FALK A, GOETTE L, et al., 2011. Reference points and effort provision[J]. The American economic review, 101 (2): 470-492.

ABELER J, MARKLEIN F, 2008. Fungibility, labels, and consumption[R]. IZA Discussion Paper No. 3500.

ADAMS J K, 1957. A confidence scale defined in terms of expected percentages[J]. The American journal of psychology, 70(3): 432-436.

AGELL J, BENNMARKER H, 2003. Endogenous wage rigidity[R]. Stockholm university, department of economics.

AGELL J, BENNMARKER H, 2007. Wage incentives and wage rigidity: a representative view from within[J]. Labour economics, 14(3): 347-369.

AGELL J, LUNDBORG P, 1995. Theories of pay and unemployment: survey evidence from swedish manufacturing firms[J]. The scandinavian journal of economics, 97(2): 295-307.

AHLBRECHT M, WEBER M, 1996. The resolution of uncertainty: an experimental study[J]. Journal of institutional and theoretical economics (JITE)/Zeitschrift für die gesamte Staatswissenschaft, 152(4): 593-607.

AKERLOF G A, 1982. Labor contracts as partial gift exchange[J]. The quarterly journal of economics, 97(4): 543-569.

AKERLOF G A, 1991. Procrastination and obedience[J]. The American economic review, 81(2): 1-19.

ALBERTI F, CARTWRIGHT E J, 2015. Does the endowment of contributors make a difference in threshold public-good games?[J]. FinanzArchiv: public finance analysis, 71(2): 216-239.

ALESINA A, LA FERRARA E, 2002. Who trusts others?[J]. Journal of public economics, 85(2): 207-234.

ALLAIS M, 1953. Le comportement de l'homme rationnel devant le risque: critique des postulats et axiomes de l'ecole Americaine[J]. Econometrica, 21(4): 503-546.

ALLCOTT H, 2011. Social norms and energy conservation[J]. Journal of public economics, 95(9-10): 1082-1095.

ALLCOTT H, ROGERS T, 2014. The short-run and long-run effects of behavioral interventions: experimental evidence from energy conservation[J]. The American economic review, 104 (10): 3003-3037.

ALLCOTT H, TAUBINSKY D, 2015. Evaluating behaviorally motivated policy: experimental evidence from the lightbulb market[J]. The American economic review, 105(8): 2501-2538.

ALPERT M, RAIFFA H, 1982. A progress report on the training of probability assessors[M]//KAHNEMAN D, SLOVIC P, TVERSKY A, et al. Judgment under uncertainty: heuristics and biases. Cambridge: Cambridge University Press: 294-305.

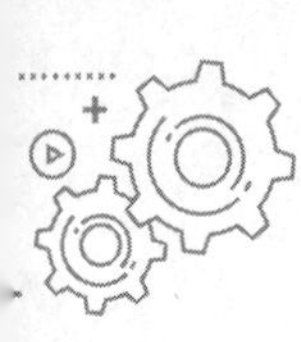



ALTONJI J G, 1986. Intertemporal substitution in labor supply: evidence from micro data[J]. Journal of political economy, 94: S176-S215.

ANDERSON C A, 1983. Abstract and concrete data in the perseverance of social theories: when weak data lead to unshakeable beliefs[J]. Journal of experimental social psychology, 19(2): 93-108.

ANDERSON C M, PUTTERMAN L, 2006. Do non-strategic sanctions obey the law of demand? The demand for punishment in the voluntary contribution mechanism[J]. Games and economic behavior, 54(1): 1-24.

ANDREONI J, MILLER J H, 1995. Auctions with artificial adaptive agents[J]. Games and economic behavior, 10(1): 39-64.

ANDREONI J, PETRIE R, 2008. Beauty, gender and stereotypes: evidence from laboratory experiments[J]. Journal of economic psychology, 29(1): 73-93.

ANDREONI J, VESTERLUND L, 2001. Which is the fair sex? Gender differences in altruism[J]. Quarterly journal of economics, 116(1): 293-312.

ANERSON C A, 1982. Inoculation and counter explanation: debiasing techniques in the pen severance of social theories[J]. Social cognition, 1(2):126-139.

ARCHARD N, 2012. Adolescent girls and leadership: the impact of confidence, competition, and failure[J]. International journal of adolescence and youth, 17(4): 189-203.

ARIELY D, WERTENBROCH K, 2002. Procrastination, deadlines, and performance: self-control by precommitment[J]. Psychological science, 13(3): 219-224.

ARKES H R, JOYNER C A, PEZZO M V, et al., 1994. The psychology of windfall gains[J]. Organizational behavior and human decision processes, 59(3): 331–347.

ARMANTIER O, BOLY A, 2011. A controlled field experiment on corruption[J]. European economic review, 55(8): 1072-1082.

ASCH S E, 1951. Effects of group pressure upon the modification and distortion of judgment[M]// GUETZKOW H. Groups, leadership and men. Pittsburgh: Carnegie Press: 222-236.

ASHRAF N, 2009. Spousal control and intra-household decision making: an experimental study in the Philippines [J]. The American economic review, 99(4):1245-1277.

AU W, 2004. Criticality and environmental uncertainty in step-level public goods dilemmas[J]. Group dynamics: theory, research, and practice, 8(1): 40-61.

AUSUBEL L M, 1991. The failure of competition in the credit card market[J]. The American economic review, 81: 50-81.

AUSUBEL L M, 1999. Adverse selection in the credit card market [R]. Working paper.

BABCOCK L, 2002. Do graduate students negotiate their job offers?[M]//BABCOCK L, LASCHEVER S. Women don't ask. Princeton: Princeton University Press.

BABCOCK L, LASCHEVER S, 2003. Women don't ask: negotiation and the gender divide[M]. Princeton: Princeton University Press.

BABCOCK L, LOEWENSTEIN G, 1997. Explaining bargaining impasse: the role of self-serving biases[J]. The journal of economic perspectives, 11(1): 109-126.

BABCOCK L, LOEWENSTEIN G, WANG X, 1995. The relationship between uncertainty, the contract zone, and efficiency in a bargaining experiment[J]. Journal of economic behavior & organization, 27(3): 475-485.

BABCOCK L, RECALDE M P, VESTERLUND L, et al., 2017. Gender differences in accepting and receiving requests for tasks with low promotability[J]. The American economic review, 107(3): 714-747.

BABCOCK L, WANG X H, LOEWENSTEIN G, 1996. Choosing the wrong pond: social comparisons in negotiations that reflect a self-serving bias[J]. The quarterly journal of economics, 111(1): 1-19.

BAIN H, HECOCK D S, 1957. Ballot position and voter's choice: the arrangements of names on the ballot and its effect on the voter?[M]. Detroit: Wayne State University Press.

BALAFOUTAS L, SUTTER M, 2012. Affirmative action policies promote women and do not harm efficiency in the laboratory[J]. Science, 335(6068): 579-582.

BANDIERA O, BEST M C, KHAN A Q, et al., 2021. The allocation of authority in organizations: a field experiment with bureaucrats[J]. Quarterly journal of economics, 136(4): 2195-2242.

BANERJEE A, COLE S, DUFLO E, et al., 2007. Remedying education: evidence from two randomized experiments in India[J]. The quarterly journal of economics, 122(3): 1235-1264.

BANERJEE A, BANERJI R, BERRY J, et al., 2017. From proof of concept to scalable policies: challenges and solutions, with an application[J]. Journal of economic perspectives, 31(4): 73-102.

BANERJEE A, FINKELSTEIN A, HANNA R, et al., 2021. The challenges of universal health insurance in developing countries: experimental evidence from Indonesia's national health insurance[J]. The American economic review, 111(9): 3035-3063.

BARBER B M, ODEAN T, 2001. Boys will be boys: gender, overconfidence, and common stock investment[J]. The quarterly journal of economics, 116(1): 261-292.

BARBER B M, ODEAN T, 2002. Online investors: do the slow die first[J]. Review of financial studies, 15(2): 455-487.

BARBER B M, ODEAN T, 2008. All that glitters: the effect of attention and news on the buying behavior of individual and institutional investors[J]. Review of financial studies, 21(2): 785-818.

BARBERIS N C, 2013. Thirty years of prospect theory in economics: a review and assessment[J]. Journal of economic perspectives, 27(1): 173-196.

BARBERIS N, SHLEIFER A, VISHNY R, 1998. A model of investor sentiment[J]. Journal of financial economics, 49(3): 307-343.

BARSEGHYAN L, MOLINARI F, O'DONOGHUE T, et al., 2018. Estimating risk preferences in the field[J]. Journal of economic literature, 56(2): 501-564.

BARTOL K M, 1978. The sex structuring of organizations: a search for possible causes[J]. Academy of management review, 3(4): 805-815.

BAZERMAN M H, SAMUELSON W F, 1983. I won the auction but don't want the prize[J]. The Journal of conflict resolution, 27(4): 618-634.

BAZERMAN M, NEALE M, 1982. Improving negotiation effectiveness under final offer arbitration: the role of selection and training[J]. Journal of applied psychology, 67(5): 543-548.

BELLEMARE C, KRÖGER S, 2003. On representative trust: SSRN Scholarly Paper ID 425340[R]. Rochester, NY: Social Science Research Network.

BÉNABOU R, TIROLE J, 2002. Self-confidence and personal motivation[J]. The quarterly journal of economics, 117(3): 871-915.

BENARTZI S, 2001. Excessive extrapolation and the Allocation of 401(k) accounts to company stock[J]. Journal of finance, 56(5): 1747-1764.

BENARTZI S, THALER R H, 1995. Myopic loss aversion and the equity premium puzzle[J]. The quarterly journal of economics, 110(1): 73-92.

BENARTZI S, THALER R H, 2001. Naive diversification strategies in defined contribution saving plans[J]. The American economic review, 91(1): 79-98.

BENARTZI S, THALER R H, 2002. How much is investor autonomy worth?[J] Journal of finance, 57(4): 1593-1616.

BERG J, DICKHAUT J, MCCABE K, 1995. Trust, reciprocity, and social history[J]. Games and economic behavior, 10(1): 122-142.

BERGMAN N K, JENTER D, 2007. Employee sentiment and stock option compensation[J]. Journal of financial economics, 84(3): 667-712.

BERLIN B, KAY P, 1991. Basic color terms: their universality and evolution[M]. Berkeley: University of California Press.

BERNARD V L, THOMAS J K, 1989. Post earnings-announcement drift: delayed price response or risk

premium?[J]. Journal of accounting research, 27: 1-36.

BERTRAND M, DJANKOV S, HANNA R, et al., 2007. Obtaining a driver's license in India: an experimental approach to studying corruption[J]. The quarterly journal of economics, 122(4): 1639-1676.

BERTRAND M, KARLAN D, MULLAINATHAN S, et al., 2010. What's advertising content worth? Evidence from a consumer credit marketing field experiment[J]. Quarterly journal of economics, 125(1): 263-306.

BERTRAND M, MULLAINATHAN S , 2004. Are Emily and Greg more employable than Lakisha and Jamal? A field experiment on labor market discrimination[J]. The American economic review, 94(4): 991-1013.

BESLEY T, FOLKE O, PERSSON T, et al., 2017. Gender quotas and the crisis of the mediocre man: theory and evidence from Sweden[J]. The American economic review, 107(8): 2204-2242.

BEWLEY T F, 1998. Why not cut pay?[J]. European economic review, 42(3-5): 459-490.

BINMORE K, SHAKED A, SUTTON J, 1985. Testing noncooperative bargaining theory: a preliminary study[J]. The American economic review, 75(5): 1178-1180.

BLAVATSKY Y P R, 2009. Betting on own knowledge: experimental test of overconfidence[J]. Journal of risk and uncertainty, 38: 39-49.

BLINDER A S, CHOI D H, 1990. A shred of evidence on theories of wage stickiness[J]. The quarterly journal of economics, 105(4): 1003-1015.

Bloomberg.Com., 2018. How durham is using nudge theory to drive people out of their cars[EB/OL]. (2018-10-30). https://www.Bloomberg.Com/News/Articles/2018-10-30/Durham-S-1-Million-Plan-To-Nudge-Drivers-Out-Of-Cars.

BLUMENSTOCK J, CALLEN M, GHANI T, 2018. Why do defaults affect behavior? Experimental evidence from afghanistan[J]. The American economic review, 108(10): 2868-2901.

BOHM P, 1972. Estimating demand for public goods: an experiment[J]. European economic review, 3(2): 111-130.

BOHM P, 1979. Estimating willingness to pay: why and how?[J]. The Scandinavian journal of economics, 81(2): 142-153.

BOHM P, 1984a. Revealing demand for an actual public good[J]. Journal of public economics, 24(2): 135-151.

BOHM P, 1984b. Are there practicable demand-revealing mechanisms? [M]//International Institute of Public Finance. Public finance and the quest for efficiency. Detroit, MI: Wayne State University Press: 127-139.

BOHM P, 1994. Behaviour under uncertainty without preference reversal: a field experiment[J]. Experimental economics, 19(2): 185-200.

BOHNET I, ZECKHAUSER R, 2004. Trust, risk and betrayal[J]. Journal of economic behavior & organization, 55(4): 467-484.

BOLTON G E, OCKENFELS A, 2000. ERC: a theory of equity, reciprocity, and competition[J]. The American economic review, 90(1): 166-193.

BONDT D, WERNER F M, THALER R, 1985. Does the stock market overreact?[J]. Journal of finance, 40(3): 793-805.

BORDALO P, COFFMAN K, GENNAIOLI N, et al., 2019. Beliefs about gender[J]. The American economic review, 109(3): 739-773.

BORN A, RANEHILL E, SANDBERG A, 2022. Gender and willingness to lead: does the gender composition of teams matter[J]. Review of economics and statistics, 104(2): 259-275.

BORNSTEIN G, YANIV I, 1998. Individual and group behavior in the ultimatum game: are groups more "rational" players?[J]. Experimental economics, 1(1): 101-108.

BOWLES S, POLANIA-REYES S, 2012. Economic incentives and social preferences: substitutes or complements?[J]. Journal of economic literature, 50(2): 368-425.

BOWMAN D, MINEHART D, RABIN M, 1999. Loss aversion in a consumption–savings model[J]. Journal of economic behavior and organization, 38(2): 155-178.

BRENNER L, GRIFFIN D, KOEHLER D J, 2005. Modeling patterns of probability calibration with random support theory: diagnosing case-based judgment[J]. Organizational behavior and human decision processes, 97(1): 64-81.

BRICKMAN P, COATES D, JANOFF-BULMAN R, 1978. Lottery winners and accident victims: is happiness relative[J]. Journal of personality and social psychology, 36(8): 917-927.

BROADBENT D E, 1958. Perception and communication[M]. New York: Pergamon Press.

BROOKSHIRE D S, COURSEY D L, 1987. Measuring the value of a public good: an empirical comparison of elicitation procedures[J]. The American economic review, 74(4): 554-566.

BROWN J R, KLING J R, MULLAINATHAN S, 2008. Why don't people insure late-life consumption? A framing explanation of the under-annuitization puzzle[J]. The American economic review, 98(2): 304-309.

BROWNING M, DEATON A, IRISH M. 1985. A profitable approach to labor supply and commodity demands over the life-cycle[J]. Econometrica: journal of the econometric society, 533(3): 503-544.

BROWN-KRUSE J, HUMMELS D, 1993. Gender effects in laboratory public-goods contribution: do individuals put their money where their mouth is?[J]. Journal of economic behavior & organization, 22(3): 255-267.

BUCHAN N R, CROSON R T A, SOLNICK S, 2008. Trust and gender: an examination of behavior and beliefs in the investment game[J]. Journal of economic behavior & organization, 68(3–4): 466-476.

BUEHLER R, GRIFFIN D, ROSS M, 1994. Exploring the "planning fallacy" : why people underestimate their task completion times[J]. Journal of personality and social psychology, 67(3): 366-381.

BURDEN B C, ONO Y, YAMADA M, 2017. Reassessing public support for a female president[J]. The journal of politics, 79(3): 1073-1078.

BURTON S, BLAIR E, 1991. Task conditions, response formulation processes, and response accuracy for behavioral frequency questions in surveys[J]. Public opinion quarterly, 55(1): 50-79.

BUSS D M, LARSEN R J, WESTEN D, et al., 1992. Sex differences in jealousy: evolution, physiology, and psychology[J]. Psychological science, 3(4): 251-255.

CAIN D M, LOEWENSTEIN G, MOORE D A, 2005. The dirt on coming clean: perverse effects of disclosing conflicts of interest[J]. Journal of legal studies, 34(1): 1-25.

CAMERER C F, LOEWENSTEIN G, 1993. Information, fairness, and efficiency in bargaining[J]. Cambridge: Cambridge University Press.

CAMERER C F, THALER R H, 1995. Anomalies: ultimatums, dictators and manners[J]. Journal of economic perspectives, 9(2): 209-219.

CAMERER C, 2000. Prospect theory in the wild: evidence from the field[M]//KAHNEMAN D, TVERSKY A. Choices, values, and frames. Cambridge: Cambridge University Press: 288-300.

CAMERER C, BABCOCK L, LOEWENSTEIN G, et al., 1997. Labor supply of New York city cabdrivers: one day at a time[J]. The quarterly journal of economics, 112(2): 407-441.

CAMERER C, LOVALLO D, 1999. Overconfidence and excess entry: an experimental approach[J]. The American economic review, 89(1): 306-318.

CAMERON L A, 1999. Raising the stakes in the ultimatum game: experimental evidence from indonesia[J]. Economic inquiry, 37(1): 47-59.

CAMPBELL III C M, KAMLANI K S, 1997. The reasons for wage rigidity: evidence from a survey of firms[J]. The quarterly journal of economics, 112(3): 759-789.

CARD D, KRUEGER A B, 1995. Time-series minimum-wage studies: a meta-analysis[J]. The American economic review, 85(2): 238-243.

CARTWRIGHT E, STEPANOVA A, 2015. The consequences of a refund in threshold public good games[J]. Economics letters, 134: 29-33.

CASON T N, FRIEDMAN D, HOPKINS E, 2021. An experimental investigation of price dispersion and cycles[J]. Journal of political economy, 129(3): 789-841.

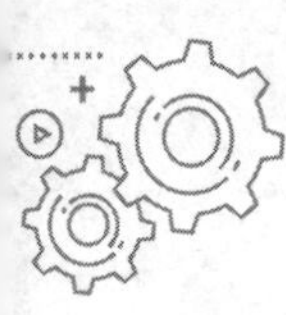



CASON T N, MUI V L, 1997. A laboratory study of group polarisation in the team dictator game[J]. The economic journal, 107(444): 1465-1483.

CHAN K S, GODBY R, MESTELMAN S, et al., 2002. Crowding-out voluntary contributions to public goods[J]. Journal of economic behavior & organization, 48(3): 305-317.

CHAPMAN G B, JOHNSON E J, 1999. Anchoring, activation, and the construction of values[J]. Organizational behavior and human decision processes, 79(2): 115-153.

CHARITÉ J, FISMAN R, KUZIEMKO I, 2015. Reference points and redistributive preferences: experimental evidence: No. w21009[R]. National Bureau of Economic Research.

CHARNESS G, RABIN M, 2002. Understanding social preferences with simple tests[J]. The quarterly journal of economics, 117(3): 817-869.

CHEN D L, SCHONGER M, WICKENS C, 2016. oTree—an open-source platform for laboratory, online, and field experiments[J]. Journal of behavioral and experimental finance, 9: 88-97.

CHEN J, HOUSER D, 2019. When are women willing to lead? The effect of team gender composition and gendered tasks[J]. The leadership quarterly, 30(6): 101340.

CHERRY T L, KROLL S, SHOGREN J F, 2005. The impact of endowment heterogeneity and origin on public good contributions: evidence from the lab[J]. Journal of economic behavior & organization, 57(3): 357-365.

CHETTY R, LOONEY A, KROFT K, 2009. Salience and taxation: theory and evidence[J]. The American economic review, 99(4): 1145-1477.

CHOI J J, LAIBSON D, MADRIAN B, 2006. Reducing the complexity costs of 401(k) participation through quick enrollment[R]. National Bureau of Economic Research, Working Paper 11979.

CHRISTENSEN D, DUBE O, HAUSHOFER J, et al., 2021. Building resilient health systems: experimental evidence from sierra leone and the 2014 ebola outbreak[J]. Quarterly journal of economics, 136(2): 1145-1198.

CHUNG S H, HERRNSTEIN R J, 1967. Choice and delay of reinforcement[J]. Journal of the experimental analysis of behavior, 10(1): 67-74.

CICCHETTI C J, DUBIN J A, 1994. A microeconometric analysis of risk aversion and the decision to self-insure[J]. Journal of political economy, 102(1): 169-186.

CLARK A E, FRIJTERS P, SHIELDS M A, 2008. Relative income, happiness, and utility: an explanation for the easterlin paradox and other puzzles[J]. Journal of economic literature, 46(1): 95-144.

COFFMAN K B, 2014. Evidence on self-stereotyping and the contribution of ideas[J]. Quarterly journal of economics, 129(4): 1625-1660.

COHEN J, ERICSON K M, LAIBSON D, et al., 2020. Measuring time preferences[J]. Journal of economic literature, 58(2): 299-347.

COHEN L, FRAZZINI A, 2008. Economic links and predictable returns[J]. Journal of finance, 63(4): 1977-2011.

COLLER M, WILLIAMS M B, 1999. Eliciting individual discount rates[J]. Experimental economics, 2(2): 107-127.

COMPTE O, POSTLEWAITE A, 2004. Confidence-enhanced performance[J]. The American economic review, 94(5): 1536-1557.

CONLIN M, O'DONOGHUE T, VOGELSANG T J, 2007. Projection bias in catalog orders[J]. The American economic review, 97(4): 1217-1249.

CONLON C T, MORTIMER J H, 2021. Efficiency and foreclosure effects of vertical rebates: empirical evidence[J]. Journal of political economy, 129(12): 3357-3404.

COWGILL B, WOLFERS J, ZITZEWITZ E, 2009. Using prediction markets to track information flows: evidence from google[R]. Working paper, springer Berlin Heidelberg.

COX J C, DECK C A, 2006. When are women more generous than men?[J]. Economic inquiry, 44(4):

587-598.

COX J C, HAYNE S C, 2006. Barking up the right tree: are small groups rational agents?[J]. Experimental economics, 9(3): 209-222.

COX J, 2000, Trust and reciprocity: implications of game triads and social contexts[R]. Working paper, University of Arizona.

CROSON, R T, MARKS M B, 2000. Step returns in threshold public goods: a meta-and experimental analysis[J]. Experimental economics, 2(3): 239-259.

CUADRADO I, MORALES J F, RECIO P, 2008. Women's access to managerial positions: an experimental study of leadership styles and gender[J]. The Spanish journal of psychology, 11(1): 55-65.

CUMMINGS R G, HARRISON G W, RUTSTRÖM E E, 1995. Homegrown values and hypothetical surveys: is the dichotomous choice approach incentive-compatible?[J]. The American economic review, 85(1): 260-266.

CUMMINGS R G, TAYLOR L O, 1999. Unbiased value estimates for environmental goods: a cheap talk design for the contingent valuation method[J]. The American economic review, 89(3): 649-665.

DAHL G, DELLAVIGNA S, 2009. Does movie violence increase violent crime?[J] Quarterly journal of economics, 124(2): 677-734.

DAI H C, 2018. A double-edged sword: how and why resetting performance metrics affects motivation and performance[J]. Organizational behavior and human decision processes, 148:12-29.

DAL BÓ P, FRÉCHETTE G R, 2018. On the determinants of cooperation in infinitely repeated games: a survey[J]. Journal of economic literature, 56(1): 60-114.

DANIEL K, HIRSHLEIFER D, SUBRAHMANYAM A, 1998. Investor psychology and security market under-and overreactions[J]. Journal of finance, 53(6): 1839-1885.

DANNENBERG A, LÖSCHEL A, PAOLACCI G, et al., 2015. On The provision of public goods with probabilistic and ambiguous thresholds[J]. Environmental and resource economics, 61(3): 365-383.

DAVIS M M, FANT K, 2005. Coverage of vaccines in private health plans: what does the public prefer?[J]. Health affairs, 24(3): 770-779.

DEATON A, 2001. Relative deprivation, inequality, and mortality: No. 8099[R]. National Bureau of Economic Research.

DELLAVIGNA A S, 2009. Psychology and economics: evidence from the field[J]. Journal of economic literature, 47(2): 315-372.

DELLAVIGNA S, KAPLAN E, 2007. The fox news effect: media bias and voting[J]. Quarterly journal of economics, 122(3): 1187-1234.

DELLAVIGNA S, LIST J A, MALMENDIER U, 2012. Testing for altruism and social pressure in charitable giving[J]. The quarterly journal of economics, 127(1): 1-56.

DELLAVIGNA S, MALMENDIER U, 2006. Paying not to go to the gym[J]. The American economic review, 96(3): 694-719.

DELLAVIGNA S, POLLET J M, 2007. Demographics and industry returns[J]. The American economic review, 97(5): 1667-1702.

DELLAVIGNA S, POLLET J M, 2009. Investor inattention and Friday earnings announcements[J]. Journal of finance, 64(2): 709-749.

DELVECCHIO D, LAKSHMANAN A, KRISHNAN H S, 2009. The effects of discount location and frame on consumers' price estimates[J]. Journal of retailing, 85(3): 336-346.

DHAR R, SHERMAN S J, 1996. The effect of common and unique features in consumer choice[J]. Journal of consumer research, 23(3): 193 -203.

DIAMOND P A, VARTIAINEN H, 2007. Behavioral economics and its applications[M]. Princeton, NJ: Princeton University Press.

DIXON P M, WEINER J, MITCHELL-OLDS T, et al., 1987. Bootstrapping the Gini coefficient of

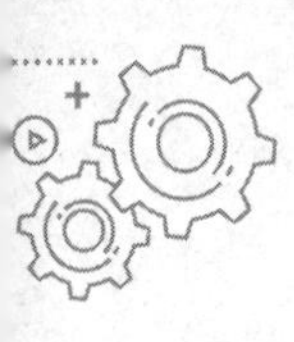



inequality[J]. Ecology, 68(5): 1548-1551.

DOBBINS G H, PLATZ S J, 1986. Sex differences in leadership: how real are they?[J]. Academy of management review, 11(1): 118-127.

DOĞAN P, 2020. Gender differences in volunteer's dilemma: evidence from teamwork among graduate students[J]. Journal of behavioral and experimental economics, 84: 101488.

DREYFUS M K, VISCUSI W K, 1995. Rates of time preference and consumer valuations of automobile safety and fuel efficiency[J]. The journal of law and economics, 38(1): 79-105.

DUESENBERRY S, 1949. Income, saving and the theory of consumer behavior[M]. Cambridge: Harvard University Press.

DUFLO E, 2012. Women empowerment and economic development[J]. Journal of economic literature, 50(4): 1051-1079.

DUFLO E, GALE W, LIEBMAN J, et al., 2006. Saving incentives for low-and middle-income families: evidence from a field experiment with H&R Block[J]. Quarterly journal of economics, 121(4): 1311-1346.

DUFLO E, HANNA R, RYAN S P, 2012. Incentives work: getting teachers to come to school[J]. The American economic review, 102(4): 1241-1278.

DUNNING D MEYEROWITZ J A, HOLZBERG A D, 1989. Ambiguity and self-evaluation: the role of idiosyncratic trait definitions in self-serving assessments of ability[J]. Journal of personality and social psychology, 57(6): 1082-1090.

EAGLY A H, CARLI L, 2007. Through the labyrinth: the truth about how women become leaders[M]. Brighton: Harvard Business School Press.

EAGLY A H, JOHANNESEN-SCHMIDT, M C, VAN ENGEN M L, 2003. Transformational, transactional, and laissez-faire leadership styles: a meta-analysis comparing women and men[J]. Psychological bulletin, 129(4): 569-591.

EAGLY A H, JOHNSON B T, 1990. Gender and leadership style: a meta-analysis[J]. Psychological bulletin, 108(2): 233-256.

EAGLY A H, MAKHIJANI M G, et al., 1992. Gender and the evaluation of leaders: a meta-analysis[J]. Psychological bulletin, 111(1): 3-22.

EASTERLIN R A, 1974. Does economic growth improve the human lot? Some empirical evidence[M]//DAVID P A, REDER M W. Nations and households in economic growth. New York: Academic Press.

EATON A A, VISSER P S, 2008. The effects of gender and power on persuasion[C]//The Annual Meeting of the Midwestern Psychological Association, Chicago, IL.

ECKEL C C, GROSSMAN P J, 1998. Are women less selfish than men?: evidence from dictator experiments[J]. The economic journal, 108(448): 726-735.

ECKEL C C, GROSSMAN P J, JOHNSTON R M, 2005. An experimental test of the crowding out hypothesis[J]. Journal of public economics, 89(8): 1543-1560.

ECKEL C C, WILSON R K, 2004. Is trust a risky decision?[J]. Journal of economic behavior & organization, 55(4): 447-465.

ECKEL C, GROSSMAN P, 2001. Chivalry and solidarity in ultimatum games[J]. Economic inquiry, 39(2): 171-188.

ELLINGSEN T, JOHANNESSON M, MUNKHAMMAR S, et al., 2013. Gender differences in social framing effects[J]. Economics letters, 118(3): 470-472.

ELLSBERG D, 1961. Risk, ambiguity, and the savage axioms[J]. Quarterly journal of economics, 75(4): 643-669.

ENGLE-WARNICK J, SLONIM R L, 2006. Inferring repeated-game strategies from actions: evidence from trust game experiments[J]. Economic theory, 28(3): 603-632.

EPLEY N, GILOVICH T, 2001. Putting adjustment back in the anchoring and adjustment heuristic: differential processing of self-generated and experimenter-provided anchors[J]. Psychological science, 12(5): 391-396.

EREV I, WALLSTEN T S, BUDESCU D V, 1994. Simultaneous over-and underconfidence: the role of error in judgment processes[J]. Psychological review, 101(3): 519-528.

FALK A, ICHINO A, 2006. Clean evidence on peer effects[J]. Journal of labor economics, 24(1): 39-57.

FALK A, KOSFELD M, 2006. The hidden costs of control[J]. The American economic review, 96(5): 1611-1630.

FEHR E, GÄCHTER S, 2000. Cooperation and punishment in public goods experiments[J]. The American economic review, 90(4): 980-994.

FEHR E, GOETTE L, 2007. Do workers work more if wages are high? Evidence from a randomized field experiment[J]. The American economic review, 97(1), 298-317.

FEHR E, KIRCHSTEIGER G, RIEDL A, 1993. Does fairness prevent market clearing? An experimental investigation[J]. The quarterly journal of economics, 108(2): 437-459.

FEHR E, SCHMIDT K M, 1999. A theory of fairness, competition, and cooperation[J]. The quarterly journal of economics, 114(3): 817-868.

FESTINGER L, 1954. A theory of social comparison processes[J]. Human relations, 7: 117-140.

FIENBERG S E, LOFTUS E F, TANUR J M, 1985. Recalling pain and other symptoms[J]. Health and society, 63: 582-597.

FISCHBACHER U, GÄCHTER S, FEHR E, 2001. Are people conditionally cooperative? Evidence from a public goods experiment[J]. Economics letters, 71(3): 397-404.

FORSYTHE R, HOROWITZ J L, SAVIN N E, et al., 1994. Fairness in simple bargaining experiments[J]. Games and economic behavior, 6(3): 347-369.

FOX S, DAYAN K, 2004. Framing and risky choice as influenced by comparison of one's achievements with others: the case of investment in the stock exchange[J]. Journal of business & psychology, 18(3): 301-321.

FRANK R H, 1985. Choosing the right pond: human behavior and the quest for status[M]. Oxford: Oxford University Press.

FRANK R H, 1985. The demand for unobservable and other nonpositional goods[J]. The American economic review, 75(1): 101-116.

FRANK R H, 2008. Should public policy respond to positional externalities?[J]. Journal of public economics, 92(8-9): 1777-1786.

FREDERICK S, et al., 2002. The empirical and normative status of hyperbolic discounting and other DU anomalies[R]. Working Paper, MIT and London School Econ.

FREDRICKSON B, KAHNEMAN D, 1993. Duration neglect in retrospective evaluations of affective episodes[J]. Journal of personality and social psychology, 65(1): 45-55.

FREESE J, PAGER D, 2004. Who deserves a helping hand? Attitudes about government assistance for the unemployed by race, incarceration status, and worker history[C]//Annual Meetings of the American Sociological Association, San Francisco, CA.

FRENCH K R, POTERBA J M, 1991. Investor diversification and international equity markets[J]. The American economic review, 81(2): 222-226.

FRIEDL A, DE MIRANDA K L, SCHMIDT U, 2014. Insurance demand and social comparison: an experimental analysis[J]. Journal of risk and uncertainty, 48(2): 97-109.

FRIEDMAN D, SUNDER S, 1994. Experimental methods: a primer for economists[M]. Cambridge: Cambridge university press.

FROMELL H, NOSENZO D, OWENS T, et al., 2021. One size does not fit all: plurality of social norms and saving behavior in Kenya[J]. Journal of economic behavior & organization, 192: 73-91.

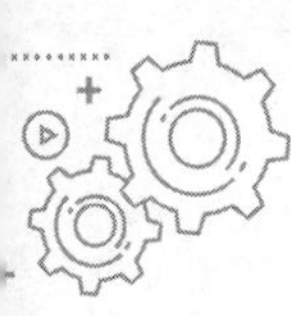



GÄCHTER S, RENNER E, 2018. Leaders as role models and ‘Belief Managers’ in Social Dilemmas[J]. Journal of economic behavior & organization, 154: 321-334.

GÄCHTER S, RENNER E, SEFTON M, 2008. The long-run benefits of punishment[J]. Science, 322(5907): 1510.

GANZACH Y, KARSAHI N, 1995. Message framing and buying behaviors: a field experiment[J]. Journal of business research, 32(1): 11-17.

GARBARINO E, SLONIM R, 2009. The robustness of trust and reciprocity across a heterogeneous U.S. population[J]. Journal of economic behavior & organization, 69(3): 226-240.

GARICANO L, PALACIOS-HUERTA I, PRENDERGAST C, 2005. Favoritism under social pressure[J]. Review of economics and statistics, 87(2): 208-216.

GATELY D, 1980. Individual discount rates and the purchase and utilization of energy-using durables: comment[J]. The bell journal of economics, 11(1): 373-374.

GENESOVE D, MAYER C, 2001. Loss aversion and seller behavior: evidence from the housing market[J]. The quarterly journal of economics, 116(4): 1233-1260.

GIBBONS F X, BUUNK B P, 1999. Individual differences in social comparison: development and validation of a measure of social comparison orientation[J]. Journal of personality and social psychology, 76: 129-142.

GILBERT D T, PINEL E C, WILSON T D, et al., 1998. Immune neglect: a source of durability bias in affective forecasting[J]. Journal of personality and social psychology, 75(3): 617-638.

GILOVICH T, MEDVEC V, 1995. The experience of regret: what, when, and why[J]. Psychological review, 102(2): 379-395.

GNEEZY U, LIST J A, 2006. Putting behavioral economics to work: testing for gift exchange in labor markets using field experiments[J]. Econometrica, 74(5): 1365-1384.

GNEEZY U, NIEDERLE M, RUSTICHINI A, 2003. Performance in competitive environments: gender differences[J]. Quarterly journal of economics, 118(3): 1049-1074.

GNEEZY U, RUSTICHINI A, 2004. Gender and competition at a young age[J]. The American economic review, 94(2): 377-381.

GONG B, YAN H, YANG C L, 2015. Gender differences in the dictator experiment: evidence from the matrilineal Mosuo and the patriarchal Yi[J]. Experimental economics, 18(2): 302-313.

GREEN D, KAHNEMAN D, 1998. Referendum contingent valuation, anchoring, and willingness to pay for public goods[J]. Resource and energy economics, 20(2): 85-116.

GROSSMAN P J, KOMAI M, JENSEN J E, 2015. Leadership and gender in groups: an experiment[J]. Canadian journal of economics-revue Canadienne d'économique, 48(1): 368-388.

GRUBER J, KÖSZEGI B, 2001. Is addiction “Rational”? Theory and evidence[J]. The quarterly journal of economics, 116(4): 1261-1303.

GUL F, 1991. A theory of disappointment aversion[J]. Econometrica, 59(3) : 667-686.

GUL F, PESENDORFER W, 2001. Temptation and self-control[J]. Econometrica, 69(6): 1403-1435.

GÜNTHER I, MAIER J, 2008. Poverty, vulnerability and loss aversion[R]. Mimeo, University of Göttingen.

GÜNTHER I, MAIER J, 2014. Poverty, vulnerability, and reference-dependent utility[J]. Review of income and wealth, 60: 155-181.

GUPTA N D, POULSEN A, VILLEVAL M C, 2005. Male and female competitive behavior: experimental[R].

GÜRERK Ö, IRLENBUSCH B, ROCKENBACH B, 2006. The competitive advantage of sanctioning institutions[J]. Science, 312(5770): 108-111.

GÜTH W, SCHMIDT C, SUTTER M, 2007. Bargaining outside the lab–a newspaper experiment of a three - person ultimatum game[J]. The economic journal , 117 (518): 449-469.

GÜTH W, SCHMITTBERGER R, SCHWARZE B, 1982. An experimental analysis of ultimatum bargaining[J]. Journal of economic behavior & organization, 3(4): 367-388.

HA H H, HYUN J S, PAE J H, 2006. Consumers "mental accounting" in response to unexpected price savings at the point of sale[J]. Marketing intelligence & planning, 24(4): 406-416.

HARDESTY D M, BEARDEN W O, 2003. Consumer evaluations of different promotion types and price presentations: the moderating role of promotional benefit level[J]. Journal of retailing, 79(1): 9.

HARDIE B G S, JOHNSON E J, FADER P S, 1993. Modeling loss aversion and reference dependence effects on brand choice[J]. Marketing science, 12(4): 378-394.

HARRISON G W, 2006. Hypothetical bias over uncertain outcomes[M]//LIST J A. Using experimental methods in environmental and resource economics. Cheltenham: Edward Elgar Publishing: 41-69.

HARRISON G W, LESLEY J C, 1996. Must contingent valuation surveys cost so much?[J]. Journal of environmental economics and management, 31(1): 79-95.

HARRISON G W, LIST J A, 2004. Field experiments[J]. Journal of economic literature, 42(4): 1009-1055.

HARRISON G W, RUTSTRÖM E E, 2001. Doing it both ways—experimental practice and heuristic context[J]. Behavioral and brain sciences, 24(3): 413-414.

HARRISON, J R, MARCH J G, 1984. Decision making and postdecision surprises[J]. Administrative science quarterly, 29(1): 26-42.

HARSTAD R M, SELTEN R, 2013. Bounded-rationality models: tasks to become intellectually competitive[J]. Journal of economic literature, 51(2): 496-511.

HASTINGS J, SHAPIRO J M, 2011. Mental accounting and consumer choice: evidence from commodity price shocks[J]. Social science electronic publishing, 128(4): 1449-1498.

HASTORF A H, CANTRIL H, 1954. They saw a game; a case study. journal of abnormal psychology[J]. Journal of abnormal and social psychology, 49(1): 129-134.

HAUSMAN J A, 1979. Individual discount rates and the purchase and utilization of energy-using Durables[J]. The bell journal of economics, 10(1): 33-54.

HE J, LUO Y, HUANG X, 2014. Strategies in past temporal discounting[J]. Journal of psychological science, 37(5): 1069-1072.

HEATH C, 1995. Escalation and de-escalation of commitment in response to sunk costs: the role of budgeting in mental accounting[J]. Organizational behavior and human decision processes, 62(1): 38-54.

HEATH C, O'CURRY S, 1994. Mental accounting and consumer spending[J]. ACR North American advances, 21(1): 119.

HEATH C, SOLL J B, 1996. Mental budgeting and consumer decisions[J]. Journal of consumer research, 23(1): 40-52.

HEATH T B, CHATTERJEE S, FRANCE K R, 1995. Mental accounting and changes in price: the frame dependence of reference dependence[J]. Journal of consumer research, 22(1): 90-97.

HEILMAN C M, NAKAMOTO K, RAO A G, 2002. Pleasant surprises: consumer response to unexpected in-store promotions[J]. Journal of marketing research, 39(2): 242-251.

HEILMAN M E, CHEN J J, 2005. Same behavior, different consequences: reactions to men's and women's altruistic citizenship behavior[J]. The journal of applied psychology, 90(3): 431-441.

HELGESEN S, 1996. The female advantage: women's ways of leadership[M]. New York, NY: Doubleday Currency.

HELSON H, 1964. Adaptation-level theory: an experimental and systematic approach to behavior[M]. New York: Harper and Row.

HENDERSON J M, QUANDT R E, 1971. Microeconomic theory: a mathematical approach[M]. New York: McGraw-Hill.

HERRMANN B, THÖNI C, GÄCHTER S, 2008. Antisocial punishment across societies[J]. Science, 319(5868): 1362-1367.

HIRSH F, 1976. Social limits to growth[M]. Cambridge, MA: Harvard University Press.

HIRSHLEIFER D, LIM S S, TEOH S H, 2010. Driven to distraction: extraneous events and underreaction to

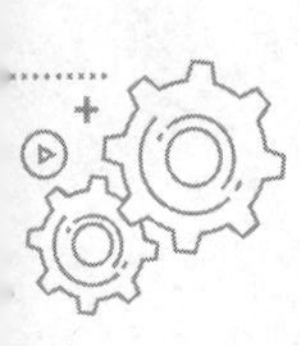



earnings news[J]. Journal of finance, 64(5): 2289-2325.

HIRSHLEIFER D, SHUMWAY T, 2003. Good day sunshine: stock returns and the weather[J]. Journal of finance, 58(3): 1009-1032.

HO D E, IMAI K, 2008. Estimating causal effects of ballot order from a randomized natural experiment: the California alphabet lottery, 1978–2002[J]. Public opinion quarterly, 72(2): 216-240.

HO T H, LIM N, CAMERER C F, 2006. Modeling the psychology of consumer and firm behavior with behavioral economics[J]. Journal of marketing research, 43(3): 307-331.

HOCH S J, 1985. Counterfactual reasoning and accuracy in predicting personal events[J]. Journal of experimental psychology: learning, memory, and cognition, 11(4): 719-731.

HOCH S J, LOEWENSTEIN G F, 1991. Time-inconsistent preferences and consumer self-control[J]. Journal of consumer research, 17(4): 492-507.

HODGE S K, 2001. Mental accounting and subsequent purchases: consumer responses to price surprises[R]. North Carolina: University of North Carolina at Chapel Hill.

HOFFMAN E, MCCABE K, SMITH V L, 1996. Social distance and other-regarding behavior in dictator games[J]. The American economic review, 86(3): 653-660.

HOFFMAN E, MARSDEN J R, SAIDI R, 1991. Are joint bidding and competitive common value auction markets compatible?—Some evidence from offshore oil auctions[J]. Journal of environmental economics and management , 20 (2): 99-112.

HOFFMAN E, MCCABE K A, SMITH V L, 1996. On expectations and the monetary stakes in ultimatum games[J]. International journal of game theory, 25(3): 289-301.

HOMMES C, 2021. Behavioral and experimental macroeconomics and policy analysis: a complex systems approach[J]. Journal of economic literature, 59(1): 149-219.

HONG H, STEIN J C, 1999. A unified theory of underreaction, momentum trading, and overreaction in asset markets[J]. Journal of finance, 54(6): 2143-2184.

HOSSAIN T, MORGAN J, 2006. Plus shipping and handling: revenue (Non) equivalence in field experiments on eBay[J]. The B.E. journals in economic analysis and policy: advances in economic analysis and policy, 6(2): 1-27.

HUBERMAN G, 2001. Familiarity breeds investment[J]. Review of financial studies, 14(3): 659-680.

HUBERMAN G, REGEV T, 2001. Contagious speculation and a cure for cancer: a nonevent that made stock prices soar[J]. Journal of finance, 56(1): 387-396.

HYMOWITZ C, SCHELLHARDT T D, 1986. The glass ceiling: why women can't seem to break the invisible barrier that blocks them from the top jobs[J]. The wall street journal, 24(1): 1573-1592.

Institute for Government, 2020. Nudge unit[R/OL]. (2020-03-11). https://www.instituteforgovernment.org.uk/explainers/nudge-unit.

IRLENBUSCH B, RILKE R M, WALKOWITZ G, 2019. Designing feedback in voluntary contribution games: the role of transparency[J]. Experimental economics, 22(2): 552-576.

ISAAC R M, SCHMIDTZ D, WALKER J M, 1989. The assurance problem in a laboratory market[J]. Public choice, 62(3): 217-236.

IYENGAR S S, LEPPER M R, 2000. When choice is demotivating: can one desire too much of a good thing?[J] Journal of personality and social psychology, 79(6): 995-1006.

JEFFREY S A, HODGE R, 2007. Factors influencing impulse buying during an online purchase[J]. Electronic commerce research, 7(3-4): 367-379.

JENSEN R T, 2010. Economic opportunities and gender differences in human capital: experimental evidence from India[R]. National Bureau of Economic Research working paper 16021.

JHA-DANG P, 2006. A review of psychological research on consumer promotions and a new perspective based on mental accounting[J]. Vision: the journal of business perspective, 10(3): 35-43.

JIANG X, WANG X, 2021. Gender difference in leaders framed with responsibility or authority: an experimental study[R]. Renmin University of China.

JIANG X, WANG X, 2021. Gender difference in leadership with responsibility or authority[R]. Working Paper.

JOHANSSON-STENMAN O, CARLSSON F, DARUVALA D, 2002. Measuring future grandparents' preferences for equality and relative standing[J]. Economic journal, 112: 362-383.

JOHNSON D D P, MCDERMOTT R, BARRETT E S, et al., 2006. Overconfidence in wargames: experimental evidence on expectations, aggression, gender and testosterone[J]. Proceedings: biological sciences, 273(1600): 2513-2520.

JOHNSON E J, HERSHEY J, MESZAROS J, 1993. Framing, probability distortions, and insurance decisions[J]. Journal of risk and uncertainty, 7(1): 35-51.

JOSEPHSON W L, 1987. Television violence and children's aggression: testing the priming, social script, and disinhibition predictions[J]. Journal of personality and social psychology, 53(5): 882-890.

JULLIEN B, SALANIÉ B, 2000. Estimating preferences under risk: the case of racetrack bettors[J]. Journal of political economy, 108(3): 503-530.

KACHELMEIER S J, SHEHATA M, 1992. Examining risk preferences under high monetary incentives: experimental evidence from the People's Republic of China[J]. The American economic review, 82(5): 1120-1141.

KAGEL J H, LEVIN D, 1986. The winner's curse and public information in common value auctions[J]. The American economic review, 76(5): 894–920.

KAGEL J H, LEVIN D, 1999. Common value auctions with insider information[J]. Econometrica, 67(5): 1219-1238.

KAHNEMAN D, FREDRICKSON B L, SCHREIBER C A, 1993. When more pain is preferred to less: adding a better end[J]. Psychological science, 4(6): 401-405.

KAHNEMAN D, KNETSCH J L, THALER R H , 1991. Anomalies: the endowment effect, loss aversion, and status Quo Bias[J]. The journal of economic perspectives, 5(1): 193-206.

KAHNEMAN D, KNETSCH J L, THALER R H, 1986. Fairness and the assumptions of economics[J]. Journal of business, 59(4): 285-300.

KAHNEMAN D, KNETSCH J L, THALER R H, 1990. Experimental tests of the endowment effect and the coase theorem[J]. Journal of political economy, 98(6): 1325-1348.

KAHNEMAN D, RIEPE M W, 1998. Aspects of investor psychology[J]. Journal of portfolio management, 24(4): 52-65.

KAHNEMAN D, SCHKADE D A, FISCHLER C, et al., 2010. The structure of well-being in two cities: life satisfaction and experienced happiness in Columbus, Ohio; and Rennes, France[M]. New York: Oxford University Press.

KAHNEMAN D, TVERSKY A, 1979. Prospect theory: an analysis of decision under risk[J]. Econometric, 47(2): 263-291.

KAHNEMAN D, TVERSKY A, 1991. Loss aversion risk less choice a reference-dependent model[J]. Quarterly journal of economics, 106: 1039-1061.

KAHNEMAN D, TVERSKY A, SLOVIC P, 1982. Judgment under uncertainty: heuristics and biases [M]. Cambridge: Cambridge University Press.

KASY M, SAUTMANN A, 2021. Adaptive treatment assignment in experiments for policy choice[J]. Econometrica, 89(1): 113-132.

KATZ L F, KRUEGER A B, 1992. The effect of the minimum wage on the fast-food industry[J]. ILR review, 46(1): 6-21.

KEREN G, ROELOFSMA P, 1995. Immediacy and certainty in intertemporal choice[J]. Organizational behavior and human decision processes, 63(3): 287-297.

KEYNES J M, 1936. General theory of employment, interest and money[J]. The American economics review, 26(3): 490-493.

KIM K A, NOFSINGER J R, 2003. The behavior and performance of individual investors in Japan[R]. Working Paper.

KIRBY K N, 1997. Bidding on the future: evidence against normative discounting of delayed rewards[J]. Journal of experimental psychology: general, 126(1): 54-70.

KLINE P, WALTERS C, 2021. Reasonable doubt: experimental detection of job-level employment discrimination[J]. Econometrica, 89(2): 765-792.

KNETSCH J L, 1989. The endowment effect and evidence of nonreversible indifference curves[J]. The American Economic Review, 79: 1277-1284.

KNETSCH J L, 1989. The endowment effect and evidence of nonreversible indifference curves[J]. The American economic review, 79: 1277-1284.

KNETSCH J L, SINDEN J A, 1984. Willingness to pay and compensation demanded: experimental evidence of an unexpected disparity in measures of value[J]. The quarterly journal of economics, 99(3): 507-521.

KNEZ M, SMITH V, 1987. Hypothetical valuations and preference reversals in the context of asset trading[M]//ROTH A E. Laboratory experimentation in economics: six points of view. Cambridge: Cambridge University Press: 131-154.

KNEZ P, SMITH V L, WILLIAMS A W, 1985. Individual rationality, market rationality, and value estimation[J]. The American economic review, 75(2): 397-402.

KNOWLES M L, GARDNER W, 2006. Parasocial “friendships” among individuals with dispositionally high belonging needs[R]. Working paper.

KOCHER M G, MARTINSSON P, PERSSON E, et al., 2016. Is there a hidden cost of imposing a minimum contribution level for public good contributions? [J]. Journal of economic psychology, 56: 74-84.

KORIAT A, LICHTENSTEIN S, FLSDIHOFF B, 1980. Reasons for confidence[J]. Journal of experimental psychology: human learning and memory, 6(2): 107-118.

KÖSZEGI B, RABIN M, 2006. A model of reference-dependent preferences[J]. The quarterly journal of economics, 121(4): 1133-1165.

KRISS P H, LOEWENSTEIN G, WANG X, et al., 2011. Behind the veil of ignorance: self-serving bias in climate change negotiations[J]. Judgment and decision making, 6(7): 602-615.

KRUGER J, WINDSCHITL P D, BURRUS J, et al., 2008. The rational side of egocentrism in social comparisons[J]. Journal of experimental social psychology, 44(2): 220-232.

KRUPKA E L, WEBER R A, 2013. Identifying social norms using coordination games: why does dictator game sharing vary[J]. Journal of the European Economic Association, 11(3): 495-524.

LA PORTA R, LOPEZ-DE-SILANES F, SHLEIFER A, et al., 1997. Legal determinants of external finance[J]. The journal of finance, 52(3): 1131-1150.

LAIBSON D, 1997. Golden eggs and hyperbolic discounting[J]. The quarterly journal of economics, 112(2): 443-478.

LAIBSON D, REPETTO A, TOBACMAN J, 2007. Estimating discount functions with consumption choices over the lifecycle[R]. Working Papers, University of Oxford, Department of Economics.

LAISNEY F, POHLMEIER W, STAAT M, 1992. Estimation of labour supply functions using panel data: a survey[M]//MÁTYÁS L, SEVESTRE P. The econometríes of panel data: handbook of theory and applications. Dordrecht: Springer: 436-469.

LANDRY C E, LANGE A, LIST J A, et al., 2006. Toward an understanding of the economics of charity: evidence from a field experiment[J]. The quarterly journal of economics, 121(2): 747-782.

LANGER E J, 1982. The illusion of control[M]//KAHNEMAN D, SLOVIC P, TVERSKY A, et al. Judgment under uncertainty: heuristics and biases. Cambridge: Cambridge University Press: 231-338.

LARRICK R P, 1993. Motivational factors in decision theories: the role of self-protection[J]. Psychological bulletin, 113(3): 440-450.

LEAVER C, OZIER O, SERNEELS P, et al., 2021. Recruitment, effort, and retention effects of performance contracts for civil servants: experimental evidence from rwandan primary schools[J]. The American Economic Review, 111(7): 2213-2246.

LEE D S, PARK S, 2021. Civil servants' perceptions of agency heads' leadership styles: the role of gender in public sector organization[J]. Public management review, 23(8): 1160-1183.

LEE H C, LIU S F, CHENG Y C, 2018. Positive or negative? The influence of message framing, regulatory focus, and product type[J]. International journal of communication, 12: 788-805.

LEGEWIE J, DIPRETE T A, 2012. School context and the gender gap in educational achievement[J]. American sociological review, 77(3): 463-485.

LEVIN I P, GAETH G J, 1988. How consumers are affected by the framing of attribute information before and after consuming the product[J]. Journal of consumer research, 15(3): 374-378.

LEVIN I P, GAETH G J, SCHREIBER J, et al., 2002. A new look at framing effects: distribution of effect sizes, individual differences, and independence of types of effects[J]. Organizational behavior and human decision processes, 88(1): 411-429.

LEVIN I P, SCHNEIDER S L, GAETH G J, 1998. All frames are not created equal: a typology and critical analysis of framing effect[J]. Organizational behavior and human decision processes, 76(2): 149-188.

LEVITT S D, 2021. Heads or tails: the impact of a coin toss on major life decisions and subsequent happiness[J]. The review of economic studies, 88(1): 378-405.

LI Z, LIN P H, KONG S Y, et al., 2021. Conducting large, repeated, multi-game economic experiments using mobile platforms[J]. PLOS ONE, 16(4): e0250668.

LICHTENSTEIN S, FISCHHOFF B, PHILLIPS L D, 1977. Calibration of probabilities: the state of the art[M]//JUNGERMANN H, DE ZEEUW G. Decision making and change in human affairs. Amsterdam: D. Reidel Publishing Company: 275-324.

LICHTENSTEIN S, FISCHHOFF B, PHILLIPS L D, 1982. Calibration of probabilities: the state of the art to 1980[M]//KAHNEMAN D, SLOVIC P, TVERSKY A, et al. Judgment under uncertainty: heuristics and biases. Cambridge: Cambridge University Press: 306-334.

LIN P H, BROWN A L, IMAI T, et al., 2020. General economic principles of bargaining and trade: evidence from 2,000 classroom experiments[J]. Nature human behaviour, 4(9): 917-927.

LIN P H, WOODERS A, WANG J T, et al., 2018. Artificial intelligence, the missing piece of online education?[J]. IEEE engineering management review, 46(3): 25-28.

LIND B, PLOTT C R, 1991. The winner's curse: experiments with buyers and with sellers[J]. The American economic review , 81 (1): 335-346.

LINDE J, SONNEMANS J, 2012. Social comparison and risky choices[J]. Journal of risk and uncertainty, 44(1): 45-72.

LIST J A, 2003. Does market experience eliminate market anomalies[J]. The quarterly journal of economics, 118(1): 41-71.

LIST J A, 2004. Neoclassical theory versus prospect theory: evidence from the marketplace[J]. Econometrica, 72(2): 615-625.

LIST J A, 2004. Young, selfish and male: field evidence of social preferences[J]. The economic journal, 114(492): 121-149.

LIST J A, CHERRY T L, 2000. Learning to accept in ultimatum games: evidence from an experimental design that generates low offers[J]. Experimental economics, 3: 11-31.

LIST J A, GALLET C A, 2001. What experimental protocol influence disparities between actual and hypothetical stated values?[J]. Environmental and resource economics, 20 (3): 241-254.

LIST J A, LUCKING-REILEY D, 2002. The effects of seed money and refunds on charitable giving: experimental evidence from a university capital campaign[J]. Journal of political economy, 110(1): 215-233.

LIU K, WANG X, 2017. Relative income and income satisfaction: an experimental study[J]. Social indicator

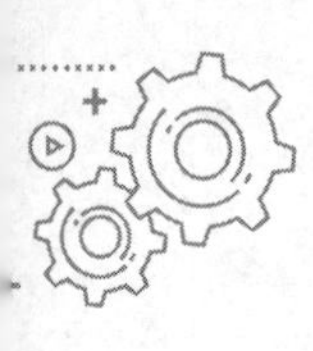



research, 132: 395-409.

LOEWENSTEIN G F, 1988. Frames of mind in intertemporal choice[J]. Management science, 34(2): 200-214.

LOEWENSTEIN G F, BAZERMAN M H, THOMPSON L, 1989. Social utility and decision making in interpersonal contexts[J]. Journal of personality and social psychology, 57(3): 16.

LOEWENSTEIN G, 1996. Out of control: visceral influences on behavior[J]. Organizational behavior and human decision processes, 65(3): 272-292.

LOEWENSTEIN G, FREDERICK S, 1997. Predicting reactions to environmental change[M]//BAZERMAN D, TENBRUNSEL M A, WADE-BENZONI K, et al. Psychological perspectives on the environment. New York: Russell Sage Foundation.

LOEWENSTEIN G, LERNER J S, 2003. The role of affect in decision making[M]//DAVIDSON R J, SCHERER K R, GOLDSMITH H H. Handbook of affective sciences. New York: Oxford University Press: 619-642.

LOEWENSTEIN G, O'DONOGHUE T, RABIN M, 2003. Projection bias in predicting future utility[J]. Quarterly journal of economics, 118(4): 1209-1248.

LOEWENSTEIN G, PRELEC D, et al., 1996. Hot/cold intrapersonal empathy gaps and the prediction of curiosity[R]. Working Paper, Carnegie Mellon University.

LOEWENSTEIN G, THALER R H, 1989. Anomalies: intertemporal choice[J]. Journal of economic perspectives, 3(4): 181-193.

LORD C, LEPPER M, PRESTON E, 1984. Considering the opposite: a corrective strategy for social judgment[J]. Journal of personality and social psychology, 47(6): 1231-1243.

LOWE M, 2021. Types of contact: a field experiment on collaborative and adversarial caste integration[J]. The American economic review, 111(6): 1807-1844.

LU F, ANDERSON M L, 2015. Peer effects in microenvironments: the benefits of homogeneous classroom groups[J]. Journal of labor economics, 33(1): 91-122.

LYNCH B S, BONNIE R J, 1994. Toward a youth-centered prevention policy[M]// LYNCH B S, BONNIE R J, et al. Growing up tobacco free: preventing nicotine addiction in children and youths. Washington, DC: National Academy Press.

MACK D, AUBURN P N, KNIGHT G P, 1971. Sex role identification and behavior in a reiterated prisoner's dilemma game[J]. Psychonomic science, 24(6): 280-282.

MADRIAN B, SHEA D F, 2001. The power of suggestion: inertia in 401(k) participation and savings behavior[J]. Quarterly journal of economics, 116(4): 1149-1187.

MAHESWARAN D, MEYERS-LEVY J, 1990. The influence of message framing and issue involvement[J]. Journal of marketing research, 27(3): 361-367.

MALMENDIER U, SHANTHIKUMAR D, 2007. Are small investors naive about incentives?[J] Journal of financial economics, 85(2): 457-489.

MALMENDIER U, TATE G, 2005. CEO overconfidence and corporate investment[J]. Journal of finance, 60(6): 2661-2700.

MALMENDIER U, TATE G, 2008. Who makes acquisitions? CEO overconfidence and the market's reaction[J]. Journal of financial economics, 89(1): 20-43.

MANKIW N G, ROTEMBERG J J, SUMMERS L H, 1985. Intertemporal substitution in macroeconomics[J]. The quarterly journal of economics, 100(1): 225-251.

MANN H B, WHITNEY D R, 1947. On a test whether one of two random variables is stochastically larger than the other[J]. Annals of mathematical statistics, 18(1): 50-60.

MARCUS G B, 1986. Stability and change in political attitudes: observe, recall, and "explain"[J]. Political behavior, 8(1): 21-44.

MARKOWITZ H, 1952. Portfolio selection[J]. The journal of finance, 7(1): 77-91.

MARKS M, CROSON R, 1998. Alternative rebate rules in the provision of a threshold public good: an experimental investigation[J]. Journal of public economics, 67(2): 195-220.

MARTIN A E, PHILLIPS K W, 2017. What "blindness" to gender differences helps women see and do: implications for confidence, agency, and action in male-dominated environments[J]. Organizational behavior and human decision processes, 142: 28-44.

MARWELL G, AMES R E, 1979. Experiments on the provision of public goods. I. resources, interest, group size, and the free-rider problem[J]. American journal of sociology, 84(6): 1335-1360.

MAS A, MORETTI E, 2009. Peers at work[J]. The American economic review, 99(1): 112-145.

MAS A, 2006. Pay, reference points, and police performance[J]. The quarterly journal of economics, 121(3): 783-821.

MCELROY T, DOWD K, 2007. Susceptibility to anchoring effects: how openness-to-experience influences responses to anchoring cues[J]. Judgment and decision making, 2(1): 48-53.

MCFARLAND C, ROSS M, DECOURVILLE N, 1989. Women's theories of menstruation and biases in recall of menstrual symptoms[J]. Journal of personality and social psychology, 57(3): 522-531.

MCGLOTHLIN W H, 1956. Stability of choices among uncertain alternatives[J]. The American journal of psychology, 69(4): 604-615.

MERKLE C, WEBER M, 2007. True overconfidence: the inability of rational information processing to account for apparent overconfidence[J]. Organizational behavior and human decision processes, 116(2): 262-271.

MESSICK D M, SENTIS K P, 1979. Fairness and preference[J]. Journal of experimental social psychology, 15(4): 418-434.

MILGRAM S, 1963. Behavioral study of obedience[J]. Journal of abnormal and social psychology, 67(4): 371-378.

MILKMAN K L, BESHEAR J, 2009. Mental accounting and small windfalls: evidence from an online grocer[J]. Journal of economic behavior and organization, 72(2): 384-394.

MISRA J, LUNDQUIST J H, TEMPLER A, 2012. Gender, work time, and care responsibilities among faculty[J]. Sociological forum, 27(2): 300-323.

MITCHELL S M, HESLI V L, 2013. Women don't Ask? Women don't say no? Bargaining and service in the political science profession[J]. Political science & politics, 46(2): 355-369.

MITCHELL T R, THOMPSON L, PETERSON E, et al., 1996. Temporal adjustments in the evaluation of events: the "rosy view"[R]. Working paper, University of Washington.

MOLLBORN S, 2009. Norms about nonmarital pregnancy and willingness to provide resources to unwed parents[J]. Journal of marriage and family, 71(1): 122-134.

MOORE D A, SMALL D A, 2007. Error and bias in comparative judgment : on being both better and worse than we think we are[J]. Journal of personality and social psychology, 92(6): 972-989.

MOORE M J, VISCUSI W K, 1988. The quantity-adjusted value of life[J]. Economic inquiry, 26(3): 369-388.

MOORE M J, VISCUSI W K, 1990a. Discounting environmental health risks: new evidence and policy implications[J]. Journal of environmental economics and management, 18(2): S51-S62.

MOORE M J, VISCUSI W K, 1990b. Models for estimating discount rates for long-term health risks using labor market data[J]. Journal of risk and uncertainty, 3(4): 381-401.

MORWITZ V G, GREENLEAF E A, JOHNSON E J, 1998. Divide and prosper: consumers' reactions to partitioned prices[J]. Journal of marketing research, 35(4): 453-463.

MOXNES E, VAN DER HEIJDEN E, 2003. The effect of leadership in a public bad experiment[J]. Journal of conflict resolution, 47(6): 773-795.

MULLIGAN C, 1995. The intertemporal substitution of work—what does the evidence say? [C]. University of Chicago. Population Research Center Discussion Paper Series.

MUSSWEILER T, ENGLICH B, 2005. Subliminal anchoring: judgmental consequences and underlying mechanisms[J]. Organizational behavior and human decision processes, 98(2): 133-143.

NASH J F, 1950. The bargaining problem[J]. Econometrica, 18(2): 155-162.

NEELIN J, SONNENSCHEIN H, SPIEGEL M, 1988. A further test of noncooperative bargaining theory: comment[J]. The American economic review, 78(4): 824-836.

NEILSON W S, 1993. An expected utility-user's guide to nonexpected utility experiments[J]. Eastern economic journal, 19(3): 257-174.

NEUGEBAUER T, PEROTE J, SCHMIDT U, et al., 2009. Selfish-biased conditional cooperation: on the decline of contributions in repeated public goods experiments[J]. Journal of economic psychology, 30(1): 52-60.

NEUMARK D, 2018. Experimental research on labor market discrimination[J]. Journal of economic literature, 56(3): 799-866.

NIEDERLE M, VESTERLUND L, 2007. Do women shy away from competition? Do men compete too much?[J]. Quarterly journal of economics, 122(3): 1067-1101.

NIEDERLE M, VESTERLUND L, 2011. Gender and competition[J]. Annual review of economics, 3(1): 601-630.

O'DONOGHUE T, RABIN M, 1999a. Doing it now or later[J]. The American economic review, 89(1): 103-124.

O'DONOGHUE T, RABIN M, 1999b. Incentives for procrastinators[J]. The quarterly journal of economics, 114(3): 769-816.

O'DONOGHUE T, RABIN M, 1999c. Addiction and self-control[M]//ELSTER J. Addiction: entries and exits. New York: Russell Sage Foundation: 169-206.

O'DONOGHUE T, RABIN M, 2001. Choice and procrastination[J]. The quarterly journal of economics, 116(1): 121-160.

ODEAN T, 1999. Do investors trade too much?[J]. The American economic review, 89(5): 1279-1298.

OKADA E M, 2001. Tradeins, mental accounting, and product replacement decisions[J]. Journal of consumer research, 27(4): 433-446.

OLIVER J E, LEE T, 2005. Public opinion and the politics of obesity in America[J]. Journal of health politics, policy and law, 30(5): 923-954.

OLKEN B A, 2007. Monitoring corruption: evidence from a field experiment in Indonesia[J]. Journal of political economy, 115(2): 200-249.

ORBELL J, DAWES R, SCHWARTZ-SHEA P, 1994. Trust, social categories, and individuals: the case of gender[J]. Motivation & emotion, 18(2): 109-128.

ORTMANN A, TICHY L K, 1999. Gender differences in the laboratory: evidence from prisoner's dilemma games[J]. Journal of economic behavior & organization, 39(3): 327-339.

ORTMEYER G, QUELCH J, SALMON W, 1991. Restoring credibility to retail pricing[J]. Sloan management review, 33(1): 55-66.

OYER P, SCHAEFER S, 2005. Why do some firms give stock options to all employees?: an empirical examination of alternative theories[J]. Journal of financial economics, 76(1): 99-133.

PAUSTIAN-UNDERDAHL S C, WALKER L S, WOEHR D J, 2014. Gender and perceptions of leadership effectiveness: a meta-analysis of contextual moderators[J]. Journal of applied psychology, 99(6): 1129-1145.

PENCAVEL J, 1986. Labor supply of men: a survey[M]//ASHENFELTER O C, LAYARD R. Handbook of labor economics: volume 1. Amsterdam: North Holland: 1, 3-102.

PENNY M, 2006. The perceptual basis of social organization[R]. Working paper.

PENNY M, WILSON W J, 2006. Perceiving neighborhoods: exploring the effects of subjective evaluations on the process of social organization[R]. Working paper.

PHELPS E S, POLLAK R A, 1968. On second-best national saving and game-equilibrium growth[J]. The review of economic studies, 35(2): 185-199.

PIERCE J R, THOMPSON L, 2018. Explaining differences in men and women's use of unethical tactics in negotiations[J]. Negotiation and conflict management research, 11(4): 278-297.

PIFF P K, KRAUS M W, CÔTÉ S, et al., 2010. Having less, giving more: the influence of social class on prosocial behavior[J]. Journal of personality and social psychology, 99(5): 771-784.

PIFF P K, STANCATO D M, CÔTÉ S, et al., 2012. Higher social class predicts increased unethical behavior[J]. Proceedings of the National Academy of Sciences of the United States of America, 109(11): 4086-4091.

PLOTT C R, ZEILER K, 2005. The willingness to pay—willingness to accept gap, the "endowment effect," subject misconceptions, and experimental procedures for eliciting valuations[J]. The American economic review, 95(3): 530-545.

PLOUS S, 1989. Thinking the unthinkable: the effects of anchoring on likelihood estimates of nuclear war[J]. Journal of applied social psychology, 19(1): 67-91.

POPE D G, 2007. Reacting to rankings: evidence from "America's best hospitals and colleges"[R]. Working paper.

POWELL G N, 1990. One more time: do female and male managers differ?[J]. Academy of management perspectives, 4(3): 68-75.

PRELEC D, LOEWENSTEIN G, 1998. The red and the black: mental accounting of savings and debt[J]. Marketing science, 17(1): 4-28.

PRIOR M, 2009. Improving media effects research through better measurement of news exposure[J]. The journal of politics, 71(3): 893-908.

PUROHIT D, 1995. Playing the role of buyer and seller: the mental accounting of trade-ins[J]. Marketing letters, 6(2): 101-110.

QUIGGIN J, 1982. A theory of anticipated utility[J]. Journal of economic behavior & organization, 3(4): 323-343.

RABIN M, 1993. Incorporating fairness into game theory and economics[J]. The American economic review, 83(5): 1281-1302.

RABIN M, 2002. A perspective on psychology and economics[J]. European economic review, 46(4-5): 657-685.

RABIN M, 2002. Inference by believers in the law of small numbers[J]. Quarterly journal of economics, 117(3): 775-816.

RASHES M S, 2001. Massively confused investors making conspicuously ignorant choices (MCI-MCIC)[J]. Journal of finance, 56(5): 1911-1927.

RASINSKI K A, VISSER P S, ZAGATSKY M, et al., 2005. Using implicit goal priming to improve the quality of self-report data[J]. Journal of experimental social psychology, 41(3): 321-327.

RAVALLION M, CHEN S, 2019. Global poverty measurement when relative income matters[J]. Journal of public economics, 177: 104046.

READ D, VAN LEEUWEN B, 1998. Predicting hunger: the effects of appetite and delay on choice[J]. Organizational behavior and human decision processes, 76(2): 189-205.

RIACH P A, RICH J, 2006. An experimental investigation of sexual discrimination in hiring in the English labor market[J]. Advances in economic analysis & policy, 6(2): 1-22.

RIND B, 1996. Effects of beliefs about weather conditions on tipping[J]. Journal of applied social psychology, 26(2): 137-147.

ROELOFSMA P, 1994. Intertemporal choice[M]. Amsterdam: Free University.

ROSENER J B, 1990. Ways women lead[J]. Harvard business review, 68(6): 119-125.

ROSENTHAL R, JACOBSON L, 1968. Pygmalion in the classroom[J]. The urban review, 3(1): 16-20.

ROSS M, 1989. Relation of implicit theories to the construction of personal histories[J]. Psychological review, 96(2): 341-357.

ROTH A E, KAGEL J H, 1995. The handbook of experimental economics: Vol. 1[M]. Princeton: Princeton

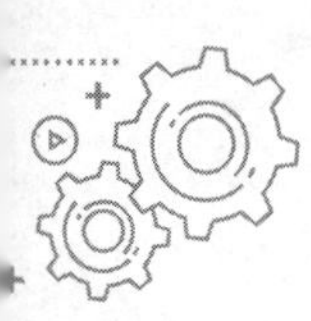



University Press.

ROTH A E, MALOUF M W, 1979. Game-theoretic models and the role of information in bargaining[J]. Psychological review, 86(6): 574-594.

ROTH A E, MURNIGHAN J K, 1982. The role of information in bargaining: an experimental study[J]. Econometrica, 50(5): 1123-1142.

RUDERMAN H, LEVINE M D, MCMAHON J E, 1987. The behavior of the market for energy efficiency in residential appliances including heating and cooling equipment[J]. The energy journal, 8(1): 101-124.

RUTSTRÖM E E, WILLIAMS M B, 2000. Entitlements and fairness: an experimental study of distributive preferences[J]. Journal of economic behavior & organization, 43(1): 75-89.

RUTSTRÖM E, 1998. Home-grown values and the design of incentive compatible auctions[J]. International journal of game theory, 27: 427-441.

SABBANE L I, LOWREY T M, CHEBAT J C, 2009. The effectiveness of cigarette warning label threats on nonsmoking adolescents[J]. The journal of consumer affairs, 34(2): 332-344.

SABINI J, SILVER M, 2005. Gender and jealousy: stories of infidelity[J]. Cognition & emotion, 19(5): 713-727.

SAMUELSON P A, 1937. A note on measurement of utility[J]. The review of economic studies, 4(2): 155-161.

SAMUELSON P A, 1938. A note on the pure theory of consumer's behaviour[J]. Economica, 5(17): 61-71.

SANITIOSO R, KUNDA Z, FONG G T, 1990. Motivated recruitment of autobiographical memories[J]. Journal of personality and social psychology, 59(2): 229-241.

SCARRY E, 1985. The body in pain: the making and unmaking of the world[M]. New York: Oxford University Press.

SCHELLING T C, 1960. The strategy of conflict[M]. Cambridge, MA: Harvard University Press.

SCHWARZ N, CLORE G L, 1983. Mood, misattribution, and judgments of well-being: informative and directive functions of affective states[J]. Journal of personality and social psychology, 45(3): 513-523.

SEGUINO S, STEVENS T, LUTZ M, 2005. Gender and cooperative behavior: economic man rides alone[J]. Feminist economics, 2(1): 1-21.

SHACHAT J, WALKER M J, WEI L, 2021. How the onset of the Covid-19 pandemic impacted pro-social behaviour and individual preferences: experimental evidence from China[J]. Journal of economic behavior & organization, 190: 480-494.

SHAH J Y, HIGGINS E T, FRIEDMAN R S, 1998. Performance incentives and means: how regulatory focus influences goal attainment[J]. Journal of personality and social psychology, 74(2): 285-293.

SHANG J, CROSON R, 2006. The impact of social comparisons on nonprofit fund raising[J]. Research in experimental economics, 11: 143-156.

SHEFRIN H M, THALER R H, 2004. Mental accounting, saving, and self-control[M]//CAMERER C F, et al. Advances in behavioral economics. Princeton: Princeton University Press: 395-428.

SHELLEY M K, 1994. Gain/loss asymmetry in risky intertemporal choice[J]. Organizational behavior and human decision processes, 59(1): 124-159.

SHLOMO B, THALER R H, 1995. Myopic loss aversion and the equity premium puzzle[J]. The quarterly journal of economics, 110(1): 73-92.

SHUBIK M, 1967. Prisoner's dilemma: a study in conflict and cooperation.[J]. American political science review, 61(1): 173-175.

SHUE K, LUTTMER E F P, 2009. Who misvotes? The effect of differential cognition costs on election outcomes[J]. American economic journal: economic policy, 1(1): 229-251.

SHURCHKOV O, VAN GEEN A V M, 2019. Why female decision-makers shy away from promoting competition[J]. Kyklos, 72(2): 297-331.

SIBLEY S A, SENN S K, EPANCHIN A, 1968. Race and sex of adolescents and cooperation in a mixed-motive game[J]. Psychonomic science, 13(2): 123-124.

SIEGEL S, 1957. Nonparametric statistics[J]. The American statistician, 11: 13-19.

SIMON H A, 1955. A behavioral model of rational choice[J]. Quarterly journal of economics, 69(1): 99-118.

SIMONSON I, 1990. The effect of purchase quantity and timing on variety-seeking behavior[J]. Journal of marketing research, 27(2): 150-162.

SLONIM R, ROTH A E, 1998. Learning in high stakes ultimatum games: an experiment in the Slovak Republic[J]. Econometrica, 66(3): 569-596.

SLOVIC P, FISCHHOFF B, 1977. On the psychology of experimental surprises[J]. Journal of experimental psychology: human perception and performance, 3(4): 544-551.

SMALL D A, GELFAND M, BABCOCK L, et al., 2007. Who goes to the bargaining table? The influence of gender and framing on the initiation of negotiation[J]. Journal of personality and social psychology, 93(4): 600-613.

SMITH A, 1776. The wealth of nations[M]. London: Penguin Classics.

SMITH A, 1790. The theory of moral sentiments[M]. London: A. Strahan.

SMITH G E, 1996. Framing in advertising and the moderating impact of consumer education[J]. Journal of advertising research, 36(5): 49-64.

SMITH V L, 1962. An experimental study of competitive market behavior[J]. Journal of political economy, 70(2): 111-137.

SMITH V L, 1976. Experimental economics: induced value theory[J]. The American economic review, 66(2): 274-279.

SMITH V, 1982. Microeconomic systems as an experimental science[J]. The American economic review, 72(5): 923-955.

SOLNICK S, 2001. Gender differences in the ultimatum game[J]. Economic inquiry, 39(2): 189-200.

SOLOW J L, KIRKWOOD N, 2004. Group identity and gender in public goods experiments[J]. Journal of economic behavior & organization, 48(4): 403-412.

SOMAN D, GOURVILLEJ T, 2001. Transaction decoupling: how price bundling affects the decision to consume[J]. Journal of marketing research, 38(1): 30-44.

STARK O, 1984. Rural-to-urban migration in LDSs: a relative deprivation approach[J]. Economic development and cultural change, 32(3): 475-486.

STARK O, TAYLOR J E, 1989. Relative deprivation and international migration[J]. Demography, 26(1): 1-14.

STARK, O, YITZHAKI S, 1988. Labour migration as a response to relative deprivation[J]. Journal of population economics, 1(1): 57-70.

STARMER C, 2000. Developments in non-expected utility theory: the hunt for a descriptive theory of choice under risk[J]. Journal of economic literature, 38(2): 332-382.

STATMAN M, THORLEY S, VORKINK K, 2006. Investor overconfidence and trading volume[J]. Review of financial studies, 19: 1531-1565.

STRACK F, MUSSWEILER T, 1997. Explaining the Enigmatic anchoring effect: mechanisms of selective accessibility[J]. Journal of personality and social psychology, 73(3): 437-446.

STRAHILEVITZ M A, LOEWENSTEIN G, 1998. The effect of ownership history on the valuation of objects[J]. The journal of consumer research, 25(3): 276-289.

STROTZ R H, 1955. Myopia and inconsistency in dynamic utility maximization[J]. The review of economic studies, 23(3): 165-180.

SULEIMAN R, BUDESCU D V, RAPOPORT A, 2001. Provision of step-level public goods with uncertain provision threshold and continuous contribution[J]. Group decision and negotiation, 10(3): 253-274.

SÜMER N, ÖZKAN T, LAJUNEN T, 2006. Asymmetric relationship between driving and safety skills[J]. Accident analysis and prevention, 38(4): 703-711.

SUN W, 2013. Do relative income and income inequality affect consumption? Evidence from the villages of rural China[J]. Journal of development studies, 49(4): 533-546.

SUTTON R I, 1992. Feelings about a disneyland visit: photography and reconstruction of bygone emotions[J]. Journal of management inquiry, 1(4): 278-287.

SVENSON O, 1981. Are we all less ricky and more skillful than our fellow drivers? [J]. Acta psycholigica, 47(2): 143-418.

TAYLOR S E, BROWN J D, 1998. Illusion and well-being: a social psychological perspective on mental health[J]. Psychological bulletin, 103 (2): 193-210.

TEDESCHI J T, HIESTER D S, LESNICK S, et al., 1968. Start effect and response bias in the prisoner's dilemma game[J]. Psychonomic science, 11(4): 149-150.

TERRELL D, 1994. A test of the Gambler's fallacy: evidence from pari-mutuel games[J]. Journal of risk and uncertainty, 8(3): 309-317.

THALER R H, 1981. Some empirical evidence on dynamic inconsistency[J]. Economics letters, 8(3): 201-207.

THALER R H, 1988. Anomalies: the ultimatum game[J]. Journal of economic perspectives, 2(4): 195-206.

THALER R H, SUNSTEIN C R, 2003. Libertarian paternalism[J]. The American economic review, 5(2): 175-179.

THALER R H, SUSTEIN C R, 2008. Nudge: improving decisions about health, wealth, and happiness[M]. New Haven: Yale University Press.

The World Bank, 2015. World development report 2015: Mind, society, and behavior [R/OL]. https://www.worldbank.org/en/programs/embed.

TODD P M, GIGERENZER G, 2000. Précis of simple heuristics that make us smart[J]. Behavioral and brain sciences, 23(5): 727-741.

TRAUTMANN S T, VIEIDER F M, 2012. Social influences on risk attitudes: applications in economics[M]// ROESER S, et al. Hand book of risk theory: epistemology, decision theory, ethics, and social implications of risk. Dordrecht: Springer Netherlands: 575-600.

TVERSKY A, KAHNEMAN D, 1974. Judgment under uncertainty: heuristics and biases[J]. Science, 185(4157): 1124-1131.

TVERSKY A, KAHNEMAN D, 1981. The framing of decisions and the psychology of choice[J]. Science, 211(4481): 453-458.

TVERSKY A, KAHNEMAN D, 1991. Loss aversion in riskless choice: a reference-dependent model[J]. The quarterly journal of economics, 106: 1039-1061.

TVERSKY A, KAHNEMAN D, 1992. Advances in prospect theory: cumulative representation of uncertainty[J]. Journal of risk and uncertainty, 5(4): 297-323.

ULKUMEN G, MORWITZ V G, 2006. New advances in mental accounting: underlying mechanisms and resultant biases[J]. Advances in consumer research, 33: 632.

VALLEY K, THOMPSON L, GIBBONS G, et al., 2002. How communication improves efficiency in bargaining games[J]. Games and economic behavior, 38(1): 127-155.

VAN DIJK F, SONNEMANS J, VAN WINDEN F, 2002. Social ties in a public good experiment[J]. Journal of public economics, 85(2): 275-299.

VANDEGRIFT D, PAUL B, 2005. Gender differences in the use of high-variance strategies in tournament competition[J]. Journal of socio-economics, 34(6): 834-849.

VAREY C, KAHNEMAN D, 1992. Experiences extended across time: evaluation of moments and episodes[J]. Journal of behavioral decision making, 5(3): 169-186.

VICKREY W, 1961. Counterspeculation, auctions, and competitive sealed tenders[J]. The journal of finance, 16(1): 8-37.

VON NEUMANN J, MORGENSTERN O, 1944. Theory of games and economic behavior[M]. Princeton: Princeton University Press.

WANG X T, 1996. Framing effects: dynamics and task domains[J]. Organizational behavior and human decision processes, 68(2): 145-157.

WANG X, 2009. Retail return policy, endowment effect, and consumption propensity: an experimental study[J]. The B.E. journal of economic analysis & policy, 9(1): 38.

WANG X, 2012. When workers do not know—the behavioral effects of minimum wage laws revisited[J]. Journal of economic psychology, 33: 951-962.

WANG X, DAI Z X, LI Y T, 2021. Group composition of income types and the absolute-relative framing of public good contributions[R]. Renmin University of China.

WANG X, SUN W, 2018. The power of relative proportion—an experiment of income allocation[R]. Working Paper.

WANG X, ZHENG J, ZHOU L, 2021. Absolute versus relative: asymmetric framing and feedback in a heterogeneous-endowment public goods game[R]. Working Paper.

WEG E, RAPOPORT A, FELSENTHAL D S, 1990. Two-person bargaining behavior in fixed discounting factors games with infinite horizon[J]. Games and economic behavior, 2(1): 76-95.

WEINSTEIN N D, 1980. Unrealistic optimism about future life events[J]. Journal of personality and social psychology, 39(5): 806-820.

WIERZBICKA A, 1996. Semantics: primes and universals[M]. Oxford: Oxford University Press.

WILCOXON F, 1945. Individual comparison by ranking methods[J]. Biometrics, 1: 80-83.

WILLIAMS K D, JARVIS B, 2006. Cyberball: a program for use in research on interpersonal ostracism and acceptance[J]. Behavior research methods, 38(1): 174-180.

WILSON S R K, 1991. Levels of Information and contributions to public goods[J]. Social forces, 70(1): 107-124.

WOOD S L, 2001. Remote purchase environments: the influence of return policy leniency on two-stage decision processes[J]. Journal of marketing research, 38 (2) : 157-169.

WOODS W A, 1960. Psychological dimensions of consumer decision[J]. Journal of marketing, 24(3): 15-19.

YÖRÜK B K, 2009. How responsive are charitable donors to requests to give?[J]. Journal of public economics, 93(9-10): 1111-1117.

ZELMER J, 2003. Linear public goods experiments: a meta-analysis[J]. Experimental economics, 6(3): 299-310.

# 教师服务

感谢您选用清华大学出版社的教材！为了更好地服务教学，我们为授课教师提供本书的教学辅助资源，以及本学科重点教材信息。请您扫码获取。

## 教辅获取

本书教辅资源，授课教师扫码获取

## 样书赠送

经济学类重点教材，教师扫码获取样书

清华大学出版社

E-mail: tupfuwu@163.com
电话：010-83470332 / 83470142
地址：北京市海淀区双清路学研大厦 B 座 509

网址：http://www.tup.com.cn/
传真：8610-83470107
邮编：100084